# 함일돈

## 신학사상과 『회고록』

**성신형** 저·역

## 뿌리총서 간행사

# 우리의 뿌리와 샘을 생각하며

지난 4월에 숭실뿌리총서 14권을 간행한데 이어서 2차분 5권을 간행합니다. 이미 말씀드린 대로 나무에는 뿌리가 있고, 흐르는 물에는 샘이 있다는 것을 모두 알고 있습니다. 이는 우리의 개천절 노래에도, 조선의 『용비어천가』에도 등장하는 교훈적 비유입니다. 뿌리와 샘을 압축하여 표현하면 본원(本源)이라 합니다. 모든 것의 본원을 지극한 단계까지 찾아나서는 행위는 자기 존재를 완전히 알고 그 역할 수행을 극대화하는 주요한 방법이며 그만큼 의미 있게 살아가기 위한 필수적 작업입니다.

높은 산등성이에 있는 작은 샘에서 솟아난 맑은 석간수가 바위 골짜기를 거쳐 산 아래 도달하고 넓은 농지와 대도시와 중간에 있는 댐과 제방을 경험하며 넓은 바다로 가는 동안 주변에서 이른바 다양한 성질을 지닌 물줄기가 계속 합류하여 수량이 점점 많아집니다. 공업용수, 농업용수, 발전용수 또는 정수하여 수백만 도시민의 상수원으로 또 생활용수로 쓸 수 있게 되어 그 용도가 커집니다. 시작은 청정하고 미약했으나 결과적 쓰임새는 광대합니다. 우리 숭실도 많이 커졌습니다. 처음 시작할 때는 문과 한 반으로 시작했고, 한국 교회의 지도자를 양성하는데 초점을 맞추었지만 2017년 현재 40여 개 학과와 학부, 그리고 일반대학원생, 특수대학원생에 사회교육원 학생까지 합하면 17,000여 명의 재학생이 있는 상당한 규모와 수준의 학교가 되어 다방면의 인재를 양성하고 있습니다.

2013년 가을 우리 숭실대학교에 '뿌리찾기위원회'가 발족하였습니다. 평양에서 시작한 숭실대학의 정신, 그 흐름의 모습과 내용, 그리고 서울에서 재건할 때의 과정 등에 대하여 집중적으로 연구하기 위해서입니다. 평양 숭실의 설립자 베어드, 2대 교장 라이너, 3대 교장 마펫, 4대 교장 매큔, 5대 교장 마우리 다섯 분의 교장을 연구하여 평전을 짓고, 블레어, 편하설, 스월른, 솔토, 해밀튼, 클라크, 킨슬러, 루츠, 맥머트리 등 10명의 큰 업적을 이룬 분들을 집중적으로 연구하며, 더불어 평양대부흥회, 『논리약해』, 『인생문제의 해결』 등 주요 문헌, 순교자, 선교사들의 부인, 숭실의 문인, 숭실의 음악인 등 30주제의 사건 저술 인물 등 특정 분야에서 이루어진 탁월한 업적을 연구하고 그 가치를 재현해내는 것을 목표로 하였습니다. 이 연구에 한국교회사 연구에 있어 전문가이신 이상규 교수님(고신대), 김홍수 교수님(목원대), 이덕주 교수님(감신대), 임희국 교수님(장신대), 김승태 박사님(한국기독교역사연구소)을 각각 책임 연구원으로 모실 수 있게 된 것, 그리고 숭실대학교의 여러 학문 분야의 교수님들이 참여해 주신 것에 깊은 감사를 드립니다. 희귀 자료들을 선뜻 내어 주시고, 확보에 도움을 주신 한국교회사문헌연구원의 심한보 선생, 그리고 호주 선교회 관련 자료를 제공해 주신 전예장(통합) 교단사무총장 조성기 목사님께 감사드립니다. 숭실대학교부설한국기독교박물관의 학예사 한명근 박사도 이번 일에 있어서 여러 형태로 많은 도움을 주었습니다. 무엇보다 희귀 자료의 열람은 물론 각종 사진들을 제공하여 연구와 연구물의 출판에 큰 도움을 주었습니다. 이 일에 처음부터 수고해주신 연구 간사 오지석 박사와 사무총괄간사 엄국화 선생에게도 깊은 감사를 전합니다.

이번 뿌리총서 2차분도 한국기독교문화연구원에서 간행합니다. 1967년에 출범한 한국기독교문화연구원은 그동안 줄곧 이름 그대로 한국의 기독교문화를 연구해 오고 있습니다. 뿌리찾기위원회의 활동은 사실상 한국기독교문화연구원의 연구활동의 일환이기도 합니다. 이번에 2차로 간행하는 5권은 킨슬러, 솔토, 해밀턴, 맥머트리 그리고 방지일입니다.

항시 좋은 뿌리를 가졌다고 자부해온 우리 숭실인들이 그 뿌리의 형성 과정을 다시 살펴보고 오늘의 우리에게 나타나고 있는 가지와 잎과 꽃과 열매가 바람직한 형상과 품질과 격조를 지니고 있는지를 냉정하게 살펴보는 시간이 되기를 원합니다.

만시지탄이 큰 이 일이지만 이 일의 중요성을 인식하시고 지속적으로 관심을 갖고 격려하시며 지켜봐 주신 숭실대학교 황준성 총장님께 깊은 감사를 드립니다.

2017년 8월 16일

숭실대학교 뿌리찾기위원회 위원장

숭실대학교 한국기독교문화연구원장

곽 신 환　삼가 적음

## 추천사

함일돈 선교사의 자서전 번역본 출판을 진심으로 축하하고 환영합니다. 미국 북장로교 선교사로 내한했던 함일돈 선교사는 영향력 있는 선교사이자 특출한 신학자였고, 한국교회에 상당한 영향을 끼친 선교사였습니다. 해방 전에는 평양에서 복음전도자로 그리고 숭실학교 교수로, 그리고 장로교신학교에서 가르쳤고, 해방 후에는 부산에서 거주하면서 고려신학교 교수로 활동하며 고신 신학 형성에 기여한 인물입니다. 프린스톤신학교의 메이첸의 가장 우수한 제자로 일컬어지던 그는 특히 변증신학 분야를 연구하고 가르쳤고 여러 권의 저술을 남겼습니다. 메이첸의 '신앙이란 무엇인가'를 번역 출판하였고, 1927년에는 '기독교변증론'(The Basis of Christian Faith)을 영문으로, 이듬해에는 한국어판을 출판했고, '창세기주석'과 '로마서주석', '갈라디아서 주석' 등과 '진화론의 기초', '천년왕국신앙' 등 여러 변증적 작품을 출판했던 대 학자였습니다. 그는 처음에는 북장로교 선교사로 내한했으나 북장로교의 신학적 변화에 반발하여 교회가 분열될 때 메이첸을 지지하여 독립선교부로 이적하여 후에 정통장로교에 속해 있었으나 해방 후 1948년 내한 할 때는 미국성경장로교 선교부 소속으로 내한하여 1953년까지 고려신학교 교수로 활동하며 지역 교회를 위해 헌신했습니다.

저는 함일돈 선교에 대해 연구하면서 자료를 수집하던 중 함일돈 선교사가 회고록을 남겼다는 사실을 알게 되었고, 성경번역선교회의 이

수만 선교사의 후의로 이 회고록을 입수하게 되었습니다. 이 자리를 빌어 감사의 인사를 드립니다. 저는 이 회고록 번역이 필요하다고 보아 일부를 번역하였으나 여러 일로 지체되고 있던 중 숭실대학교 뿌리찾기위원회의 번역 계획에 따라 성신형 박사가 이 회고록을 번역하게 된 것입니다. 저는 성신형 박사님의 번역본을 보고 크게 만족했고, 제가 의도했던 것 보다 더 훌륭한 역본을 출판하게 된 것을 기쁘게 생각합니다.

함일돈 선교사의 이 회고록은 한 개인의 삶의 여정을 보여줄 뿐만 아니라 한국교회사를 해명하는 일에도 매우 유용한 자료라고 할 수 있습니다. 광복이전 평양을 중심한 기록과 더불어 해방 후 부산지방에서의 사역, 특히 고려신학교와 관련하여 중요한 정보를 제공합니다. 이런 점에서 이 회고록은 사료적 가치가 매우 높다고 하겠습니다. 이 책이 널리 읽혀지고 유용하게 사용되기를 바라면서 이 책을 충심으로 추천합니다.

2017년 11월 1일

이상규 (고신대학교 교수, 역사신학)

## 저 · 역자 서문

역사는 기억하는 사람들에 묶입니다. 역사를 어떻게 기억하는가에 따라서 지난 일들은 오늘을 살아가는 우리들에게 새로운 기억으로 살아나기도 하고, 또 심각하게 왜곡되기도 하기 때문입니다. 역사를 기억하기 위해서 이번에 숭실대학교에서 뿌리찾기위원회를 구성해서 숭실의 역사를 찾는 일을 하게 된 것은 정말 소중한 일이라고 생각합니다. 그리고 우리의 소중한 역사를 기억하는 일에 숭실의 구성원의 한 사람으로서 제가 한 부분을 남길 수 있게 되어서 무한한 영광으로 생각합니다.

한국 근현대사에서 선교사들을 기억하는 것은 의미 있는 일이라고 생각합니다. 그 이유는 선교사들이 한국에 들어와서 남긴 여러 가지 활동들이 우리 민족의 역사의 한 부분을 담당하고 있기 때문입니다. 해밀턴 선교사 역시 우리민족의 역사 가운데에서 분명 의미 있는 일을 남겼습니다. 숭실에서의 그의 활동과 신사참배반대운동에 참여하면서 활동한 그의 일은 분명 기억할만한 가치가 있습니다. 원하지 않게 미국으로 돌아갔지만 다시 한국으로 돌아와서 고려신학교와 새롭게 관계를 맺으면서 그가 보여준 헌신은 아름답습니다. 그의 이러한 활동들은 우리가 기억할 만한 좋은 본보기라고 생각합니다.

특히 해밀턴의 회고록에서 그가 들려준 이야기는 우리에게 역사의 가치를 다시 기억하게 해 줍니다. 그는 자신의 일을 기록하면서 그 속에서 어떠한 역사적인 일들이 진행되었는지를 매우 잘 보여주고 있습니다. 그는 한국에서의 활동들 뿐 아니라, 그가 미국에서 근본주의 논쟁이 일어나고 보수주의가 형성되어가는 과정에서 벌였던 활동들도 생생하게 들려주고 있습니다. 그가 추구했던 가치는 단순히 자신의 가치만이 옳다고 하는 고집이 아니라, 자신이 생각하는 바름의 가치를 추구하는 자세를 잘 보여주고 있습니다. 이러한 그의 신앙의 모습은 오늘날 보수를 지향하는 사람들에게 분명 큰 울림을 주고 있습니다.

본 해밀턴 회고록을 번역하고 출간하기까지 많은 분들이 저에게 소중한 기회를 주셨음에 감사드립니다. 숭실대학교 뿌리찾기위원회 곽신환 교수님께서 저에게 이 책을 번역할 수 있는 기회를 주셨습니다. 그리고 뿌리찾기위원회 간사 오지석 박사께서 제가 가지고 있는 보수신학의 뿌리를 잘 보시고 해밀턴 선교사를 만날 수 있게 해주셨습니다. 더욱 감사드리는 것은 고신대학교 이상규 교수님의 조언과 아낌없는 후원입니다. 당신이 가지고 계셨던 문헌인 해밀턴 회고록을 숭실대학교의 구성원인 저에서 번역할 수 있도록 허락해주시고, 번역의 과정에서 아낌없는 조언을 해 주셨습니다. 교수님의 따뜻한 배려가 없었다면 이 책은 나올 수 없었을 것입니다. 진심으로 감사드립니다.

번역을 하면서 내용을 충실하게 전달하기 위해서 애를 썼으며, 기억하기에 도움이 될 만한 것은 역자 주를 달아서 설명했습니다. 부족한 부분이 많이 있지만, 이것을 통해서 해밀턴을 공부하고자 하는 사람들에게 도움을 줄 수 있기를 바랍니다. 마지막 해제는 제가 해밀턴을 연구한 결과물을 함께 올린 것입니다. 숭실대학교의 관점에서 기록하기는 했지만, 해밀턴에 대한 여러 가지 중요한 사항들을 나열하기 위해서 노력하였습니다.

다시 한 번 이 책이 나올 수 있도록 해 주신 모든 분들에게 감사드리며, 이 책이 우리가 기억할 역사의 한 부분이 될 수 있기를 바랍니다.

## 목차

# 함일돈(Floyd E. Hamilton)의 신학사상[1)]

## I. 들어가는 말: 해밀턴을 생각하는 이유

역사를 살피고 역사적인 인물들에 대해서 이야기하는 일은 재미있는 일이기도 하고, 또 중요한 일이기도 하다. 왜냐하면 오늘의 나는 거대한 역사의 한 흐름에 서 있는 존재이기 때문이다. 이런 점에서 숭실이라는 이름에 들어와 있는 사람들이 숭실의 역사에 대해서 기억하는 것은 매우 중요한 일이다. 이런 점에서 우리가 기억해야 하는 것은 역사 속에서 숭실이 어떠한 모습이었는지, 그리고 그 모습을 만들어간 사람들은 어떤 사람들이었고, 그들은 어떻게 살았는지에 대한 것들이다. 본 연구는 숭실에서 19년 가량을 보내면서 자신의 인생의 가장 중요한

---

1) 본 연구는 필자가 『선교와 신학』에 발표한 논문인 "함일돈 선교사의 교육선교와 복음주의신학" (제33집, 2016) 을 바탕으로 그 내용을 더 구체적으로 설명하고 확대해서 집필되었다. 본 논문에서 가장 많이 사용된 1차 문헌은 해밀턴 선교사의 미간행 자서전인 *Missionary Memoirs*와 그가 미국 선교부에 보낸 편지형식의 보고서이다. 아울러서 본 연구는 현재 해밀턴 선교사에 대해서 가장 연구를 깊게 하신 고신대학교 이상규 교수님의 글과 그 외에 교회사 자료들을 2차 자료로 참고해서 집필되었다.

시간을 쏟아부었던 해밀턴 선교사에 대한 이야기이다.

한국교회의 역사는 구한말부터 일제시대를 지나면서 선교사들이 한국 신자들과 함께 만들어간 것이다. 동북아시아의 작은 나라 한국은 다른 아시아나 남미, 아프리카의 나라들과는 기독교의 역사가 사뭇 다르다. 다른 나라에서 서구의 선교사들의 선교활동은 제국주의 영향 아래서 제국의 종교의 이미지를 가지고 있었다면, 한국에서 기독교는 일본 제국주의에 맞서는 지점에 서서 매우 독특한 역사를 형성했다. 또 다른 특이한 점은 이미 선교사들이 한국에 들어와서 선교를 시작하기 이전 1874년에 평양의 상인 서상륜, 서경조 형제가 만주에서 개신교 선교사[2)]들을 만나서 그들로부터 기독교를 받아들여서 1878년경에 회심을 경험하고, 스스로 최초의 한글 번역 성경인 누가복음과 요한복음을 들고 한국으로 들어와서 1883년부터 봉천, 소래 등지에서 전도활동을 시작하였다는 것이다. 마침내 1884년 송천에 솔내(소래)교회가 서상륜의 힘으로 설립되게 되었다. 이러한 자생적인 기독교 공동체를 만들어 내었던 흐름이 서양의 선교사들이 들어오면서 더 큰 힘을 발휘하게 되어서 한국에 기독교가 전파되는 커다란 힘이 되었다. 이런 역사적인 배

2) 서상륜이 개신교도가 되어서 한국에 들어오기 전에 한국에서는 1832년에 네덜란드의 구츨라프(K. F. A. Gutzlaff) 선교사가 충남지역에 상륙하여 잠시 복음을 전하다가 돌아갔으며, 1866년 병인양요가 있을 무렵 영국 선교사 토마스(Robert J. Thomas)가 한국에 복음을 전하다가 순교한 일이 있었다. 이들 개신교 선교사들은 잠시 머물렀기 때문에, 크게 주목을 받지는 못했고, 실제로 개신교 선교사들이 한국에 처음 방문한 시기는 의료선교사 알렌(Horace N. Allen)이 1884년 9월 20일에 들어온 것을 그 출발점으로 보고 있으며 본격적으로 개신교 목회자 선교사들이 들어온 시점은 1885년 4월 5일, 부활절 아침에 아펜젤러(Henry Z. Apenzeller)와 언더우드(Horace G. Underwood)가 들어온 시간을 그 출발점으로 보고 있다. 서상륜, 서경조는 이 두 목회자가 선교사로 들어오기 전 1883년부터 복음을 전하기 시작하였다. 이 두 형제가 만난 개신교 선교사는 존 로스 (John Ross)와 존 매킨타이어(John Mcintyre)이다. 이들은 스코틀랜드에서 파견된 선교사로 성경번역사업에 매진했으며, 이 번역에 가장 큰 공헌을 한 사람은 서상륜이었다.

경 속에서 한국에서 선교사들의 활동은 복음을 전하는 동시에 일제에 저항하고 민족을 계몽하고 교육하는 역학을 담당하면서 한국 근대사에 중요한 한 축을 담당했다.

이러한 역사 속에서 숭실이 차지하는 자리는 상당히 중요하다. 1897년 10월 10일에 윌리엄 베어드 선교사에 의해서 세워진 숭실은 처음에는 학당으로 시작하였으며, 1906년 9월 15일 대학교육을 최초로 시작하였고, 1908년 대한제국 치하에 민족사에서 최초로 정부로부터 설립허가를 받은 서구식 대학으로 발전하였다. 이 대학은 처음 시작부터 장로교와 감리교 선교사들과 교회들이 함께 참여하면서 합성숭실대학[3](Union Christian College)이라는 이름으로 세워졌다. 당연히 숭실은 교회의 일치에도 앞장섰던 대학이다. 민족 최초의 대학으로 세워진 숭실은 일제하 저항정신을 키우면서 발전했다. 일제하에 가장 훌륭한 대학으로 성장하면서 민족의 지도자들을 양성했던 학교이다. 기독교 학교의 순수성을 지키기 위해서 끝까지 저항했던 민족정신을 지니고 있는 학교이다. 숭실이 시작하고, 발전하다가, 자진 폐교를 결정하는 시기까지 많은 선교사들이 숭실과 함께하였다. 그 중에 한 사람이 해밀턴 선교사이다. 해밀턴 선교사는 이름이 많이 알려진 다른 선교사들에 비해서 크게 주목을 받지는 못했지만, 오늘날 우리들이 꼭 생각해보아야 할 선교사 중에 한 사람이다.[4]

---

3) 베어드는 대학의 한글이름을 '합성숭실대학'이라고 붙였다. 필자는 베어드가 '연합'이라는 단어 대신에 '합성'이라는 단어를 쓴 것은 처음부터 하나라는 입장에서 출발한 베어드의 대학설립 정신을 잘 보여준다는 것이라고 생각한다. 이 부분에 대해서는 앞으로 조금 더 연구가 필요하다.

4) 해밀턴 선교사의 영문명은 Floyd E. Hamilton이고 한국 이름은 함일돈(咸日頓)이다. 선교사들이 자신들의 이름을 한국식으로 고쳐 부르면서 선교활동을 했다는 점에서 함일돈이라는 이름으로 책을 쓰는 것이 바람직할 수도 있겠으나, 현재 선교사들에 대한 연구들이 한국식 이름으로 연구되는 것 보다는 본명을 사용해서 연구가 진행되고 있기 때문에, 이 책에서는 해밀턴이라는 이름을 그대

해밀턴은 숭실이 발전되면서 성장하던 시기인 1920년에 평양에 선교사로 와서 숭실이 폐교되던 시기까지 숭실과 함께 지냈던 선교사이다. 해밀턴은 평양지역에서 선교를 하면서, 당시 한국장로교교육의 중심지였던 숭실과 평양신학교에서 학생들을 가르치면서 선교활동에 참여하였다.[5] 해밀턴은 숭실에서 영어와 성경을 가르치고, 학생들에게 자립정신을 가르치기 위해서 설립된 안나데이비스 숍(Anna Davis Shop)[6]에서 총무를 하는 등, 다양한 활동에 참여하면서 숭실과 동고동락했다. 해밀턴은 한국의 보수주의 신학의 정초를 놓은 인물로 미국에서 근본주의 운동이 시작되었을 때에 이 운동에 함께 동참하면서 신앙의 순수성을 지키기 위해서 노력한 선교사였다. 다른 선교사들과 한국의 목회자들과 함께 칼빈주의를 한국에 최초로 소개한 신학자이면서, 한국의 보수주의 신학에 기초를 놓은 사람이기도 하다.

더 나아가서, 일제하 식민 지배 상황에서 신사참배에 거부하는 운동에 참여하면서 한국 교회와 사회에도 기여한 인물이기도 하다. 이러한 일로 1940년에 한국에서 추방당한 그는 해방 이후 격변의 시기에 다시

---

로 사용하고자 한다. 하지만, 선교사들이 지키고자 했던 정신을 그 이름 속에 드러나는 점을 생각해볼 때, 앞으로 선교사에 대한 연구가 진행되면서 선교사들의 이름을 부를 때, 그들의 한국 이름이 사용되는 것이 더 타당하리라고 필자는 생각한다.

5) 숭실대학교100년사 편찬위원회에서 발간한 『숭실대학교100년사』(서울: 숭실대학교출판부, 1997, 320쪽)에 따르면 함일돈 선교사가 숭실대학에서 가르친 시기가 1926년부터 1936년까지로 기록되어 있다. 그러나 함일돈 선교사가 미국장로교에 보낸 선교보고서나 자신이 기록한 미출간 자서전인 *Missionary Memoirs*를 보면 그가 숭실대학에서 가르치기 시작한 것은 1921년부터, 즉 한국으로 선교를 와서 1년간의 적응시기를 거친 후 그 다음 해부터 숭실대학에서 학생들을 가르친 것으로 기록되어 있다.

6) 안나 데이비스 숍은 학생들에게 자립을 가르치기 위해서 설립되었다. 베어드는 당시 학생들에게 무조건 학비를 대주어서 공부를 시킨 것이 아니라, 스스로 자립할 수 있도록 돕는 방법을 모색하기 위해서 안나 데이비스 숍을 만들었다. 여기에서 학생들은 노동을 하고, 그 대가로 학비를 조달하거나 생활비를 조달하였다. 조금 더 자세한 내용은 최근 숭실대학교뿌리찾기위원회가 발간한 『윌리엄 베어드』(서울: 숭실대학교출판부)를 참고하라.

한국으로 돌아와서 고려신학교와 성경신학원에 교수로 일하면서 한국의 기독교 보수 대학 설립 과정에도 영향을 미쳤다. 또한 한국전쟁 발발로 잠시 일본으로 피신했다가, 다시 한국으로 돌아와서 교육가로서 계속 일을 하였다. 한국 전쟁기간 동안에는 통역관으로 전쟁에 참여하기도 하였다. 한국전쟁 이후 개인적인 사정으로 본국으로 돌아가서 교단 일과 목회 일을 하다가 1969년에 생을 마감하였다. 이와 같이 한국 근현대사의 한 복판에서 치열한 삶을 살았던 해밀턴에 대해서 생각해 보는 것은 오늘을 살아가는 숭실인들에게 커다란 배움의 기회가 될 것이다.

이 연구는 크게 세 부분으로 구성될 것이다. 첫 번째 부분은 해밀턴의 삶에 대한 이야기이다. 그의 삶의 전반적인 부분에 대해서 다룰 것이다. 해밀턴이 한국으로 선교를 오게 된 배경, 평양과 숭실에서의 그의 삶의 모습, 그리고 폐교 이후 그의 모습들 등을 살펴볼 것이다. 특히 평양에서 그가 기독교대학을 세우기 위해서 노력했던 모습들을 살피면서 기독교대학의 가치와 이념에 대해서 고민해보고자 한다. 두 번째로는 해밀턴의 업적에 대해서 살펴볼 것이다. 해밀턴이 다른 선교사들과 비교되는 부분은 그의 학자적인 삶의 모습이다. 이런 과정에서 그가 남긴 저술들의 특징을 살피면서 그의 학문적인 업적이 한국기독교에 어떤 영향을 끼쳤는가에 대해서 소개하고자 한다. 특히 그가 평생을 두고 지키려고 했던 보수신학의 내용이 무엇이었는지, 그것이 오늘날 한국사회에 주는 메시지는 무엇인지 생각해보려고 한다. 그리고 마지막 부분에서는 그의 작품들을 소개하면서, 해밀턴이 썼던 여러 가지 글들을 구체적으로 살피고 소개하고자 한다. 이것은 해밀턴 개인에 대한 연구에 도움을 줄 뿐 아니라, 일제시대의 신학적인 용어나 보수신학의 흐름이 어떻게 진행되었는지를 살필 수 있는 길이 될 것이다.

# II. 해밀턴의 생애

## 1. 선교사가 되기까지

1890년 4월 3일 뉴욕 주의 바타비아(Batavia) 시에서 출생한 해밀턴은 다른 선교사들과는 사뭇 다른 어린 시절을 보냈다. 해밀턴이 이제 막 일어서기 시작한 첫 돌이 지난 어린 나이에 그만 불의의 사고로 장애를 얻게 된 것이다. 해밀턴은 집안 화로 근처에서 난간을 집고 서서 창밖을 구경하다가 그만 화로로 넘어져서 다리에 화상을 심하게 입게 되었다. 이 사로로 해밀턴은 한쪽 다리가 정상적으로 자라지 않아서 오랜 기간 동안 보행 보조기구를 몸에 달고 살아야 했다. 성인이 되어서 의학기술의 발전으로 보조기구를 떼어낼 수 있는 수술을 해서 보조기구 없이 보행이 가능하기는 했지만, 그 후에도 장애가 완전하게 없어진 것은 아니었다. 일찍 세상을 떠나신 친어머니와 새어머니의 도움으로 해밀턴은 용기를 잃지 않고, 자신의 삶을 개척하면서 살아갈 수 있었다. 특히 중 고등 학창시절에 새어머니의 격려와 도움으로 해밀턴은 학업에 매진해서 당시 최고의 대학 중에 하나인 코넬대학에 장학생으로 입학 할 수 있었다.

그러나 해밀턴의 가정형편은 해밀턴이 코넬대학에서 학업을 진행하는 데 어떤 도움도 줄 수 없는 정도였기에 해밀턴은 대학에 입학하면서 책을 파는 영업활동을 하며 생활비를 벌어가면서 학업을 진행하였다. 이 시기에 해밀턴은 인생의 커다란 변화를 일으키게 될 신앙의 경험을 한다. 당시 해밀턴은 기독교에 대한 신앙이 뚜렷하지 않았다. 어릴 때부터 가정의 영향으로 가져왔던 신앙에 대해서 크게 의문을 품었다.

예수가 세상을 구원한 구원자라는 신앙은 당시의 서구 과학의 진화론과 사회적인 현상에 비추어볼 때, 해밀턴에게는 의미가 없는 것이었다. 특히 코넬대학에 다니면서 들었던 과학과 철학 수업은 해밀턴에게 더 깊은 회의를 불어넣었다. 그 시기에 해밀턴은 그저 자신의 어린 시절의 습관을 따라서 교회에 참석하는 수준이었다. 그런 그에게 커다란 사건이 생겼다.

해밀턴이 책을 팔기 위해서 오하이오 윌밍턴에 방문했을 때에 그에게 커다란 신앙의 경험이 일어났다. 습관적으로 교회에 출석했던 해밀턴은 그 지역의 한 장로교회의 수요일 저녁 기도 모임에 참석했다. 평소에 신앙에 대한 냉소적인 태도를 보였던 그는 목사에게 곤란한 질문을 하곤 했다. 그날도 비슷한 태도로 그 교회의 담임목사인 아더 마벳(Arthur Marbet) 목사에게 질문을 던졌다. 마벳 목사는 다른 목사들과는 달리 해밀턴의 질문을 듣고 그에게 다가가서 조금 더 만나서 이야기를 하면 좋겠다고 제안했다. 다음 날 해밀턴은 아침 일찍 마벳 목사를 찾아가서 그가 평소에 궁금하게 여겼던 문제들을 털어놓았다. 성경의 영감, 신의 존재, 그리스도의 신성, 예정론 등에 대해서 그는 질문을 던졌다. 이런 질문들에 대해서 마벳 목사와의 하루 종일에 걸친 대화는 해밀턴을 바꾸었다. 기독교신앙에 대한 해밀턴의 의구심은 하나둘 풀려지기 시작했고, 마침내 그는 예수가 구원자라는 사실을 믿게 되었다. 해밀턴은 자신의 불성실한 신앙의 모습을 회개하였다. 해밀턴은 마벳 목사에게 다시 대학으로 돌아가 공부를 해서 목회자가 되겠노라고 이야기를 했다.[7)]

이러한 경험으로 해밀턴은 쉬고 있었던 대학에 다시 들어가서 공부

7) 해밀턴, *Missionary Memoirs*, 『해밀턴 회고록』(미간행자서전), 30-31.

를 더 할 결심을 하게 된다. 해밀턴은 대학으로 돌아가서 다시 공부를 할 결심을 랑카스터에서 만난 그의 약혼자인 필리스(Phillys)에게도 알렸다. 코넬대학으로 다시 복학하려고 했으나, 재정적인 상황도 여의치 않았고, 또 신앙인으로서 신앙적인 분위기에서 공부를 하고 싶었던 그는 코넬대학에 돌아가는 대신 장로교단 소속 학교인 오하이오 주에 있는 우스터 대학으로 편입을 결정하게 된다. 우스터 대학에서 해밀턴은 엘리아스 콤턴(Elias Compton)교수를 만나게 되는데, 콤턴 교수는 이후(1927년)에 해밀턴이 한국 선교지에 초대할 정도로 존경할만한 스승이었다. 해밀턴은 그에게 철학과 기독교 신학에 대해서 배웠다. 이런 과정을 통해서 해밀턴은 신학의 길을 시작하게 되었다. 그러나 그 때만 하더라도 아직 그에게는 선교사가 되리라는 생각은 없었다.

어느 날 해밀턴은 한 집회에 참석하게 되었는데, 그곳에서 설교하시던 아프리카 의료 선교사 라만(Laman) 박사가 그에게 새로운 도전을 주었다. "해밀턴, 자네는 해외선교에 자원을 해 보면 어떤가?" 당시에 해밀턴은 이 질문에 "예"라고 대답하지는 못했다. 어쩌면 그의 장애가 그의 마음에 부담으로 작용했을 것이다. 하지만, 그 시간을 계기로 해밀턴은 해외 선교를 떠날 결심을 하게 되고, 이를 위해서 해밀턴은 신체검사를 받게 되는데, 여기에서 또 한 번 용기를 얻게 되었다. 당시 그의 신체검사를 담당했던 의사는 페르시아에 선교를 다녀온 위샤드(Wishard) 박사였는데, 그는 "나는 자네가 해외 선교에 나갈 수 없는 조건을 전혀 발견하지 못했네. 물론 자네가 선교지에서 순회여행을 하는 데에는 조금 문제가 있을 수는 있겠지만, 자네는 학교에서 가르칠 수도 있고, 또 그 외에 다른 일들도 얼마든지 할 수 있으니 아무 걱정하지 말게"라고 말하면서 해밀턴에게 용기를 주었다.[8] 마침내 해밀턴은 선교사로 나갈 결

8) 같은 책, 40.

심을 굳히게 되었다. 장로교선교부는 그가 선교에 나가는 것을 승인해 주었고, 그는 신학교에 가서 신학을 더 공부한 후에 선교를 갈 계획을 세웠다.

그러나 선교에 대한 그의 비전은 개인적인 시련을 만나게 했다. 그것은 바로 약혼자였던 필리스와 선교에 대한 의견의 차이로 파혼하게 된 것이다. 그의 약혼자 필리스는 기독교신앙이 뚜렷이 있었지만, 선교를 떠나는 것에 대해서는 확신이 없었다. 결국 둘은 파혼을 결정하게 되었다.

해밀턴은 계속해서 우스터에서 공부에 매진했다. 우스터대학은 매년 오월에 축제를 하는데, 해밀턴은 이 기간에 전에 책을 팔면서 알게 된 룻 보네브레이크(Ruth Bonebrake)를 초대하였다. 자연스럽게 이 둘은 사랑에 빠지게 되었고, 선교의 비전을 함께 나누면서 결혼을 준비하였다. 해밀턴은 우스터 대학에서의 공부를 훌륭한 성적으로 마치고 선교의 길을 준비하기 위해서 프린스턴 신학교에 입학하였다. 1919년 봄에 신학 과정을 마치고, 1919년 5월 12일에 목사 안수를 받게 되었다. 그리고 그해 6월에 함께 한국으로 선교를 떠나기로 약속한 룻과 결혼을 하였다. 이듬해인 1920년 1월 4일에 미국북장로교 선교사로 한국으로 오게 되었다. 룻은 성격이 활달하고 열의에 넘치는 사람이어서 평생 해밀턴의 동반자로서 해밀턴의 선교사역을 도왔다. 룻은 사람들에게 호감을 주는 사람이었다. 한 번은 해밀턴이 프린스턴에서 공부하는 동안에 룻이 살고 있었던 곳에 새로 부임한 담임 목사가 룻을 보고 첫눈에 반해서 룻에게 청혼을 한 일도 있었다. 물론 룻은 해밀턴과 결혼을 약속했기 때문에 이 제안을 거절했다. 그래서 이 사건은 하나의 이야기로 끝나기는 했지만, 해밀턴은 그 순간에 많이 긴장했었다고 한다.[9)]

9) 같은 책, 56.

## 2. 한국에서의 선교활동

1920년 1월 4일, 일요일 오전에 평양에 도착하게 된 해밀턴은 자신의 학문적인 역량을 살려서 숭실과 평양신학교에서 강의를 하면서 선교사역에 매진하였다. 처음 그가 평양에 도착했을 때, 모우리(Eli, M. Mowry), 마펫(Samuel A. Moffett), 스왈론(William L. Swallen) 등이 그를 맞아주었다. 처음 그는 한국어를 익히면서 숭실에서 영어를 가르쳤고, 1924년 무렵 한국어가 익숙해지자 성경수업도 가르쳤다. 물론 그는 학교에서만 활동했던 것은 아니었다. 다른 선교사들처럼 왕성하게 활동하지는 못했지만, 평양 근교의 지역교회를 돌아다니는 순회전도여행을 하면서 한국 교회의 역동성에 대해서 충분히 배웠고, 한국 교회의 폭발적인 발전을 보면서 놀라기도 하였다. 평양에서 해밀턴은 아름다운 가정을 꾸려나가면서 자신의 능력에 잘 맞게 선교활동을 하였다. 밥(Bob)이라고 불린 그의 첫째 아들 로버트 고든(Robert Gordon Hamilton)이 1921년 10월 12일에 태어났다.

이 기간에 해밀턴은 베어드 선교사의 권유로 책을 쓰기 시작하였다. 베어드는 "해밀턴, 당신이 직접 책을 쓰는 것이 어떻습니까? 저는 당신이 지난여름에 로마서를 가르치는 것을 보고 당신은 책을 쓸 만큼 훌륭한 능력이 있는 것을 알게 되었소"라고 격려하였다.[10] 마침 그가 젊은 시절에 고민했던 여러 신앙의 문제들을 한국 학생들도 가지고 있음을 발견하고 책을 쓰려고 고민했던 해밀턴은 이를 계기로 *The Basis of Christian Faith*를 집필하기 시작하였다. 이 책은 1923년 8월에 완성되었으며, 해밀턴은 그 책을 수정해서 그의 첫 번째 안식년인 1926년에

10) 같은 책, 79.

미국의 하퍼출판사에서 단행본으로 출간하게 되었다.

한편, 1923년 10월 10일에 그의 두 번째 아들 리차드 알렉산더(Richard Alexander)가 태어났다. 그리고 1927년 5월 17일에 해밀턴의 첫 번째 딸인 메리 헬렌(Mary Helen)이 태어났다. 1929년 1월21일에는 세 번째 아들 데이빗 유진(David Eugene)이 태어났고, 1931년 1월 6일에 막내딸 룻 루사일(Ruth Lucile)이 태어났다. 해밀턴의 가족이 아름답게 성장하는 것처럼, 해밀턴의 책도 잘 팔려서 1962년경에는 5만부 이상 팔리는 베스트셀러가 되었다.[11]

한국에서 선교활동을 하면서 해밀턴이 보여준 모습은 크게 세 가지로 나누어 볼 수 있다. 첫째는 그의 학문적인 활동이고, 둘째는 그의 교육자로서의 활동이며, 그 다음은 한민족을 향한 그의 활동이다.

### (1) 해밀턴 학문 활동

해밀턴의 학문 활동은 한국 교회 보수정통주의신학을 형성하는 데에 매우 큰 영향을 주었다. 1930년대의 일제가 한국 민족에 강요한 신사참배에 대한 의견이 갈리게 됨에 따라서 한국 교회의 신학의 지형은 크게 요동하였다. 이전까지 한국 교회는 민족의 아픔과 함께 하면서 민족계몽과 교육과 사회사업에 앞장서 있었다. 그러나 1932년 일제가 민족말살정책을 펼치면서 신사참배를 강요하게 되자, 교회는 크게 분열되게 되었다. 신앙의 순수성을 지키기 위해서 신사참배를 거부하는 쪽과, 국가 예식이므로 이것이 신앙의 문제가 아니라는 쪽으로 갈리게 되었다.[12] 이것은 한국교회의 분화에 큰 영향을 미치게 된다. 당시 한국교

---

11) 같은 책, 95.
12) 이 부분에 대해서는 김승태가 쓴 『한말 · 일제강점기 선교사 연구』(서울: 한국

회는 이 사건 이후로 신사참배를 거부한 사람들이 모여서 보수적인 흐름의 교단을 형성하고 신학교들을 세워가기 시작했다.

이러한 분화의 또 다른 배경은 서구사회에서 촉발된 자유주의 논쟁과도 연결되어 있다. 서구의 선교사들에 의해서 세워진 한국교회는 이러한 논쟁에서도 자유롭지 못했다. 결국 한국 교회는 여러 갈래로 나뉘게 되는데, 그런 흐름을 크게 생각해보자면, 자유주의와 진보주의와 정통주의이다. 사실 이러한 흐름은 오늘날에도 계속되고 있다. 자유주의는 계몽주의 이후 인간의 이성 중심의 경험론적 신학체계를 수립하면서 성서에 대한 비판적인 이해도 가감 없이 수행하는 것이다. 이에 반해서 진보주의는 성서에 대한 비판적인 이해는 어느 정도 수용하지만, 신앙의 중심이 경험론이 아니라 초월적인 계시에 있음을 분명히 하고 있는 흐름이다. 한편 정통주의는 이런 흐름들을 반대하고 성서의 권위와 초월적인 신 중심의 신앙을 고수하는 입장이다.[13] 이런 세 가지 흐름은 해밀턴이 프린스턴신학교에서 교육받던 시기에 형성되게 된 것이며, 이 중에서 그는 세 번째 흐름을 따라가고 있다. 이런 흐름은 한국의 정통주의 신학을 형성하는 데 가장 직접적인 영향을 미치게 되었다.

해밀턴이 신학을 공부하던 시기의 프린스턴신학교는 격렬한 신학적인 논쟁에 사로잡히게 되었다. 당시 유럽에서 유행하던 자유주의적인 신학과 성경해석의 흐름이 프린스턴신학교에서 들어오게 된 것이다. 오랫동안 프린스턴신학교에서 교수로 있었던 찰스 하지(Charles Hodge), 윌

---

기독교역사연구소, 2006)이나 『식민권력과 종교』(서울: 한국기독교역사연구소, 2012)를 보라.

13) 박용규, 『한국기독교회사2』(서울: 생명의 말씀사, 2004), 제9장. 박용규는 자유주의의 대표적인 신학자로는 협성대학교의 교수인 감리교 신학자 정경옥을, 진보주의는 한신대학교의 김재준을, 정통주의는 총신대학의 박형룡을 꼽고 있다. 이들 중 박형룡에게 직접 영향을 준 인물이 함일돈이다.

리엄 그린(William Green), 벤자민 워필드(Benjamin Warfield), 존 그레샴 메이첸(John Gresham Machen)등과 같은 신학자들은 이런 흐름에 반대할 필요를 느끼게 되었고, 그들은 기독교의 진리를 고수하기 위해서 변증론을 발전시켰다.14) 해밀턴은 이 학교에서 수학하는 동안 이들의 영향을 깊게 받았다. 이를 바탕으로 그는 1926년에 *The Basis of Christian Faith*라는 책을 미국 뉴욕의 하퍼출판사에 출간했으며, 1929년 이 책은 한국어로 번역되어 『기독교변증론』이라는 제목으로 출간되었다. 특히 그는 1929년 메이첸의 『신앙이란 무엇인가』(*What is Faith?*)를 우리말로 번역하기도 하였는데, 본인이 직접 쓴 책과 함께 이 책은 당시 숭실대학과 평양신학교에서 기독교 변증학 교과서로 쓰였다.[15)]

이 후 프린스턴신학교의 메이첸과 그의 동료들은 자유주의 영향을 받은 프린스턴신학교를 떠나서 새로운 학교를 세우고 자연스럽게 자신들도 북장로교에서 떠나서 독립장로교를 만들고 필라델피아에 자신들의 신학적인 가치를 가르치는 웨스트민스터신학교를 개교하게 되었다.[16)] 선교를 처음 왔을 때, 해밀턴은 북장로교 소속의 선교사였으나, 이 후 그는 스승을 따라서 그의 소속 교단을 독립장로교로 바꾸게 된다. 이 후에 장로교는 정통장로교(Orthodox Presbyterian Church)와 성경장로교(Bible Presbyterian Church)로 나뉘었다.[17)] 해밀턴은 처음에는 정통장로

---

14) 박용규, 『한국장로교사상사』 (서울: 총신대학교출판부, 1992), 200.

15) 이상규, "함일돈의 생애와 선교사역", 「기독교사상연구」, 제3호 (1996년 10월), 106.

16) 당시 이러한 논쟁을 근본주의와 자유주의 논쟁이라고 한다. 메이첸과 같은 구 프린스턴 신학자들은 자유주의 신학과 성서해석의 흐름에 반대하면서, 신앙의 근본을 다섯 가지 즉, 성경무오, 그리스도의 동정녀탄생, 부활과 재림, 구속 등을 신앙의 근본적인 것이라고 주장하였다. 이러한 논쟁은 매우 치열해서 급기야 미국장로교총회에서는 이들을 치리하게 되고, 결국 이들은 새로운 교단을 만들게 되었다.

17) 존 피츠미어, 『미국장로교회사』 한성진 역, (서울: 기독교문서선교회, 2004), 127-128.

교 소속으로 일을 해 오다가, 일제 강점기 이 후에 그의 친구인 말스베리 선교사와 함께 성경장로교에 소속으로 한국에 선교사로 파송되기도 했다. 이와 같이 해밀턴의 학문 활동은 한국의 정통주의 혹은 근본주의 신학을 태동할 수 있게 하는데 그 이론적인 배경을 제공해 주었다.[18)]

해밀턴은 어릴 때에 받은 장애를 극복하려고 공부를 열심히 해서 코넬대학에 입학할 정도로 수재였다. 경제적인 형편으로 인해서 코넬대학을 계속해서 다닐 수는 없었지만, 공부를 열심히 하는 그의 이러한 태도는 한국에서도 변하지 않았다. 해밀턴은 선교사역을 하면서 학생들에게 영어와 성경을 가르치면서, 계속 공부를 진행하였다. 그는 베어드 선교사의 권유로 신학 책을 써내려가면서 열심히 학문적인 작업에 매진하였다. 그는 이러한 노력을 기울이면서 자신이 쓴 글들을 모교인 프린스턴신학교의 학술저널인 *The Princeton Theological Review*에 기고하였으며, 프린스턴에서는 그의 글을 실어주었다. 그 내용은 기독교 신학과 당시의 과학과 철학에 대한 글이다. 이러한 그의 글은 이후에 그의 신학적인 작품들을 만들어내는 데에 밑거름이 되었다. 해밀턴은 그의 첫 안식년이었던 1926년에 미국 모교 프린스턴신학교로 돌아가서 신학석사 학위를 받았다.

이 때에 출간된 *The Basis of Christian Faith*은 해밀턴의 평생의 역작이 되었다. 이 책은 당시 해밀턴의 지도교수였던 메이첸의 특별한 주목을 끌게 되었다. 메이첸은 이 책의 가치를 중요하게 보고 이 책의 출판비를 내어주었다. 이 책은 기독교 변증론의 교과서로 사용될 만큼 훌륭한 책이었다. 이러한 업적을 가진 해밀턴은 당시 학문적인 재능을 크게 인정받았다. 1926년 5월 졸업식을 마치고 해밀턴에게 아주 커다

---

18) 박용규,『한국장로교사상사』98-99., 이상규,『한상동과 그의 시대』181-182.

란 제의가 들어왔다. 그것은 모교인 우스터 대학의 학장 켈소(Kelso) 교수와 총장 위샤트(Wishart) 박사가 그를 우스터대학 철학과 교수로 초정을 한 것이었다. 해밀턴은 한국 선교부의 마펫 선교사에게 연락을 했다. 마펫은 한국에서 그 어떤 사람도 해밀턴을 대신할 수 없다고 했고, 해밀턴은 교수직에 대한 미련이 없는 것은 아니었지만, 선교에 대한 열정으로 그는 교수직을 거절하고 한국선교지로 다시 돌아왔다.[19] 이러한 그의 학문적인 재능은 한국 선교지에서 가장 그 빛을 드러내게 되었다. 한국선교회는 그의 신학적인 재능을 인정해서 평양신학교에서 변증학을 강의하고, 숭실에서 성경과 영어를 강의하면서 선교사의 역할을 할 수 있도록 했다.

해밀턴은 두 번째 안식년인 1932년에는 프린스턴신학교가 아닌 웨스트민스터신학교에 방문하였다. 앞서 살핀 대로, 프린스턴에서 나온 몇몇 교수들은 보수 신학의 정통성을 세우기 위해서 웨스트민스터신학교를 설립하였고, 이 설립 초기에 해밀턴은 그곳을 방문하게 된 것이다. 해밀턴은 그곳에서 자신이 쓴 책을 바탕으로 기독교 변증론을 강의하였고, 선교학도 강의하였다. 해밀턴의 스승인 메이첸은 해밀턴이 쓴 책을 바탕으로 할 수 있는 강의인 변증론을 열어주고 해밀턴에게 강의를 맡겼던 것이다. 그 외에도 해밀턴이 선교사임을 존중해서 선교학 강의도 맡겼다.

해밀턴은 평양에서 20년가량 선교를 하면서 그가 가진 학문적인 재능을 마음껏 발휘하였다. 앞서 기술한 책을 집필하기도 하였고, 박형용 박사가 주도한 대한예수교장로교총회 성경주석 작업에 참여하였으며, 창세기주석을 직접 집필해서 출간하였다. 1936년에는 방지일 목사님이 중심으로 만든 신앙 월간지 『게자씨』에 채필근, 박형용, 김인준, 박윤선,

19) 해밀턴, *Missionary Memoirs*, 94.

방지일 등과 함께 칼빈주의에 대해서 글을 썼는데, 이것은 한국에 칼빈주의에 대해서 저널에 처음으로 소개한 글이다. 이후에 신학지남에도 칼빈주의에 대한 글을 쓰면서 한국에 칼빈주의를 소개하고 확장하는 데에 노력하였다. 그 외에도 여러 가지 글을 신학지남에 실으면서 한국 정통주의보수신학의 발전을 위해서 노력하였다.

또한 롤랜드 알랜(Roland Allen) 선교사와 함께 네비우스 방법[20]에 대한 글을 써서 월드 도미니언 출판사(World Dominion Press)에서 1935년에 단행본으로 출간하기도 하였다. 이 책은 당시 클라크 (Clark)박사가 집필했던『한국교회와 네비우스방법』(*The Korean Church and the Nevius Method*)에 대한 분석과 대답의 형식으로 나온 책이다. 이와 같이 해밀턴은 한국 선교사로 지내면서 그의 학문적인 재능을 충분히 활용하였다.

### (2) 교육자 해밀턴

사실 학문적인 활동과 교육적인 활동을 분리해서 서술하는 것은 현명하지 못한 일이다. 일반적으로 학문적인 길을 가는 학자들이 교단에

20) 네비우스는 중국 치푸지역에서 1860-1890년대까지 30여 년 동안 선교한 대표적인 선교사이다. 그는 한국선교가 막 일어나기 시작하던 무렵인 1890년에 한국장로교선교부를 방문해서 그의 선교 방법에 대해서 가르쳐주었다. 당시 한국에는 젊은 선교사들이 주로 선교를 시작하였기 때문에, 그의 경험적인 가르침은 매우 중요하였다. 그는 그의 경험을 바탕으로 만든 자립(self-support), 자치(self-government), 자전(self-propagation)의 세 가지 원칙에 의해서 선교를 하는 것을 주장했는데, 이러한 방법은 그가 선교를 하던 중국보다도 한국에서 더 잘 꽃을 피우게 되었다. 이 방법의 가장 중요한 핵심은 선교지에서 선교사나 선교회 중심으로 교회를 성장시키는 것이 아니라, 선교지에서 복음을 받게 된 사람들이 스스로 자신들의 교회를 세우고 리더를 세우고 교육을 해 나가는 방법을 말한다. 이런 방법은 세계에서 그 유래를 찾을 수 없을 정도로 한국에서 크게 성공하게 되었다. 숭실대학의 설립자인 베어드(배위량) 박사도 이 시대의 사람으로 그 역시 네비우스의 선교방법을 중심으로 교회를 세워나갔으며, 민족 교회의 리더를 세우기 위해서 숭실대학(숭실학당, 1897년)을 설립하기에 이르렀다.

서 가르치는 일도 병행하고 있기 때문이다. 그럼에도 불구하고 교육자 혹은 선생으로서의 해밀턴의 모습을 그려보는 것은 의미 있는 일이다. 왜냐하면 학자적인 모습이 해밀턴의 한 단면이었다면, 다른 모습에서 해밀턴은 학생들에게 진지하면서도 친절하게 다가가는 능력이 있는 좋은 선생이었기 때문이다. 해밀턴의 선교사로서의 삶의 중심은 교회와 대학이었다. 네비우스 선교방법을 잘 알고 있었고, 이를 잘 수용하면서 따르고 있었던 해밀턴은 교회를 세우는 일[21]과 학교에서 가르치는 일을 모두 소중하게 생각한 선교사였다. 그의 이러한 사역 중에서 특히 주목할 것은 해밀턴은 자신의 평생을 한국의 기독교대학들과 함께 보냈다는 점이다. 그 중 숭실과 평양신학교[22]는 그 중심에 있는 학교들이다. 그리고 해방 이후 그가 한국에 다시 와서 함께 했던 고려신학교와 성경대학원대학교 역시 한국 교회사에 있어서 중요한 자리를 차지하고 있다. 이 학교들과 해밀턴의 관계를 살펴봄으로 한국 현대사에 있어서 선교와 대학의 관계에 대해서 가늠해 볼 수 있다.

### ① 평양 숭실

---

21) 해밀턴의 선교보고편지에 따르면 그는 평양에서 서승리(Suh Syung Nee)와 태타령(Tai Tar Ryung)등지에서 교회를 섬겼다. 이 지명은 해밀턴이 들은 대로 기록한 것으로 보이는데, 그 정확한 지명이름은 확실하게 알 수가 없다. 미국 장로교선교부에 보낸 해밀턴의 선교보고서는 따로 발췌해서 자료집으로 묶었는데, 이후에는 이 책을 '해밀턴보고서'라고 부르겠다.

22) 1901년 평양의 선교사인 마펫(Samuel A. Moffett)에 의해서 설립된 학교이다. 한국 최초의 장로교 신학교로 한국교회의 많은 지도자들을 배출했으며, 1938년 신사참배를 거부해서 폐교되었으나, 이후 한국장로교총회에서 신사참배를 결의하면서 1940년에 다시 개교하였다. 이 후 김재준은 서울에서 조선신학원을 설립하였고(이 학교는 한신대학교의 전신이다.), 해방 이후 평양신학교는 서울로 옮겨서 김재준 사상을 거부하고 총회신학교를 개교하였으며, 이 학교는 1959년에 장로회신학교(장신대학교)와 총회신학교(총신대학교)로 나뉘어서 오늘날까지 이르고 있다.

해밀턴이 평양에 선교사역을 시작하면서 주로 활동했던 대학은 숭실이었다. 일제는 한국의 교육을 장악하기 위해서 여러 가지 정책을 만들어 내었다. 한일합방을 한 후 일제는 1911년에 조선교육령을 발표하여 한국의 대학들을 제국의 통제 하에 두려고 하였다. 이미 대한제국시절인 1906년 민족최초의 근대 대학으로 허가를 받은 숭실이었지만, 일제가 시작되고 숭실은 1912년 총독부의 인가를 얻어서 대학을 운영했다. 한편, 일본은 1915년 개정사립학교규칙을 발표하면서 한국의 학교들을 더욱 통제하려고 하였다. 재정적인 부분이나, 학과목(특히 성경과목), 교원 등을 통제하는 규칙을 발표하면서, 기존의 학교에는 10년간의 유예기간을 주고 1925년까지 사립대학을 전문학교(오늘날의 4년제 종합대학)로 개편할 것을 강요하였다. 당시 숭실은 대한제국에서 인가를 받고 설립되었고, 일제하 1912년경에는 사립학교규칙에 따라서 학교를 운영하였기 때문에, 이화여자대학이나 연세대학과 같이 대학으로 인가 받아서 운영 되었다. 한편, 1923년 일제가 조선교육령을 개정하면서 경성제국대학을 제외한 모든 학교를 전문학교로 개편함으로 1925년부터 숭실전문학교로 불리게 되었다.[23)]

해밀턴이 한국에 선교를 하러 온 시기인 1920년, 일제는 한국에서 문화정치를 시작하였다. 이것은 3·1운동의 여파로 일제는 한국에서 강압적인 통치보다는 일본에 통치를 방해하지 않는 범위 내에서 언론이나 대학 교육을 허용해주는 정책이다. 이 정책은 1931년까지 계속되었다. 그러나 마침내 1931년 일본이 만주를 침공하면서 제국주의 전쟁을 시작하였다. 이 시기부터 일본은 전쟁을 진행하기 위해서 민족말살정책을 펼치게 되었다. 이런 시대 속에서 1938년 숭실은 스스로 폐교를 결

23) 숭실대학교100년사 편찬위원회, 『숭실대학교100년사』 (서울: 숭실대학교출판부, 1997), 274-282.

정하게 된다. 해밀턴은 숭실이 대학으로 발전하면서 성장하던 시기부터 폐교에 이르는 시기에 한국에서 선교사로 들어와서 숭실과 함께 자신의 선교사역을 감당하였다. 아울러서 당시 숭실에 깊게 관여하고 있었던 선교사들이 신학을 교육하기 위해서 만들었던 학교인 평양신학교와도 깊은 관계를 맺었다.

1920년 1월 4일에 평양에 도착한 해밀턴은 한국어를 배우는 등의 활동을 하면서 초기 적응시간을 거친 후에, 1921년부터 대학에서 영어를 가르치는 등의 그의 사역을 시작하였다. 고신대학교 이상규 교수의 해밀턴에 대한 연구나 숭실대학교 100년사를 보면, 해밀턴이 숭실에서 강의를 한 시기를 1926년으로 보고 있지만,[24] 해밀턴의 선교보고서에 따르면 해밀턴이 숭실에서 강의를 시작한 것은 그보다 훨씬 이전인 1921년부터임을 알 수 있다. 당시에 평양에는 대학교 교수가 부족하였기 때문에 그는 이 일에 적임자였다. 그는 영어를 가르치는 일 외에도 한국선교부의 총무역할을 하면서 당시 숭실의 안나 데이비스 숍의 총무 겸 회계의 일을 맡아보기도 하면서 당시 숭실에 깊게 관여하고 있었다.[25]

해밀턴은 처음 숭실에서는 영어를 강의하였고, 어느 덧 한국말이 익

---

24) 1921년 4월 15일, '해밀턴보고서.' 이상규는 그의 저서『한상동과 그의 시대』에서 해밀턴이 숭실대학에서 가르치기 시작한 시기를 1926년으로 보고 있는데, 이것은 그가『숭실대학교100년사』에 나오는 정보를 따랐기 때문인 것으로 보인다. 그러나 해밀턴이 직접 작성한 미국장로교선교보고서에 따르면 이 시기보다 훨씬 이른 시기에 가르치는 일을 시작했던 것으로 보인다. 이날 그의 보고서에 따르면 당시 대학에서 가르칠 수 있는 교수가 많이 부족했기 때문에 그가 이런 일을 시작할 수밖에 없었다고 기록하고 있다.

25) 1922년 4월 2일, 해밀턴보고서. 당시 베어드 박사의 친구였던 그레이험 리와 사무엘 데이비스는 1902년에 베어드와 숭실대학을 돕기 위해서 5000달러를 기부했는데, 이를 가지고 숭실기계창을 열게 되었다. 이 건물의 이름은 데이비스의 부인의 이름을 따서 안나 데이비스 숍이라고 불렀다. 숭실기계창의 주요 일은 학생들의 경제적인 필요를 돕는 것으로 수업료가 없는 학생들이 학교에서 일을 할 수 있는 기회를 제공해주고, 이를 통해서 학업을 계속할 수 있게 도와주는 것이다.

숙해지면서 1924년부터는 한국말로 성경을 강의하기 시작하면서, 기독교교육이 조금 더 체계적으로 진행되어야 할 필요성에 대해서 직감하고 교재를 집필하고 커리큘럼을 정비하는 등의 일들을 진행하였다. 이런 노력의 일환으로 해밀턴은 1924년 봄부터 숭실대학에서 한국말로 성경수업을 강의하기 시작하면서 두 과목을 가르치기 시작했다. 그 과목들은 로마서와 변증학이다. 이 과목을 가르치면서 그는 학생들에게 잘 가르칠 수 있는 책을 집필하기 시작하였고,[26] 이 책은 1926년에 *The Basis of Christian Faith*이라는 제목의 책으로 완성되었다. 1929년에 이 책은 『기독교변증론』 이라는 제목으로 함일돈 자신이 직접 번역하여 출간하였다.

해밀턴은 숭실대학의 성경 커리큘럼을 정비해서 학생들을 지도하기 위해서 많은 노력을 기울였다. 해밀턴의 선교보고서에 따르면, 그는 학생들의 학년을 구분해서 성경을 가르쳤는데, 2학년에게는 바울 서신을 가르치면서 성서해석에 대해 가르쳤다. 특히 로마서와 에베소서를 가르치면서 기독교신앙의 핵심개념인 칭의(justification)를 가르쳤고, 이를 바탕으로 자연스럽게 칼빈주의에 대해서도 가르쳤다. 3학년에서는 그가 쓴 책인 *The Basis of Christian Faith*를 교과서로 사용해서 기독교 신앙의 핵심을 철학적인 관점에서 다루었다. 4학년들에게는 성경과 교리의 심화과정을 가르치면서 기독교신앙의 핵심들을 다시 한 번 강조하였고, 칼빈주의에 대해서도 깊게 다루었다.[27] 이와 같은 그의 노력은 숭실의 건학이념인 기독교 지도자를 배출하는 일에 실질적인 도움을 주었다. 숭실을 졸업한 학생들이 이후 평양신학교로 진학해서 신학을 공

---

26) 1924년 4월 4일, 해밀턴보고서.

27) 1929년 5월 7일, 해밀턴보고서. 그리고 1931년 3월 30일, 해밀턴보고서. 29년 보고서에서는 대략적인 스케치를 해 두었다면, 31년 보고서에는 매우 자세하게 기록되어있다.

부하면서 민족 기독교 지도자로 성장해나갔다.[28)]

더 나아가서, 해밀턴은 숭실에서 가르치는 일에만 몰두한 것이 아니라, 학생들과 함께 깊은 교류를 나누면서 학교 전반의 일들을 돌보아주려고 노력을 기울였다. 그는 학생들과 친밀한 관계를 유지하면서 학생들에게 기독교인의 인격적인 삶의 모습을 보여주기를 원했다. 그는 학생들과 게임을 함께 하기도 했고, 음악행사를 만들어서 함께 즐기기도 했다.[29)] 또한 그는 월요일 저녁때면 학생들을 자신의 집에 초대해서 저녁을 함께 나누면서 교제를 하기도 했다.[30)] 그는 숭실에서 가르치는 일이 매우 즐겁다고 말을 하였다.[31)] 하지만, 때로는 그의 가르침이 충분히 전달되지 않는 것에 대해서 안타까운 마음을 표현하기도 했다.[32)] 한편 그는 숭실의 여러 곳에서 일을 하였다. 위에 언급한대로 안나 데이비스 숍에서 일을 하기도 하고,[33)] 기숙사를 맡아서 일을 하기도 하였으며, 학교의 재정을 담당하는 일을 하기도 하였다.[34)] 이런 그의 모습들을 통해서 볼 때, 숭실은 그의 선교사역에 있어서 중요한 축을 담당하는 것으로 그는 최선을 다해서 숭실을 위해 일을 하였다. 또한 해밀턴의 가르치는 사람으로서의 열린 태도를 볼 수 있다. 단순히 전달자로서의 모습이 아니라, 학생들을 이해하고 학생들과 함께 호흡하는 모습을 통해서 해밀턴의 교육자로서의 모습을 잘 읽을 수 있다.

---

28) 1932년 해밀턴보고서(날짜가 기록되어 있지 않음), 그리고 1935년 8월 5일, 해밀턴보고서.
29) 1928년 7월 16일, 해밀턴보고서.
30) 1928년 5월 7일, 해밀턴보고서.
31) 1930년 5월 22일, 해밀턴보고서.
32) 1931년 3월 30일, 해밀턴보고서.
33) 위의 보고서.
34) 1932년 해밀턴보고서 (날짜가 기록되어 있지 않음).

② 고려신학교와 성경장로교신학교

한국기독교역사에 있어서 그리고 해밀턴의 삶에 있어서 또 하나의 중요한 학교가 있는데 그 학교는 해방 이후 부산에 세워진 고려신학교이다.[35] 고려신학교가 가지고 있는 한국 기독교 역사에서의 그 의의에 대해서 생각할 필요가 있다. 고신대학교의 전신인 고려신학교는 일제 강점기에 신사참배에 응하지 않았던 한상동, 주남선 등이 주축이 되어서 해방 이후 부산에 설립되었다. 조선장로교총회가 신사참배를 결의했을 때에, 신앙의 순수성을 끝까지 지키기 위해서 애썼던 이들이 주축이 되어서 세운 학교로서 고려신학교(고신대학교)가 지니고 있는 역사적인 의의는 분명하다. 그리고 고려신학교의 설립의 또 다른 이유는 자유주의로부터 보수적인 장로교신앙을 지키는 것으로 이러한 신앙적인 전통은 평양신학교로부터 물려받은 것이었다. 당시 김재준은 신정통주의에 입각한 조선신학교를 서울에 설립했는데, 이에 대한 반대를 분명히 하면서 고려신학교가 부산에 설립되게 된 것이다.[36]

해밀턴은 1940년에 일제하 신사참배를 거부하고 신사참배거부운동을 도왔다는 이유로 미국으로 추방되었다. 미국으로 돌아간 해밀턴은 캘리포니아에서 목회활동을 하다가, 정통장로교회(Orthodoxy Presbyterian Chruch) 소속 사무총장으로 일을 하였다. 그러나 해방을 맞이하고 다시 한국 선교사로 돌아오려고 준비하였다. 정통장로교회에서 해외 선교사로 파송되는 것이 여의치 않아서 독립장로교(이후 성경장로

35) 고려신학교와 해밀턴의 관계는 현재 고신대학의 이상규 교수께서 이미 위에서 인용한 글들에서 발표하셨기 때문에 여기에서 해밀턴과 고려신학교와의 관계는 간략하게 소개하려고 한다.

36) 주강식, "한국장로교의 개혁신학에 대한 연구 - 1884년부터 2000년까지를 중심으로" (고신대학교 대학원 박사학위논문, 2014), 165-167.

교, Bible Presbyterian Church)의 후원으로 1949년 5월 18일에 다시 한국 부산으로 돌아왔다. 놀라운 것은 비슷한 시기에 해밀턴의 아들 밥과 그의 아내 헬렌도 한국 선교사로 지원을 했고, 데이빗은 멕시코에 선교로 갔다. 선교사의 자녀들이 또 다른 선교사가 된 것이다!

해밀턴은 한국에 있는 선교사들과도 연락을 해서 부산으로 돌아왔고, 그가 돌아올 때, 부산에 있던 성경학원 학생들이 마중을 나와 주었다. 한국으로 돌아와서 위에 설명한 것과 같은 취지로 설립된 학교인 고려신학교와 고려고등성경학교에서 가르치기로 결심하고 함께 했던 것은 어쩌면 자연스러운 결과였다. 평양신학교에서 보수적인 기독교신앙의 전통을 세웠던 해밀턴이 한국으로 돌아오자 고려신학교에서 그를 그 학교에 교수로 초빙한 것은 당연한 일이었다. 당시 미국성경장로교의 선교사로 한국에 들어온 해밀턴은 같은 교단 소속인 말스베리(마두원, Dwight R. Marsbury), 치숌(최의손, William H. Chisholm) 등이 일하고 있던 고려신학교에 참여하였다. 따라서 해밀턴은 고려신학교의 설립 초기 과정부터 이 학교에 참여해서 학생들을 가르치게 되었다.[37] 그는 한국전쟁이 발발하기 전까지 약 2년 동안 학교에서 가르쳤지만, 그의 영향은 상당했다. 그는 학교에서 모세오경, 주경신학(성서해석학), 변증학 분야를 강의하였다. 비록 짧은 기간 동안 고려신학교에서 강의를 하였지만, 이러한 그의 노력은 고려신학교에 활기를 불어넣기에 충분한 것이었으며, 고신대학의 신학적인 전통에 기초를 놓기에 충분한 것이었다.[38]

---

37) 고려신학교는 1946년에 설립되었고, 해밀턴은 1949(혹은 1948년)년에 한국으로 와서 이 학교에서 교편을 잡았다. 이상규의 책『한상동과 그의 시대』에서 이상규에 따르면 해밀턴이 한국에 다시 돌아온 시기는 정확하지 않은 것으로 보인다. 해밀턴의 자서전인 Missionary Memoirs에 따르면 1949년으로 기록되어 있으나, 다른 사료들을 찾아본 결과 1948년이 더 타당한 것으로 이상규는 기록하고 있다. 본 연구는 이상규의 생각을 따랐다.

38) 이상규,『한상동과 그의 시대』, 184-185.

고려신학교에서 가르치기를 시작한 후에 한국에는 전쟁이 발발했다. 이 시기에 해밀턴은 잠시 한국을 떠났다가 전쟁 도중에 다시 한국으로 돌아와서 통역장교로 한국 전쟁에 참전하기도 했다. 이후 일제 강점기부터 그와 계속해서 사역을 함께 했던 말스베리와 함께 성경장로교신학교에서 가르쳤다. 말스베리와 해밀턴의 인연은 숭실 시절로 거슬러 올라간다. 한국 최초의 음악선교사로서 말스베리는 평양에 도착해서 해밀턴과 함께 사역을 하다가, 이후 강원도 지역으로 건너가서 홍천 지역에서 27개가량의 교회를 섬기다가[39] 1962년 대한예수교성경장로회 설립에 함께하게 되었다. 당시의 상황에 비추어 볼 때, 말스베리는 성경장로교의 전신인 예수교장로회가 서울에 설립한 대신대학교(지금의 안양대학교)와 협력해서 사역하였을 것이다.[40]

해밀턴은 한국 전쟁 중에 통역관으로 참전을 하였는데, 그가 벌었던 수익을 환전하는 과정에서 문제가 발생해서 불명예스럽게 미국으로 돌아가야만 했다. 그는 자신의 실수에 대해서 분명하게 잘못을 인정하고 법적인 책임을 지려고 노력하였지만. 사안이 워낙 중대했고, 그것이 당시에 사회적인 문제로 대두되면서 해밀턴은 어쩔 수 없이 미국으로 돌아갈 수밖에 없었다. 비록 해밀턴이 명예롭지 못한 이유로 미국으로 돌아가게 되었기 때문에, 그가 한국에 있었던 시간은 길지 않았지만, 그 시기에 말스베리 선교사를 도와서 성경장로교신학교에서 학생들을 가르쳤다.[41] 비록 해밀턴이 안양대학교의 설립에 직접적인 관계가 있었던 것은 아니지만, 뜻하지 않게 본국으로 돌아가지만 않았다면 계속해서

---

39) http://www.christiantoday.co.kr/articles/247470/20110614/한국-최초-음악선교사-마두원-을-아십니까.htm
40) http://www.pckd1961.or.kr/run/general/index.php?mnu=mn0105, http://www.anyang.ac.kr.
41) 허순길,『한국장로교회사 - 고신교회중심』(서울: 도서출판 영문, 2008), 524-528.

같이 할 수 있었을 것이다. 이와 같이 해밀턴은 교육가로서 한국기독교 대학들이 설립되고 운영되는 데에 깊게 관여했으며, 해밀턴 평생의 선교사역을 한 문장으로 표현하자면, 한국에서 숭실, 고신, 성경장로교신학교 등의 기독교대학에 신학과 신앙을 교육에 크게 기여하였다고 할 수 있을 것이다.

### (3) 민족 운동과 해밀턴

선교사들의 신사참배거부운동이 민족운동의 일환이라고 평가하기에는 역사가들의 시선이 별로 호의적이지 않다. 그 이유는 신앙과 세속이 역사를 구분하고자 하는 노력의 일환일 것이다. 그러나 역사가들의 이러한 평가가 정당한 것인가에 대해서는 생각해볼 여지가 있다. 물론 기독교신앙의 순수성을 지키는 것을 제일과제로 삼고 살았던 그들의 삶이 더 중요한 것으로 생각될 수는 있겠지만, 일제하 한국민족 운동의 흐름을 볼 때에 기독교와 선교사들의 활동을 종교적인 것으로만 치부하기에는 그들의 영향이 적지 않았음을 보게 된다.[42] 이러한 흐름의 한 중심에 숭실과 함께 했던 선교사들이 있었고, 그 중에 해밀턴은 한 부분을 담당했다. 앞서 고찰한 대로, 해밀턴은 1921년부터 숭실에서 성경과 영어를 가르치는 일을 하면서 동시에 지역교회를 섬기는 목회 일을 감당하였다. 그의 삶은 이제부터 평양에서 숭실과 평양신학교에서

42) 이 부분에 있어서는 앞으로도 계속해서 논쟁을 해야 할 것으로 보인다. 이런 관점에 대해서 참고할 만한 책은 안종철이 지은 『미국 선교사와 한미관계』(서울: 한국기독교역사연구소, 2010)과 김승태가 지은 『식민권력과 종교』(서울: 한국기독교역사연구소, 2012) 등의 책들을 참고할 수 있다. 신사참배는 한국기독교의 역사적인 흐름이 형성에 커다란 영향을 미친 사건이기 때문에, 필자는 이 부분에 대해서 보다 깊은 연구와 학계의 논쟁이 필요하다고 생각한다.

교수로서 여러 가지 일들을 경험하게 되었고, 특히 숭실과 관련해서 그의 삶은 크게 소용돌이치게 되었다.

이 시기에 해밀턴이 민족운동에 기여한 점을 살펴보면 크게 두 가지를 생각할 수 있다. 우선 해밀턴은 1919년 3/1 만세운동 이후의 한국의 상황을 미국에 알리고자 노력하였다. 그가 한국에서 미국으로 보낸 편지에 보면 이러한 노력들이 잘 드러난다. 해밀턴은 미국에 있는 장로교 선교부와 그의 친구들에게 서신을 보내면서 한국이 상황을 세밀하게 보고하였다. 한국교회가 만세운동에 참여하면서 겪은 고초와 여러 가지 아픔들을 세세하게 기록해서 보고하고 있다. 이런 보고를 하면서 해밀턴은 일제가 미국에 자신들의 잘못된 행동을 미화해서 선전하고 있다고 지적하고, 미국 장로교회와 그의 친구들에게 그들이 나서서 이런 점들을 미국사회에 알려줄 것에 대해서 부탁하고 있다.[43] 아래의 그림은 해밀턴이 직접 보낸 편지의 일부이다. 이 편지에서는 당시의 상황에 대해서 매우 잘 묘사되어 있다.

당시 미국의 대외정책은 일본의 제국주의 정책을 지지하고 있는 입장이었기 때문에, 그가 자신을 선교사로 파송한 선교부와 그의 친구들에게 한국의 상황을 알리는 일은 결코 쉬운 일이 아니었다. 그러나 그는 자신이 올바르다고 생각하는 일을 진행하였다. 그가 당시에 미국에 보냈던 이러한 내용의 편지는 현재 한국독립기념관에 자료로 등록되어 있다는 점을 볼 때에, 그의 노력은 매우 값진 것이었다. 일제하 처절한 고통 속에서 기독교인들의 모습에 대해서 함께 아파하고 잘못된 부분을 바로잡고자 했던 해밀턴의 이와 같은 노력은 그가 일제 강점기에 한

---

43) 1920년 2월 25일 함일돈의 선교보고, 한국독립운동사정보시스템, http://search.i815.or.kr/OrgData/OrgList.jsp?tid=ms&id=007630-03-0023,
1920년 7월 21일 친구에게 보낸 선교편지, 한국독립운동사정보시스템, http://search.i815.or.kr/OrgData/OrgList.jsp?tid=ms&id=007630-05-0078

Since writing the above, new facts have come to my attention which I feel that I must mention. I said above that the Japanese claim to have abolished torture since the new regime went into power. Since writing the sentence just referred to, the following new facts have been called to my attention. Aman who was sick and delirious in a hospital, was arrested while in that condition, taken from the hospital to the police court in that condition, put in a cold room, then removed to a warm room until he became conscious, then taken to court for examination. Upon refusing to tell what he was asked to tell about others engaged in the independence movement, he was sent back to the cold room for ten days, and then, when about to die, was put out of prison, and died the next day. But before his death he told his own and the following stories. He said that the day before he was turned out to die, another man, a theological student, was put into the room with him in an almost dying condition. This theological student had been subjected to all kinds of torture. Among other things, he had had three kettles of water poured into his nostrils, his head being held back by the police while they poured the water down his nostrils to force him to confess the names of those connected with the independence movement!!! Plese bear in mind that this happened, not last year, but within the last two weeks, since the first day of February, 1920!!! And the Japanese claim to have abolished torture!!! Another man recently released from prison reports that four men were recently frozen to death. A Korean friend told me to-day that all the men in prison now have frozen feet. One of our best and most spiritually minded pastors, Moderator of Presbytery, is in prison for a sentence of two years because the people at a funeral service which he was conducting over a man who had been shot by the Japanese gendarmes, shouted "Mansei"! We have just heard that this man has his feet both frozen, and that they are in such a condition that he is likely to die there in prison!

I am telling you these things because there is a persistent propaganda being carried on by the Japanese in the American newspapers to convince the American public that they have reformed conditions in Korea. I hope you will use your influence to publish these facts as widely as possible, both in the newspapers and in the public gatherings. Use my name in confidence, if you wish, but see to it that it is withheld from publication.

Sincerely yours,
Floyd E. Hamilton
Presbyterian missionary in Chosen.

▌1920년 2월 15일 해밀턴 선교사의 선교보고서 일부, 출처: 독립기념관

국에서 사역하는 동안 계속되었다.

특히 그의 노력은 신사참배거부운동에 있어서 그 정점에 도달하였다. 1931년 만주침략을 계기로 일제는 국민정신 총동원을 구실로 신사참배를 강요하기 시작하였다. 신사참배는 기독교학교에도 강요되었으며, 평양에서는 1932년 9월 전사자 위령제를 빌미로 전 학교 동원령을 내려지는 것을 계기로 일제는 본격적으로 신사참배를 강요하기 시작하였다. 일제의 요구는 점점 더 심해졌으며, 마침내 1936년 1월 16일 숭실의 교장 매큔(윤산온, George McCune)과 이전 교장 마펫에게 18일까지 참여할 것을 요구하였으며, 그렇지 않으면 교장직을 그만두라고 강요하였다. 이에 매큔 선교사는 정중히 거부하는 편지를 보냈으며, 이를 빌미로 일제는 숭실을 대대적으로 탄압하기 시작하였다. 총독부가 대학총장 매큔을 불러서 신사참배를 강요할 때에, 매큔은 그 자리에서 어떠

한 일이 있더라도 신사참배는 할 수 없다고 했던 용기는 상당히 중요한 일화로 전해 내려오고 있다. 마침내 숭실은 1938년 3월 자진 폐교를 결정하였다.[44] 이러한 과정에서 숭실의 교장인 매큔을 비롯한 선교사들은 신사참배거부운동에 참여하게 되었으며, 그 중 해밀턴도 이 운동에 적극 참여하였다.

해밀턴은 그와 친했던 말스베리와 함께 모금운동에 주도적으로 참여하면서 이 운동을 도왔다.[45] 당시에 신사참배거부로 목사직을 사면한 경남 마산의 한상동 목사는 신사참배거부운동을 소수의 운동으로 할 것이 아니라, 조직적이고 정치적으로 전개할 것을 결의하고 함께 할 사람들을 모았다. 또한 평양에 있는 장로교 목회자들에게도 함께 할 것을 부탁했으며, 이인재를 평양으로 보내서 사람들을 만나게 하던 중에 해밀턴을 만나서 해밀턴으로부터 신사참배거부운동 자금을 지원받게 되었다.[46] 해밀턴은 숭실 폐교 후에는 선교지역을 돌아다니면서 교회 목회를 하고 설교를 하면서 이러한 점을 계속해서 부각시켜나갔다. 일제는 비밀경찰을 붙여서 이러한 과정을 감시하였다.[47] 일제는 최후의 수단으로 신사참배 불참자들을 모두 검거하기에 이르렀고, 해밀턴은 1940년에 붙잡혀서 가택연금 되었다가 미국으로 추방당하게 되었다. 이 기간 동안에 그는 캘리포니아 지역에 머물면서 지역교회에서 목회를 하였고, 정통장로교총회 교육위원회 총무 등으로 활동하면서 그의 사역을 계속 이어갔다.[48] 신앙의 순수성을 지키고자 했던 해밀턴과 다른 많은 선교사들의 노력은 신앙적인 측면에서 뿐 아니라, 민족운동의

---

44) 같은 책, 484-524.
45) 김양선, 『韓國基督敎史硏究 (한국기독교사연구)』 (서울: 기독교문사, 1971), 197.
46) 김승태, 『식민권력과 종교』, 242.
47) 해밀턴, *Missionary Memoirs*, 138-147.
48) 이상규, 『한상동과 그의 시대』, 183.

한 흐름 속에서 일제에 굴복하지 않고 끝까지 저항하는 모습을 보임으로써 숭실 뿐 아니라 전체 국민에게 하나의 귀감이 되어 주었다.

## 3. 해밀턴의 생의 마지막 시기

1938년 숭실대학이 폐교되고 신사참배 문제가 대두되면서 일본은 한국의 선교사들에게도 압력을 가하였다. 이 시기에 해밀턴은 신사참배 거부운동을 돕다가 일본 경찰의 감시를 받는 등 심한 박해를 견디다가 1940년 말에 미국으로 강제출국 되었다. 일제에 의해서 강제로 한국을 떠났던 해밀턴은 해방 이후 선교사의 입국이 가능해지자 1948년 5월에 다시 한국으로 돌아왔다.[49] 당시 그는 미국성경장로교(Bible Presbyterian Church)소속 선교사로 입국하였다. 한국에 돌아온 그는 한국전쟁이 발발하여 일본으로 떠나기까지의 기간 동안 부산에 있는 고려신학교에서 성경주석 및 변증학 등을 가르치는 교수로 활동하였다. 그 외에도 은혜교회나 성경교회, 복음교회 등 여러 교회에서 선교사역을 수행하였다.[50] 한국전쟁이 시작되자 잠시 일본으로 떠났다가, 다시 돌아와서 전쟁기간 동안에 통역장교로 한국전쟁에도 참전하였다. 그러나 그의 한국전쟁 기간 동안의 한국사역은 길지 못했다. 한국전쟁 기간 동안 미군에서 통역으로 일하던 중에 얻는 수입을 환전하는 과정에서 발생한 문제로 실정법에 저촉되어 어쩔 수 없이 1953년에 본국으로 돌아가게 되었다.[51] 해밀턴은 미국으로 돌아가 총회본부에서 일을 하였으며 뉴햄

---

49) 각주 80번 참조.
50) 위의 책, 183-185. 그리고 "함일돈의 생애와 선교사역", 110.

프셔의 트로이에서 목회하다가 1969년 9월2일 사망하였다.[52)]

해밀턴은 비록 불명예스럽게 본국으로 돌아가게 되었지만, 그는 자신의 실수를 인정하고 그것에 대한 책임을 지기 위해서 여러 가지 노력을 기울였다. 비록 한국에 다시 올수 없게 되기는 했지만, 그의 삶의 이야기들과 마지막까지 한국을 떠나는 것을 아쉬워했던 그의 모습들을 살펴보면, 그가 자신이 평생을 바쳤던 한국에 대해서 어떠한 마음을 보여주었는지, 그리고 한국의 신학을 형성하는 데에 어떻게 노력했는지를 보여준다. 많은 선교사들이 일제말기의 탄압 속에서 본국으로 돌아가서 그들의 생을 보냈던 것에 비해 해밀턴은 그가 할 수 있는 한 최선을 다해서 그의 선교지에 있으려고 하였다. 그리고 그는 그의 삶을 통해서 한국의 신학의 한 전통인 보수정통주의신학을 확립하기 위해 끝까지 학교에서 학생들을 가르치면서 노력하였다. 이러한 모습은 그의 학문적인 열정과 선교사적인 사명을 지키기 위해서 애썼던 그의 모습을 가장 잘 보여주는 것이다.

## III. 해밀턴의 영향

해밀턴은 그가 한국 대학과 교회에 끼친 영향에 비해서 잘 알려져 있지 않은 선교사이다. 역사의 서술 방향이 관심을 받게 되는 몇 몇 사람

---

51) 해밀턴, *Missionary Memoirs*, 213-218.

52) 이 부분은 이상규 교수의 앞의 책을 참고하였다(177-189). 이상규교수는 해밀턴의 장남인 로버트 고든 해밀턴(Robert Gordon Hamilton)이 소지한 "Floyd Hamilton, Resume,"와 출판되지 않은 해밀턴의 회고록인 *Missionary Memoirs*를 참고했다고 한다.

이나 혹은 기관들에만 집중되어 있는 현실 속에서 해밀턴을 재발견하고 그가 끼친 영향에 대해서 생각해보는 일은 매우 중요하다. 왜냐하면 역사는 소수의 기관이나 사람들이 움직여온 것이 아니라, 그 시대를 살았던 사람들의 삶의 고민과 투쟁들이 어우러져서 거대한 흐름을 만들어내는 것이기 때문이다. 이런 점에서 해밀턴에 삶에 대해서, 그리고 그의 영향에 대해서 살피는 것은 상당히 중요한 일이다. 앞서 해밀턴의 삶에 대해서 살펴보았다면 지금은 해밀턴의 영향에 대해서 살펴보고자 한다. 해밀턴이 한국 사회와 교회에 끼친 영향력을 평가해보자면, 그는 기독교대학교육과 한국보수주의신학에 커다란 흔적을 남겼다. 숭실에서 그가 성경을 가르치면서(해밀턴의 선교보고서에 따르면 숭실에는 성경과(Bible Department)가 있었다고 한다. 이것은 한 학과는 아닌 것 같고, 오늘날 교양학부처럼 성경을 가르치는 한 부서를 말하는 듯하다), 성경교육의 전체적인 흐름을 만들어내었고, 평양신학교와 고려신학교 등에서 가르치면서, 정통주의 보수신학의 흐름을 만들어내었다. 이런 그의 영향에 대해서 살펴보도록 하자.

## 1. 기독교대학교육의 내실화

해밀턴은 숭실에서 성경을 가르치면서 학생들에게 필요한 것이 어떤 것인지에 대해서 고민하면서 성경 교육의 체계를 만들어내려고 노력하였다. 이런 노력의 결실로 마침내 해밀턴은 숭실에서 성경 교육을 하는 체계를 구성하는 데 기여하였다. 해밀턴의 이러한 노력이 숭실 성경교육의 커리큘럼을 만들 수 있는 하나의 좋은 모델을 보여주고 있다.

앞서 살펴본 대로, 해밀턴은 자신의 성경 수업을 학년에 따라서 그 내용을 다르게 가르쳤다. 그의 선교보고서에는 해밀턴이 1학년 학생들을 가르쳤다는 기록은 나와 있지 않다. 그의 초창기 (1924년 경) 기록에는 2학년에게 복음서를 4학년에게 변증학을 가르친 것으로 기록되어 있다. 이후에 그가 조금 더 세심하게 고민한 강의 내용은 29년부터 가르친 내용이다. 특히 31년 보고서에서 해밀턴은 자신이 가르친 성경 수업의 내용을 자세하게 기록하고 있다. 해밀턴은 2학년 학생들을 대상으로 성경해석을 가르쳤는데, 특히 기독교의 중심교리인 칭의에 대해서 잘 서술되어 있는 로마서와 에베소서를 가르쳤다. 이 내용은 자연스럽게 칼빈주의까지 소개할 수 있게 되었다. 3학년 학생들에게는 변증학을 가르치면서 철학적인 관점에서 기독교신앙를 가르쳤다. 4학년 학생들에게는 기독교신앙의 심화과정을 가르치면서, 교리와 성경에 대한 내용을 조금 더 깊게 다루었다. 해밀턴을 비롯한 숭실의 교수들의 이러한 노력은 결실을 맺어서 숭실을 졸업한 학생들 중에 상당한 학생들이 평양신학교에 입학해서 신학을 공부하기도 하였으며, 미국으로 유학을 가기도 하는 등 좋은 결실을 맺게 되었다. 해밀턴이 가르쳤던 성경 수업의 내용을 간략하게 표로 나타내 보면 아래와 같다.

| 학년 | 과목 | 내용 |
|---|---|---|
| 1학년 | | |
| 2학년 | 성경해석 | 바울서신(로마서, 에베소서) - 칭의론, 칼빈주의 |
| 3학년 | 기독교변증론 | |
| 4학년 | 성경과 교리 | 주요 교리, 칼빈주의 |

〈해밀턴이 구상했던 성경 수업 커리큘럼〉

앞서 살핀 대로, 해밀턴의 선교보고서에 따르면, 해밀턴은 1학년 학생들은 가르치지 않았고, 2-4학년 학생들에게 일주일에 15시간이 넘는 수업시간을 할애해서 성경 과목들을 가르쳤다. 학생들이 성경수업에서

그리스도信仰中心

게자씨

칼빈主義四百年記念號

—八月號—

第六十號

目次

▌해밀턴의 글이 들어간 1936년 『게자씨』 8월호 목차

힘들어하는 점이 무엇인지 파악하고 이를 바로잡기 위해서 상당히 많은 노력을 기울였으며, 신앙과 세계를 연결시키기 위해서 성경 수업을 체계화하려고 애를 쓴 해밀턴의 모습을 통해서 오늘날 기독교대학들에게 던지는 해밀턴의 메시지에 우리는 귀를 기울일 수 있어야 한다. 부단히 노력하고 변화하는 가운데, 학생들과 호흡하면서 학생들을 위해서 학생들이 이해할 수 있도록 수업을 진행하기 위해서 그는 최선의 노력을 다 기울였다.

이와 같이 해밀턴이 학생들에게 성경 수업을 가르치기 위해서 기울였던 노력이 숭실의 학생들을 위해서 좋은 결실을 맺게 된 것과 아울러 해밀턴은 한국 보수주의 정통신학을 수립하는 데에도 크게 기여하였다. 그는 숭실과 평양신학교의 다른 교수들과 함께 (집필에 참여한 교수들은 채필근(칼빈의 일생), 박형용(칼빈의 예정론), 함일돈(해밀턴, 칼빈의 주요원리들),

김인준(칼빈의 신학개관), 박윤선((칼빈의 기도론의 촬요(撮要) 수수(數修)), 방지일(칼빈의 성경관) 등이다) 한국에서 처음으로 칼빈주의를 소개했으며(『게자씨』, 1936년 8월호), 이러한 노력의 결실들이 반영되어서 그의 성경 수업의 내용과 방향이 설정되게 된 것이다. 아래의 그림은 당시에 발행된『게자씨』의 목차이다.

해밀턴이 한국의 보수신학에 어떤 영향을 미쳤는지에 대해서는 다음 장에 조금 더 자세하게 다룰 것이다.

## 2. 정통주의신학의 확립

해밀턴은 선교사로서 한국에 들어와서, 선교의 현장인 교회에서 직접 일을 한 목회자이면서, 동시에 한국 보수주의 장로교 신학의 전통을 세운 신학자이다. 다른 선교사들과 같이 그도 교회를 위해서 최선을 다해서 사역을 하였다. 그의 교회에 대한 사역보다는 그의 신학적인 업적이 한국사회에서는 더 크다. 그는 논리 정연한 지성을 바탕으로 프린스턴신학교의 메이첸과 워필드로부터 배운 보수 신학을 한국에서 가르치기 시작한 사람으로, 역시 메이첸에게 수학한 한국 보수주의 신학자 박형룡과 같은 시기에 활동하였다.[53] 해밀턴은 그의 신학의 목표를 진화론에 기초한 자유주의에 반대하여 성서의 권위에 기초해서 기독교를 변증하려고 했다.[54] 동시에 그는 네비우스 선교 방법에 대한 자신의 의견을 글로 남기는 등 선교에 대한 그의 신학적인 의견을 제시하

53) 박용규,『한국장로교사상사』, 98-99, 201-202.
54) 위의 책, 201.

기도 했다.[55)]

### (1) 기독교 변증학

해밀턴의 신학의 중요한 핵심 가치는 성서의 권위를 기반으로 하는 기독교 신앙이다. 이것은 해밀턴과 그의 스승들이 자유주의 신학으로부터 지켜내려고 했던 핵심적인 가치이다. 자유주의 신학은 진화론에 입각한 성서해석을 주장하면서 성서의 권위를 끌어내리려고 하였고, 자연스럽게 신학과 신앙도 상대주의적인 것으로 만들어버리고 말았다. 이런 현상을 극복하고 기독교 신앙의 근본들을 지켜내기 위해서 해밀턴과 그의 스승들이 붙든 가치가 바로 성서의 유일성이다. 그가 기독교를 변증하는 내용은 그의 책 『기독교변증론』(*The Basis of Christian Faith*)에 잘 나와 있다.

해밀턴의 기독교에 대한 변증은 자유주의 신학에 맞서는 성서의 권위와 유일성에 대한 변증이다. 성서의 정확성은 성서 자체 뿐 아니라, 과학, 역사, 윤리, 문학 등에서도 여전히 드러난다.[56)] 성경이 과학적으로 모순이 있어 보이는 이유는 성서의 내용의 문제가 있다기 보다는 과학의 내용에 문제가 있는 것이며, 오히려 성서가 과학보다도 우위에 있음을 해밀턴은 강조하고 있다. 물론 성서는 과학을 가르치기 위해서 쓰인

---

55) Floyd E. Hamilton and Roland Allen *The "Nevius Method" in Korea*, (New York: World Dominion Press, 1935)

56) 함일돈, 『기독교변증론』 (서울(경성): 조선야소교서회(朝鮮耶蘇敎書會), 1929), 제8장. 해밀턴의 기독교 변증 부분은 박용규의 『한국장로교사상사』를 참고로 2차 인용한 것임을 밝힌다. 박용규는 그의 책을 쓰기 위해서 영어로 쓰인 해밀턴의 책 *The Basis of Christian Faith*를 인용하였는데, 필자는 그 인용에 더해서 해밀턴이 자신의 이 책을 번역한 것인 『기독교변증론』을 확인하면서 추가로 인용하였다.

책은 아니지만, 성경은 과학과 모순되지 않는다는 것이 해밀턴의 주장이다.[57)]

더 나아가서 해밀턴은 성서에 나오는 역사적인 진술들도 그 어떤 고고학적인 진술들과 모순되지 않는다고 변증한다. 해밀턴은 성서의 권위에 대해서 이야기하면서 만일 성경이 과학적으로나 역사적으로 모순된 것이라면 성서가 "결코 신앙과 행위의 정확무오한 안내자가 될 수 없으며 성령의 인도와 통제 아래 기록된 책으로 고려될 수 없다."고 서술하고 있다.[58)] 해밀턴의 이와 같은 견해는 성서가 과학과 역사와 대립되거나 경쟁하는 것을 의미하는 것은 아니다. 오히려 해밀턴은 성서의 역사는 구속의 역사임을 밝히고 있다. 그의 주장은 구속의 역사적인 관점에서 볼 때, 만일 성서의 역사와 과학이 허구라고 한다면, 하나님의 구속의 역사도 허구가 되는 것임을 이야기하는 것이다. 그러므로 비록 성서가 과학이나 철학에 대해서 가르치는 것은 아니지만, 기독교인은 성서가 가르치는 역사와 과학을 진실한 것으로 믿는다.[59)]

여기에서 해밀턴은 정통주의 신학에서 매우 중요하게 생각하는 한 부분을 지적하고 있다. 그는 성서에서 사용한 용어는 현대 과학에서 사용하고 있는 용어가 아님을 분명히 말하고 있다. 그것은 성서가 기록되던 시대의 사람들의 언어이며 당시에 사용된 현상학적인 표현일 뿐이다. 당대의 사람들이 이해할 수 있는 언어라는 점이다.[60)] 이 점에서 해밀턴이 가지고 있었던 성서의 영감론이 나온다. 성서는 하나님이 불러주신 말을 기계적으로 받아쓴 것이 아니라, 성령의 인도에 따르는 저

---

57) 같은 책, 제5장

58) 같은 책, 185. 박용규의 책에서 재인용.

59) Floyd E. Hamilton, "The Answer of the Christian Church to the Problems of Present Day Korea," *The Korean Mission Field* 24. January, 1928, p 3.

60) 함일돈,『기독교변증론』272.

자들이 자신의 지식과 개성을 가지고 써 내려간 책이다. 성서가 오류가 없는 이유는 성령께서 저자들을 인도하셔서 그들이 오류에 빠지지 않도록 하셨기 때문이지, 하나님이 기계적으로 받아쓰게 하셨기 때문이 아니다.[61] 이제 성서의 난제들과 기독교 신앙은 서로 모순되는 것이 아니라, 기독교인들에게 더 깊은 연구와 지식을 요구하는 것이 되었다. 이러한 문제들은 성서의 권위를 파괴하고, 인간에게 풀리지 않는 문제를 만들어 주는 것이 아니라, 더 연구하고 공부해야 하는 문제가 되는 것이다.[62]

해밀턴에게 있어서 성서의 권위를 지키는 것은 곧 기독교 신앙과 신학을 지키는 길이었다. 그리고 그는 이 일을 위해서 신학적인 작업을 충실하게 수행해 갔다. 그의 이러한 노력은 후에 한국 보수주의 신학의 형성에 큰 공헌을 하게 되었다. 특히 소위 말하는 오늘의 포스트모던 시대를 살아가고 있는 기독교인들에게 해밀턴은 중요한 것을 가르쳐주

61) 같은 책, 291. 성경의 영감과 근본주의 신학에 대해서 조금 더 생각할 필요가 있다. 특히 해밀턴 당시 구프린스턴 신학자들이 지키고자 했던 성경의 권위에서 출발한 근본주의 신학과 오늘날의 근본주의 신학은 차이가 많다. 필자의 견해로는 오늘날의 근본주의 신앙은 1970년대 미국의 보수교회(리버티 대학의 설립자인 제리 팔웰 등)에서 그 뿌리를 두고 있다고 보는데(필자의 논문, "A Critical Study of American Christian Fundamentalism focusing on the Moral Majority Movement in terms of the similarity of Korean Christian Fundamentalism," 「기독교사회윤리」 15(2008)를 보라), 이들은 기독교를 근본으로 사회를 이끌어가려고 하는 생각을 가지고 있었다. 이들은 현재 미국의 극우적인 보수 신앙과 맥을 같이 하고 있다. 이런 경향은 한국에서도 비슷하게 적용되고 있다. 오늘날 한국보수교회들이 근본주의적인 신앙을 견지하고 있다고 표현하고 있는데, 이 부분은 해밀턴과 그 스승들이 생각했던 근본주의와는 분명 그 내용이 다름을 우리는 구분할 수 있어야 한다. 특히 오늘날의 근본주의자들이 성서해석은 자신들의 정치적인 이익을 위해서 성서의 권위를 말하면서 마치 성서가 하나님과 저자들의 유기적인 영감이 아니라, 기계적으로 받아쓴 것으로 보고 성서에 나오는 어떤 한 부분의 말씀을 문자 그대로 따를 것을 강요하기도 한다. 이런 경향과 초기 근본주의 신학자들의 성경의 권위를 지키려고 노력했던 모습과는 사뭇 차이가 크다.

62) 같은 책, 275.

고 있다. 성경에 대한 올바른 이해와 이를 바탕으로 역사와 사회를 이해하는 가운데 세계와 대화할 수 있는 기반을 만들어가는 것이 바로 신앙의 기초이다.

## (2) 칼빈주의

해밀턴은 자신이 변증하려고 했던 성경적인 기독교에 대한 신학적인 작업을 수행하기 위해서 칼빈주의 신학을 옹호하였다. 해밀턴이 처음 사역을 시작하던 당시 한국에서는 칼빈주의가 크게 소개되지 않았다. 칼빈주의를 처음 한국에 소개한 이는 중국의 신학자 가옥명(賈玉銘)이라고 전해지는데, 평양신학교의 교수 레이놀드(이눌서, Willam D. Reynolds)가 그의 책을 번역해서 소개하였다[63] 이 후 미국에서 유학을 마치고 돌아온 박형룡 등이 가세하면서 칼빈주의에 대한 논의가 더 활발해졌다. 해밀턴 역시 이러한 작업을 더 깊게 수행하는 데 도움을 주었다. 왜냐하면 해밀턴은 프린스턴 재학시절 그의 스승인 워필드(Warfield)로부터 칼빈주의에 대해서 직접 배웠으며 그도 근본주의 신앙을 지키는 방편으로서 칼빈주의에 동의하고 있었기 때문이다.[64] 칼빈주의가 한국교회를 이해하는 데에 중요한 이유는 많은 한국 교회가 칼빈주의적인 장로교 전통을 따르고 있기 때문이다. 분명 해밀턴이 이 부분에서 일정정도 그의 역할을 감당했으며, 이것은 오늘날 그가 보수주의 한국 신학에 기여했음을 보여준다.

중요한 것은 해밀턴은 성서해석과 칼빈주의를 분리해서 생각한 것은 아니라는 점이다. 오히려 그는 성서의 권위를 지키기 위해서 칼빈주의

---

63) 주강식, "한국장로교의 개혁신학에 대한 연구", 75-77.
64) 함일돈, *Missionary Memoirs*, 51-52.

를 이용했다고 보는 것이 더 타당하다. 그는 칼빈주의야말로 성경의 유일성을 지킬 수 있는 유일한 교리로 생각하고 있었다.[65] 해밀턴은 그의 논문에서 칼빈주의의 5대 교리인 '인간의 전적 타락,' '무조건 선택,' '제한적 구속(대속),' '불가항력적 은혜(유효한 구은),' '성도의 견인(궁극적 구은)' 등에 대해서 설명하면서 칼빈주의야말로 성서의 진리를 완전하게 이해할 수 있게 해주는 가장 최상의 교리라고 말하고 있다.[66]

여기에서 우리가 눈여겨 볼 부분은 해밀턴은 칼빈주의를 기독교신앙의 유일한 길로 보는 것이 아니라, 가장 설득적인 교리로 보고 있다는 점이다. 그는 『신학지남』 결론 부분에서 아래와 같이 이야기 한다: "마지막으로 한 가지 말해 둘 것은 나는 결코 어떤 신자가 칼빈주의자가 아니라고 해서 그는 기독교도가 아니라고 하지 않는다. 누구든지 칼빈주의자는 아니어도 예수를 구주로만 믿으면 구원을 얻을 것이고 참답게 기독교인의 칭호를 얻게 될 것이다."[67] 여기에서 우리는 그의 신학의 태도를 배울 수 있다. 자신의 의견을 충실하게 주장하고 타인을 설득하려고 하였지만, 자신의 의견과 다르다고 해서 그 사람은 기독교도가 아니라고 생각하지 않고, 다른 사람의 견해에 대해서도 열려있으면서 모두 하나님의 자녀라고 생각하는 그의 열린 자세를 볼 수 있다. 이러한 그의 모습은 오늘 기독교인들 특히 근본주의 신앙인들이 귀를 기

---

65) 박용규,『한국장로교사상사』, 202. 박용규는 이것을 논증하기 위해서 함일돈의 책 *The Reformed Faith in the Modern World*를 인용하고 있다.

66) 함일돈 "칼빈주의,"「신학지남」(1937년 11월), 127쪽, 함일돈이 칼빈주의에 대해서 논술한 자료는 숭실대학교에서 발간한 신앙잡지「게자씨」1936년 8월호에 "칼빈주의의 주요한 원리들"이라는 제목의 글로, 그리고「신학지남」1937년 9월호와 11월 호 "칼빈주의"라는 제목의 글로 실려 있다. 괄호 안의 용어가 함일돈이 직접 사용한 용어이다.「신학지남」에는 '인간의 전적 타락' 교리는 '무조건 선택'에 포함하여 설명하고 있다. 칼빈의 5대 교리의 핵심은 인간의 전적인 타락과 하나님의 무조건적인 은혜인 하나님의 선택하심으로 인간이 구원을 받게 된다는 것이다.

67) 위의 글, 필자가 원문을 현대어에 맞게 바꾸었다.

울여야 한다. 마치 칼빈주의가 가장 근본적인 권위를 가지고 있는 것처럼 착각하고 다른 생각들을 배타적으로 취급하고 그렇게 주장하는 것은 해밀턴과 같은 초기 정통주의 신앙인들의 생각이 아니었다. 중요한 것은 신앙의 순수성을 지키려는 노력은 자신의 신앙적인 견해를 반대하는 사람들을 적대하는 것에서부터 출발하는 것이 아니라, 자신의 신앙을 지키기 위해서 부단히 노력하는 데에서 오는 것이라는 점이다. 이런 점을 해밀턴은 우리들에게 잘 보여주고 있다.

# IV. 해밀턴의 작품들

해밀턴은 신학자로서 한국에 방문한 그 어떤 선교사들보다도 많은 저술을 남겼다. 그는 조직신학, 성경주석, 선교학 등에 길이 남을 만한 작품을 남겼으며, 말년에 그가 쓴 자서전은 개인의 이야기일 뿐 아니라, 당시의 역사적인 상황들을 잘 알 수 있는 훌륭한 문헌이다. 그 외에도 그가 미국 선교부에 보낸 편지들을 모은 기록을 통해서 당시 그가 숭실에서 활동했던 모습들을 잘 보여주고 있다.

## 1. 해밀턴의 대표적인 신학 작품들

해밀턴은 신학적으로 훌륭한 학자적인 자질을 갖추고 있었다. 해밀턴은 자신의 신학 작업을 단행본으로 만들기 이전에 자신의 신학적인 작업들의 밑거름이 되는 논문들을 프린스턴신학교의 학술 저널인 *The*

*Princeton Theological Review*에 먼저 발표하였다. 그가 발표한 논문은 1924년 "The Evolutionary Hypothesis in the Light of Modern Science (27 pages)," 1925년 "The Supernatural Growth of Christianity (29 pages)," 1926년 "The Rational Argument for Immortality (28 pages)," 그리고 같은 해에 "The Evolutionary Hypothesis in the Light of Modern Science (27 pages)"이라는 제목으로 발표되었다. 그는 이러한 논문들을 바탕으로 해서 자신의 신학의 역작인 *The Basis of Christian Faith*(1926), 먼저 발표하였고, 이후에 차례대로 *The Basis of Evolutionary Faith: A Critique of the Theory of Evolution*(1930), *The Reformed Faith in the Modern World* (1941), *The Basis of Millennial Faith*(1942) 등의 책을 출간하였다.

해밀턴의 대표작은 *The Basis of Christian Faith*(1926)이다. 이 책은 먼저, 해밀턴이 숭실에서 강의를 시작하던 초기부터 집필하여 원고가 완성되었는데 이후 해밀턴이 안식년인 1926년에 프린스턴에서 신학석사 학위(Master of Theology, Th. M)과정을 공부하면서 수정하여 최종 출간될 수 있었다. 이 책이 출간되었을 때, 프린스턴의 조직신학 교수인 메이천은 이 책을 칭찬하면서, 이 책의 출간비용을 내 주기도 하였다. 1962년경까지 5만부 이상이 팔린 베스트셀러였다. 이 책은 1929년에 한국어로『기독교변증론』이라는 제목으로 번역되어 숭실과 평양신학교에서 변증학 강의자료로 활용되었다. 이 책의 각 장에서는 기독교 심리학과 인식론에 대한 이해, 그 철학적인 논의, 이신론[68]과 진화론, 성서의 무오성, 역사성, 과학적인 논증 등에 대해서 기록하고 있다. 이 책이

68) 초월적인 관점에서 기독교 신앙과 신에 대해서 생각하는 것이 아니라, 이성적인 관점에서 신에 대해서 논증하는 것이다. 18세기 이후 계몽주의 철학사조가 발전하면서 이신론적인 견해가 팽배하게 되었다.

1960년대 이후까지 꾸준히 읽히고 있다는 점은 이 책이 얼마나 논리적으로 기록되어 있는지를 알 수 있는 지표가 된다. 미국의 초대 온라인 서점인 amazon.com에 접속해보면 최근까지도 이 책을 찾는 독자들이 있는 것을 보게 된다. 한 독자는 이 책이 아주 오래전에 쓰여 졌지만, 이 책에서 주는 정보는 아직도 유용하다고 이야기하면서 꼭 한 번 읽을 만한 가치가 있는 책이라고 설명하고 있다.[69] 또한 이 책의 한국어 번역인 『기독교변증론』은 당시의 신학자들이 사용했던 신학적인 용어들에 대해서, 그리고 철학과 과학적인 방법론과 그 논점들에 대해서 이해할 수 있는 귀중한 자료이다. 당시의 신학적인 용어와 그 번역에 대한 부분을 연구하는 아주 중요한 자료가 될 것이다.

또 한 가지 눈여겨 볼 작품은 해밀턴의 그의 스승 메이천의 What is Faith? 『신앙이란 무엇인가』이다. 이 책은 근본주의 신앙에 대한 기본적인 내용들을 당시의 자유주의적인 흐름에 반대해서 기록한 것으로 해밀턴의 『기독교변증론』 처럼 당시 신학자들의 용어와 사상, 번역 등에 대해서 공부할 수 있는 좋은 자료이다.

## 2. 해밀턴이 남긴 주석서

해밀턴은 한국말로 된 주석으로는 『창세기주석』을 남겼고, 영어로는 『로마서주석』과 『갈라디아서주석』을 남겼다. 한국말로 된 『창세기주석』 작업은 박형용 박사를 중심으로 한국장로교총회에서 성서주석 출간에

---

69) https://www.amazon.com/product-reviews/B0007DXKJ8/ref=acr_offerlistingpage_text?ie=UTF8&showViewpoints=1

참여한 것이다. 영어로 된 『로마서주석』과 『갈라디아서주석』은 해밀턴이 숭실에서 가르치기 위해서 집필한 것을 책으로 출간한 것이다. 이러한 주석서들은 숭실 학생들을 가르치는 데에 요긴하게 사용되었으며, 한국 교계에서 널리 읽혔다.

해밀턴이 참여한 『창세기주석』 작업은 1934년에 한국에서 있었던 '아빙돈단권성서주석사건'에서 비롯된 것으로, 이 사건은 당시의 신학적인 흐름이었던 고등비평학의 흐름에 따라서 미국 아빙돈출판사에서 발간된 성서 주석을 한국에서 번역해서 출간하게 된 데에서 비롯되었다. 한국장로교회는 바로 이 책에 대해서 평가를 하면서 이단이라고 몰아붙였다. 이것을 계기로 한국장로교는 진보와 보수의 논쟁이 시작되었다고 볼 수 있다. 어쨌든 한국장로교총회는 이러한 흐름에 반대하기 위해서 한국의 보수주의 신학자들이 모여서 한국장로교총회를 중심으로 한 성서주석을 계획하고, 그 첫 출발선에서 해밀턴이 『창세기주석』 작업을 하게 된 것이다. 이것은 당시 진화론적인 사고와 이신론적인 사고를 극복하기 위해서 해밀턴이 했던 노력들이 그대로 반영되고 있다. 비슷한 시기에 로마서와 갈라디아서에 대한 주석은 영어로 기록되었고, 이후에 미국에서 출간되었는데, 이 두 주석은 숭실과 평양신학교에서 학생들을 가르치는 데에 유용하게 사용되었던 것이다.

## 3. 한국 저널에 출간된 해밀턴의 글들

해밀턴은 기독청년면려회조선연합회에서 1925년부터 30년까지 발간한 학술지인 『眞生(진생)』에 여러 차례 글을 발표하였다. 1929년에 세 차례에 걸쳐서 기독교와 과학에 대해서 글을 발표하였다. 그해 1월에는

"신이냐 진화냐," 5월과 11월에는 "유기적 진화론"을 발표하였고, 1930년에는 타종교에 대해서 글을 여러 차례 발표하였는데, 3월에는 "불교경전의 세계의 종교서류," 5월에는 "모함멧교의 코란경: 세계의 종교서류," 그리고 6월에는 "기독교의 성경: 세계의 종교서류"를 발표하였다.

앞서 살펴본 대로, 해밀턴은 1936년 『게자씨』에 한국 신학계에서 최초로 칼빈주의에 대해서 글을 발표하였다. 해밀턴은 숭실과 평양신학교의 다른 교수들인 채필근(칼빈의 일생), 박형용(칼빈의 예정론), 김인준(칼빈의 신학개관), 박윤선(칼빈의 기도론의 촬요 수수(數修)), 방지일(칼빈의 성경관) 등과 함께 칼빈주의에 대해서 글을 발표하였다. 이 중에 해밀턴이 발표한 글은 "칼빈의 주요원리들"이다.

그리고 해밀턴은 당시 평양신학교의 학술저널이었던 『신학지남』에 칼빈주의, 성찬교리, 세례요한, 예수의 부활 등에 관한 글들을 발표하였다. 그는 1937년 9월호에 "칼빈주의," 1938년 5, 7, 9, 11월에 네 번에 걸쳐서 "세례요한의 사명의 성질급의미," 1939년 3, 5, 7월에 세 번에 걸쳐서 "성찬에 대한 바울교리," 그리고 1940년 3월에 "예수의 부활"을 발표하였다. 그리고 1927년에는 같은 저널에 "재조선연합외국선교사회공의회감서"를 발표하였는데, 이 글은 학술적인 글이 아니라, 선교사공의회 결의를 당시 선교사공의회의 서기였던 해밀턴이 정리해서 발표한 것이다.

그 외에도 해밀턴은 한국에서 영문으로 발행된 *The Korea Mission Field*에도 몇 차례 글을 발표하였다. 이 저널은 1901년 장로교 선교사 빈톤이 계간으로 발행한 *The Korea Field*와 1904년 11월에 남북감리교회의 저널인 *The Korean Methodist*가 연합해서 만들어낸 영문 저널로 1905년부터 1941년까지 매달 발행하였다.[70] 해밀턴은 이 저널에 1921년 8월 "Editorial," 1924년 10월 "The Revival at Suh Syung Nee,"

70) m.blog.naver.com/philosophy78/130175392964

1927년 9월 "The First Protestant Martyr in Korea," 1928년 1월 "The Answer of the Christian Church to the Problems of Present Day Korea" 등의 글들을 발표하였다.

이러한 글들은 해밀턴이 당시 한국에서 활동하면서 수행했던 학술적인 활동들을 잘 보여준다. 그는 자신만의 확고한 신학을 가지고 학문을 전개했으며, 이러한 노력들은 한국의 보수신학의 흐름을 형성하는데 중요한 기여를 하였다.

## 4. 네비우스방법

해밀턴의 학문적인 기여 중에 또 다른 하나를 꼽자면, 네비우스 방법에 대한 그의 서술이 담긴 책을 출간했다는 것이다. 이 책은 롤랜드 알랜(Roland Allen) 선교사와 함께 저술한 것으로 월드도미니언출판사(World Dominion Press)에서 1935년에 단행본으로 출간하였다. 이 책이 기록된 목적은 당시 클라크(Charles A. Clark)박사가 집필했던 『한국교회와 네비우스방법』(*The Korean Church and the Nevius Method*)에 대한 대답을 하기 위한 것이라고 서론에 명시되어 있다. 이 책의 의의는 네비우스 방법이 선교지에 어떻게 적용되었는지에 대한 당시 선교사들의 증언이 담겨 있다는 데 있다. 이 책은 베어드 선교사의 아들은 리차드 베어드가 아버지의 생에 대해서 쓴 프로파일 부록에 실린 네비우스 방법에 관한 글과 함께 당시 선교사들이 네비우스 방법을 어떻게 바라보았는가에 대한 연구를 할 수 있는 좋은 자료이다.

## 5. 해밀턴 회고록

해밀턴 회고록(Missionary Memoirs)은 그의 아들 리차드 해밀턴이 보관하던 것을 고신대학교의 이상규 교수에게 선물함으로 한국에 알려졌다. 이 책은 해밀턴이 자신의 어린 시절부터 마지막 시기까지 자신의 삶을 다룬 책으로 당시의 시대적인 상황에 대한 생생한 증언들이 나오고 있다. 특히 당시 미국 장로교가 분열되는 과정, 한국에서 숭실이 발전하고 쇠퇴하는 과정, 한국에서 고려신학교나 성경신학교가 만들어지는 과정, 그리고 자신이 불명예스럽게 한국을 떠나는 과정까지 자세하면서 진솔하게 기록되어 있다. 이 책은 20세기 미국장로교의 변화를 읽어갈 수 있는 아주 소중한 자료이며, 동시에 그것보다 더 중요하게, 한국의 숭실과 그 외의 학교들이 어떠한 과정으로 발전되어 왔는지를 생생하기 들려주고 있다.

## 6. 해밀턴 선교보고서

이 보고서는 한국선교부가 미국장로교 선교부에 보고한 편지들을 하나로 묶어서 자료로 나온 것 중에서 다시 해밀턴 부분만을 발췌한 자료이다. 현재 이 자료는 장로회신학대학교에서 양장본으로 소장하고 있으며, 숭실대학교 기독교문화연구원에도 소장되어 있다. 이 자료도 상당히 중요한 가치가 있는데, 그 이유는 당시 해밀턴 선교사가 경험했던 선교의 이야기들이 자세하게 기록되어 있기 때문이다. 특히 숭실에서 자신이 교수로서 학생들을 가르치면서 있었던 일들, 교회를 돌아다니면서 선교활동을 했던 여러 일들이 자세하게 기록되어 있다. 이 보고서 역시 해밀턴을 연구하기 위해서는 꼭 필요한 자료이다.

## V. 결론

이상에서 우리는 역사 속에서 해밀턴의 이야기를 더듬어 보았다. 그가 살고 간 삶의 이야기, 그가 남긴 사상적인 공헌들, 그리고 그가 남긴 작품들에 대해서 살펴보았다. 그의 처음 이야기부터 그가 인생의 끝 무렵 중대한 실수를 했던 이야기들도 살펴보았다. 한 사람의 이야기이지만, 우리들의 역사에 관한 이야기이고, 그 역사의 흐름에 오늘의 내가 있기 때문에 해밀턴의 이야기는 오늘 나의 이야기와 연결된다. 오늘 내가 살면서 어떤 모습을 만들어 낼 것인가가 먼 훗날 나의 후배들이 들여다보면서 기억할 숭실의 역사가 될 것이기 때문에 해밀턴의 이야기는 오늘 우리에게 흥미롭게 다가온다.

우선 해밀턴은 숭실인이었다. 칼빈주의 신앙을 가지고 있는 기독교인들이 이야기하는 방식대로 설명하자면, 그가 숭실에 와서 숭실과 함께 지냈던 약 19년의 시간은 하나님의 섭리였다. 그는 선교사역의 처음을 숭실에서 시작했고, 한국에서의 마지막 선교사역도 숭실 시절 알았던 사람들과의 인연 덕분에 할 수 있었다. 그가 평양에 도착해서 숭실 학생들에게 영어와 성경과목들을 가르치면서 보여주었던 모습은 오늘날 우리들에게 스승으로서의 길을 잘 보여준다. 성경을 잘 가르치기 위해서 고민하면서 책을 쓰고, 그 쓴 내용을 한국어로 번역하면서 학생들을 가르쳤던 그의 모습은 선생이 가야할 길을 잘 보여준다. 수업에서만이 아니라, 일상의 삶에서도 학생들과 함께 했던 모습은 오늘 숭실에서 학생들을 가르치고 있는 교수로서 나의 모습을 반성하게 만들기도 한다. 자신이 가지고 있는 모든 것을 다 해서 숭실에서, 그리고 숭실을 위해서 열정적인 삶을 살았던 해밀턴의 모습을 통해서 숭실이라는 이름의 의미가 어떤 것이었을지 다시 한 번 상상해보게 된다.

그는 또한 한국을 사랑했던 사람이다. 일제하 삼엄한 분위기 속에서, 그리고 미국과 일본 관계에서 한국보다는 일본에 대해서 호의적이었던 미국을 향해서 그는 한국을 변호하던 사람이었다. 신사참배를 거부하기 위해서 자신의 사재를 털어서 사람들을 도왔던 사람이었다. 그는 일제하에서 어쩔 수 없이 한국을 떠나야하는 역사적인 좌절을 맛보기도 했지만, 다시 한국에 돌아와서 한국의 대학과 신학교를 위해서 일했던 사람이었다. 그리고 불명예스럽게 한국을 떠나기는 했지만, 그의 삶에서 가장 많은 부분을 보냈던 한국을 기억하면서 회고록을 남겼던 사람이었다. 애국의 의미가 왜곡되고 와전되어서 권력에 아부하고 빌붙는 것을 애국으로 착각하게 만드는 시대를 살아가고 있는 오늘의 우리들에게 그는 한국인으로 국가를 위하고 사랑하는 길이 무엇인지를 잘 보여준다.

해밀턴은 기독교지성인으로서 신앙과 지성이 어떻게 서로 연결되어 있는지에 대해서 보여준 좋은 스승이다. 자신의 신앙을 변호하고 지키기 위해서 철학을 공부하고 과학을 공부하면서 치열하게 고민하고 논쟁하던 그의 모습은 지성인의 참 모습을 보여준다. 자신의 사상을 펼치기 위해서 몇 년간의 고생을 마다하지 않고 책을 써 내려가는 그의 모습은 지식인의 의지를 잘 보여준다. 자신의 믿음을 지키는 길로 선택한 학문적인 방법을 자신의 신앙을 지키기 위한 도구로 사용하고, 타인을 배척하는 도구로 사용하지 않는 그의 모습은 철저하지만 절제된 신앙, 타인을 배려하는 신앙의 참 모습을 보여준다. 이런 모습은 자신의 이익을 지키기 위해서 신앙을 도구로 삼고 살아가고 있는 상당수의 기독교인들에게 경각심을 불어넣기에 충분하다. 또한 바른 신앙의 모습이 무엇인지 고민하면서 길을 찾아가고 있는 기독교인들에게는 충분한 귀감이 되어준다.

끝으로 해밀턴은 오늘 우리들에게 두 가지 점을 고민하게 만들고 있다. 첫 번째는 기독교대학의 사명과 과제이다. 특히 가르침 즉 단순한 지식 전달이 아닌 배움의 문제를 깊게 고민해 보아야 한다. 해밀턴은 숭실대학에서 가르치면서 학생들에게 기독교정신을 효과적으로 가르치기 위해서 끊임없이 노력하였을 뿐 아니라, 일제하 민족운동에 관심을 가지고 가담하면서 자신이 믿고 있었던 것을 지키려고 하였다. 오늘날 기독교대학들이 학생들에게 어떤 가르침을 주어야할지 해밀턴에게서 배워야 하겠다. 두 번째는 역사의 의미와 신학의 과제이다. 선교사들의 역할은 단순히 한국 교회를 세우고 한국 교회의 역사를 만들어갔던 것에 머물러 있는 것이 아니라, 한국 역사를 관통하면서 한국 사람들과 함께 숨 쉬고 있다. 그들이 만들어낸 결과가 때로는 극단적이고 근본주의적인 보수주의를 만들어냈었다고 혹자는 말할 수도 있겠지만, 그것은 그 후손들의 몫이지 결코 선교사들의 몫은 아니었을 것이다. 오히려 이들은 한국 교회사와 한국 현대사를 있게 만든 하나의 기초로서 있을 뿐이다. 그 중에 해밀턴 선교사는 우리들에게 중요한 것을 말해주고 있다. 보수신앙을 말하고 근본적인 것을 붙들고자하는 사람들은 해밀턴처럼 치열하게 고민하면서 자신의 신앙과 신학을 지켜내고 다른 사람들을 향해서 열린 마음으로 신학을 하는 법을 배워야 할 것이다. 신학을 하거나 목회를 하는 사람들 뿐 아니라, 마찬가지로 기독교인들도 해밀턴에게 신앙하는 자세를 잘 배울 수 있어야 하겠다.

I.

# 나의 어린 시절

나의 어릴 적 기억 중에서 가장 먼저 생각나는 것은 우리 집이 뉴욕주의 바타비아 외곽에서 농장을 하고 있었던 무렵에 일어났던 일이다. 그 무렵 나는 한 살 정도 된 어린 소년으로 다른 물건에 기대고 서는 법을 겨우 배웠다. 그 때 나는 부엌 스토브 옆에 놓여 있던 의자에 올라서서 창틀을 잡고 우리 집 앞 정원에 있었던 포도나무를 쳐다보고 있었다. 그 순간 일어나서는 안 될 일이 벌어지고 말았다. 나는 균형을 잃고 쓰러졌으며, 고통 때문에 정신을 잃고 말았다. 내가 다시 정신을 차린 것은 꽤 오랜 시간이 흐른 뒤였다. 아마도 두세 주 정도가 지났었던 것 같다. 나의 가족들에게 들은 바로는 나는 스토브 위에 넘어져서 심하게 데었다고 한다.

나를 처음 치료한 의사 선생님은 분명 나의 데인 상처를 조금 더 세심하게 치료해서 큰 상처를 남기지 않았어야했다. 그러나 안타깝게도 의사 선생님이 나를 방문한 시기는 자신의 작은 딸이 소아마비에 걸렸다는 소식을 들었던 시기였다. 어쩌면 그 의사 선생님이 딸의 소아마비균을 나에게 감염시켰는지도 모르겠다. 어쨌든 나의 상처가 아물고, 내가 다시 걸음을 떼려고 했을 때, 나의 오른 발목은 돌아가 있었고 발목 힘줄은 뒤틀려서 다시 정상으로 돌아올 수 없게 되어버리고 말았다. 나의 한 쪽 다리는 일 년 반 동안이나 성장하지 못해서 다른 다리에 비해서 짧았다.

전기충격요법이 도움이 되었는지 어쨌든 나의 다리는 감각을 되찾고 다시 자라기 시작했다. 물론 나의 걸음걸이는 여전히 이상해 보였다. 나의 부모님은 매우 속상해 하셨고, 나를 치료하기 위해서 당시에 할 수 있는 모든 치료법을 사용하셨다. 부모님은 상당히 비싼 철제 교정기를 구입하셨다. 그리고 어머니는 당시에 뉴욕주 버팔로에 계셨던 꽤 유명한 의사에게 나를 수술 받게 하려고 책을 팔아서 25달러나 되는 돈을 모으셨다. 내 기억에 그 책의 제목은『400년에 걸쳐서 새겨진 모래 위의 발자국』이었다. 내가 이전에 받았던 수술은 나에게 별다른 도움이 되지 못했고 나는 다리에 깁스만 두 세 주 동안 하고 있어야 했다. 버팔로의 의사는 발목 뒷부분의 인대를 끊은 후에 깁스를 했다. 우리 모두는 깁스를 하고 있는 동안 내 다리가 정상으로 돌아오기를 바랐다. 그러나 깁스를 풀자, 나의 다리는 예전 상태로 다시 돌아가 버리고 말았다. 그리고 나는 어쩔 수 없이 이전에 사용했던 교정기를 다시 착용해야만 했다.

나의 가족들 대부분은 나의 상태에 대해서 포기하고 말았다. 그들은 내가 평생 장애인이라는 멍에를 짊어지고 살아가게 될 것이라고 생각했다. 그러나 어머니는 끝까지 포기하지 않으셨다. 몇 년 후에 어머니는 기독연합교회(Christian Alliance Church)에 다니기 시작하셨고, 그 때 내가 치유기도를 받을 수 있도록 로체스터에 있는 엘람 홈(Elam Home)으로 나를 데리고 가셨다. 나는 어머니의 그런 노력을 충분히 이해했으며, 나 역시도 내 다리가 기적적으로 낫기를 바랐고, 또 그렇게 되기를 믿었다. 그러나 아무 일도 일어나지 않았다. 그 때 나는 말할 수 없는 실망감에 사로잡혔다.

장애를 가지고 있었던 나는 육체적으로 뿐 아니라 정신적으로도 가망이 없다고 생각하면서 살았다. 나는 장애 때문에 십대가 될 때까지 사람들을 만나는 것을 몹시 꺼렸으며, 사람들 앞에서는 언제나 소극적인 자세로 회피하면서 살았다. 특히 여학생들 앞에서는 더 심했다. 나에게 도시를 걷는 일은 정신적으로 매우 힘든 일이었다. 왜냐하면 나를 쳐다보면서 지나치는 아이들의 시선이 정말 싫었으며, 심지어 어른들이 나에게 동정어린 마음으로 시선을 주는 일 조차도 싫었기 때문이다. 내가 학교에 갔을 때에, 학급 친구들은 나의 다리 장애 때문에, 나를 동등하게 대해주지 않았다. 나는 야구공을 치는 것을 배웠지만, 뛸 수는 없었다. 그래서 그들은 나를 항상 후보 선수로만 팀에 넣어주었다. 우리 집은 작은 시골학교에서 반마일 정도 떨어져 있었고, 발목보호패드가 있기는 했지만, 그것이 별로 고통을 느끼지 않고 걷게 만들 수는 없었기 때문에, 매일 걸어서 등하교를 하는 일은 육체적으로 여간 힘든 일이 아니었다. 무명으로 만든 패드는 금세 매트처럼 되었고, 이내 물집이 잡히기 시작했다. 실제로, 내가 42세가 되어서야 비로소 나는 발목부위에 물집이 잡히지 않은 채로 1마일 정도 되는 길을 걸을 수 있었다. 나는 다른 아이들이 하고 있는 스포츠 팀에 들어가고 싶어서 내 나이 또래 아이들이 하는 레슬링부에 들어갔다. 우리는 몇 달 동안 쉬는 시간이면 함께 모여서 레슬링을 하곤 했다.

수술 후에 내가 처음 사용했던 비싼 교정기는 금방 작아졌고, 또 고장도 자주 났다. 나는 직접 마을 대장간에 찾아가서 내 몸에 맞는 교정기를 맞췄다. 내가 새 신발을 구입할 때마다, 교정기에 맞추어서 신발 모양을 바꾸어야 했다. 그러면 당연히 신발은 망가지게 되었다. 새로 산 빳빳한 가죽신발에 양쪽 발목 복사뼈가 닿으면 이내 물집이 생기는데, 이것은 정말 참기 어려운 고통이었다. 그래서 내가 생각한 방법은 신발에 망치질을 해서 가죽을 부드럽게 만드는 것이었다. 그래서 나의 고통은 상당히 줄어들게 되었다. 얼마 오래지 않아서, 나는 구두 신발

깔창과 힐을 만드는 일을 감독할 수 있을 정도가 되었다. 마침내 나는 그 일을 혼자서도 할 수 있게 되었다. 가죽을 어디에 두는 것이 가장 편안하게 해주는지, 금속으로 된 교정기의 어느 쪽에 고정못을 박아두어야 하는지 잘 알게 되었다. 교정기와 고정못은 계속해서 망가지기 쉬웠다. 왜냐하면 그것들은 쉽게 느슨해지기 때문이다. 이와 같이 교정기와 신발을 잘 연결하는 일은 여간 귀찮은 일이 아니었다.

장애가 나의 인생에 가장 결정적인 것이라고 해도 과언은 아니다. 장애 때문에 나는 농장일에 대한 생각을 전혀 하지 않을 수 있었다. 육체적인 노동을 하는 것은 상당히 고통스러운 일이었기 때문에, 나는 무엇인가 정신적인 일을 하도록 준비해야만 했다. 나의 새어머니와 내가 가지고 있었던 내면의 열등감은 나에게 무엇인가 다른 인생의 목표를 세우게 만들었고, 나는 정해진 목표를 가지고 공부에 열중하게 되었다. 나는 변호사가 될 목표를 세웠고, 마침내 미국 대통령이 되는 것을 인생의 최종 목표로 세웠다! 내가 다른 사람들에게 그것에 대해서 떠버리고 다닐 필요는 없었지만, 그렇다고 내 목표를 숨기면서 지나치게 겸손한 척 할 필요는 없다고 생각했다. 나는 그 목표를 붙들고 고등학교 시절과 대학 신입생 시절을 보냈다. 20세기 초반이었던 그 시절에 내가 살던 지역에서는 고등학교에 입학하는 학생들도 많지 않았고, 대학에 가는 학생들은 거의 없었다. 그러나 나는 가능한 높은 수준의 교육을 받아서 대통령이 될 것이라는 목표를 설정하고 그것을 위해서 애썼다.

하나님의 섭리로 나의 장애는 나를 최선을 다해서 공부하게 만들었으며, 내가 개종을 한 후에, 그것은 나를 선교의 현장으로 가도록 만들었다. 마침내 1932년에 한국의 한 기독교인 의사가 나의 발을 수술하여 다리를 펼 수 있게 해주어서, 난 더 이상 교정기를 사용할 필요가 없게 되었다. 1933년 뉴욕 성 누가 병원(Saint Luke Hospital)에서 다른 의사에게 수술을 받은 이후로 나는 교정기를 달지 않고도 걸을 수 있게 되었다. 비록 나의 걸음걸이가 다른 사람들처럼 완전한 모습은 아니지만, 마침내 나는 별반 큰 고통을 느끼지 않고도 걸을 수 있게 되었다.

II.

# 끔찍한 상실

1897년 성탄절에 기독교인이셨던 나의 어머니는 돌아가셨다. 의사는 어머니의 병이 합병증에 의해서 발생하게 된 수종(水腫)이라고 했다. 그것은 처음 들어본 병이었다.

어머니는 신앙심이 깊었기 때문에 돌아가시기 며칠 전에 함께 신앙생활하고 있는 신자들을 불러서, 자신은 돌로 된 의자에 앉고, 다른 신자들이 자신을 둘러서서 찬송을 부르면서 기도하게 시켰다. 그녀는 끝까지 믿음과 용기를 잃지 않았다. 그녀에게 죽음은 더 이상 무서운 것이 아니었다. 왜냐하면 그녀는 죽음 이후에는 자신을 사랑하시기 때문에 구원해주신 유일하신 구원자 앞에서 영원한 즐거움을 누리면서 살 것을 믿었기 때문이다.

가족들은 내가 어머니가 돌아가시는 것을 볼 수 없게 했다. 내가 새 장난감을 가지고 놀고 있을 때에 나는 어머니의 이야기를 듣고 절망했지만, 가족들과 다른 사람들 앞에서는 거짓으로 나의 감정을 드러내려고 하지 않았고, 사람들 앞에서는 울음도 억지로 참았다. 나는 어머니의 죽음에 대해서 잘 모르는 것처럼 행동했다. 나의 어머니가 하늘나라로 가셨고, 아버지와 나는 할머니와 넬리 고모와 함께 지내야 한다는 사실을 들었을 때, 나는 고모가 사주신 크리스마스 장난감을 가지고 놀고 있었다. 나는 가족들과 친구들이 말하는 것을 들었다. "그는 무슨 일이 벌어졌는지 잘 모를 거야." 이윽고 밤이 되어 할머니의 침실 구석 작은 침대에 누워 잠을 청하면서, 나는 소리 없이 울었다. 수많은 밤을 소리 없이 혼자 울면서 나는 어머니를 몹시 그리워했다. 그 작은 소년이, 그 긴 절망의 겨울 동안, 눈 더미를 뚫고 학교를 오가며 슬픔을 견디면서 감당했던 마음속 깊은 곳의 고통과 외로움에 대해서 아무도 몰랐을 것이다.

어머니의 대한 기억은 70년이라는 생을 살아온 지금 이 시간까지도 생생하게 남아서 나의 가슴을 저미게 하고 있다. 나는 어머니가 나를 안고 안락의자에 비스듬히 앉아서 자장가를 불러주었던 여름날 오후를 생생하게 기억한다. 어머니가 좋아하셨던 노래는 "다니엘처럼 용감하게"와 "유혹에 넘어가지 말라"는 제목의 노래였다. 그녀는 자장가로 이 노래들을 불러주셨고, 때로는 성경이야기를 들려주시기도 했다.

특히 나의 가슴을 아프게 하는 한 가지 일이 생각난다. 무엇인지는 잘 기억할 수는 없지만, 상당히 큰 일이 벌어졌고, 어머니는 내가 그 일을 저질렀다고 생각하셨다. 나는 그 일을 하지 않았기 때문에, 끝까지 그 일을 하지 않았노라고 어머니께 말씀드렸다. 끝내 어머니는 부엌문을 열고 나가면 바로 보이는 딸기사과나무 가지 하나를 꺾어 오셔서 그 가지로 나를 때리셨다. 나는 더 이상 맞는 것이 싫어서 결국 울음을 터뜨리며 내가 그랬다고 말씀드렸다. 그 때 어머니는 나를 안으시고, 어두운 거실로 데리고 가셔서, 흐느껴 울고 있던 나를 달래주셨다. 시간이 꽤 흐른 후에, 어머니는 "나의 사랑스런 아들, 왜 그 때 거짓말을 했니?" 하고 물으셨다. 나는 어머니의 목을 껴안고 다시 울음을 터뜨리면서, "어머니가 그렇게 하게 만드셨어요."하고 대답하였다.

그때에야 비로소 어머니는 내가 하지 않았다는 사실을 아시고, 기쁜 마음으로 눈물을 글썽거리시면서 당시의 상황에 대해서 미안하다고 말씀하셨다. 그 순간 나의 마음속에 서운함은 완전히 사라졌다. 나는 어머니를 꼭 안아드리면서 마음속 깊은 곳으로부터 우러나오는 진정한 사랑을 느꼈다.

나는 일곱 살 시절에 어머니와 함께 했던 소중한 추억들을 많이 간직하고 있다. 어느 토요일 오후, 부엌에 설치한 간이 목욕통에서 목욕을 했던 기억이 난다. 밀가루 포대로 매듭에 작은 구멍을 뚫어서 3인치 정도 빼서 오래되어 못 쓰게 된 빗자루에 연결해 파리채를 만들어서 놓았던 기억이 난다. 그것은 부엌과 거실을 날아다니는 파리 떼를 잡기에 안성맞춤이었다. 집 밖에 쌓아 둔 15인치가 넘는 높이의 거름 더미와 집에서 15피트 정도 떨어진 곳에 있었던 변소에서부터 수많은 파리들이 날아 들어왔다. 우리는 파리를 죽이는 일은 잔인한 일이라고 배웠기 때문에, 되도록 부드럽게, 하지만 아주 단호하게, 망으로 된 문에 파리들이 모여들 때까지 파리채를 흔들어대면서, 파리들에게 집 안으로 들어오는 것은 바람직하지 못한 것이라고 가르치려고 하였다. 그 문이 빠르게 열리는 순간, 수백 마리의 파리가 파리채로 날아들 것이다. 또 다시 망으로 된 문이 열리면서 파리 떼들이 집 안으로 몰려들어 오기 전까지, 어머니는 부엌과 거실에서 파리채를 마구 흔들어대면서 파리를 잡곤 했다.

매주 일요일 아침엔 바타비아에 있는 자유의지침례교회(Free-Will Baptist Church)에 가곤 했다. 가장 오래된 기억 중에 하나는 햇빛이 창문으로 비추는 것을 잘 볼 수 있는 교회 왼쪽 줄 맨 앞 오크(Oak)로 만든 교회용 장의자에 서서, 햇빛 그림자를 이용해서 뒤에 앉아 있는 사람들의 얼굴모양을 만들었던 것이다. 어린이를 위한 주일학교는 없었기 때문에, 심지어 두 살 밖에 되지 않았던 나도 교회 안에서 더키 장로의 설교를 들어야 했다. 그는 강단에서 하나님의 말씀을 설교했다. 겨울이면 교회 뒤편에 설치된 난로는, 심지어 토요일 저녁부터 그것에 불을 피워두어도, 교회 전체를 따뜻하게 만들지 못했다. 그래서 대부분의 교인들은 난로에 가까운 곳인 뒷좌석에 앉아서 예배를 드렸다. 아침 예배를 마치고 나서 나는 패니 스탠리 선생님이 가르치시는 어린이 성경공부반에 참석했다. 그녀는 후에 목사인 로빈스 씨와 결혼을 해서 노바 스코티아로 떠나게 되었다. 성경공부 질문이 기록되어 있고, 뒷면에 대답이 적혀있는 직사각형 모양의 작은 카드는 스탠리 선생님 반의 명물이었다.

또 다른 기억은 검은 말, "메이저(Major)"가 끄는 썰매 "커터(cutter)"를 탔던 일이다("메이저"는 내가 고등학교 시절에 타고 다녔던 말인데, 나의 어린 시절에는 별로 크지 않은 말이었는데, 어떻게 그 말이 "메이저"라고 불렸는지는 잘 모르겠다). 그 말이 끄는 썰매를 타고 징글벨 노래를 부르며 집으로 오곤 했다. 우리 셋은 버팔로 스타일의 옷을 입고 썰매를 탔고, 나는 항상 가운데 앉았다.

구레나룻 수염을 기르신 멋진 신사였던 나의 할아버지는 가끔 오래된 노란색 안락의자에서 무릎 위에 나를 앉혀놓고 책을 읽어주시곤 했다. 내가 네 살 때, 할아버지는 사고로 돌아가셨다. 그날 할아버지는 자갈더미 옆 그늘 밑에 앉아 계셨고, 한 이웃이 삽으로 마차에 자갈을 퍼서 싣고 있었다. 갑자기 그 자갈더미가 무너지면서 할아버지를 덮쳤다. 할아버지는 자갈더미에 깔리면서 목이 부러지고 말았다. 사람들은 황급히 할아버지를 끄집어냈지만, 이미 할아버지는 돌아가시고 말았다.

## III.

# "할머니 집에서" 보낸 시절

어머니가 돌아가시자, 내 삶은 완전히 바뀌고 말았다. 언덕위의 작은 집은 문이 닫혔고, 아버지와 나는 할머니와 고모 넬리가 사시는 큰 집으로 이사해야 했다(나는 무슨 이유 때문인지는 확실히 기억나지 않지만, "고모(ant)"라는 단어를 쓰지 않았다). 넬리는 재미있는 분이었다. 넬리는 아버지보다도 10살 아래였고, 집안사람들은 넬리를 아이처럼 대했다. 넬리는 내가 열한 살이 되어서야 결혼을 했다. 넬리와 우리 사이는 서먹서먹했는데, 그 이유가 무엇인지는 정확히는 알지 못했다. 넬리는 세 가지 특별한 재능이 있었다. 넬리는 아름다운 소프라노 목소리를 지니고 있었고, 피아노와 파이프 오르간을 아주 잘 연주했다. 내 기억엔 이런 이유로 소년들이 넬리를 많이 따랐던 것 같다. 그러나 그녀는 천둥번개와 쥐, 이 두 가지를 매우 두려워했다. 뉴욕 서부에서만 만날 수 있는 폭풍우를 만나게 될 때면, 넬리와 나(넬리가 그녀의 두려움을 어느 정도 나눌 수 있었던)는 두려움에 떨었다. 차이가 있다면, 나는 용감한 체하려고 입을 다물고 있었고, 넬리는 번개가 칠 때마다 소리를 질렀다는 점이다. 내가 18살이 되어 집을 떠나서 독립할 때까지 나는 그 두려움을 떨쳐버리지 못했다. 몇 채의 집과 곡물창고 주변에 번개가 꽂힐 때면, 나는 그 번개가 우리 집에 혹은 우리 곡물창고에 떨어지지는 않을까 하고 두려워했다. 내가 십대가 되었을 때, 나는 번개가 곡물창고에 꽂히는 것을 보았다. 그러나 아무런 일도 일어나지 않았다. 당시에 사람들은 피뢰침을 하찮게 생각했던 것 같다. 심지어 그것이 무슨 소용이 있는가 하고 생각했다. 그런데 나는 그날 번개가 그것에 떨어지는 것을 보았고, 피뢰침의 능력을 보게 되었다.

넬리는 쥐를 몹시 두려워했는데, 나는 그렇지 않았다. 그녀는 쥐가 죽은 것을 보아도 히스테리 반응을 보이곤 했다. 그녀가 쥐를 두려워하는 것이 어리석어 보여서 나는 그녀에게 짓궂은 장난을 하곤 했다. 어느 날 저녁 식사를 마치고(아마도 당신에게는 늦은 점심시간이었을 텐데), 나는 뒤뜰로 나가서 죽은 쥐 한 마리를 몰래 숨겨서 들어왔다. 그녀의 자리 뒤로 살금살금 가서 그녀 앞에 그 쥐를 던졌다. 그녀의 음식으로 떨어진 죽은 쥐의 눈과 그녀의 눈이 마주쳤을 때, 넬리는 마치 피가 거꾸로 솟는 것처럼 소리를 질렀고, 급기야 히스테리 증상을 보이기 시작했다. 그 광경을 보고 재미있어 하는 식구들은 아무도 없었다. 그 후에 나는 곡물창고로 끌려가서 두들겨 맞았다. 그날의 일을 나는 아직도 잊지 못한다.

내가 처음으로 사랑에 빠져서 연애편지를 쓰게 된 날은 아마도 내가 여덟 살이 되던 크리스마스였던 것 같다. 주일학교에서 나보다 한두 살 정도 어렸던 작고 예쁜 소녀가 "말구유에 나셨네"라는 노래를 부르고 있었다. 그녀는 마치 노래를 부르고 있는 천사처럼 보였다. 첫눈에 반해버린 나는 집으로 돌아온 후에, "지니"에게 첫 번째 사랑의 편지를 썼고 그것을 다음 날 그녀에게 보냈다. 그것을 보고 나의 가족들은 나를 놀렸고, 나는 상당히 화가 났다. 시간이 흘러, 그 다음 주 일요일 아침에, 지니는 주일학교 시간에 나에게 다가와서 편지가 고맙다고 말했다. 그 순간 나는 아무 말도 아무 행동도 할 수 없었다. 단지 얼굴만 새빨갛게 달아올랐을 뿐이었다.

유치한 나의 첫 사랑은 그렇게 흘러갔고, 나의 변덕스러운 마음은 이내 학교에서 만난 여신 "알마"에게로 옮겨갔다. 나는 그녀에게 내 마음을 들키지 않으려고 노력했다. 나는 알마에게 나의 마음을 완전히 빼앗겼노라고 말하지 않았다. 그녀는 내가 학교에 다니는 동안 줄곧 나의 여신이었다. 그러나 나는 첫사랑 지니에게 편지를 썼을 때에 겪었던 아픔을 경험한 후로, 너무 부끄러워서 나의 사랑을 그 어느 누구에게도 말하지 않았다.

아버지는 내가 아홉 살이 되었을 무렵, 봄과 여름 사이에 젊고 꿈 많은 새로운 아가씨 패니 화이트와 연애를 시작했다. 아버지는 교회에서 그녀를 만났다. 아버지는 새로 고무타이어로 만든 마차를 타기 시작했는데, 적어도 한 주에 한 번 이상 데이트를 하러 나갔다. 집 안에서도 많은 힌트가 있었고, 교회 사교모임에서도 여러 가지 신호들이 있었지만, 내가 아버지의 새로운 사랑을 알아채는 데에는 오랜 시간이 걸렸다. 마침내 내가 그 사실을 알았을 때, 나는 스스로 아버지와는 독립된 삶을 살겠다고 결심했다. 우리 집에서 교회 모임이 있었을 때, 아버지는 자기 마차에 패니를 태우고 집으로 왔다. 아버지가 말에서 내리기 전에 나는 마차에 몰래 들어가서 마차를 출발시켰다. 마차는 바타비아 시내를 지나서 패니의 집까지 갔다. 그녀의 집이 있는 월넛 가에 도착하기까지 나는 아직 나의 마음을 정하지 못했다. 마차가 그녀의 집에 도착했을 때, 그녀는 자신의 집으로 아버지를 초대했다. 그런데 이상하게도 아버지는 머뭇거리고 있었다. 나는 아버지에게 빨리 무엇인가 하라고 재촉했다.

그 여름에 아버지는 정말로 그녀를 사랑했음에 틀림없다. 왜냐하면, 패니는 아버지가 충치를 뽑고 치료를 하지 않으면 결혼하지 않겠다고 했는데, 그 이야기를 듣고 아버지는 이를 뽑고 틀니를 해 넣었기 때문이다. 마침내 아버지는 패니와 결혼했다.

나는 결코 나의 친어머니를 잊지는 못했지만, 패니가 나의 새어머니가 되었고, 나는 내 친어머니를 사랑했던 것처럼 그녀에 대한 사랑을 키워갔다. 그녀는 나를 사랑했고 힘겨운 사춘기를 지나는 동안 나를 잘 돌보아 주었다. 60년 동안 그녀는 사랑스러운 나의 어머니가 되어주었다. 그녀는 내가 공부하도록 도와주었고, 야망을 키울 수 있게 도와주었고, 예수 그리스도를 구주로 믿을 수 있게 만들려고 노력했다. 그녀는 나에 대한 기대를 버리지 않고 내가 최고의 사람으로 성장할 수 있도록 돌보아 주었다. 나는 그녀를 사랑했고, 매 순간 그녀를 행복하게 만들어주려고 노력했기 때문에, 그녀가 나를 혼내는 일은 거의 없었다. 그녀는 단호한 눈빛과 확신에 찬 목소리로 나에게 지시를 내렸기 때문에, 나는 복종할 수밖에 없었고, 그것이 나를 내 멋대로 행동하지 않고 올바로 성장할 수 있도록 만들었다.

Ⅳ.

# 언덕위의 작은 집

아버지가 재혼하신 후, 우리는 내가 태어난 언덕위의 작은 집으로 다시 돌아갔다. 그곳에서 행복한 나날들을 보냈다. 아버지는 가족을 부양하기 위해서 농장에서 쉼 없이 일하셔야만 했다. 하지만, 고용된 일꾼에게 품삯을 주어야하기 때문에 많은 돈을 버는 것은 상당히 어려웠다. 그 일꾼은 우리 집 2층에서 함께 지냈다. 어머니는 부엌일로 항상 바쁘셨고, 잔병치레도 많으셨다. 2층 다른 방에서는 여자 일꾼도 함께 지내야 했기 때문에, 나는 몇 년 동안 2층에 아주 작은 방에서 지냈고, 간이침대에 누워서 잠을 자야만 했다.

내가 열다섯 살이 되어 고등학교에 들어갔을 때, 나의 의붓여동생 루사일이 태어났다. 우리는 서로 아주 가깝게 지냈다. 그녀는 내가 어려움에 처할 때마다 기꺼이 나를 도와주었고, 나는 그녀가 나쁘게 되지는 않을까 걱정했다. 첫 돌이 지날 무렵 그녀가 성홍열을 앓게 되었을 때, 나는 6주 동안 할머니 집에 있어야 했다. 나는 매일 동생을 찾아가서는 집 안에 들어가지 못하고 창문을 사이에 두고 동생과 이야기를 나누었다. 2년 후에 의붓남동생이 태어났는데, 출산 도중에 죽고 말았다. 아버지는 그 아이를 집 뒤뜰에 묻어주었다.

내가 처음으로 완전하게 다 읽은 책은 『아름다운 흑마』(Black Beauty)

였다. 그 때 내 나이는 분명 8살이었을 것이다. 그렇게 어릴 때 본 책이었음에도 불구하고 그 책은 다른 어떤 책보다도 훨씬 더 재미있었다. 나는 책속의 주인공인 흑마가 경험한 좌절과 슬픔에 함께 아파하면서 눈물을 흘렸다. 내가 생각하기에 요즘 아이들은 자동차를 주로 타고 다녀서 말에 대해서 잘 모르기 때문에, 내가 당시에 느꼈던 것은 느끼지 못할 것이다.

『아름다운 흑마』를 읽으면서 나는 독서를 사랑하게 되었다. 그 후로 나는 많은 책을 읽었다. 내 사촌이 나에게 빌려준 헨티의 책 『보니 프린스 찰리』(Bonnie Prince Charlie)를 처음 읽고 난 후에 나는 헨티의 나머지 책들도 전부 다 읽게 되었다. 헨티의 책을 고전이라고 말하기는 어렵지만, 그의 책들 속에 나오는 영웅들의 이야기를 통해서 소년들은 쉽게 친해지기 어려운 역사와 친밀해지는 법을 배우게 된다. 그 이후 몇 년에 걸쳐서 나는 50권이 넘는 헨티의 책들을 거의 다 읽었던 것 같다. 그것은 가치 있는 일이었다.

주간지 『젊은이들의 친구』(The Youth's Companion)도 나의 학창시절의 중요한 동반자였다. 내가 그 잡지를 처음 접하게 된 때는 정확하게 기억나지 않지만, 나는 매주 우체부가 그 잡지를 배달해주는 날을 기다렸고, 덕분에 많은 특별 부록도 함께 받아 볼 수가 있었다. 내가 고등학교에 입학했을 때, 나는 공공도서관에서 책을 빌려 볼 수가 있었다. 덕분에 내 손에서는 책이 떠날 날이 거의 없었다. 심지어 나의 아버지는 내가 책만 본다고 핀잔을 주실 정도였다. 때때로 나는 아버지의 눈을 피해서 책을 읽어야만 했다.

아버지는 소년이라면 자신의 용돈벌이는 스스로 해야 된다고 생각하셨기 때문에, 나는 어린 시절부터 집안일을 거들어야 했다. 부엌 스토브에 불을 피우기 위한 장작을 나르는 일, 들통에 물을 채우는 일, 한겨울 난로를 피울 석탄을 나르고 그 재를 치우는 일 등을 해야만 했다. 나는 그 일들을 싫어했다! 나는 가능하면 그 일을 회피하고 싶어서 아버지가 날카로운 목소리로 지하창고에 있는 석탄들을 나르라고 소리를 지를 때까지 꾸물거리곤 했다. 겨울이면 나는 아침부터 저녁까지 우리 가족의 생계를 위해서 키우고 있는 2백 마리 이상 되는 양들을 먹여야 했고, 그것들이 마실 물을 물통에 채워주어야 했다. 물을 채워주는 일은 정말로 고된 일이었다. 수동 펌프를 가지고 백 피트 이상 떨어져있는 저수지의 물을 당겨 와서 창고 지하에 채워야 했다. 열심히 펌프질을 해서 지하실에 반 배럴 정도의 물이 차오르면, 이제는 그 물을 떠다가 양들이 이용하는 물통에 담아 주어야만 했다.

물론 이런 일들은 꼭 필요한 일들이다. 하지만, 나는 그 일들을 좋아할 수가 없었다. 나는 매일 고된 마음으로 그 일들을 했으며, 그 일이 끝나고 나면 기분이 좋아지곤 했다. 그러나 나이가 들어가면서, 아버지는 나에게 내가 집에서 일상적으로 하는 일 외에 농장에서 일을 하는 경우에는 한 시간에 5센트씩 주시기로 하셨다. 잔디 깎는 기계를 운전하는 일이나, 고용된 농부들이 말에 장착해서 흙을 고르는 레이크를 끄는 동안 그 뒤에 앉아 조정하면서 매 2피트 마다 한 고랑씩 땅을 일구는 일을 하곤 했다. 이 일은 재미있는 축에 드는 일이었다. 그러나 갈대들이 농작물보다도 더 무성하게 자라서 옥수수, 양배추, 감자, 콩 등을 뒤덮어버리게 되면, 그것을 제거하는 일은 등골이 휠 정도로 힘들 뿐 아니라, 무척 지루한 일이었다.

물론 옥수수가 충분히 자라서 말을 타고 다니면서 일꾼들을 감시하는 눈을 피할 정도가 되면 쉴 수 있는 여유가 생기기도 했다! 그리고 일도 쉬워졌다. 개미들이나 마치 흙으로 성을 지으려는 것처럼 흙을 타고 오르는 벌레들을 관찰하기도 했고, 개미 언덕을 흩어 놓고 개미들이 그것들을 어떻게 다시 복구하는지를 보는 일도 재미있었다. 갈대는 꽤 오랫동안 자라주어서 농작물을 수확하는 시기가 될 때까지 들판에

펴져있었다.

가을이 되면 흥겨운 탈곡이 시작되고 큰 탑 모양의 곡식저장고에는 옥수수 알갱이들이 가득 쌓이게 되었다. 추수기계로 들판의 옥수수가 수확되고 나면, 옥수수는 다발 단위로 들판에 펼쳐졌고, 길고 나지막한 마차는 옥수수 다발들을 실어다가 절단기로 날라다 주었으며, 스팀 엔진을 단 그 기계는 쉼 없이 돌아가곤 했다. 40피트 가량의 곡식저장고에는 꼭대기까지 곡물들이 쌓였다.

내가 한 일은 저장고 안에 들어가서 곡식들이 차곡차곡 잘 쌓일 수 있도록 곡물들을 밟는 것이었다. 곡물들이 저장고 안에 쌓이게 되면, 어느 덧 기계는 멈추어 서게 된다. 곡물창고들의 문은 하나둘씩 잠기고 마침내 일꾼들은 저장고 꼭대기에서부터 내려오곤 했다.

어느 날 나는 내 인생에 처음으로 꼭대기에 올라서서 건초더미가 깔린 창고 지붕의 구멍으로 3피트 정도 점프를 하게 되었다. 그것은 불과 3피트 정도 되는 높이를 뛰는 일이었지만, 그 사이에는 40피트나 되는 깊이의 저장고를 가로질러서 뛰어야 하는 일이었다! 내 얼굴에는 땀이 줄줄 흘러내렸고, 나는 그 점프를 위해서 엄청난 용기를 내야 했다! 나는 마침내 점프에 성공했고, 그 때의 그 느낌을 아직까지도 잊지 못하고 있다.

봄이 되면 숲속의 둑에 가서 작고 아름다운 하얀 색의 설앵초 꽃을 꺾곤 했다. 아마도 금요일 오후에 갔던 것 같다. 꺾어 온 꽃은 밤사이 물에 잘 보관해 두었다가, 아침이면 어머니와 함께 작은 꽃다발을 만들었다. 아버지는 시내까지 운전을 해 주시거나, 바쁜 날엔 자전거를 타고 시내에 가서 그 꽃다발들을 한 다발에 5센트씩 팔았다. 나는 20다발 정도를 팔곤 했는데, 그 때마다 나는 부자 소년이 되어서 집에 돌아오곤 했다.

## 어린 시절 나의 학교

우리 집이 있던 행정구역의 초등학교는 한 교실에서 한 명의 선생님이 8학년까지 모두 다 가르치는 시스템으로 운영되고 있었는데, 이것은 당시의 전형적인 학교운영 방식이었다. 한 교실에서 한 명의 선생님으로부터 모든 학년에서 배울 것을 다 배우는 방법이 유일한 배움의 길이라고는 말하지 말자! 모든 학년의 학생들이 한 교실에서 수업을 들을 때에, 학생은 다른 고학년 학생들이 수업을 하고 있을 때에 그것을 듣게 되어 있기 때문에 자연스럽게 많은 것을 배우게 되었다. 배움의 길은 나선형적으로 발전하였다. 학생들은 모든 학년의 수업을 1년 동안 듣게 되었다. 매해 낮은 수준의 학생들은 유급되기도 하였다. 우리는 연말이 되면 주정부에서 보는 시험을 치러서 좋은 점수를 따야 다음 학년으로 넘어갈 수 있었다. 내 학년 수료증을 보면, "플로이드 해밀턴 학생은 ____ 학년을 잘 수료했음을 증명합니다(스펠링 시험은 제외!)" 라고 쓰여 있었다. 나는 스펠링 시험이 제일 어려웠다. 마침내 나는 뉴욕주에서 치르는 모든 초등학교 과목의 진급시험을 마쳤다. 내 기억이 틀리지 않다면, 영어 문법 시험을 통과하는 데에는 무려 3학기나 걸렸다. 그것은 완전히 고칠 수 없는 것은 아니었다. 나는 마침내 문법을 잘 배울 수 있었고, 그것은 평생 나에게 도움이 되었다. 15살이 되어서 나는 고등학교에 갈 준비가 완전하게 되었다. 나는 "작문"시험에 더 좋은 점수를 받기 위해서 또 다른 시험을 하나 더 보았던 기억이 있다. 그러나 교장 선생님은 내가 작문 시험과목 스펠링을 "writting"이라고 썼다고 해서 나를 합격시키지 않았다! 그런 실수를 하다니, 불합격한 것은 당연한 결과였다!

내가 고등학교에 입학했을 때에는 통학이 문제였다. 한동안은 걸어서 등교하다가, 나중에는 노쇠한 말 "제리"를 타고 통학하게 되었다. 제리는 내가 아무리 속력을 내서 걸어보아도 그것보다는 훨씬 빨랐다. 딱 한 번 나는 막대기로 제리를 때려가면서 천천히 걷도록 만들어 놓고, 그 앞서 걸어서 제리보다 빨리 가보기도 했다. 안장이 없었기 때문에 말 등에 그냥 타고 다녔다. 내가 바타비아에 도착했을 때 나는 제리를 학교 근처에 안전한 곳에 두고 학교에 들어갔다. 내 옷에는 "말" 냄새가 진동했다.

다음 해에 나는 사촌 여동생과 함께 마차를 타고 등교하였다. 넬리 고모가 마침내 뉴욕 중앙 철도 안내원이었던 한 홀아비와 결혼하게 되었다. 그의 아들과 나는 좋은 친구가 되었다. 그래서 우리는 결혼식이 끝나면 함께 장난을 치기로 모의했다.

V.

# 다시 할머니의 큰 집으로...

넬리 고모가 신혼여행을 떠나 있는 동안 할머니가 그만 중풍으로 쓰러지셨다. 할머니를 보살필 사람이 없어서, 아버지와 어머니, 루사일 그리고 나는 할머니 집으로 다시 돌아가야 했다. 그리고 외할머니와 외할아버지가 언덕위에 있는 작은 우리 집으로 이사 오셨다. 그 때부터 그 큰 집이 우리 집이 되었다.

어머니는 힘없이 누워계실 수밖에 없는 할머니를 8년 동안이나 보살폈다. 나는 평생 동안 나의 친모의 아버지(친외할아버지)는 한 번도 본 적이 없었고, 친외할머니도 한 번 밖에 만나본 적이 없었다. 심지어 나는 그 분들의 이름도 모른다.

## 나의 고등학교 시절

그 시절에는 학교에서 배워본 적이 없는 과목이라 하더라도 본인이 원한다면, 주정부에서 주관하는 진급시험에 응시할 수 있었다. 만약 운이 좋게 그 시험에 합격하게 된다면, 그 학생은 고등학교 졸업 학점을 받게 되었다. 이런 제도는 종종 우스꽝스러운 상황을 만들어내기도 했다. 내가 고등학교 3년 과정에서 배울 졸업 필수 학점인 48학점을 따기 위한 시험을 모두 합격한 때는 1906년 6월이었다. 그 때 나는 단지 고등학교 2학년이었다. 성적표에 보면, 나는 기초회화과목(Elementary Drawing)과 고급회화과목(Advanced Drawing)을 한 번에 합격한 것으로 나와 있다. 내 기억으로는 나는 기초회화과목을 초등학교 시절에 공부하였는데, 그 시절에 나는 회화에는 소질이 없었다. 나는 주정부에서 치르는 고등학교 학력시험에 기초회화과목에 응시하였다. 나는 83점을 받고 합격하였다. 바로 그 때 나는 단 한 번도 공부해 본 적이 없는 고급회화를 시험보고 싶다는 생각이 강하게 들었다. 그것은 내가 기초회화과목에 합격한 같은 주에 벌어진 일이었다. 흥미롭게도 나는 90점을 받았다! 시민학, 자연지리학, 생리학과 위생학, 기초미국사, 고급 영어 등은 내가 고등학교에서 배워본 적이 없는 과목들이었다. 그러나 나는 학력시험을 치른 덕분에 이런 과목들에 좋은 성적을 받았다. 나는 그 시절의 이와 같은 시스템이 이제는 뉴욕 주에서 사라져버린 것을 안타깝게 생각한다. 지금 학생들은 학력시험을 보기 위해서는 반드시 학교에서 각 과목을 1년 이상 공부해야만 한다.

나는 이런 방법을 사용해서 3년제 과정의 고등학교를 마치고 졸업할 수 있었다. 거기에는 고전 과목들도 포함되어 있었는데, 정상적으로 하면 라틴어는 4년 동안, 그리스어는 3년 동안 공부해야 했었다. 졸업반인 3학년이 될 무렵, 나는 내 학년 중에서 두 번째로 우수한 성적을 받았다. 덕분에 나는 졸업식에서 졸업생 대표로 환영사를 하기도 했다. 또한 고등학교에서 성적이 가장 우수한 학생에게 주어지는 헌틀리 메달이 있었는데, 이 메달은 무려 25달러 가치가 나가는 금으로 된 것이었다. 고등학교 시절의 절반이 지날 무렵까지 내 성적은 중간정도 밖에 되지 않았다. 졸업생 대표 연설을 했던 여학생에 비하면 정말 형편없는 성적이었다. 나는 고등학교 시절의 나머지 반을 정말로 미친 듯이 공부했다. 그래서 나는 성적을 많이 올렸다. 내 노력은 헛되지 않았고, 마침내 나는 졸업식 때 그 메달을 딸 수 있었다.

졸업식 때 가장 기억에 남는 행사는 웅변대회였다. 당시에 나는 연설과 논쟁에 상당히 두각을 나타내고 있었기 때문에, 많은 사람들이(나를 포함해서) 그 대회에서 내가 이길 것이라고 예상했다. 그래서 나는 다른 한 친구를 뽑아 그 친구가 연설하는 것을 도왔고, 대회 날까지 그 친구를 코치해 주었다. 그러나 막상 시상식에서는 그 친구가 아닌 내가 최우수상을 받았고, 그 친구는 우수상을 받게 되었다!

고등학교 졸업에 필요한 학점을 다 받았음에도 불구하고, 내가 대학을 지원하는 데 도움이 되는 과목들이 많지 않았다. 결국 나는 고등학교에 남아서 1년 더 공부할 결심을 했다. 그 기간 동안에 나는 4년 과정의 라틴어 수업을 마쳤고, 3년 과정의 그리스어 수업도 마무리 지었다. 덕분에 나는 코넬 대학에 합격할 수가 있었다.

고등학교 시절의 마지막 시간은 기억에 남는 일들이 많았다. 나는 졸업 이후 과정(post-graduate)에 속한 학생으로서 많은 특권을 누렸다. 나는 어셈블리 룸(Assembly Room, 학생회의 회의장소)의 가장 좋은 자리를 선택할 수 있었고, 학교 신문인 The Picayune의 편집주간에 뽑혔으며, 1907년 가을 선거에서는 공화당 선거인단 투표의 참관인에 선정되었다. 당시에 선거로 뽑힌 지방검사[1]는 지방 법원의 속기사 직을 나에게 제안하면서 법학도가 될 것을 권유하였다. 그 다음 해까지 나는 블런트 속기학원에서 속기와 타이프를 공부하기로 하였다.

그 제안은 거절하기 쉽지 않은 것이었다. 왜냐하면 나는 변호사가 되어서 정치에 진출하고 이를 발판으로 미국의 대통령이 되겠다는 꿈을 꾸고 있었기 때문이다. 그래서 나는 기꺼이 그 제안을 받아들였고, 속

1) 미국에서는 지방의 검사도 선거로 선출한다(역자 주).

기 공부를 하였던 것이다. 속기 선생님은 훌륭한 분이셨지만, 그 분이 가르쳐주신 피트만(Pitman) 방식은 이미 유행이 지나버린 것이었다. 그래서 나는 그것에 익숙해지지 못했다. 타이프 공부는 매우 유용한 것이었다.

그러나 그 다음 해 봄이 되자, 나의 삶의 방향을 바꾸는 한 가지 사건이 벌어졌다. 지방 법원은 스캔들 사건에 연루되었으며, 그 소문이 사실인지 아닌지는 밝혀지지 않았지만, 그 사건은 내가 그 지방 법원을 떠나겠다는 결정을 하는 데 충분한 이유가 되었다. 그곳을 떠난 지 얼마 안 되어 코넬대학에서 4년 장학생 선발 시험이 있었고, 나는 그 시험에 응시해서 좋은 성적으로 합격하였다! (그 시험에 응시한 학생이 나 한 사람뿐이었다는 사실을 굳이 밝히지는 말자!)

그러나 코넬 대학은 아직 나에게는 먼 대학처럼 여겨졌다. 4년 간 학비는 완전히 면제가 되었지만, 생활비를 충당하는 일이 만만치 않았기 때문이다. 그러나 나는 연말쯤에 버팔로에 있는 프론티어 출판사(Frontier Press Company)의 대표가 바타비아에 『사실사전』(*THE STANDARD DICTIONARY OF FACTS*)을 판매하고 있었는데 월 매출이 700 달러 정도가 된다는 사실을 들었다. 나는 출판사 직원과 약속을 잡고, 그 출판사의 영업사원으로 일하고 싶다고 부탁했다. 나는 이 일을 해서 대학시절에 쓸 생활비를 벌고 싶었다. 1908년 6월에 18세의 나이로 나는 대학에서 사용할 생활비를 벌기 위해서 집을 떠났다. 나는 현실에 대해서는 잘 알지 못했다. 하지만 나는 한 번 집을 나서면 적어도 2주 이상은 밖에서 머물면서 책을 팔았다.

VI.

# 나의 길

나는 책 영업사원 교육을 받기 위해서 버팔로를 방문했다. 우리는 듣기 좋은 말로 그 일을 이렇게 불렀다. 나의 트레이너는 코넬 대학 졸업생이었고, 소위 '잘 나가는' 영업사원이었다. 나는 그가 나의 트레이너라는 사실을 행운이라고 생각했다.

나는 아직 미숙한 점이 많지만, 열심히 훈련을 받았고, 한 주간의 훈련이 끝난 후에 뉴욕 주에 있는 프랭클린빌 지역을 배정받았다. 나는 사람들이 줄을 서서 『사실사전』을 사기 위해서 기다리고 있으며, 마침내 나는 내가 대학에서 쓸 생활비를 모두 벌어들이는 상상을 했다.

그러나 나를 기다리고 있는 것은 가혹한 현실뿐이었다. 나는 겨우 잠시 머물 하숙집을 구했는데, 하숙집 주인은 집세로 책 한권을 받았다. 하숙집 세는 한 주에 4달러였는데, 내가 책을 팔아서 얻는 이익이 책값의 40%였기 때문에 하숙집 세는 책 한권을 팔면 나오는 금액이었다.

그러나 내가 첫 날 수많은 집을 오르내리면서 팔게 된 책은 단 한 권이었다. 그날 밤 나는 난생 처음으로 향수병에 걸렸다! 그러나 해밀턴의 모토는 "해 내고 말테야!"이기 때문에, 다음 날 아침 여덟시부터 나는 다시 집집마다 방문하면서 『사실사전』을 설명했다. 집 문이 열리면 최대한 정직하게 보이는 목소리로 자신을 소개했기 때문에, 집 안에 있는 주부들이 문을 열어서 응접실로 나를 데려가게 만드는 일은 어렵지 않았다. 나는 단지 검은 가방만을 들고 다닐 뿐이었고 책 샘플은 그 안에 넣어 두었기 때문에 겉으로 보기엔 책을 파는 사람처럼 보이지 않았다. 그래서 내가 응접실에 들어가서 자세한 설명을 하는 순간이 되어서야 비로소 주부들은 내가 책을 파는 영업사원이라는 사실을 알게 되었다!

둘째 날은 그 전날보다는 좋았다. 나는 가장 싼 책 두 권을 팔았다. 그 이후로 나는 평균 하루에 두 권 정도의 책을 팔았다. 덕분에 나는 출판사에서 이 주의 영업사원에 자주 이름을 올리곤 했다. 그러나 책을 배달해주고 돈을 받는 일은 그보다 훨씬 어려웠다! 우리는 우선 주문을 받은 대로 책을 먼저 배달해주고, 책값 수금은 그 다음 여름에 진행하였다.

순진하게도 나는 책값을 내겠다는 약속은 신성한 것이고, 책이 배달되면 당연히 책값을 지불하는 것이라고 생각했다. 사실상 대부분의 주문은 매우 쉽게 결정된 것이기 때문에, 실제 구매와 주문한 상태는 절대적으로 다른 것이었다. 몇 몇 집에는 절대로 배달되어서는 안 됐어야 했다. 그 이후로 나의 실적은 형편없어졌다.

그해 여름이 끝나갈 무렵, 내 마음속 깊이 자리 잡고 있는 열등의식이 다시 올라오기 시작했다. 문을 노크하는 것이 두려워지기 시작했다. 어떤 때에는 내가 방문하기로 한 집에 문을 두드리기 전에 그 주변을 여러 번 배회하기도 했다. 결국 그해 여름의 막바지로 가는 어느 날 나는 일을 그만 두고 집으로 돌아왔다.

집으로 돌아가기 위해서는 버팔로에 가서 프론티어출판사 사무실에 들려야 했다. 거기에 있던 내 트레이너는 다시 나를 설득했다. 코넬 대학이 있는 이타카로 가서 한 주에 두세 권 정도의 책만 팔면 내 생활비는 충당할 수 있을 것이라고 했다. 결국 나는 그곳에 가서 책을 팔기로 결심했다. 나는 잠시 집을 방문한 후에 다시 용기를 내어서 코넬 대학이 있는 도시로 갔다. 가면서 스스로에게 다짐했다. 모든 것이 다 잘 될 것이라고... 나는 시간이 많이 소요되는 일을 하는 대신에 도시에 가서 일주일에 한두 번 정도 서너 시간만 투자하며 책을 팔면 충분히 생활비를 충당할 수 있을 것이라고 기대했다.

과연 그럴까? 대학 생활은 나의 기대와는 완전 딴판이었다! 나는 리하이 벨리 철도(Lehigh Valley)를 타고 바타비아에서 이타카로 수백 마일 되는 여행을 했다. 거의 다 도착할 무렵 아름다운 카유가(Cayuga) 호수를 볼 수 있었다. 코넬 대학의 건물들은 마치 "카유가의 물 위에" 세워져 있는 것처럼 보였다. 기차 안에는 이타카에서 내리는 대학생들이 타고 있었고, 나도 그들 중에 하나였다. 나는 작은 차를 타고 언덕 위에 세워져 있는 캠퍼스로 올라갔다. 거기에서 칼리지 에비뉴(College Avenue)에 있는 목조 건물로 된 집들 중 싼 방 하나에 묶게 되었다.

내 방은 3층에 있었는데, 복도 바닥에는 마루가 깔려 있었다. 만약에 불이라도 난다면 빠져나가기가 쉽지 않아 보였다. 나는 한 학기 정도 지낼만한 돈은 있었다. 그리고 나면 책을 팔면 된다고 생각했다.

나는 등록을 했고, 교양과목 수업을 듣기 시작했다. 나는 책을 팔아야 한다는 일종의 심리적인 압박에 시달렸다. 매일 아침이면 스스로에게 다짐을 하곤 했다. 오늘 오후에는 꼭 책을 팔러 갔다 와야지... 하지만, 오후가 되면 책 파는 일보다 훨씬 더 흥미로운 일들이 나를 기다리고 있었다. 풋볼 구경하는 것이 너무 신이 나서 마냥 그것을 구경하다 보면 오후가 훌쩍 지나가곤 했다. 혹은 도서관에서 책을 읽기도 했고, 친구와 체스 게임을 즐기기도 했으며, 혹은 그냥 빈둥거리기도 했다. 그렇게 시간을 지내다보면 어느새 오후는 훌쩍 지나가고 책 파는 일은 그 다음날로 미뤄졌다.

한두 주 정도가 지난 후에 나는 드디어 책을 팔러 시내로 내려갔다.

한 거리를 정하고 그 거리를 걷기 시작했다. 하지만, 나는 책을 살만한 사람이 누구인지 정보가 없었다. 어느 집에 가야만 내 책을 살 만한 사람이 살고 있는지 알지 못했기에 나는 막막했다. 나는 다시 내 방을 돌아와서 집을 방문해서 노크할 용기가 없는 나 자신을 질책했다. 나는 내 마음속에 있는 심리적인 장애와 열등감을 뛰어넘어서 남는 시간에 책을 팔기 위해서 용기를 내는 것이 두려웠던 것이다.

대신에 나는 남는 시간에 체스와 포커를 배웠다. 체스는 어느 정도 수준에 올라갔으나, 포커는 쉽지 않았다. 나는 대학생들이 하는 음담패설에 익숙해져갔고, 2층에서 지내고 있는 친구에게 빌려서 처음으로 외설 소설을 읽었다. 나는 "낙제"를 당하지 않기 위해서, 지금은 기억도 나지 않는, 여러 과목들을 공부해야만 했다. 아직도 내 기억에 남아 있는 과목은 고대사였다. 이 과목에 대해서는 다음 장에서 말하겠다.

VII.

# 방황

내가 열 살 혹은 열한 살 되었을 무렵에 나는 바타비아 자유의지침례교회(Free Will Baptist Church)에서 세례를 받았다. 나의 부모님은 모두 기독교인이었다. 우리는 매일 밤마다 함께 기도를 드렸다. 일요일이면 정기적으로 모든 가족이 함께 예배에 참석했다. 농장에 할 일이 아무리 많아도, 혹은 일요일 아침에 날씨가 아무리 나빠도, 아버지는 일요일에는 절대로 일을 하지 않으셨다. 어느 날 들판에 쌓아 둔 건초더미가 무너져 내리면서 밀을 묶어둔 다발들이 흩어져 버리고 말았다. 마침 날씨도 흐려서 비가 올 것만 같았다. 비가 오면 밀이 다 망가지는데도 아버지는 일요일에는 절대로 일하지 않으셨다. 나는 아버지가 맹세를 하거나, 저속한 표현을 쓰시는 것을 들어본 적이 없다. 담배도 피우지 않으셨고 독주도 마시지 않으셨다. 댄스파티나 카드놀이 파티에도 참석하지 않으셨다. 심지어 마을 축제 기간에도 당신이 생각하기에 문제가 있어 보이는 쇼에는 참석하지 않으셨다. 물론 그 기간 동안 벌어지는 여러 가지 게임에 대해서는 말할 필요조차 없다. 분명 아버지는 그러한 일들은 사탄의 도구라고 생각하셨던 것이 틀림없다.

아버지는 나를 엄격하게 훈련시키셨다. 하지만 나는 복음에 대해서 제대로 된 지적인 설명을 들어본 적이 단 한 번도 없었다. 나는 내가 죄인이라는 사실에 대해서 이해할 수가 없었다. 그리스도가 나를 위해서 십자가에서 죽으셨다는 사실 또한 받아들일 수 없었다. 나에게 교회에 참석하는 일은 그리스도를 나의 구주와 내 삶의 주인으로 영접하기 위한 것이 아니라, 단지 감정적인 경험일 뿐이었다. 다시 말해서, 나는 진정한 기독교신앙을 경험해보지 못했다. 어느 날 교회에서 스캔들이 터져서 아버지는 자유의지침례교회를 떠나서, 한 일 년 정도 감리교에 출석하다가, 제일침례교회(First Baptist Church)로 옮겼다. 주일학교 선생님은 내가 정말로 존경할 만한 분이셨는데, 그 분은 변호사였다. 그는 매력적인 성격을 지니고 있었으며, 좋은 선생님으로서 특히 남학생들로부터 존경을 받았다.

그러나 내가 고등학교 4학년에 다니고 있을 때에, 그 선생님 대신 그리스도의 신성에 대해서 믿지 않는 분이 선생님으로 오셨다. 그의 새로운 가르침은 흥미로웠다. 나는 그 분의 영향을 상당히 많이 받았다. 그 다음 여름에 나는 책을 팔기 위해서 집을 떠나 있었다. 잠시 집에 방문해서 교회에 다시 참석 했을 때에는 그 선생님의 이야기가 별로 흥미롭게 들리지 않았다.

대학에 들어간 학기 초, 나는 고대사 수업 시간을 통해 우리가 당시에 사용하고 있는 달력에 대해 배우게 되었다. 교수님은 달력의 기원이 1100년 주기로 형성되고 있다고 설명하셨다. 그리고 현재 달력은 이미 기원전 3300년경부터 있었던 것으로 우리는 알고 있다고 말하면서, 그렇다면 한 주기 전, 즉 1100년을 거슬러 올라가야만 기원을 밝힐 수 있는 것이라고 설명하셨다. 그는 다음의 몇 마디로 강의를 마쳤다. "그렇다면, 이 세계는 기원전 4004년에 창조된 것이 아닙니다!"

강의는 단순했다. 하지만 그 강의는 내 가치관을 송두리째 흔들어놓았다. 기원전 4004년이 창조의 시점이라는 것은 킹제임스 성경(King James Bible)을 바탕으로 16세기경에 살았던 아일랜드의 대주교 어셔가 추측한 것으로 성경에는 나오지 않는 연도이다. 교수님의 강의가 충격적이었던 이유는, '만일 창조의 연도가 틀린 것이라면 과연 성경의 다른 이야기들은 믿을 만한 것인가?' 하는 의심이 내 마음을 뒤덮었기 때문이다.

생각해보면, 내 마음속에 이런 의심이 싹트게 된 것은 바타비아의 제일침례교회 주일학교 선생님의 가르침에서 비롯된 것이다. 내 마음 속의 의심은 들불처럼 번져나갔다. 나는 다른 학생이 지도하는 교회 주일학교에 참석했는데, 거기는 그리스도의 신성에 대해서 조롱하는 것을 목표로 학교가 운영되는 곳이었다. 당시에 유명한 진보주의자였던 리먼 애봇이 채플에서 설교를 하기도 했는데, 그는 나의 기독교 신앙의 기초를 송두리째 흔들어 놓았다.

불신앙은 나의 도덕적인 기준도 허물어버렸다. 나는 전에는 전혀 하지 않은 일들을 하게 되었다. 일요일에 공부를 하기도 하고, 특별한 경우를 제외하고는 교회에 나가지 않았다. 도박할 돈이 있는 것은 아니었지만, 포커를 하기도 했고, 음란서적을 보면서 다른 친구들과 음담패설을 즐기기도 했다. 연말쯤 되어서 나는 심지어 신의 존재 자체도 믿지 않게 되었다.

학기가 끝나갈 무렵 나는 조금 더 싼 하숙집을 찾았고, 룸메이트와 방을 나눠 쓰기로 했는데, 그 친구는 상스러운 말을 잘 하기로 유명한 친구였다. 학기 말이 되자 돈은 완전히 바닥이 났다. 나는 아버지에게 다음 학기 생활비를 빌려달라고 부탁을 드렸고, 부활절 때에는 네빌 고모에게 연말까지 버틸 수 있는 돈을 빌려달라고 부탁했다. 여름방학 동안에 책을 팔아서 빌린 돈을 갚을 계획이었다.

겨울학기가 시작되자, 나는 어지럼증으로 쓰러졌다. 머리부터 발끝까지 내 온 몸은 흘러내리는 역겨운 고름으로 뒤덮이고 말았다. 그 순간 즐거웠던 지난날들이 내 머리를 스쳐 주마등처럼 지나갔다. 의사는 학교 병원으로 나를 옮겨주었고, 나는 거기에서 두 주간을 보냈다.

병원에서 퇴원했을 때, 나는 두 주 동안이나 수업에 참석하지 못한 상태였다. 나는 내가 이미 등록해두었던 고급물리 수업을 도저히 따라갈 자신이 없어서, 수사학과에서 가르치는 조금 더 쉬운 수업들과 공공보건 수업으로 수강변경을 했다. 당시 전국에서 해당 분야의 가장 좋은 프로그램으로 알려진 수업이었던 공공연설 수업들을 듣게 된 것은 나에게는 커다란 행운이었다. 나는 신입생 토론 팀의 리더로 뽑혔다. 그리고 우리 팀은 프린스턴 팀과 겨루어서 이겼다. 나는 봄학기에 열리는 대학 웅변대회에 참석할 최종후보 열두 명을 포함해서 총 스무 명의 스피커를 선발하였다. 그러나 만일 한 학생이 이 열두 명의 후보에 오르게 되면, 그 학생은 다음 해에 열리는 토론대회에는 참석할 수 없었다. 아직 한 학생도 이긴 학생이 있는 것은 아니었지만, 다른 한 학생과 나는 대회 참석을 일 년 더 미루기로 결정했다. 왜냐하면 우리는 아무래도 신입생들이 이길 수 있는 기회는 거의 없다고 결론을 내렸기 때문이다.

나는 이미 여름방학 동안 책을 파는 사람에게 수수료를 주겠다고 약속하고 몇 몇 책을 파는 영업사원을 고용하였다. 그 중에 하나는 기록상으로는 상당히 훌륭한 성과를 낸 사람이다. 그래서 그해 여름에 내가 받은 수수료는 상당히 많았다.

학교는 일 년을 무사히 마쳤다. 그리고 나는 두 명의 사원을 데리고 오하이오 나일스(Niles)로 가서 영업을 시작했다. 그 해 여름이 시작되면서 나는 다시 용기를 내서 일을 시작하였고, 이런 나의 모습은 실적으로 드러났다. 그러나 내가 빚을 갚고 다음 학년 대학생활비를 충당하기에는 턱없이 부족한 금액이었다. 그래서 나는 어쩔 수 없이 1년을 휴학하고 돈을 더 벌어야겠다는 결론을 내렸다.

나에게 새로운 지역이 할당되었다. 그곳은 오하이오 강변에 있는 아름다운 도시인 마리에타(Marietta)였다. 나는 YMCA 빌딩 안에 방을 얻어놓고 바로 일을 시작했다. 그러나 몇 일간 헛걸음을 하다 보니 나의 내면에 있던 수줍음이 다시 나를 괴롭히기 시작했다. 나는 아침에 일어나서 일을 시작하는 것이 두려웠다. 또 다시 대부분의 시간을 빈둥거리기 시작했고, 영업 관련 전화가 걸려오는 것이 싫었다. 사무실 유지비용이 거의 바닥나자 나는 급하게 책을 몇 권 팔아야 했다. 회사로부터 책을 주문한 책을 받아서 보내고 책값을 받았지만, 나는 책값을 회사로 돌려보내지 않았다. 나는 그 돈을 생활비로 썼고, 또 가끔 가는 전시회 입장료로 썼다.

회사는 바로 나와 신용지급과 관련된 모든 일을 단절했고, 나의 아버지에게 책값 몇 백 달러를 갚으라고 통보했다. 왜냐하면 계약서에 그렇게 명시했기 때문이다. 그 시간 이후로 나는 현금을 받고 책을 팔아야 했다. 주문이 들어오면 책을 전달하고 현금을 받는 방식이었다. 물론 책도 회사에서 현금으로 사왔다. 그러나 아무리 발버둥 쳐봐도 회사에서 책을 탁송 받아 판매하면서 내가 쓸 비용을 마련하는 것은 어려운 일이었다. 나는 많은 시간을 당구를 배우거나, 잡지에 나와 있는 시시콜콜한 이야기들을 읽는 데 보냈다.

책을 팔면서 내가 지켜야할 일이 있었다. 그것은 회사에 매일 전화를 걸어서 영업이 어떻게 진행되고 있는지 보고하는 것이었다. 내가 연락을 해 본 고객의 이름과 주소를 보고해야 하고 영업이 잘 되지 않은 이유를 설명해야 하고, 책을 얼마나 팔았는지 보고해야 했다. 나는 영업을 열심히 뛰지 않았기 때문에, 전화도 별로 많이 걸지 못했다. 나는 내가 말을 걸어보거나 연락을 해 본 사람들에 대해서 기록을 남기기 시작했다. 나는 보고할 때 회사를 속여서 내가 일을 열심히 하고 있다는 것을 거짓으로 보여주기 위해서 이들도 포함시켜서 보고했다(이들은 실제 고객이 아니었다). 회사에서 책이 도착하면 나는 취소되었다고 보고

했다. 나는 취소된 내용을 모두 다 보고하지도 않았다. 그래서 나는 내가 스스로 책을 사야만 했다. 나는 이런 방식으로 해서 그럭저럭 내 생활을 유지해갔다.

이 기간 동안 나는 교회 예배는 정기적으로 참석하였다. 그러나 나는 목사님이 하는 설교를 믿는 것은 아니었다. 나는 무신론적인 사고를 가지고 있었다. 나는 한 침례교회에서 성가대를 하기도 했다. 하지만, 봄에는 회중교회로 옮겼는데, 그 이유는 친구를 많이 만들기 위해서였다. 이 기간 동안 나는 종교에 대한 어떤 관심도 없었다.

## VIII.

# 전환

나는 1910년 봄에 여름 동안 책을 팔 영업사원 두 명을 채용하였다. 나는 생활비를 마련하고, 사무실을 운영하고, 일하면서 사용하는 교통비를 지불하게 위해서 책을 파는 데에 노력을 기울였다. 나의 실적은 점점 더 올라갔다. 그러나 모든 경비를 지불하는 데 필요한 만큼 수익이 생기지는 않았다. 9월이 되어서 결산을 해 보니, 수입과 지출이 거의 비슷했다. 나는 대학으로 돌아갈 충분한 경비를 마련하지 못했다. 그래서 나는 학교에 연락해서 장학금 지급을 일 년 더 늦춰줄 것을 부탁하고 일 년 더 일을 하기로 결심했다.

그해 여름이 끝나갈 무렵, 나는 웨스트버지니아 주, 포인트 플레즌트(Point Pleasant)에서 꽤 성공적으로 영업을 했다. 왜냐하면 내가 오하이오 갈리폴리스(Gallipolis)에서 머물 때 만났던 한 여성에게 첫눈에 반해서 그녀에게 잘 보이기 위해 열심히 일을 했기 때문이다. 내가 그녀를 만날 수 있는 시간은 그곳에 방문해서 하루나 이틀 정도 머무는 시간밖에는 없었기 때문에, 나는 자주 편지를 썼다. 그리고 그녀는 웨스트버지니아, 샬레스톤(Chaleston)에 있는 그녀의 집으로 돌아갔다. 나는 그녀에게 매일 편지를 쓰기 시작했다. 나는 그녀 마음에 들기 위해서 정말로 열심히 일을 했다. (나는 그녀가 딱 내 타입이라고 생각했다!) 나는 웨스트버지니아 리플리(Ripley) 시로 이사해서 책을 팔아서 좋은 성과를 내었다. 그 때 내 여자 친구로부터 편지가 왔다. 샬레스톤에서 곧 약혼을 한다는 내용이었다. 용서해달라는 말도 적혀 있었다. 그 순간 나는 내 모든 것이 나락으로 떨어지는 것 같은 충격을 받았다. 일할 동기도 사라져버렸다. 나는 모든 의욕을 상실했다. 다음 날 나는 레이븐스우드(Ravenswood)로 가서 몇 권을 책을 팔았고, 그 해(1910-1911년) 겨울에는 오하이오 레이신(Racine)으로 옮겼다.

나는 레이신을 본부로 삼고 포메로이(Pomeroy)나 미들포트(Middleport)로 삼사 일씩 시외버스를 타고 다니면서 책을 팔았다. 나는 생활하기에 불편함이 없을 정도의 돈만 벌었고, 나머지 시간에는 포켓볼을 배우면서 지냈다. 나는 레이신에 돌아갈 때는 고등학생들과 함께 돌아가기 위해서 수업시간이 끝나는 시간쯤 시외전통차를 이용했다.

학생들 중에 내 시선을 사로잡는 여학생이 하나 있었다. 그 학생은 붉은 색 코드를 입곤 했다. 한두 주 쯤 후에 호텔 직원이 내가 어느 날 저녁 한 집의 쌍쌍파티에 초대되었다고 전해주었다. 내 파트너는 내가 반한 그 소녀였다. 그날 저녁은 잊지 못할 시간이었다. 페이와 나는 카드게임을 즐겼고 함께 그녀의 집까지 걸었다. 그날 이후로 우리는 매일 아침 같은 차를 타고 다녔으며, 한 주에 두세 번은 하교시간에도 같은 차를 탔다. 나는 그녀를 많이 사랑했다. 마침내 용기를 내서 그녀에게 고백을 했다. 크리스마스 전날 밤이었다. 그녀는 나의 고백을 받아주었고, 우리는 함께 미래를 설계하는 사이가 되었다.

크리스마스 기간에 나는 바타비아 집에 갔다. 기분 좋은 일이 생겼는데, 그것은 내 은행 통장에 내가 잊어버리고 있었던 40달러가 있다는 사실을 발견하게 된 것이었다. 나는 레이신으로 돌아가기 위해서 돈을 빌려야 할 필요가 없게 되었다. 그리고 하숙집에 밀린 공과금들도 해결할 수 있게 되었다. 나는 버팔로에 들려서 프론티어 출판사의 사람들을 만났고, 생기 넘치는 모습을 그들에게 다시 보여주었다. 나의 트레이너인 군리치씨는 만일 내가 겨울과 봄에 좋은 성과를 보여준다면 여름에는 나를 데리고 샌프란시스코로 가서 지점을 하나 열어주겠다고 약속을 했다.

나는 레이신으로 돌아와 페이를 위해서 좋은 성과를 내겠노라고 다짐을 했다. 나는 페이와 함께 샌프란시스코로 가기 위해서는 많은 돈을 벌어야 한다고 다짐했다. 그러나 내가 돌아와서 그녀에게 나의 계획을 이야기 했을 때, 또 다른 마음 아픈 일이 벌어지고 말았다. 그녀는 나를 좋아하기는 하지만, 함께 인생을 같이 할 만큼 사랑하지는 않는다고 했다. 우리의 관계는 거기에서 끝났다. 나는 다시 깊은 절망에 빠졌다. 우리는 계속 데이트를 했고, 카드게임을 즐기기도 했다. 그러나 단순한 친구 관계로 그런 시간을 보내는 것은 오래가지 못했다. 우리는 완전히 헤어졌다.

나는 다시 목표를 잃고 방황했다. 나는 다시 길을 잃었고, 그 어떤 전화도 무시했고, 회사에 보내야 하는 보고서도 거짓으로 꾸며서 보냈다. 나는 그저 굶주리지 않을 정도의 필요한 만큼의 돈을 벌기 위해서만 일할 뿐이었다. 나는 집세도 밀렸고, 공과금도 내지 않았다. 7월쯤 되자 체납금이 무려 40달러 정도가 되었다.

나는 영업사원 둘을 뽑아서 오하이오 랭카스터(Lancaster) 근처에 있는 슈가 그로브(Sugar Grove)로 보냈다. 얼마 지나지 않아서 그들이 유치장에 갇히게 되었다는 소식을 들었다. 그들의 아버지와 함께 그들을 빼내기 위해서 랭카스터로 갔다. 지난 일요일 오후에 그들은 철도 위를 걷다가 별 생각 없이 볼트와 넛트를 철로에 두었다고 한다. 그것을 본 어떤 사람이 그들을 신고했고, 경찰은 그들을 잡아서 유치장에 가두었다. 지방법원 판사는 벌금형을 내렸다. 긴 꾸지람을 듣고 난 후에 벌금을 내고 그들은 석방되었다. 한 아버지는 그들을 레이신으로 데리고 가려고 하였다. 다른 아버지는 그들이 랭카스터에서 머물러서 일을 해야 한다고 했다. 마침내 나는 그들과 함께 머물면서 일을 하기로 하였다.

1911-1912년 가을에서 겨울로 넘어가는 동안 나는 랭카스터에서 책을 팔았다. 하지만 대부분의 시간을 당구장에서 보냈다. 나는 감리교회에 정기적으로 출석을 했고, 심지어 성가대 활동도 하기는 했지만 신앙을 가지지는 않았다. 겨울 동안에 나는 합창단에 가입을 했고, 그 합창단은 그 이듬해 봄에 오라토리오 "엘리야" 연주회를 열었다. 가을에는 고등학교 선생님 한 분을 알게 되었는데, 그분은 고등학교 제자들에게 테니슨의 "공주"라는 연극을 가르치고 있었다. 나도 그 연극반을 돕기로 했다. 그들이 연극에 익숙해져서 숙달된 모습으로 연기를 하는 데에는 꽤 오랜 시간이 필요했다. 그것은 상당히 성공적이어서 학교에서뿐 아니라 도시의 한 극장에서도 상연을 하였다. 그 일이 끝나자 나는 고등학교 졸업반 학생들이 "실비아(Sylvia)"라는 오페라를 공연하기로 했는데, 그 공연단에 감독으로 와달라는 제안을 받았다. 모든 과정은 순조롭게 진행되었고 공연은 잘 마쳤다. 나는 내심 내가 그 일을 위해서 시간을 많이 보냈기 때문에, 응당한 대가를 받을 것을 기대했다. 그러나 나는 단 1센트도 받지 못했다.

1912년 봄에 나는 고등학교 졸업반 학생인 필리스와 데이트를 하기 시작했다. 나는 또 다시 사랑에 빠졌다. 그러나 나의 과거에 아픈 기억들이 내가 그녀에게 사랑을 고백하는 것을 방해했다. 우리는 말을 타고 시골길을 달리면서 즐거운 시간을 보냈다. 나는 여러 번 고백하고 싶었지만, 그렇게 하지 못했다. 나는 책을 거의 팔지 못했다. 그래서 여름이 거의 다 끝나갈 무렵 나는 주방용 칼 세트를 파는 일을 시작했다. 주문을 받으면 그것대로 우편으로 배달을 해 주는 일이었다. 그 일은 상당히 성공적이었다. 나는 나의 호텔에 밀린 숙박비와 체납금을 모두 갚을 수 있었다. 나는 이런 주변을 정리한 후에 집주인에게 어디로 간다고 알리지 않고 그곳을 떠났다. 나는 아직 90달러 정도의 집세를 더 지불해야 했다.

나는 오하이오 윌밍턴(Wilmington)으로 가서 칼세트를 더 팔아보려고 하였다. 그러나 며칠 동안 성과가 거의 없었다. 그러자 나는 책을 팔아 보기도 했다. 열심히 했지만 그마저도 여의치 않았다.

마침내 수요일 밤에 나는 한 장로교의 기도회에 참석했다. 아더 마벳 목사님이 소요리문답을 가르치고 있었다. 이제까지 성경에 관해서 제기하는 질문에 만족할만한 대답을 하는 사람을 만나보지 못했기 때문에, 나는 장난기가 발동해서 그 목사님께 질문을 던졌다. 나는 예정론에 대해서 질문을 던졌다. 그 질문에 대해서 그 목사님은 훌륭하게 대답해주셨다. 나는 한 동안 멍하게 있다가 생각했다. "나는 이보다 더 어려운 질문도 던질 수 있다!" 나는 내가 할 수 있는 가장 어려운 질문을 꺼내들었다. 또 다시 그 목사님은 마치 깨끗한 크리스털처럼 아주 명료하게 대답해주셨다! 나는 그 목사님이 나보다도 훨씬 더 많은 것을 알고 계신다는 사실을 알아차렸고, 결국 입을 다물게 되었다. 기도회가 끝나고 그 목사님은 나에게 다가오셔서 인사를 나눈 뒤, "해밀턴씨, 당신은 어려운 문제들과 씨름하고 있군요."라고 말씀을 하셨다. 나는 대답했다. "네, 저는 성경에 대해서 궁금한 것이 참 많이 있습니다." "내일 만날 수 있을까요? 저와 대화를 좀 나누시면 어떨까요? 아마도 내가 당신을 도울 수 있을지도 모르겠습니다. 왜냐하면 저도 당신과 비슷한 시간을 보낸 적이 있거든요."라며 마벳 목사님은 나를 초대하셨다.

IX.

# 회심

다음 날 아침 여덟시에 나는 마벳 목사님의 집을 방문했다. 우리의 대화는 오후 다섯 시까지 계속되었다. 내가 성경에 대해서 어려워하고 있는 부분들, 즉 하나님의 존재, 그리스도의 신성, 성서의 영감, 예정론 등에 대해서 대화를 나누었다. 마침내 다섯 시가 되었을 무렵 나는 이해하게 되었고 그리스도가 나를 구원하기 위해서 갈보리 십자가에서 죽임을 당하셨다는 사실을 받아들이게 되었다. 나는 무릎을 꿇고 하나님께 용서를 비는 기도를 드렸다. 나는 마벳 목사님께 대학으로 돌아가서 계속 공부를 해서 목사가 되겠노라고 말씀드렸다. 나는 만일 내가 그리스도를 나의 구원자로 믿는 날이 오게 된다면 나는 복음을 전하는 사람이 될 것이라고 말해왔노라고 목사님께 말씀드렸다. 그리고 나는 그의 교회를 계속해서 다니고 싶고, 그의 가르침을 받기 위해서 윌밍턴에서 일자리를 알아보겠다고 말씀드렸다. 다음 날 나는 패터슨 백화점에 가서 일자리를 구했다. 나는 주급이 7달러 50센트인 일자리를 구했다. 나는 지하실 매장에서 칼리코(calico) 옷감(면직물의 한 종류)을 파는 일을 시작했다.

나는 매일 필리스에게 편지를 써왔는데, 그 때도 역시 필리스에게 편지를 써서 나에게 벌어진 놀라운 일에 대해서 이야기를 했다. 그녀는 내가 이전에는 신앙이 없었다는 사실을 믿을 수 없다고 했고, 지금 다시 신앙을 가지게 되었다는 사실에 기쁘다고 했다. 추수감사절이 되기 전에, 나는 그녀에게 사랑을 고백하면서 평생 그녀와 함께 지내고 싶다고 했다. 그녀는 나의 사랑을 받아주었다. 그리고 추수감사절에 그녀에게 와서 얼굴을 보고 한 번 더 사랑한다고 말해 달라고 했다. 나는 추수감사절 휴가기간 동안 랭카스터에 가서 그녀를 만났다. 그녀는 나의 아내가 되겠다고 했고, 우리는 아주 멋진 휴가를 보냈다.

나는 월요일에 윌밍턴으로 돌아왔다. 그리고 그 다음 주에 나는 법을 위반한 사실을 알게 되었다. 랭카스터에 있는 호텔 지배인이 내가 체납금이 90달러가 있다고 나를 고발한 것이다. 윌밍턴의 보안관이 나를 체포해 갔다. 그리고 나는 유치장에 들어가야 했다. 그 시간이 불과 여섯 시간 밖에 되지는 않았지만, 내 인생에서 가장 불행했던 시간이었다. 나는 나의 가장 친한 친구에게 전화를 걸어서 체납금을 내기 위해 25달러를 빌렸다. 나는 호텔 지배인에게 연락을 해서 지금 당장 25달러를 보낼테니 나를 풀어달라고 부탁했다. 그 지배인은 나의 부탁을 들어주었다. 내 친구가 25달러를 보내는 동안 나는 잠시 동안 다시 유치장으로 들어가 있었다. 나머지 금액은 주 단위로 나누어서 갚기로 했다. 저녁 때 쯤이 되어서 돈이 송금된 사실이 확인되었고, 나는 유치장에서 나올 수 있었다. 마을 사람들은 이미 내가 체포된 사실을 알고 있었다. 그날 저녁 나는 내 인생에서 가장 어려운 일을 해야만 했다. 그것은 바로 내가 교회에서 전부터 계획에 두었던 친목모임에 참석하는 일이었다. 이미 사람들이 내가 유치장에 다녀온 사실을 알고 있었기 때문에 정말로 발이 떨어지지 않았다. 나는 정말 가기가 싫었다. 그러나 마벳 목사님은 내가 정말로 그 죄를 벗어버리려면 교회에 나와서 사람들을 만나야 한다고 하셨다.

교회 사람들은 정말로 친절했다. 아무도 내가 체포된 사실에 대해서 언급하지 않았다. 그들은 아무 일도 없었다는 듯이 나를 맞아주었다. 나는 백화점에 돌아가서 일을 하였고, 여전히 난로에 불을 피웠고 하숙집 복도를 청소하면서 지냈다. 나는 열심히 일해서 계속 체납금을 갚아갔다. 크리스마스에 교회의 한 할머니께서 내가 체납금을 갚는 것을 도와주시려고 교회 사람들에게 조금 씩 모금을 해서 30달러를 선물로 주셨다. 하나님은 도움이 필요한 사람을 위해서 사람들을 보내주신다. 겨울이 지나고 봄이 되었다. 나는 이 기간 동안 내가 진 채무를 다 갚기 위해서 쉬지 않고 열심히 일했다. 그해 봄에 나는 프론티어 출판사로부터 오하이오의 콜럼버스(Columbus)로 가서 영업직여사원을 교육시키는 책임자가 되어 줄 수 있냐는 제안을 받았다. 책임자 중에 한 명이 결핵에 걸려서 갑자기 일을 그만두게 되었다고 했다. 그것은 놓칠 수 없는 멋진 제안이었다.

나는 백화점 일을 그만두고 콜럼버스로 가서 두 주간 동안 훈련기간을 보냈다. 나의 약혼자는 나와 함께 책을 팔기로 결심을 하고 랭카스터를 떠나 그곳에 와서 나와 함께 지내고 있었다. 이 두 주 동안 내가 회심을 한 사건 다음으로 중요한 사건이 벌어졌다. 그것은 출판영업사원 훈련을 받기 위해서 모인 젊은 여성들 중에 한 사람인 룻 보네브레이크를 만난 것이었다. 그녀는 영업적인 수사를 익히는 데 어려움을 겪고 있었다. 그래서 나는 그녀를 다른 한 훈련생과 함께 저녁 시간에 와서 특별 훈련을 받도록 시켰다. 그 시간이 되자, 다른 훈련생은 오지 않고 그녀만 참석을 했다. 나는 그녀에게 반복적으로 훈련을 시켰다. 그녀가 충분한 열의를 보여주지 않았기 때문에 나는 그녀에게 심한 이야기를 쏟아내고 말았다. 그녀는 눈물을 흘렸지만, 그녀는 눈물을 참아가며 연습을 계속했다. 나는 그녀에게 사과했다. 그리고 집에 갈 수 있도록 차를 잡아 태워서 보내주었다. 두 주간의 훈련 기간이 지났을 때, 나는 훈련생들에게 세일즈맨으로서의 그들의 경험에 대해 기록해서 나에게 보내라고 말했다. 그것을 읽고 나는 훈련생들에게 조언을 해 줄 생각이었다. 나는 다시 윌밍턴으로 돌아왔고 그곳에서 여름동안 다시 책을 팔았다. 몇 몇 훈련생들이 자신들이 경험한 내용을 써서 나에게 편지를 보내왔다. 그 중에 보네브레이크의 편지가 가장 길었다. 무려 여덟 쪽이나 되었다.

필리스는 내가 훈련생들로부터 편지를 받았다는 사실을 알고 그런 식으로 일하는 것은 좋지 않은 것 같다고 이야기했다. 나는 필리스에게 아무런 사심이 없이 한 일임을 설명했다. 그 증거로 보네브레이크의 편지를 보여주었다. 거기엔 필리스가 오해할 만한 내용은 아무 것도 없었다. 그 편지가 단지 여덟 쪽이었다는 사실만 빼고!

그 후에 필리스는 상당기간동안 나에게 편지를 보내지 않았다. 나는 조금 짜증이 나서, 그녀에게 약간 신경질적인 목소리로 전화를 걸었다. 그녀는 왜 그녀가 편지를 쓰지 않았는지에 대해서는 이야기하지 않았다. 하지만, 그녀가 쓴 편지가 아직 도착하지 않은 것 같다고 말했다. 마침내 그녀의 편지를 받았는데, 그녀의 편지는 비판의 목소리로 가득했다. 이후에 나는 필리스에게 편지를 써서 미안하다고 이야기를 했고, 다른 훈련생들에게는 편지를 써서 약혼자에 대해서 이야기를 하고 그녀가 편지를 보내는 것을 좋아하지 않기 때문에 앞으로 편지를 보낼 수는 없을 것 같다고 썼다. 이제 더 이상 여성훈련생들과의 서신 왕래는 없었다.

나는 그해 여름에 내가 출석하던 교회 총회에서 나를 그 교회의 정식 회원으로 받아 줄 수 없다는 소식을 듣고 몹시 실망하였다. 그들 생각에는 내가 아직은 그들의 추천을 받아서 장로회의 회원이 될 만큼 안정적인 모습을 보여주지 못했다고 여긴 것 같다. 그 상황은 내가 1년을 더 기다려서 장로교회의 정식회원이 되든지 아니면 교회의 재정적인 후원을 받지 않고 스스로의 힘으로 대학에 복학을 하든지를 선택하게 만들었다. 나는 교회 총회의 회원들이 나를 추천해주지 않아서 내가 어려움을 겪게 되었다고 생각하지는 않았다. 오히려 나는 23살의 나이를 원망하면서 더 이상 시간을 허비해서는 안 된다고 결론을 내렸다. 그래서 나는 코넬로 돌아갈 것을 포기하고 오하이오 우스터에 있는 우스터 대학(Wooster University, 이후에 The College of Wooster로 바뀜)으로 갈 결심을 했다. 그 대학은 장로교 소속 대학으로 나는 거기에서 나의 대학 공부를 마칠 결심을 하였다.

X.

# 다시 대학으로...

내가 다시 대학으로 돌아갈 때 나는 거의 빈손이었다. 나는 홀던 총장님과 인터뷰를 했다. 총장님은 나에게 학비 전액을 장학금으로 주시겠다고 약속을 하셨다. 나는 단지 몇 주 정도만 버틸 수 있었기에 학교에서 일을 구해야만 했다.

나는 일을 구하게 되었고 노트스타인 박사님의 농장에서 수업이 없는 오후나 토요일에 일하기로 했다. 노트스타인 박사님은 라틴어 교수로, 학교에서 가장 연세가 많으신 교수님 중에 한 분이었다. 그는 죽은 언어를 살릴 수 있는 그런 분 중에 한 분이었다.[2] 마침내 나는 주급을 받는 일을 찾게 되었다. 그 일은 인도에 선교를 갔다가 안식년을 오신 장로교 선교사님들의 숙소를 청소하는 일이었다. 추수감사절쯤에 다른 일이 벌어졌다. 나는 윌밍턴 장로교에서 우스터 장로교로 옮겼다. 마침내 우스터 장로교에서 정식 회원이 되었다. 덕분에 나는 장로교 기독교교육위원회에서 지급하는 장학금을 받게 되었다. 그것은 1년에 100달러씩 2년간 지급되었다. 아주 많은 돈은 아니었지만, 나에게는 매

2) 라틴어가 사어(死語)로 현재는 쓰이지 않는 언어이기 때문에 이런 표현을 한 것 같다(역자 주).

우 유용한 것이었다. 추수감사절이 지나고 나는 적은 돈으로 오랫동안 버티기 위해서 우유와 빵, 바나나와 쿠키, 그리고 티 정도만으로 살 결심을 했다. 이를 위해서 일주일에 1달러 25센트 정도를 쓰면 되었다! 당시 물가가 상당히 높았기 때문에, 이렇게 할 수 있다는 것은 어려운 일이었다. 하지만, 나는 3년을 버텨야 하기 때문에, 일주일에 1달러 50 센트 이상은 쓰지 않기로 결심했다.

나는 코넬 대학에서의 경험, 그리고 책을 파는 영업사원으로서의 경험을 살려서 학교 토론팀에 들어갔고, 거기에서 리더로 뽑혔다. 우리 팀은 피츠버그 대학에서 열린 토론 대회에서 우승을 했다. 덕분에 집으로 돌아오는 기차표를 상으로 받았다.

주말이 되면 나는 가끔 나의 약혼자를 만나기 위해서 랭카스터를 방문했다. 그리고 일요일 밤 열차를 타고 학교로 돌아왔다. 월요일에는 수업시간에 졸기 일쑤였다. 그녀와 함께 추수감사절을 보낸 후에 월요일 새벽에 학교에 도착했다. 수업이 여덟시인데 불과 두 시간 정도 밖에 남지 않았다. 만일 그 수업을 또 들어가지 못한다면, 운 좋게 교수님이 봐주시지 않는 한, 낙제를 하게 될지도 모른다. 나는 자명종시계를 맞춰두고 잠시 쉴 생각으로 누웠다. 그러나 내가 눈을 떴을 때에 시간은 이미 오후 한시를 지나고 있었다! 나는 어찌할 바를 몰랐다. 월요일 아침 수업을 낙제할 수밖에 없었다. 나는 노벨상 수상자인 아더 콤턴의 아버지인 콤턴 학장님을 만날 결심을 했다. 학장님께 모든 일을 다 이야기 했다. 그는 물었다. "해밀턴 군, 알람시계가 울리지 않았단 말이지?" "네, 그것이 분명 울렸어야 하는데... 저는 계속해서 잠을 자고 말았습니다!" 나는 대답했다. 더 이상 말씀을 하시지 않으시고 학장님은 선처를 부탁하는 편지를 써주셨다. 그는 편지를 써주시면서 윙크를 한 번 하시고 나를 보내주셨다!

내가 어찌 엘리아스 콤턴 학장님에게 사랑과 존경을 드리지 않을 수 있겠는가? 그는 너무나 친절하셨다. 첫 학기 가을에 나의 경제적인 사정이 바닥을 치고 있을 때에, 나는 캠퍼스를 걷다가 그를 만났다. 지나가시다가 알아보시고 "해밀턴 군!"하고 부르셨다. 나는 멈춰서 그에게로 다가갔다. "내가 지금 들었는데, 자네 경제적으로 어려움을 겪고 있다고 하던데 맞는가?" "예, 맞습니다." 나는 풀이 죽은 목소리로 대답했다. 그는 10달러 지폐를 꺼내어서 주시면서, "나는 자네가 이것을 받아주었으면 좋겠네. 큰 것은 아니지만, 도움이 되었으면 좋겠네!" 하고 말씀하셨다. 나는 그 때 너무 감사해서 그 자리에서 거의 쓰러질 뻔 했다. 왜냐하면 그것은 그날 오후에 내가 학교에 기숙사비로 내어야 할 바로 그 금액이었다. 그 이후로 콤턴 박사는 나의 가장 든든한 친구가 되어주셨다. 나는 그가 개설한 철학과목을 모두 다 들었고, 그와 함께 철학에 대해서 이야기하는 시간은 너무 즐거웠다. 우스터를 졸업하고 나서 내가 대학을 방문할 때마다, 콤턴 학장님은 나를 집으로 초대해주셨다. 학장님의 사모님도 "미국의 어머니"로 추대될 정도로 훌륭한 분이셨다. 내가 신학을 공부하고 나만의 신학적인 견해를 가지게 되면서 그 분의 의견과 맞지 않는 부분들도 있기는 했지만, 전체적으로 보면 그분의 가르침과 그분의 삶의 모습은 나에게 아주 많은 영향을 끼쳤다. 내가 학장님 부부를 마지막으로 본 것은 선교사역을 하고 있었던 평양에 두 분이 방문하셨을 때였다. 그 때에도 두 분은 너무도 멋지셨다. 그렇게 멋진 부모님과 함께 살고 있으니, 그분들의 자녀들이 미국에서 훌륭하게 자라는 것은 너무나 당연한 일이었던 것이다.

한 학년이 잘 마무리 되었고, 나는 여름방학 동안에 바타비아를 방문해서 책을 팔기로 결심을 했다. 그 결정은 별로 좋은 결정은 아니었다. 나는 몇 권의 책을 팔기는 했지만, 또 다시 거짓으로 보고서를 작성하고자 하는 유혹에 시달렸다. 나의 수줍음과 게으름이 다시 나를 그런 유혹에 시달리게 만들었다. 8월에 나는 이모집(Hattie Hazelton)에 머물렀다. 그 때는 막 세계일차대전이 시작되던 시기였다. 하티 이모와 그녀의 아들 제임스는 오순절교파 교회에 다니고 있었는데 둘 다 "방언"을 할 줄 알았다. 나는 방언에 대해서 별로 좋지 못한 기억이 있다. 내가 코넬 대학에 있을 때의 일이었다. 그 때에도 잠시 이모집에 머물렀는데, 그들은 내가 방언하는 능력을 가질 수 있게 해 달라는 기도를 드리곤 했다. 당시에 나는 신앙이 없었다. 내 사촌이 나에게 중국말을 할 수 있다고 했을 때 나는 "그래! 만일 네가 코넬에 와서 내 중국 친구들 앞에서 중국말을 할 수 있다면, 나는 네가 코넬 대학에 방문하는 모든 비용을 다 내줄게."라고 말하면서 의심했다. 나는 사촌을 코넬에 데리고 가서 중국인 친구들과 대화를 해보도록 시켰다. 나는 그들에게 상황을 설명해주고 내 사촌이 정말로 중국말을 하는지 봐 달라고 부탁했다. 내 사촌은 정말로 열심히 그들에게 자기가 중국말이라고 생각하는 것을 보여주기 위해서 복음서에 대해서 설교를 하기 시작했다. 그러나 그가 중국말이라고 주장하면서 했던 말들은 아무도 알아들을 수 없었다. 나는 만약을 대비해서 중국의 여러 지역에서 온 친구들을 다 초대했었다. 나는 내 사촌에게는 크게 따지지는 않았지만, 그 이후로 그와 나는 이 부분에 대해서는 더 이상 이야기하지 않았다.

그러나 지금은 상황이 많이 달라졌다. 나는 기독교인이 되었다. 하지만, 여전히 출판사를 속일 유혹에 빠지는 것을 보면 좋은 기독교인은 아니다. 이모와 사촌은 내가 방언의 은사를 받을 수 있게 해 달라고 기도하기 시작했다. 나는 여전히 방언을 믿지 않았다. 그러나 로체스터(Rochester)에 있는 엘람(Elam) 센터에서 생각이 바뀌게 되었다. 엘람 센터는 전국의 오순절파 교회의 중심이 되는 곳이었다. 그곳에서 집회가 있었는데, 우리는 몇 일간 그 집회에 참석했다. 나는 그것이 어쩌면 기독교인들에게 주시는 하나님의 선물일지도 모른다는 생각을 가지고 열린 마음으로 그 집회에 참석했다. 나는 아직은 "방언"이라고 부르는 것에 대해서 전부 이해할 수는 없었지만, 집회에 참석한 사람들의 신실한 태도에 감동을 받았다. 한편 성령께서 나를 감동하셔서 내 죄가 생각나게 하셨다. 나는 프론티어 출판사에 나의 잘못을 고백하는 편지를 썼다. 나는 지난 몇 년간 나의 실적에 대한 전화보고나 써서 보낸 보고서에 거짓이 있었노라고 고백하면서 용서를 구했다.

그 후에 나는 오순절파의 대표인 베이커 여사를 만나기로 결심하고 그녀와 약속을 잡았다. 그녀와 만나서 나는 여전히 "방언"에 대해서 명확하게 이해할 수 없다고 했다. 그녀는 "당신은 성령의 선물을 이성적으로 이해하시면서 받으시나요? 그것은 성령의 선물입니다. 그냥 우리는 받아서 즐길 뿐입니다."라고 대답하셨다. 그 말에 나는 방언을 받아볼 용기가 있으니 장로님들의 안수기도를 받고 싶다고 그녀에게 말했다. 다음 집회에서 나는 집회장소의 맨 앞인 설교단이 있는 곳으로 나가서 무릎을 꿇었고, 장로님들은 내 머리 위에 손을 얹으시고 기도하셨다. 성령의 선물인 방언을 받을 수 있도록 한 십오 분쯤을 그렇게 기도하셨다. 나도 역시 마음을 다해 선물을 기다리면서 기도했다. 기도를 마치고 한 장로님이 나의 손을 잡고 일으키시면서 "형제여, 당신은 그것을 선물로 받았습니다! 당신은 지금 방언을 말할 수 있습니다."라고 외치셨다. 그의 눈은 확신으로 가득했다. 그러나 오히려 나의 마음은 차분하게 가라앉고 있었다. 나에게는 아무런 일도 일어나지 않았다. 그 경험은 마치 속임수 같았다. 그 이후로 나는 "방언"이 성령께서 주시는 아주 가치 있는 선물이라고는 생각할 수가 없게 되었다.

그러나 그 경험이 완전히 무의미한 것만은 아니었다. 그 경험을 통해서 출판사에 저질렀던 나의 과오가 떠오르게 되었기 때문이다. 감사하게도 나의 용서를 구하는 편지에 대한 출판사의 대답은 더 열심히 책을 팔라는 것이었다. 나는 남은 여름 시간 동안 더욱 열심히 일을 했다. 그러나 그다지 큰 성과를 이루어 내지는 못했다.

## XI.
# 해외 선교를 가기로 결심함

얼마 지나지 않아서 나는 내 인생의 전환점을 맞았다. 9월 초에 나는 약혼자가 학생들을 가르치고 있는 학교가 있는 한 탄광촌을 방문했다. 그녀는 나를 반갑게 맞아주었지만, 무엇인가 주저하는 것처럼 보였다. 다시 학교로 돌아온 후 10월 초에 해외 자원봉사 컨퍼런스가 개최되었다. 오하이오에 있는 거의 모든 대학의 대표들이 참석하는 자리였다. 나는 모든 모임에 다 참석했다. 그들의 메시지에 깊은 감동을 받았다. 그러나 나는 장애가 있기 때문에 해외에 선교사로 자원하는 것은 불가능할거라고 생각했다. 어느 날 한 모임에서 내 옆방에 머물고 계셨던 아프리카 의료선교사 라만 박사님이 나에게 다가오셔서 "해밀턴 군, 자네 한 번 해외선교에 자원해보면 어떻겠는가?"하고 물어보셨다. 나는 장애가 있기 때문에 본부에서 나를 받아주지 않을 것이라고 대답했다. 이 때 선교사님은 "아니 지원도 해 보지도 않고 어떻게 그 결과를 장담할 수 있나?"라고 말씀하셨다.

나는 충격을 받았다. 나는 기독교로 회심한 후에 주님께서 원하시는 일이라면 무엇이든지 하겠노라고 서원했다. 그러나 단 한 번도 그가 원하시는 일이 해외선교일 것이라고 생각해본 적은 없었다. 잠시 숨을 고른 후에, 나는 그에게 기도해보고 결정하겠노라고 말씀드렸다.

나는 결심했다. 다음 날 아침 시내로 내려가서 페르시아에 선교를 다녀오신 위샤드 박사님께 신체검사를 받았다. 위샤드 박사님은 나를 유심히 살펴보신 후에 결과에 대한 보고서를 작성하시면서 나에게 말씀하셨다. "나는 자네가 해외선교에 나가지 못할 그 어떤 이유도 발견하지 못했네. 물론 자네는 다른 선교사들처럼 순회전도여행을 자유롭게 하지는 못할 걸세. 그러나 자네는 학교에서 가르칠 수도 있고, 그 외에 다른 일들도 얼마든지 할 수 있다네."

마침내 나는 선교를 자원하게 되었다. 나는 미국북장로교 해외선교부에 지원서를 보냈다. 선교부에서는 내가 신학교에서 교육을 받으면 선교에 갈 수 있다고 나를 격려해주었다.

나는 곧바로 해외선교를 자원하여 선교사 지망생으로 뽑히게 된 기쁜 소식을 나의 약혼자에게 알렸다. 그리고 그녀에게 나와 함께 해 달라고 부탁했다. 그러나 그녀의 대답은 내 기대와는 달랐다. 그녀는 자신은 해외선교를 가는 것에 대해서 별로 관심이 없다고 말했다. 그리고 만일 내가 선교사로 떠날 결심을 굳힌다면 나 혼자 가라고 했다. 그날 밤은 한 잠도 잘 수 없었다. 나는 내가 어떻게 해야 하는지를 고민하면서 열심히 기도했다. 내가 기도하면 할수록, 점점 더 주님께서는 내가 선교를 떠나는 것을 원하신다는 확신이 들었다. 나는 정말 어려운 결정을 했다. 내가 가장 우선순위로 해야 할 일은 주님께서 원하시는 일이지 내가 사랑하는 여인의 말을 따르는 것은 아니라는 생각이었다. 나는 그녀에게 이 문제에 대해서 편지를 썼다. 나는 주님께서 나에게 선교를 떠나도록 원하신다고 말하면서, 그녀가 함께 가든지 가지 않든지 나는 가겠노라고 했다. 그녀는 함께 갈 수 없다고 했다. 결국 우리의 약혼은 깨어졌다. 그 후로 나는 몇 주간의 절망스러운 시간을 보냈다. 나는 필리스를 잊기 위해서 공부에 매진했다.

추수감사절이 되었을 때 나는 몹시 우울했다. 가끔 함께 산책을 하기도 하고, 수업도 함께 듣고 있는 한 여자 친구가 나를 초대해서 자신의 집에서 추수감사절을 보내자고 했다. 다른 남자 친구도 나를 초대했다. 이런 좋은 친구들 덕분에 나는 잠시 외로움을 잊을 수 있었다. 나는 대학에서 다른 여학생들보다 렐다가 마음에 들었다. 하지만, 나는 이미 끝나버린 나의 사랑 필리스를 잊지 못하고 있었다. 아무리 잊으려고 해도 잘 되지 않았다.

1914년 크리스마스 무렵, 독일군이 프랑스와 폴란드를 세차게 몰아붙이고 있었고, 전쟁의 불길은 온 유럽을 뒤덮고 있었다. 그러나 그것은 멀리 유럽의 이야기였을 뿐이었다. 미국은 자국의 이익에만 몰두하고 있었기 때문에, 유럽의 전쟁터에서 벌어지고 있는 피비린내 가득한 사건들에 대해서는 별로 관심을 가지지 않았다. 우스터 대학에서는 천연두가 번지고 있어서 겨울 동안 휴교해야 했다. 우리는 모두 예방주사를 맞았고, 2주 동안 집 밖으로 나올 수가 없었다.

그 기간에 나는 참으로 외로웠다. 나는 토론 준비를 위해서 열심히 책을 읽었다. 하지만 시간은 더디게 가기만 할 뿐이었다. 그 때 나는 오하이오 윌밍턴에 있는 룻 보네브레이크가 생각났다. 그녀는 전에 나에게 가장 긴 편지를 보냈었다. 나는 그녀에게 편지를 써서 나의 파혼 이야기를 하고, 괜찮다면 그녀와 서신왕래를 계속하고 싶다고 했다. 처음에는 답변이 없었다. 그러나 그녀는 그녀의 자매의 설득에 못 이겨서 나에게 답신을 보내왔다. 우리는 서로에게 호감을 가지고 서로 편지를 주고받기 시작했다.

한편 나는 렐다에도 더 많은 관심을 가지게 되었다. 나는 여자기숙사 가까운 곳으로 나의 방을 옮겼다. 나는 그녀가 언제 수업에 가는지 관찰하고 있다가, 그녀가 나가는 시간에 맞추어서 나왔다. 그녀와 함께 수업에 참석하게 되었다. 우리는 자연스럽게 가까워졌고, 일요일 밤에는 데이트를 하기도 했다. 그러나 그녀는 처음부터 내가 해외선교사로 갈 결심을 했다는 사실에 힘들어했다. 그녀는 나를 좋아하는 것처럼 보였다. 그러나 더 이상 가까워지려고 하지 않았다. 나는 피아노를 배웠는데, 딱 두 곡을 완벽하게 칠 수 있었다. 그 중 하나가 "로사리"인데, 나는 피아노를 치면서 노래도 할 수 있었다. 우리의 마지막 데이트 날에 그녀는 나에게 피아노를 치면서 노래를 불러달라고 했다. 그리고는 기숙사로 돌아가면서 이제는 그만 만나자고 했다. 왜냐하면 그녀의 어머니는 그녀가 선교에 가는 것을 완강하게 반대하셨기 때문이었다. 나는 그것과는 상관없이 계속 만나고 싶다고 했지만, 그녀는 봄에 있을 학년 연회에만 함께 참석하겠노라고 했다. 이렇게 나의 또 다른 사랑이 지나가고 있었다.

나는 우리 대학 토론팀의 리더였다. 우리는 미드빌(Meadville)에 있는 알레가니(Alleghany) 대학과의 토론 시합에서 이겼다. 나는 우리 팀의 발성 훈련과 토론 훈련을 훌륭하게 시켰으며 린 교수님이 우리의 총감독이셨다. 대학 학점을 받을 수 있는 토론 시즌이 끝나고 우리 팀은 일 주일에 세 시간씩 의회법에 대해서 공부했다. 나머지 학생들은 꾸준히 미팅을 하면서 법에 저촉되지 않는 범위 내에서 사회자가 헌법 개정에 대해 혼동하게 만들 수 있는 속임수 같은 기술을 익히기도 했다. 그런 훈련은 상당히 유용한 것이었다.

## XII.
# 또 다른 사랑

해마다 오월이면 우스터 대학에서는 "컬러데이(Color Day)"라는 축제를 열었다. 대부분의 학생들이 그 축제에 참여하였다. 학생들은 여러 곳에 살고 있는 친구들을 이 축제에 초대했다. 1915년에 나는 룻과 그의 누이에게 축제에 참석해 달라고 초대장을 보냈다. 룻과 그의 누이는 나의 초대에 응했고, 나는 축제 전날에 차를 갈아타야 하는 오어빌(Orrville)에서 그녀들을 기다렸다.

기차에서 내리는 룻을 보는 순간 나는 룻이 너무나 아름답고 사랑스럽게 보였다. 그녀의 미소는 숨이 막힐 정도로 아름다워서 나는 그녀에게서 눈을 뗄 수가 없었다. 나는 그녀에게 완전히 빠져버렸다. 우리는 정기적으로 편지를 주고받기는 했지만, 룻의 얼굴을 직접 보게 되자, 내 가슴이 이렇게 쿵쾅쿵쾅 뛸 줄은 상상도 못했다. 기차역에서 그녀를 보는 순간 나는 완전히 그녀에게 반했다. 축제에 참여하기 위해서 주말을 함께 보낼 수 있다는 사실은 정말로 황홀한 것이었다. 룻의 누이의 남자친구는 그 다음 날 축제에 참여하기 위해서 우스터에 왔다. 그래서 우리 넷은 축제 기간 내내 즐거운 시간을 보낼 수 있었다. 우스터 캠퍼스는 그 어떤 대학보다도 아름다운 곳이기 때문에, 컬러데이 축제를 하기에는 더할 나위 없이 좋았다. 날씨도 좋아서 더 즐거운 시간이었다. 내 기억이 틀리지 않다면 여학생 기숙사 뒤편에 있는 노천극장에서 “한 여름밤의 꿈”이 상연되었다. 모든 면에서 완벽한 시간이었다.

주말이 지나고 룻은 콜럼버스로 돌아갔고 나는 또 다른 사랑에 빠졌다. 나는 여름방학 동안에 콜럼버스 북쪽 20마일 쯤 떨어진 작은 마을에서 책을 팔 계획을 세웠다. 덕분에 나는 그녀를 주말마다 만날 수 있었다. 그녀의 누이인 마벨로는 여름이 시작되자 결혼을 했다. 나는 그녀의 결혼식 때 노래를 두 곡 불렀다. 룻을 위해서 내가 그 자리에 있다는 사실이 알려지자 사람들은 우리 둘을 놀렸다. 룻의 열두 살 남동생 조지를 만날 기회는 없었다. 여름 동안에 나는 룻의 세 자매와 형제들과 함께 즐거운 시간을 보냈다. 뒤뜰에 묶여있는 그네와 해먹에서 편안하게 쉬었고, 응접실에서는 함께 담소를 나누었다. 밤이 되면 가족이 모두 함께 모이는 시간도 보기 좋았다. 뒤뜰에 묶여있는 해먹은 나에게 가장 소중한 기억을 남겨주었다. 그곳에서 나는 룻에게 프로포즈를 했고, 룻은 나의 프로포즈를 받아주었다.

비록 결혼을 하려면 내가 신학교를 마칠 때까지 기다려야 했지만, 우리는 마음을 다해서 사랑을 했다. 어느 날 룻은 기침으로 병원에 갔는데, 의사는 결핵 초기 증상이 보인다고 진단했다. 그래서 그녀는 그해 여름의 나머지 시간을 쉬어야 했다. 룻이 뒤뜰에서 쉬고 있는 동안에 가족들은 그녀에게 좋은 음식을 대접해 주기 위해서 밖에서 열심히 일을 했다. 우리는 그녀가 정말로 결핵을 앓게 되었는지는 잘 모른다. 하지만, 덕분에 그녀는 그해 여름을 잘 쉴 수 있었다. 한 가지 안 좋았던 것은 룻은 그 때문에 피아노 레슨을 그만두어야 했는데, 그 이후로 다시 피아노를 배울 기회가 없었다는 점이다.

XIII.

# 대학에서의 마지막 일 년

대학 졸업반이 된 나는 상당히 바쁜 시간을 보냈다. 나는 또 다시 토론팀의 리더로 데니슨(Dennison) 대학과의 토론대회를 준비했다. 토론대회는 매우 흥미로웠다. 우리 팀은 철저하게 준비를 했다. 그런데, 대회 당일 날 나는 목이 아파서 말을 할 수 없었다. 절망적이기는 했지만, 그래도 나는 의사를 찾아가서 약을 처방받아서 먹고 겨우 말을 할 수 있을 정도의 상태로 회복되었다. 내가 직접 연설하는 동안에는 별 문제없이 잘 할 수 있었다. 하지만, 논쟁하는 시간에는 목소리가 갈라져서 잘 나오지 않았다. 내 목소리는 겨우 속삭이듯이 말을 할 수 있을 정도였다. 내가 선택한 방법은 길게 말하는 것 보다는 정확하게 몇 마디를 짧은 문장으로 말하는 것이었다. 겨우 논쟁시간이 끝났다. 다행히도 우리 팀이 이겼다. 그러나 나는 목이 완전히 잠겨서 이후 두 주 동안 말을 제대로 하지 못했다! 두 주 정도가 지나서 내 목소리를 다시 찾은 것은 하나님의 은혜였다.

나는 50달러 상금이 걸려있는 철학대회에 참석했다. "데이빗 흄의 철학"이라는 제목으로 소논문을 내서 우승했다. 그 당시 우스터대학에는 파이 베다 카파(Phi Beta Kappa)[3] 지부가 없었다. 그래서 교수님들과 이사회에서 이 단체를 구성해서 졸업반 학생들이 여기에 참석할 수 있게 하였다. 고대 철학과 근대 철학에 대해서 구두시험을 통해 이 단체의 회원이 선발되었고, 그 중에 한 학생에게는 특별상을 수상하기로 했다. 시험관은 철학과 종교학 교수님들 중에 세 분으로 구성되었고 시험 시간은 각 학생들에게 두 시간씩 진행되었다. 분야별로 박사학위가 있으신 교수님들이 여러 방면에서 학생들이 대답해야하는 문제들을 자세하게 만드셨다.

나는 콤턴 교수님의 수업을 모두 들었고, 철학 전반에 대해서 독서를 많이 했기 때문에, 어렵지 않게 시험에 합격했다. 1926년 안식년 기간에 미국에 머무는 동안에 나는 우스터 대학으로부터 철학과 조교수 제의를 받았는데, 그것은 11년 전에 내가 시험에서 좋은 결과를 만든 것을 학장님이 기억하고 계셨기 때문이었다.

나는 선교 현장이 더 중요하다고 생각했기 때문에 그 제안을 받아들이지는 못했다. 어쨌든 나는 1916년에 최우등생으로 졸업을 했고, 철학분야에서 명예 회원이 되었다. 이 단체는 이후에 우스터 대학의 파이 베타 카파 지부로 발전하게 되었고 나는 그 단체의 한 회원이 될 수 있었다.

졸업을 한 달 정도 앞두고, 나는 미국장로교 선교부의 여름국내선교 프로그램에 참가신청을 했다. 졸업을 하자마자 나는 요밍 주의 오리건 철도의 한 정거장으로 잘 알려진 포트 라라미(Fort Laramie)로 파송되었다고 연락을 받았다. 선교부는 나의 여행 경비와 생활비를 보내주었다. 그곳에 가서 보니 유일한 집회 장소로 사용할 만한 곳은 마을 사교장뿐이었다. 그곳에서는 일요일 아침 9시까지 댄스파티가 열리곤 했다.

사람들이 사는 곳은 지금은 황폐하게 돼서 쓸모가 없어진 오래된 한

---

3) 미국에서 가장 오래된 인문/과학 우등생의 친목단체이다. 미국 전역에 286곳 정도에 이 단체가 있다(역자 주, 위키피티아 참조).

요새로부터 1마일쯤 떨어진 곳이었다. 생활용수를 공급받기 위한 작은 운하 공사가 한창 진행되고 있었다. 그 운하는 노스 플라테(North Platte) 강의 물을 끌어온 것이다. 포트 라라미는 건설 노동자들과 기술자들이 모여서 마을을 이룬 곳이다. 운하를 따라서 뻗은 긴 터널은 강을 가로질러서 만들어지고 있었다. 그곳에는 아직 기독교인들의 모임이 없었기 때문에, 나는 일요일 아침에 예배를 드리기로 하고 근처에 살고 있는 사람들을 초대했다. 첫 번째 예배에 대략 20여 명 정도의 사람이 참석했던 것으로 기억하고 있다. 건설 엔지니어로 일하고 있는 한 부부를 빼고는 전부 이전에 신앙생활을 제대로 하지 않았던 사람들이었다.

나는 설교를 해 본 경험이라고는 딱 두 번뿐이었다. 그것들마저도 지금 이 상황에는 적용되지 않는 것이었다. 나는 여름방학 선교를 위해서 매주 두 편의 설교를 준비해야만 했다. 나는 성경책과 네 권의 참고서적 밖에 없었다. 예배 참석자들 중에 몇 명은 대학을 나온 사람들도 있었기 때문에 나는 그들이 내 설교를 잘 들어줄 수 있을까 하고 의심하였다. 건설 현장의 주임 엔지니어는 이전의 나처럼 신앙이 없어서 그리스도의 신성이나 최후의 심판에 대해서 믿지 않았다.

어느 날 저녁, 나는 기독교 신앙에 대해서 특히 최후의 심판과 구원에 대해서 설명하고 있었다. 최후의 심판에 대한 설명을 길게 듣고 난 후에 그는 내 앞에 다가와서 소리쳤다. "만약에 내가 당신이 말한 대로 최후의 심판을 믿는다면, 왜 나는 일꾼들 합숙소를 벗어나서 잠시만이라도 쉴 수 없단 말이요? 그리고 왜 거기에 살고 있는 그들을 신자로 만들 수 없는 것이오!" 그 후 그는 자신의 감정을 어찌 할 줄 몰라서 잠시 밖을 나갔다가 다시 돌아왔다. 나는 한 사람 한 사람에게 다가가서 기독교의 기본에 대해서, 특히 최후의 심판과 그리스도의 구원에 대해서 설명했다. 그러나 그들은 믿지 않았다!

그러나 그의 절규는 나의 마음을 뒤흔들어 놓았다. 나는 내가 단지 할 수 있는 일은 복음의 능력을 믿고 기도하는 것뿐이라는 사실을 깨달았다! 나는 그에게 오직 성령께서 그들을 변화시켜 주어야 한다는 사실 말고는 달리 해 줄 수 있는 말이 없었다. 우리가 할 수 있는 일은 그들에게 복음을 제시하는 것뿐이고, 그들이 하나님의 구원하심을 믿게 만드는 것은 성령만이 하실 수 있는 일이었다.

여름이 거의 다 끝나갈 무렵, 우리는 약 20여 명의 신자로 구성된 교회를 만들 수 있었고 그들은 자신들을 위한 교회를 짓겠다고 서약했다. 안타깝게도 내가 떠난 지 얼마 안 돼서, 그 건설 현장은 다른 곳으로 옮겨졌다. 남아있는 신자들이 자체적으로 교회를 운영하는 것은 불가능하게 되었다. 내가 여름 동안에 한 일의 열매가 보잘 것 없는 것이 되었다는 사실이 몹시 안타까웠다. 그러나 그 주임 엔지니어 가족과 나는 좋은 친구가 되었다. 나는 그가 살고 있는 덴버에 여러 번 방문하기도 했다. 그 부부는 지금 덴버 장로교회의 신도가 되었다. 만들어진 지 얼마 되지 않아서 사라지게 되고 만 그 작은 교회에 참석했던 다른 사람들에 대한 이야기는 듣지 못했다.

# XIV.
# 프린스턴 시절

그해 여름에 나는 프린스턴신학교에 등록을 할 수 있게 되었다. 감사하게도 나는 당대에 가장 훌륭한 신학자들과 함께 공부를 할 수 있게 되었다. 가장 지적인 학자로 알려진 벤자민 워필드 박사, 데이비스 성경사전을 쓴 존 데이비스 박사, 세계적이지는 않다고 하더라도 미국에서 가장 영향력 있는 신약학자인 그레샴 메이첸 박사, 20세기에 가장 위대한 구약성서와 고대근동언어학자 로버트 딕 윌슨 박사 같은 분들이 바로 프린스턴에서 가르치고 계셨다. 물론 프린스턴에는 다른 훌륭한 학자들도 많이 있었지만 지금 언급한 이 분들은 점점 더 자유주의의 영향을 받고 있던 세계 신학의 흐름 가운데에서 기독교신앙의 정수를 지키려고 애쓰신 분들이었다.

그 중에서도 워필드 박사님은 특별한 분이셨다. 그는 내가 알고 있는 분들 중에는 가장 훌륭한 선생님이셨고, 소크라테스의 대화법을 잘 사용하셔서 가르치셨으며, 백과사전적인 지식을 가치고 계신 분이셨다. 그는 당시에 널리 알려진 조직신학자 찰스 하지보다도 더 위대한 학자였다. 마벳 목사님은 이미 오래전에 나에게 워필드 박사님에 대해서 알려주셨다. 그래서 나는 프린스턴에 갔을 때에 가능한 한 워필드 박사님의 모든 수업을 다 들으려고 하였다. 당시 신학교의 학제는 3년간 수업을 듣고 나면 졸업증서가 주어졌는데, 이것은 정식 학위는 아니었다. 그래서 3년간의 수업 이외에 더 공부를 하게 되면 신학 학사(Bachelor of Divinity)를 주는 제도가 있었다. 이 학위를 받으려면 신학교 3년 동안 받은 수업에서 최상위권에 드는 학점을 받아야 했다.

나는 신학교에서 3년 동안 수업을 받으면서 벽난로 청소를 하거나 거리 청소를 해서 생활비를 벌었다. 3학년 때 나는 가능하다면 신학학사 학위를 받겠다고 결심했다. 나는 신학과에서 워필드 박사님의 지도 아래 1년간 더 수업을 받을 수 있게 되었다. 이 기간 동안에 나는 워필드 박사님의 수업을 들었고, 워필드 박사님께 학위논문 지도를 받게 되었다. 논문 지도 수업을 받는 동안에 나는 워필드 박사님과 1대1 수업을 두 번 받을 수 있었다. 이 수업들은 교육과정 중에 하나였다. 내가 기억하기로는 워필스 박사님이 내 소논문을 읽으신 후에 내 소논문의 점수로 "2"점을 주셨다. 그리고 박사님은 내 소논문에 다음과 같이 적어주셨다: "해밀턴 군, 나는 당신의 생각을 듣고 싶습니다." 이 평가는 내가 이후에 학생들을 가르치면서 그들의 글이 별로 칭찬 받을 만한 글이 아닐 때에, 자주 사용하는 문장이 되었다. 박사님과 1대1로 만나서 대화하면서 나의 소논문이 어떤 면에서 부족한지를 알게 되었다. 눈부신 지혜와 엄청난 지식을 지니고 계신 워필드 박사님과 대화를 하려면, 누구나 엄청난 열정과 예리한 판단력으로 자신의 논점을 피력해야 한다. 왜냐하면 그의 논점은 마치 총을 들고 사람을 공격하는 것 같아서 상대방의 지적인 허점을 정확하게 끄집어내시기 때문이다. 나는 박사님의 칼빈주의 수업을 세 학기 동안 꼬박 들으면서 성서에 대한 그의 가르침에 대해서 논리적으로 저항해보려고 고군분투했다. 그 때부터 나는 칼빈주의 시스템이 담고 있는 진리에 대해서 더 이상 의심하지 않았다. 왜냐하면 나는 알미니안주의와 반(半)펠라기우스주의의 맹목적인 논리가 지니고 있는 목적을 추구해왔지만, 결국 그것은 성경에 대해서,

그리고 진리에 대해서 공허한 가르침만 제공해주고 있다는 사실을 발견했기 때문이다.

몇 해 전에 내 친구 하나는 프린스턴 신학교에서 공부하고 있는 한 친구와 구약성경의 고등비평학에 대해서 토론하였다. 믿기지 않지만, 프린스턴에 있는 그 친구는 로버트 딕 윌슨(Robert Dick Wilson)에 대해서 전혀 들어보지 못했다고 했다! 그것은 틀림없는 비극이었다! 윌슨 박사는 구약성서의 고등비평의 도전에 대해서 반대하면서 신학적으로 가장 위대한 업적을 남기신 분이신데, 이제 더 이상 그분에 대해서 프린스턴에서 이야기하지 않는다니 말이다! 물론 윌슨 박사님께서 고등비평학을 반대하시는 증거나 논쟁들에 대해서 세세한 부분까지 기억하는 것은 불가능한 일일 것이다. 그러나 구약성서가 처음 기록될 때부터 변함없는 하나님의 말씀이라는 진리에 대한 그의 가르침이 프린스턴에서는 이제 완전히 사라지고 말았다. 나는 윌슨 박사님이 수업 시간에 계속해서 강조하시면서 말씀하신 강의 내용들을 잘 기억하고 있다. 그는 마치 천둥과도 같은 목소리로 "구약성서의 어떤 한 부분이 잘못되었다고 말할 수 있는 사람은 이 세상에 아무도 없다!"고 말씀하셨다. 때때로 그는 구약성서에 나오는 히브리 단어의 의미에 대해서 설명하시면서 "누가 이 사전을 기록했는가?"하고 질문을 던지셨다. 만일 그 사전의 기록자가 비신앙인이라고 한다면 그는 당연히 잘못된 의미를 기록했을 것이다. 때때로 어떤 학생이 그의 설명에 주의를 기울이지 않으면, 그는 화를 내시면서 손가락으로 얼굴이 발개진 그 학생을 가리키시면서 확신에 찬 어조로 말씀하시곤 했다. 그는 구약성경의 고등비평학의 잘못된 부분에 대해서 충분한 증거를 보여주시면서 설명을 하셨다. "사실을 직시하라! 여기에 성경에 대한 명확한 증거가 있지 않은가?"하고 말씀하셨다. 그는 계속해서 설명하시면서 고등비평학이 제시하는 증거들을 보면서 처음에는 혹시 성경이 틀린 것은 아닌가 하고 두렵기도 했다고 하셨다. 그러나 그는 계속해서 증거를 찾아냈고 이를 통해 수많은 사실들은 고등비평학에서 제시하는 도전들이 틀렸다는 점을 보여준다고 설명하셨다. 고등비평학에서 성경에 대해 제기하는 단 하나의 공격도 맞는 것이 없다고 그는 설명하셨다. 그러므로 성경에 대한 그러한 도전들이 혹시나 맞지 않을까하는 걱정은 하지 말라고 하시면서, 성경은 완전하게 신뢰할 만한 진리라고 하셨다. 히브리어에 대해서 잘 몰랐던 학생들이 그의 수업에 참석하면서 점차로 지식을 얻어감에 따라서 성경이 하나님의 말씀이라는 진리에 대해서 확신을 가지게 되었다. 윌슨 교수님의 또 다른 습관은 학생들을 그의 방으로 불러서 저녁 늦은 시간까지 대화를 하시는 것이었다. 그는 항상 파이프를 물고 있었다. 그는 아들이 대학에 들어갈 즈음에 담배를 피우기 시작하셨는데, 점차로 담배를 상당히 많이 피우시게 되었다. 내 생각에는 만일 그가 담배를 끊었다면 조금 더 살 수 있었을 것이다.

윌슨 박사님이 구약성서에 대해서 그 어떤 고고학적으로나 철학적인 검증을 한다고 하더라도 구약성서는 그 자체로 정확한 진리라는 점을 선언한지 벌써 45년이 지나가고 있다. 1927년에 나는 *The Basis of Christian Faith*를 처음으로 출간했다.[4] 나는 이 책에서 "구약성서의 역사적인 명확성"에 대해서 한 장을 할애하여 구약성서의 고고학적인 사실성에 대해 다루었다. 놀라운 사실은 모든 증거들이 구약성서에는 오류가 없다는 점을 보여주고 있다는 것이다! 윌슨 박사님이 논증하신 대로, 구약성서의 그 어떤 부분도 구약성서 자체에 모순된 점이 있다고 생각하게 만들 수 있는 것은 없다. 물론 구약성경 자체에 마치 퍼즐처

4) 이 책은 1929년에 한국어로 번역되어서 『기독교변증론』이라는 제목의 책으로 출간되었다. 해밀턴은 숭실대학과 평양신학교에서 이 책을 중심으로 변증학을 강의했다(역자 주).

럼 난해한 부분이 있는 것은 맞는 말이다. 그러나 그런 점이 구약성경이 잘못된 것이라고 말할 수는 없는 것이다. 우리가 이렇게 난해한 부분에 대한 증거가 충분하지 않아서 증명할 수 없을 뿐인 것이다. 그리고 점점 더 고고학적인 발견이 진행되면서, 이러한 난해한 부분들에 대한 증거들이 속속들이 발견되고 있기 때문에 성경에 대한 역사적인 정확성이 더욱 확실해지고 있다. 신구약성경의 저자들이 보유하고 있었던 증거들이 점점 더 발견됨에 따라 성경의 난해한 부분들도 하나둘씩 해결되고 있다.

그레샴 메이첸 박사의 위대함은 자신의 분야에서의 학문적인 탁월성뿐 아니라, 그의 학문적인 철저함에서도 잘 드러나고 있다. 그는 신약성서 비평학자들의 논점에 대해서 명확하고 공정하게 이해하면서 자신의 논점을 펼쳐나가고 있기 때문에 그를 반대하는 학자들의 비판에 대해서 확실하면서도 절도 있게 논박함으로 비평가들의 주장들을 무력하게 만들었다. 학생들에게 거의 맹목적으로 보일 정도의 확고한 지지를 받고 있는 메이첸 박사의 또 다른 위대함은 그 동기의 진실성과 그 어떤 타협도 거부하고 그가 옳다고 믿는 진리를 지키고 있다는 점이다. 그는 자신이 옳다고 믿는 일에 대해서는 그 어떤 타협안이나 순간적인 절충안을 만드는 것을 거부했기 때문에, 교회 정치에서는 전혀 성공할 수가 없었다. 어떤 사람은 그의 결정이 지혜롭지 못하다고 질문을 던질 수도 있을 것이다. 그러나 그 어떤 사람도 그의 정직성에 대해서 의문을 제기하거나 그가 하고 있는 일이 너무 유치하고 개인적인 동기에서 유발된 것이라고 문제를 제기할 사람은 없을 것이다. 그는 자신의 친구들이 올바른 길로 가고 있는 한 친구들에 대한 그의 신의를 굳게 지켰다. 만일 그의 친구라고 하더라도 올바르지 못한 결정을 하는 경우라면, 그는 지체하지 않고 그 친구들에게 직언을 서슴지 않았다. 그는 마치 나무를 잘라서 잘게 부수어서 뿌리듯이 그가 옳다고 생각하는 바를 다른 사람들에게 전달하는 것도 잊지 않았다.

나는 그가 1926년에 미국북장로교 해외선교부와 반대되는 의견을 제시하는 것을 보면서, 그의 이러한 성격을 경험했다. 그는 자신이 생각하기에는 선교지로 파송하기에 적합한 사람인데, 해외선교부가 그 사람을 파송하지 않는 결정을 내리는 것을 보고 분개해서 장로교 해외선교부와 논쟁을 벌인 일이 있었다. 나는 메이첸 박사를 대신해서 해외선교부의 회의에 참석해서 본부의 사람들을 만났다. 그 때 선교부의 사람들은 메이첸 박사님이 지도한 그 사람이 어떠한 문제가 있는지에 대해서 기록된 파일을 보여주었다. 나는 프린스턴으로 돌아가서 메이첸 박사님이 실수하신 것이라고 말씀드렸다. 처음에 그는 내가 자신을 배신한 것은 아닌지 의심하시면서 그간 있었던 논쟁에 대한 기록들을 살펴보았다. 그는 자세하게 기록된 많은 자료들을 면밀하게 검토하시더니 자신의 실수를 인정했다. 그러나 그가 자신의 실수를 발견했을 때에는 이미 상황은 종료되었기 때문에, 그의 실수에 대해서 다시 검토해보고 벌어진 상황에 대해서 서로 용서를 구할 수 있는 시간은 지나버린 상태였다.

도란 엔 컴퍼니(Doran & Company) 출판사에서 나의 책 *The Basis of Christian Faith*를 출간하기로 결정한 후에, 출판사는 나에게 어느 정도의 책이 소비될 수 있는가에 대해서 물어보았다. 1926년 당시 나는 책을 구매할 돈이 있었던 것도 아니고, 내 책을 사줄 친구들이 있는 것도 아니었다. 그 때 메이첸 박사가 프린스턴 신학교 변증학부에 책임자로 선출되었다. 나는 그에게 나의 책을 그의 수업에서 교재로 사용해 줄 수 없는지 여쭈어 보았다. 그러나 그는 자신의 수업에는 교과서를 사용하지 않는다고 말씀하셨다. 대신에 그는 내 책의 가치를 충분히 알고 있기 때문에 그 책이 출간될 수 있도록 돕겠다고 말씀하셨다. 그는 300달러를 주시면서 내가 필요한 만큼 책을 구매하라고 하셨다.

시간이 지나면서 그 책이 잘 팔리자 나는 그에게 돈을 돌려드리겠다고 말씀드렸다. 물론 그는 한사코 받지 않으셨다. 그는 자신이 신뢰하는 사람들에게는 언제나 너그러웠다.

존 데이비스 박사는 위대한 학자이고 그의 수업은 언제나 유쾌했다. 그러나 나는 다른 교수님들과 친하게 잘 지낸 것만큼 데이비스 박사와는 친분을 가지지 못했다. 『성경사전』(*The Dictionary of the Bible*)은 그가 내놓은 걸작이다. 그는 최근에 나온 사전 재판이 내가 가지고 있는 1911년 판보다도 완전하게 신뢰할 만하지 못하다고 후회했다.

찰스 어드만 박사는 학자로서, 특히 훌륭한 사상가로서 유명한 분은 아니었다. 그러나 그는 항상 학생들에게 재미있으면서도 영감을 불어넣어주는 수업을 진행했다. 나는 그가 가르치고 있는 선택과목들을 거의 다 들었는데, 그것들은 매우 흥미로웠다. 아침에 다른 수업을 마치고 다소 피곤한 상태에서 그의 수업에 참석하면서 학생들은 대체로 적당히 졸다가 수업을 마칠 궁리를 하곤 했지만, 나는 그렇게 하지 않았다. 그의 수업을 듣고 나면 나는 신선한 그의 수업에 매료되었다. 그는 정통주의 신봉자로, 비록 학생들 중에는 어떤 한 특정 부분에 대한 그의 성경 주석에 대해서 동의를 할 수 없는 경우도 있겠지만, 혹은 다소 허황되다고 생각할 수도 있겠지만, 전체적인 맥락에서 보면 그의 성경 주석은 온당하고 또 도움이 되었다. 그는 훌륭한 교수법을 사용해서 학생들에게 영감을 불어넣어주는 수업을 진행했기 때문에 그의 강의는 전혀 지루하지 않다.

어드만 박사님은 내가 미국장로교 해외선교부에서 한국선교사로 파송을 받는 데에 도움을 주었고, 20세기 초에 그가 한국으로 여행을 했던 경험을 나에게 이야기해주었는데, 그 이야기는 내가 선교사로 떠나는 데 영감을 주었다. 그와 나 사이에 안타까운 일은 그 이후에 프린스턴에서 신학논쟁이 있었을 때에 그와 나는 서로 반대편에 있었다는 점이다. 내 생각에는 그는 자유주의자들이 그들의 목적을 이루기위해서 내세운 앞잡이처럼 행동하는 것으로 보였다. 그러나 내 의견으로는 그는 1930년대에 불어 닥친 미국장로교 분열 현장의 희생자였지, 결코 신학적으로 자유주의자들과 같은 의견을 가지고 있었다고 생각하지 않는다. 그의 가장 결정적인 잘못은 자유주의자들의 의견들을 교회 정치에 끌고 들어왔다는 점이다.

1917년 봄 내가 신학교 2학년 과정을 마쳤을 무렵, 미국은 유럽에서 벌어지고 있는 세계대전을 더 이상 방관만 할 수 있는 입장이 아닌 상황이었다. 독일의 잠수함이 미국 함정을 공격했기 때문에, 윌슨 대통령은 더 이상 물러서 있을 수 없게 되었다. 미국이 전쟁에 참전하겠다는 선전포고는 정당한 것이었다. 그러나 그 실질적인 이유는 조금 더 깊었다. 나를 포함한 대다수의 미국인들은 연합군이야 말로 자유의 수호자였고 독일의 호전적인 철학은 "무력이 올바른 것이다."라는 점을 보여주는 것이라고 생각하기 시작했다. 그러나 대다수의 미국인들은 본능적으로 "무력은 올바른 일에 사용되어야 한다."는 생각에 동조하고 있었다. 연합군이 활동한 모든 일이 다 올바른 것이었다고 말할 수는 없겠지만, 여러 일들이 전쟁의 상황에서 벌어진 일들이기 때문에 정당화될 수 있었다.

나도 전쟁에 참전할 지원서를 내기는 했지만, 부적합하다는 판결을 받았다. 그해 여름에 나는 YMCA의 해외봉사단에 자원을 했는데, 이도 역시 거절당했다. 나는 1917년 여름 동안 캐나다 국내선교부의 파송을 받고 그곳에서 선교활동을 했다. 나는 슈피리어 호수(Lake Superior) 북서쪽에 있는 온타리오 주 서부지역에 있는 밀림지역인 이그나스(Ignace), 워비군(Wabigoon), 그리고 오스콴(Osequan)에서 활동했다.

내가 이그나스 지역에 도착했을 때에 그 지역의 교사가 전쟁에 참전하기 위해서 막 떠났다고 했다. 지역 학교의 이사회는 나에게 8주 정도 남아있는 학교의 수업 일정을 마쳐주기를 부탁했다. 이전에 학교에서 가르쳐본 적도 없었고, 교회일 때문에 바쁘기는 했지만, 나는 그 일을 해야 한다고 생각했다. 그것이 내가 전쟁에 참전하지 못한 부담감을 덜어낼 수 있는 길이라고 생각했다.

사전에 아무런 준비도 없이 수업에 들어갔기 때문에 학교에서 지낸 처음 1주일은 정말 어려웠다. 나는 8학년 전체 학생들을 가르쳐야 했을 뿐 아니라, 이제 막 글을 배우기 시작하는 어린 학생들 수업도 해야만 했다. 만일 나의 약혼자의 도움이 없었다면 나는 그 일을 도저히 해낼 수 없었을 것이다. 그녀는 나에게 알다인 프리머 매뉴얼(*Aldine Primer Manual*)을 보내주었는데, 덕분에 어린 아이들을 위한 수업을 잘 진행할 수 있었다. 얼마 지나지 않아서 나는 마치 오래된 고참 선생님처럼 가르치는 일에 꽤 익숙해졌다. 나는 학생들에게 "패더슨(Patterson)" 시험 준비를 지도할 수 있었는데, 그 시험은 뉴욕 주의 학력 평가와 비슷한 시험이었다. 나는 그들이 모두 합격했던 것으로 기억하고 있다.

당시에 한 교실에서 모든 학년의 학생들이 다 배우는 전통적인 방식의 학교 시스템에 문제를 제기하면서, 이런 방식으로 학생들을 가르치고 있는 사립학교 대신에 새로운 형태의 학교, 즉 공립학교들이 생겨나고 있었다. 많은 사람들은 한 선생님이 모든 학년들을 가르치고 있는 기독교학교에 자녀들을 보내는 것을 거부하기 시작했다. 왜냐하면 그렇게 하는 것이 자신의 자녀들에게 별로 도움이 되지 않는다고 여겼기 때문이다. 나는 그런 사람들에게 전통적인 학교가 양질의 교육을 철저하게 잘 시키고 있다는 점을 보여주고 싶었다. 학생들은 저학년부터 고학년이 될 때까지 자신의 학년의 수업뿐만 아니라 고학년 학생들의 수업을 듣게 됨으로 반복해서 공부하는 효과가 있다. 이런 학교의 시스템은 학생들이 점점 학년이 높아지면서 반복학습 효과를 낼 수 있기 때문에 학생들이 나중에 고학년이 되었을 때에는 각 학년을 나누어서 그 학년의 수업을 받은 학생들보다도 더 "견고한" 지식을 가질 수 있게 되는 것이다. 나는 그런 방식으로 교육받았기 때문에 비록 처음에는 그 방식이 학습효과가 느리게 나오는 것처럼 보이기는 하지만, 나중에는 훨씬 더 빠르게 진행됨을 잘 알고 있었다. 나는 아직도 고학년 학생들이 수업을 받았던 내용들 중에 많은 것을 기억하고 있다. 나는 기독교학교가 교육적인 측면에서도 결코 일반 공립학교보다 뒤쳐진다고 생각하지 않는다.

## XV.
# 빚 청산

두 달 동안 학교에서 가르치면서 생긴 추가 수입으로 나는 오하이오 레이신(Racine)의 집주인에게 밀린 집세를 갚을 수 있었다. 40달러나 되는 돈이었기 때문에 갚을 길이 막막했었다. 집주인은 나에게 이미 아주 오래전에 밀린 집세를 보내주어서 감사하다는 내용의 편지를 보냈다. 나는 그 편지를 받아들고 내가 용서받았다는 사실에 해방감과 함께 행복하게 되었다. 나는 또 추가 수입으로 내 약혼자에게 줄 다이아몬드 반지도 살 수 있었다. 내가 캐나다 선교를 마치고 집으로 돌아와 쉬면서 다시 신학교로 돌아갈 준비를 하는 동안에 룻이 우리 집에 방문했다. 우리는 함께 마차를 타고 시골길을 달리면서 좋은 시간을 보냈다. 나는 그 시간에 반지를 약혼자에게 선물로 주었다. 그 순간 우리는 비로소 공식적으로 약혼한 관계가 되었다. 그녀의 아버지는 내가 민주당을 지지한다는 것 빼고는 그 어떤 부분에서도 나를 반대하지 않으셨다. 그러나 한 번은 룻을 해외선교에 데리고 갈 생각은 절대로 하지 말라고 말씀하시기도 했다. 주님께서는 우리가 그 이슈에 직면하기 이전에 장인을 하늘나라로 데리고 가셨다.

우리 집 식구들은 룻을 처음 본 순간부터 마음에 들어 했다. 내가 그렇게 아름답고 매력적인 아가씨를 데리고 왔다고 우리 사이를 축하해

주었다. 내가 한국에 선교사로 왔을 때에 한 선임 선교사가 나에게 한 말이 아직도 기억이 난다: "해밀턴, 내가 당신을 처음 보았을 때, 당신이 어떻게 그렇게 매력적인 아내를 만날 수 있었는지 몹시 궁금했다오." 하나님께서 나에게 이렇게 아름다우면서도, 배우자로서 어머니로서 그리고 선교사로서 재능이 남다른 아내를 만날 수 있게 해 주신 것은 정말로 놀라운 축복이 아닐 수 없다. 나는 이전에 내가 만나서 결혼을 약속했던 다른 여성들에 비해서 지금 나의 약혼자인 룻이야말로 정말로 하나님께서 준비해주신 사람이라고 생각한다.

해밀턴과 그의 아내 룻, 사진제공 - 고신대학교 이상규 교수

# XVI.
# 신학교에서의 마지막 일 년

신학교에서의 두 번째 해는 눈 깜짝할 사이에 지나간 것 같았다. 나의 룸메이트는 참전을 했고, 메이첸 선생님도 YMCA 프로그램으로 프랑스로 떠나셨다. 신약성서 부서의 담당자이신 암스트롱 박사께서 메이첸 선생님의 수업을 대신 진행하셨다. 그는 강의를 잘 하시는 편이 아니어서 인기 있는 교수님은 아니었다. 그러나 나는 암스트롱 박사님의 수업을 들으면서 그런 선입관은 가지지 않는 것이 좋겠다는 결론을 내렸다. 왜냐하면 만일 학생이 어느 정도 지적으로 준비된 질문을 교수님께 던지게 된다면 그 학생은 교수로부터 흥미있고 유용한 지식들을 많이 얻을 수 있다는 사실을 발견했기 때문이다. 그는 훌륭한 학자임에 틀림없다. 단지 아쉬운 것은 그는 학생들에게 흥미를 유발해서 수업에 참여할 수 있는 동기를 충분히 제공하지 못하고 있다는 점이다.

내 기억으로, 그해 봄에 나는 네 시간 동안 심혈을 기울여서 쓴 러브레터를 룻에게 보냈다. 내가 그 편지를 쓴 목적을 달성했기 때문에 나는 그 편지가 걸작이라고 믿는다. 한 번은 아주 뛰어난 젊은 목사가 룻이 출석하고 있는 장로교회에서 두 주 동안 설교를 한 적이 있었다. 그때 그는 자신에게 맞는 배우자를 찾고 있었다. 주일학교 부장선생님이셨던 시블리씨가 그에게 룻을 소개하자 그는 첫눈에 반해서, "이 사람이 바로 내가 찾던 그 사람이야!"라고 생각했다. 그 때부터 그 목사는 룻에게 그가 할 수 있는 최선을 다해서 그의 사랑을 표현했다. 룻은 이미 약혼한 사람이 있다고 했지만, 그는 아랑곳하지 않았다. 그는 그녀와 결혼하겠다고 결심해버린 것이었다. 룻은 이런 내용을 편지에서 써서 보냈다. 그 편지를 받아 든 순간 나는 나와 그녀의 관계가 위험에 빠질지도 모른다는 생각을 했다. 그래서 나는 조금 전에 말한 편지를 쓴 것이다. 그리고 그 편지는 역사를 만들었다! 그녀는 그 목사에 대한 미련을 완전히 떨쳐버렸다. 그것은 후세에 남길만한 걸작이었다. 그러나 안타깝게도 내 아내는 편지들을 잘 보관해 두고 선교를 떠났는데, 그만 사고로 편지들이 불타 없어지고 말았다.

작년 여름에 선교를 했던 이그나스에서 나에게 다시 올 수 있냐고 연락이 왔다. 당시에 나는 몇 편의 설교를 준비해야 했다. 그 준비를 마치고 나는 다시 그곳으로 가겠다고 했다. 이번에는 순회전도여행을 했다. 내가 처음 경험한 순회전도여행이었다. 그리고 나는 내 인생에서 더 이상 순회전도여행은 하지 않았다. 나는 토요일 아침에 우세우안(Oseouan)에 도착해서 나와 함께 여행을 다니고 있던 윌슨 가족들이 호수 위쪽에 잘 올라갔는지 알아보았다. 나는 지난여름에 카누 타는 법을 잘 배웠기 때문에 그들을 따라잡을 수 있을 것이라고 생각했다. 날씨는 나쁘지 않았다. 나는 카누를 타고 호수를 건너가기 위해서 노를 젓기 시작했다. 15피트 정도 노를 저어서 나가자 나는 좁은 물줄기를 만났다. 갑자기 바람이 불더니 카누가 반대편 방향으로 떠밀려가고 말았다. 그곳은 죽은 나무들이 둥둥 떠다니는 늪지대로 노를 저을 수도 없고, 수영을 하거나 걸을 수도 없는 곳이었다. 카누를 아무리 돌려 보려고 해도 소용이 없었다. 오히려 떠다니는 나무들 사이로 배가 점점 더 가고 있었다. 만일 카누가 그 나무에 부딪혀서 뒤집히기라도 한다면, 나는 차가운 호수 물속에서 속수무책으로 있을 수밖에 없었다. 주변 몇 마일 반경에는 내가 도움을 청할 수 있는 사람은 아무도 없었다. 내가 이 때 보다도 더 간절하게 기도해본 적은 없는 것 같다. 절망 가운데에서 나는 바람에 나를 맡겼다. 마침내 카누는 조금씩 움직여서 좁은 물줄기가 시작되는 방향으로 돌아가게 되었다. 마치 도망치는 말처럼 내 카누는 다시 좁은 물줄기가 시작된 곳으로 돌아가게 된 것이다. 처음 시작 지점으로 돌아갈 희망은 없고 그렇다고 호수를 가로질러 건너기에는 너무 험난했다. 좁은 물줄기를 따라 내려가다가 나는 "와니산(Wanisan)"이라고 쓰인 신호를 보았다. 다행히도 그곳은 나무로 지어진 배를 정박하는 장소였다. 나는 그 날의 남은 시간들을 보낼 수 있는 장소를 찾은 것이 정말 행복했다! 저녁 때 즈음 그 가족은 나를 구출해서 집으로 데려가 주었다.

1918년 여름은 전쟁에 있어서 하나의 전환점이었다. 날마다 독일군인들이 승전하고 있다는 소식이 캐나다에 들려왔다. 미국 군인이 참전하기 이전까지는 사람들은 심각하게 독일이 전쟁에서 승리할지도 모른다고 걱정했다. 내가 5월에 이그나스에 도착했을 때에 꼭 붙들어 두려고 했던 선생님들도 참전했기 때문에, 학교에서는 나에게 다시 두 달간 학교에서 수업을 해 달라고 부탁을 했다. 이미 이 학교에서 수업을 해본 경험이 있었기 때문에 학교에서 수업하는 것은 어렵지 않았다.

전쟁의 암흑 가운데에서 나는 이 상황에 적절하게 맞을 것으로 생각해서 나훔 선지자의 이야기를 설교로 준비했다. 니느웨[5]의 사악함과 잔인함은 분명히 하나님께 심판받을 것이라는 나훔 선지자의 예언처럼, 독일군의 사악하고 이기적인 전쟁 철학은 하나님께서 반드시 심판하실 것이다! 나는 그 설교가 당시의 상황에서 아주 훌륭한 설교라고

---

5) 고대 앗시리아의 수도. 당시 앗시리아가 이스라엘을 점령해서 식민지로 삼고 있었다(역자 주).

생각한다. 신학교로 돌아가서 3학년 첫 학기를 시작할 때 나는 밀러채플(Miller Chapel)에서 3학년 설교학 수업시간에 첫 번째 그룹에서 설교를 하게 되었다. 내 차례가 되어서 나는 나훔 선지자의 예언에 대해서 설교했다. 나는 나훔서 3장 전체를 다 읽었다! 나는 드라마틱하게 읽었다. 그리고 꽤 잘 하고 있다고 생각했다. 그러나 불행히도 내가 첫 설교를 시작하면서 "삼천 년 전에"라고 운을 떼자마자, 세 장이나 되는 긴 성경본문을 읽고 나서 설교를 시작하는 것은 수업에 참여한 학생들에게는 너무 과한 일이라는 점을 깨닫게 되었다. 왜냐하면 뒷자리에 앉아있던 학생들이 킥킥거리기 시작했고, 이내 채플 전체가 킥킥거리는 소리로 가득하고 말았기 때문이다! 나는 금방 이 분위기를 읽을 수 있었다. 온몸에 닭살이 일어나면서 소름이 돋기 시작했다. 그리고 정수리로부터 땀이 흘러내리기 시작했다! 나는 무척이나 심각한 설교를 하기 위해서 설교단 위에 서 있었고 청중들은 한 바탕 웃음을 터뜨렸다! 그러나 나는 고개를 떨구지 않고 관중들을 진정시키려고 노력했다.

이 사건은 또 같은 해에 있었던 설교학 수업과 관련된 두 개의 다른 사건을 기억하게 만들었다. 외부에서 초청된 설교학 교수님이 학생들의 설교에 대해서 가차 없이 신랄하게 비판을 퍼부었다. 유머 감각이 전혀 없었던 스코트 부족[6] 출신의 키가 작은 한 학생이 "집 안에 전염병이 번지는 것처럼..."이라고 설교문을 읽어가고 있었다. 그러자 채플실이 다시 웃음바다가 되었다. 그러나 그 학생은 눈을 껌뻑거리면서 채플실을 둘러보고 난 후에, 다시 설교문을 읽어 내려가기 시작했다. 순간 채플실은 아수라장이 되고 말았다.

또 다른 사건은 키가 작아서 밀러 채플의 중앙 설교단에 올라서면

---

6) 영국 스코틀랜드에서 5세기부터 살았던 고유 부족(역자 주, 네이버 사전 참조).

잘 보이지 않은 학생에 관한 것이다. 그가 설교단에 섰을 때에 그의 얼굴은 커다란 성경에 가려져서 보이지 않았다. 그는 "나는 나다. 두려워하지 말아라!"라고 외쳤다. 그러나 그 상황은 학생들을 웃지 않게 만들 수가 없었다!

학생들이 설교학 수업을 통해서 자신들의 설교를 연습할 때마다 이런 상황은 마치 부비 트랩이 폭발하는 것처럼 발생하곤 한다! 내 룸메이트는 진지하기보다는 유쾌한 성격이다. 그는 농담도 잘하고 시끌벅적한 상황을 만들어내는 재미있는 친구이다. 그가 설교학 시간에 설교단 위에서 "나의 친구여, 함께 기도합시다!"하고 외치자 그의 외침은 타이밍이 기가 막히게 잘 맞아서 모든 학생들을 그 자리에서 일어나게 만들었다.

1918년 11월 초에 휴전협정이 맺어졌다는 잘못된 뉴스에 모든 사람들이 기뻐서 축하했던 일은 잊을래야 잊을 수가 없는 일이다. 그 뉴스는 프린스턴에 아침에 전달되었고, 기숙사에 있었던 모든 학생들은 흥분해서 밖으로 뛰어나왔다. 방 안에 남은 학생은 아무도 없었다. 그들 중에 많은 학생들은 기차를 타고 뉴욕으로 가서 축하 행사에 참석했다.[7] 대부분의 시민들이 거리로 나온 것 같았다. 그날 거리를 가득 매운 사람들의 물결을 나는 잊을 수가 없다! 심지어 아직 휴전협정이 맺어지지 않았다는 사실이 알려지고 난 후에도 사람들은 믿을 수 없다는 반응을 보였다. 점차로 사람들은 이성을 찾게 되었고, 다시 일상으로 돌아갔다. 그러나 마침내 11월 11일에 휴전협정이 맺어지게 되었다. 나는 다시 기차를 타고 뉴욕으로 올라갔다. 사람들은 여전히 기뻐했지

7) 프린스턴은 뉴저지 중부에 있는 도시이다. 뉴저지주 바로 위에 뉴욕주가 있고, 뉴욕시는 뉴욕주의 아래에 있다. 현재 프린스턴에서 뉴욕시의 중심인 맨하탄까지는 기차로 한 시간 반 정도가 소요된다(역자 주).

만, 며칠 전의 광경과 같은 흥분된 모습은 찾기 힘들었다.

휴전협정이 맺어지고 모든 것은 다시 일상으로 돌아갔다. 프린스턴에는 1918년 가을에 세계를 휩쓸었던 독감이 유행했다. 모든 학생들은 집 안에서 갇혀 지내야 했다. 다행히도 프린스턴의 학생들은 전 세계를 휩쓸면서 수백만 명의 사람의 목숨을 빼앗아간 무시무시한 전염병에 걸리지 않았다.

1919년 초에 프린스턴 교수들은 이제 막 육군과 해병에서 돌아온 남학생들에게 입학허가를 주었다. 1월 달에 들어온 학생들을 위해서 초급 그리스어를 가르칠 교수가 부족하게 되었다. 학교에서는 나에게 그 과목을 가르치도록 했다. 이 일과 함께 당시에 나는 신약성서 해석 대회를 준비하고 있었기 때문에 정신없이 바빴다. 학기 초에 나와 룻은 조선(한국)에 선교사로 임명받았다. 만일 룻이 선교를 가게 되면 가족 관계를 끊고 워싱턴에 큰 언니 집으로 가서 그 가족들과 함께 살겠노라고 엄포를 놓으셨던 아버지가 작년에 돌아가셨기 때문에, 우리는 어떤 반대도 없이 결혼할 수 있었다. 우리는 6월 2일에 결혼하기로 했다.

가장 커다란 문제는 경제적인 환경이었다. 나는 빈털터리였다. 비록 미국북장로교 해외선교부에서는 나에게 장학금을 지급해주고 있기는 하지만, 그것을 나와 나의 배우자를 위한 결혼자금으로 쓰기에는 불가능했다! 그래서 신약성서 해석 대회에 나가서 우승을 하는 일이 무엇보다도 중요한 과제였다. 왜냐하면 그 대회에서 우승을 하게 되면 200달러의 상금을 받게 되는데, 그것은 결혼과 신혼여행 경비로 쓰기에는 충분한 금액이었다. 내가 얼마나 가슴 졸이면서 그 대회의 결과를 기다렸을지 당신은 충분히 상상할 수 있을 것이다. 나는 학교에서 근로장학생으로 벽난로를 청소하는 일을 하기도 했고, 또 신학교 2~3학년 때에는 뉴저지에 있는 턱카오에(Tuckahoe) 교회에서 설교를 하면서 얻은 수입으로 학업을 무사히 마칠 수가 있었다. 특히, 나는 교회에서 얻은 수입으로 주말에 교회를 오가면서 리어리(Leary) 서점에 들러서 책을 구매하곤 했는데, 덕분에 나만의 훌륭한 해석학 도서관을 꾸밀 수가 있었다. 저녁에는 신학교 도서관에서 사서 일을 하며 일주일에 1달러씩을 받았다. 나는 또한 스크라이브너(Scribner) 출판사에서 주는 스크라이브너 상을 수상하기도 했는데, 상금으로 40달러를 받았다. 이 상금으로 나는 나의 도서관을 더 늘릴 수 있었다. 그러나 이런 경제활동들은 내가 학업을 마치는 데 필요한 경비로 사용될 수 있을 정도의 금액이었다. 결코 결혼할 만큼 충분하지 않았다. 그래서 나에게는 신약성서 해석 대회에서 우승을 하는 것이 꼭 필요했다. 그해의 과제로 제출된 성경구절은 로마서 6:1-11이었다. 나는 1년 내내 보고서를 준비했다. 나는 철저하고 완벽하게 준비하기 위해서 최선을 다했다. 내가 이 보고서를 준비하기 위해서 워필드 교수님의 수업을 듣게 된 것은 나의 일생에서 가장 값진 일이 되었다. 나는 한 성경 구절과 관련된 다양한 견해에 대해서 그 자료들을 어떻게 수집하고 또 그와 반대되는 자료들은 무엇이 있는지를 찾을 수 있는 방법에 대해서 배웠다. 그 후에 각각의 자료들을 연결 짓고 논리적으로 구성해서 최종 해석을 만들어가는 방법에 대해서도 배웠다. 나는 가장 신뢰할만한 주석이 무엇이며, 각 주석을 기록한 신학자들이 지니고 있는 신학적인 편견들은 어떤 것들인지에 대해서도 배웠다. 이런 모든 배움은 나의 일생에 최고의 도움이 되었다. 그리고 신약성서 해석대회에서 바로 내가 우승을 했다. 나는 상금으로 200달러를 받게 되었다! 그것은 내가 계획한대로 결혼을 할 수 있게 도와주었고, 아내를 위한 멋진 선물도 준비할 수 있었다! 룻도 기뻐서 어쩔 줄 몰라 했다!

나는 졸업과 결혼 중간에 우스터에 가서 목사 안수를 받았다. 안수식의 한 순서로 내가 이야기하는 시간이 있었는데, 나는 내 로마서 6:1-11절 주석에 대해서 이야기했다. 내가 그 주석을 준비하게 된 처음 동기는 나의 이전 그리스어 선생님이라고 언급하자, 그 선생님은 깜짝 놀라셨다. 안수식에서는 한국선교를 떠났다가 이질로 금방 생을 마감한 한 선교사의 형제가 설교를 해 주셨다. 무릎을 꿇고 장로님[8)]들이 내 머리에 손을 얹고 마지막 안수를 위한 기도를 받는 순간에는 온몸이 전율했다.

8) 장로교 전통에서는 목사(Pastor)와 장로(Elder)를 모두 장로(Elder)로 간주한다. 목사는 가르치는 장로로, 그리고 우리가 일반적으로 알고 있는 장로는 치리(治理)하는 장로라고 말한다. 이 번역에서 장로는 목사와 장로 모두를 지칭한다(역자 주).

XVII.

# 결혼과 목회 시작

나는 결혼하기 일주일 전부터 오하이오의 콜럼버스에서 나의 예비신부 룻과 함께 지냈다. 룻은 선생님이었는데, 결혼하기 며칠 전까지 학생들을 가르쳐야 했다. 그래서 그 주 동안에는 엄청나게 바빴다. 우리는 저녁이 되어서야 겨우 얼굴을 볼 수 있었다. 그러나 마침내 룻 헨드렌 보네브레이크(Ruth Hendren Bonebrake)가 플로이드 해밀턴(Floyd E. Hamilton)의 아내가 되는 날인 1919년 6월 2일이 다가왔다.

결혼식을 하기 바로 전 시간인 11시까지도 우리는 정신이 없었다. 나는 예식을 위해서 준비해 둔 넥타이를 여행 가방에 이미 넣어버렸다는 사실을 예식이 시작되기 몇 분 전에 알게 되었다. 이미 여행가방은 기차에 실어버린 후였다! 내가 결혼을 위해서 준비한 프린스 알버트 회사의 멋진 예복에 넥타이를 매지 않은 채로 결혼예식을 치러야만 하는 상황이 되어버린 것이다. 수염이라도 길게 나 있으면 넥타이가 없는 것을 숨겨보련만 그렇게 할 수도 없었다. 나는 얼른 조지의 자전거를 빌려서 기차역으로 갔다. 내 열차표를 보여주면서 상황을 설명하고 짐칸으로 들어가서 넥타이를 찾았다. 가방을 급하게 열었을 때, 옆에 세워져 있었던 쌀 봉지가 터져버렸다! 나는 가방을 닫고 얼른 그 자리를 빠져나왔다. 역무원에게 쌀이 쏟아졌다고 말할 겨를도 없었다!

자 이제 무엇을 해야 하나? 나는 메인스트리트로 달려가서 적당한 타이를 찾을 수 있을만한 가게들을 모두 들러보았다. 마침내 타이를 찾아들고는 나는 결혼식이 열리는 오크가 923번지로 죽을힘을 다해서 달려서 결혼식이 시작되기 몇 분 전에 겨우 도착할 수 있었다. 룻의 목사님이신 허버트 우르목사님은 이미 와 계셨다. 나는 서둘러서 옷을 차려입고 2층으로 올라갔다. 역에서 무슨 일이 벌어졌는지는 이야기할 새도 없었다. 예식을 마치고 오후가 되어서 룻과 나는 룻의 학교의 선생님들과 함께 즐거운 시간을 보냈다. 그리고 룻의 어머니와 그의 언니 헬렌에게 짐을 꾸리는 일을 도와달라고 부탁드렸다. 그분들이야말로 믿을 만한 분들이기 때문이었다. 두 분이 이 일을 너무 완벽하게 잘 해주셨다. 나중에 룻은 자신의 실크 스타킹에서 쌀이 두세 알씩 나오는 것을 발견했다! 바쁜 와중에 실크 스타킹을 흔들면 쌀알들이 나오는 것을 상상해보라! 한국에 가는 내내 우리는 쌀들이 사방에 흩어져 있는 것을 발견했다. 나중에 2년이 지나 내 첫 아이가 태어났을 때까지 우리의 짐에서는 쌀알들이 나오곤 했다!

결혼식 날씨는 오하이오 콜럼버스시의 한 여름 날씨처럼 덥고 습했다. 나는 결혼식이 시작되기 전인 오전 10시 45분경에 오후에 입을 셔츠 칼라의 깃을 세우기 위해서 풀을 먹여두었는데, 식을 마치고 오후에 올라가보니 더운 날씨 때문에 깃이 쳐져있었다! 더운 날씨에 긴장까지 더해져서 나는 거의 현기증이 날 정도였다. 나는 아직도 내가 결혼식 때 아내에게 키스를 했는지 기억이 나지 않는다. 물론 했을 것이다!

결혼 파티로 점심 식사가 끝나고, 우리는 풍습대로 꾸민 통조림 캔과 친척들의 낡은 신발을 매단 택시를 타고 유니온 기차역으로 갔다. 가족들은 기차 주변에 쌀을 뿌리면서 우리들을 배웅해 주었다.[9] 나는 짐꾼이 쌀을 쓸어내면서 깊은 한숨을 내쉬며 투덜댔던 소리가 아직도 기억난다! 우리는 클리블랜드로 가서 버팔로로 가는 저녁 배를 탔다. 다음 날 우리는 비로소 부부가 되었다는 사실을 실감하면서 나이아가라 폭포에 갔다.

그날 밤에 우리는 기차 침대칸에 타고 해외선교사를 위한 선교대회가 열리는 뉴욕으로 갔다. 설교자 중에 한 명은 해리 에머슨 포스딕이었는데, 그는 자유주의적인 시각을 가지고 설교를 했다. 룻이 아직 해외선교를 떠나기 위한 신체검사를 받지 않았기 때문에, 선교대회 도중 하루는 시간을 내어서 우리는 함께 필라델피아를 방문했다.

우리는 선교대회에서 다른 프린스턴 졸업생들을 만났는데, 그들도 우리와 같은 날에 결혼을 했다. 나는 한국으로 빨리 떠날 것을 결심했기 때문에, 내가 암스트롱 교수님으로부터 받기로 되어있었던 신약성서 장학금을 다른 친구가 대신해서 받게 되었다. 그 때 나는 이미 29살이었기 때문에 가능하면 빨리 한국 언어를 습득하기 위해서 서둘러서 한국에 가려고 했다.

선교대회를 마치고 우리는 바타비아로 가서 선교지로 떠날 짐을 꾸렸고, 이후 다시 콜럼버스로 갔다. 그해 여름에 나는 콜럼버스 근교에 있는 리소폴리스(Lithopolis), 그린캐슬(Greencastle), 그리고 메디슨(Madison) 등지에서 설교를 했다. 리소폴리스의 사택에서 지내면서 10달러짜리 중고가구를 구입했다. 교회에서는 나의 목회활동을 돕기 위해서 말과 마차를 빌려주었다. 하나님은 그린캐슬과 메디슨에서의 나의 목회활동을 도와주셨다. 그런데 리소폴리스에서는 그렇지 못했다. 그린캐슬에서는 20명가량의 성인들이 신앙을 고백하면서 세례를 받는 일이 있었고, 메이슨 지역의 부유한 농장주 부부를 비롯해서 다섯 명이나 세례를 받고 교회의 일원이 되었다. 나는 그 두 곳에서 많은 친구

9) 결혼식에 쌀을 뿌리는 풍습은 이탈리아 등지에서 실행되고 있으며, 다른 유럽국가나 미국에서 실행하고 있는 결혼 풍습이다(역자 주, 네이버 사전 참고).

들을 사귀었다.

9월이 되자, 부모님은 환송식을 하자고 하시면서 집에 방문할 비용을 보내주셨다. 여름 동안에 나의 룸메이트였던 얼 데바니가 방문하였다. 데바니는 아침 9시에 카날 윈체스터(Canal Winchester)에 도착하기로 되어 있었는데, 그만 늦잠을 자고 말았다. 그래서 그를 배웅하러 정류장까지 가는 시간이 충분하지 않았다.

한 교인이 우리에게 닭 한 마리를 주어서 그것으로 식사를 준비하려고 했다. 나는 닭을 잡을 시간이 없어서 허둥대고 있었는데, 룻이 자기가 할 수 있다고 했다. 하지만, 그녀는 닭을 잡아본 적이 한 번도 없었다! 내가 정류장으로 나간 사이에 룻은 아침을 먹고, 닭을 잡으려고 닭장에 갔다. 닭장 문을 여는 순간 닭은 홰를 치면서 알을 지키기 위해서 룻을 공격했다. 닭장 안은 이내 아수라장이 되었다! 나는 그날 룻이 어떻게 닭을 잡았는지 모른다. 그러나 그녀는 해내고 말았다. 한 손엔 닭을 들고 한 손에는 칼을 들고 서서 룻은 쩔쩔매고 있었다. 소란스러운 소리를 듣고는 옆집에 살던 딸이 어찌된 영문인지 보려고 나왔다. 룻은 그녀에게 도움을 청했다. 그녀는 킥킥 대면서 그녀의 엄마를 불렀다. 그녀의 어머니는 곧바로 나와서 도와주었다. 그녀는 룻에게 닭을 넘겨받고는 닭을 목을 바닥에 놓고, 그것을 밟은 후에 칼로 닭의 목을 내리쳤다! 룻은 소름이 끼쳤다. 그러나 룻은 그녀에게 고맙다는 인사를 하고 그것을 뜨거운 물에 넣었다가 빼서 털을 뽑았다. 얼마 지나지 않아서 우리는 집에 도착했고, 맛있는 닭요리를 먹으면서 그녀의 무서운 경험에 대해서 들었다!

추수감사절 전날 저녁 때 세 교회의 사람들이 우리들을 위한 환송식을 해 주기 위해서 함께 모였다. 나는 이제껏 그렇게 많은 음식들이 테이블에 쌓여 있는 것을 본 일이 없었다. 긴 테이블이었음에도 더 이상 음식을 쌓아 놓을 수 없을 정도였다. 그들은 우리가 떠나는 것을 진정으로 안타까워해주면서 눈물로 우리를 환송해 주었다. 그 이후 우리는 상당히 오랜 시간동안 서신으로 왕래를 했으며, 내가 안식년으로 미국에 갈 때에는 그 교회에 방문하곤 했다. 하지만, 최근에는 나이 든 교인들이 하늘나라로 가고 아는 사람들이 거의 없어져서 더 이상 왕래하지 않았다.

콜럼버스에 있는 자신의 집을 부숴 버려야했기 때문에, 룻의 어머니는 리소폴리스에서 우리가 선교지로 떠나기 전까지 우리와 함께 지내셨다. 콜럼버스 기차역에 룻의 어머니와 언니가 나와서 눈물로 우리를 배웅해주었다. 기차가 떠나는 동안 룻의 어머니는 눈물을 보이시면서 우리에게 손 키스를 보내주셨는데, 나는 아직도 그 모습을 잊지 못하고 있다.

우리는 세인트루이스에 있는 룻의 사촌 마가렛 넬슨 집에서 추수감사절을 보내고 덴버로 떠날 예정이었다. 덴버에서 우리는 내가 라라미에 있을 때에 만났던 리디즈씨를 만나기로 되어 있었다. 덴버는 솔트레이크를 지나서 샌프란시스코까지 흐르는 아름다운 협곡의 진원지이다. 산맥정상의 만년설은 3피트가 넘게 쌓여 있고, 일 년 내내 눈이 내리는 추운 곳이다. 그곳에서부터 흐르는 강은 로키산맥을 타고 흘러내리면서 아름다운 협곡을 이룬다. 산맥 아래의 평지에서는 열매가 주렁주렁 달린 오렌지 나무들이 자라고 있는데, 그런 광경은 처음 보았다.

샌프란시스코에 도착했을 때에, 룻의 눈이 몹시 충혈 되어서 여행을 떠날 수 없는 상황이 될 뻔했다. 얼른 안과로 가서 검진을 하고 안경을 맞추고 치료를 하였다. 의사는 만일 우리가 아이를 가지면 아이들이 사팔눈을 가지고 태어나게 될지도 모른다고 했다. 왜냐하면 우리 부부의 눈이 약간 그런 경향이 보였기 때문이다. 우리는 몹시 걱정을 했다. 그러나 우리의 아이들 중에 누구도 그와 같은 결함을 가지고 태어난 아이는 없었다.

## XVIII. 한국행

마침내 우리가 한국에 가기 위해서 오른 배편은 낸킹(Nanking)이라 부르는 중국우편선이었다. 그 배는 거대한 화물선으로 배 바닥에는 중심을 잡기 위해서 은괴를 실어놓았다. 룻은 금방 그 배가 아주 형편없다는 사실을 알게 되었다. 항구를 떠난 지 얼마 되지 않아서 배는 심하게 흔들렸다. 그 배는 다음 날 아침 금문교를 지나고 있었는데, 우리는 배의 항해사들 몇 명을 다른 배로 보내기 위해서 잠시 기다리게 되었다. 파도가 20피트 정도의 높이로 심하게 몰아쳤다. 배가 아주 심하게 흔들렸기 때문에 갑판에 올라와 있던 승객들은 모두 객실 안으로 들어가야 했다. 나는 룻이 춥지 않게 꽁꽁 싸서 바람을 막아서 자리를 잡게 해주고, 조종사들이 잘 갔는지 확인하기 위해서 갑판으로 나왔다. 12살 먹은 아이가 내 옆에 서 있었다. 그 아이는 자신이 수없이 배를 많이 타 보았지만, 한 번도 멀미를 해 본적이 없다고 했다. 그러나 한 오 분쯤 후에 나는 그가 아침으로 먹은 것을 다 토하고 있는 장면을 목격했다! 이제 미국의 해안가는 눈앞에서 서서히 사라지고 있었다. 나는 홀로 앉아 있는 룻에게 돌아갔다. 그녀의 얼굴은 창백했고, 갑판의 의자들은 여기저기 흩어져있었다! 나는 룻을 침상에 눕혔다. 나는 그곳에서 그녀를 최대한 쉴 수 있도록 해 주려고 노력했다.

그 여행은 아직도 내 기억 속에 생생하다. 호놀룰루에 도착했을 때 우리는 심신이 지쳐있었다. 다행히도 하와이는 낙원처럼 느껴졌다. 우리는 화산에도 올라가 보았다. 팰리(Pali)[10], 진주만, 와이키키 해변 등을 구경하였다. 그곳들은 다시 잊을 수 없을 정도로 멋있는 곳이었다.

하와이 호놀룰루에서 약 1주일 정도 머무는 동안 바다는 마치 유리잔처럼 고요했다. 룻은 식사가 준비되면 배로 올라가서 식사를 즐기곤 했다. 나는 보드서핑을 즐겼다. 승객들 중에는 흥미로운 사람도 있었다. 그 중에는 외교관 부부가 있었는데, 그들은 스웨덴의 신비주의자인 스웨덴보리를 따르는 사람들이었다. 또 다른 승객으로는 알미니안 신학을 믿는 선교사 부부도 있었다. 몇 몇 안식교도들과 다양한 직종의 사업가들도 있었다. 안식교를 믿는 사람들과 관련된 흥미로운 사건도 있었다. 우리는 날짜 변경선을 지나고 있었는데, 마침 그 때가 토요일이었다. 하루가 지나가게 된 것이었다! 그들은 무엇을 해야 했을까? 만일 그들이 금요일을 안식일로 지키게 된다면, 그 다음 날은 우리와 함께 일요일을 보낼 수 있었다. 그들에게 이런 일은 처음 벌어진 일이다. 그들은 한참 토론을 하더니 지나간 금요일을 그들의 안식일로 지키는 것으로 결정했다! 이것은 그들의 신앙의 한 단면을 보여주는 것이라고 나는 생각한다.

성탄절 주간은 잊을 수 없다. 두 번째 날 저녁 식사를 마치고 나는 마치 축 늘어져 있는 개처럼 몹시 아팠다. 40피트가 넘는 파도를 동반한 태풍이 들이닥쳤다. 파도와 함께 산처럼 높은 바닷물이 갑판 위로 쏟아져 내렸다. 갑판 위는 적막했다. 우리는 일마일 정도를 가장 극심한 폭풍에 대항해서 싸워야 했다. 나는 그 때 바다에서 사용하는 보조

---

10) 하와이 절벽을 말함(역자 주).

다리를 차고 있었다. 그 순간에 나는 거의 목숨을 잃을 뻔했다. 극심한 폭풍이 몰아칠 때, 나는 배의 뒷부분(선미)으로 가서 프로펠러가 돌아가고 있는지 확인하려고 했다. 갑자기 파도가 들이닥치면서 선미가 공중으로 솟구쳐 올랐다가 아래로 떨어져 내렸다. 배는 균형을 잃었고, 선미 쪽 갑판은 온통 바닷물로 뒤덮였다. 나는 바닷물로 떠내려갈 뻔했다. 하나님의 섭리로 나는 물이 솟구치는 것을 보았고, 빨리 아래로 내려가야 한다고 생각했다. 나는 간신히 아래로 내려가는 사다리를 잡을 수가 있었다. 다행이도 나는 바다로 떠내려가지 않게 되었다. 나는 가까스로 그 위기상황을 벗어날 수 있었다!

일본에 거의 다 도착했을 무렵, 나와 몇 몇 사람들을 제외하고는 배 안에 있는 상당수의 사람들은 아침을 먹지 못했다. 둥근 테이블 위에 음식들이 놓여 있었다. 나는 한 손으로 오믈렛을 먹으면서 다른 한 손으로는 테이블을 붙들고 있었다. 배가 갑자기 흔들리면 테이블 위에 놓인 음식들도 흔들려서 쏟아지곤 했다. 그 때도 테이블 위에 놓인 음식이 거의 쏟아질 뻔 했다. 나는 테이블을 꼭 붙들면서 테이블을 고정시키려고 의자 등받이를 테이블 쪽으로 돌려서 앉았다. 그러나 그 모든 노력은 수포로 돌아갔다. 마침내 오믈렛은 쏟아져서 바닥에 흩어졌고, 식당 칸은 미끄러워서 썰매를 타도 될 정도였다! 나의 자존심에 조금 금이 가고 오믈렛을 포기한 것 말고는 그다지 크게 걱정할 만한 상황은 아니었다! 시간은 마치 오하이오에 있는 절벽의 높이가 7마일이나 되는 토스카러워스 협곡(Tuscaruwas Deep)을 지나온 것처럼 흘러갔다. 드디어 내일 오후면 일본에 도착할 것이라는 소식을 듣게 되었다. 나는 배멀미를 심하게 하고 있는 룻에게 가서 그 소식을 전했다. 그 소식을 듣고 그녀는 흐느끼면서 "이제는 땅을 밟을 수 있겠군요"하고 말했다.

도쿄항에 도착했을 때 멀리 구름에 가려진 후지야마탑이 보였다. 우리가 도착한 날은 1919년의 마지막 날이었다. 내일부터는 일주일간 도시 전체가 쉰다는 말을 듣고 우리는 서둘러서 짐을 풀었다. 기차역에 가서 우리의 최종 목적지인 평양으로 가기 위한 수속을 하는 중에, 우리가 가지고 온 짐이 너무 무거워서 기차에 실을 수 없다는 사실을 알게 되었다. 일본의 기차는 미국의 기차와는 달리 부피가 크고 무거운 짐은 실을 수가 없었다. 다행히도 여행을 많이 다녀본 사람을 만나게 되었는데, 그는 기차 안 객실에 가지고 들어갈 수 있는 방법은 없으니 화물로 처리해서 짐을 실어 보내라고 조언을 해 주었다. 우리는 짐이 늦게 오는 것이 걱정되기는 했지만, 달리 방법이 없었다. 나는 중국계 은행인 홍콩상하이 은행으로 가서 환전을 한 후 기차표를 샀다. 그 기차는 시모노세키까지 가는 급행열차였다. 그곳은 한국으로 가는 바다 맞은 편에 있는 도시이다.

잠깐 동안의 여행을 통해서 본 일본은 무척 아름다웠다. 모든 것이 푸르렀다. 초가지붕을 얹어서 지은 집은 마치 인형 같았다. 들판에서 일하는 농부들과 일본의 집들이 어우러진 전경은 마치 한 폭의 풍경화처럼 아름다웠다.

우리는 1920년의 첫날에 일본을 지나가고 있었다. 그날 아침에 우리는 식당 칸으로 가서 아침을 먹었다. 식당 종업원은 작은 붉은색 잔에 맑고 투명한 액체를 채워주었다. 우리는 그것이 무엇인지 몰랐다. 그러나 나는 그 잔을 들고 그 속의 액체를 삼켰다. 그 액체는 나의 식도를 다 태워버릴 정도였다! 나는 숨을 깊게 들이마셨다. 나의 모습을 본 룻은 그것을 마실 생각조차도 하지 않았다. 그것은 내가 일본식으로 쌀을 희석시킨 술인 사케를 처음 경험한 순간이었다.

우리는 시모노세키에 도착 예정 시간보다 몇 시간 늦게 도착했다. 왜냐하면 우리 기차와 한 술 취한 운전사가 조정하는 화물차가 부딪치는 사고가 있었기 때문이다. 기차가 늦게 도착하는 바람에 우리는 그날 밤에 한국으로 가는 배를 놓쳤다. 그래서 우리는 그날 밤을 기차역이 운영하는 호텔에서 지내야했다.

내 수중에는 한국 평양으로 가는 차비만 있었지 호텔 숙박비는 없었다. 나의 딱한 사정을 본 어떤 한 선교사가 우리에게 친절을 베풀었다. 덕분에 우리는 일을 잘 처리하고 시모노세키를 구경했다. 그곳은 미국 장로교 선교지부가 있는 곳이었다. 우리는 거기에서 비글로우 양과 차를 마셨는데, 알고 보니 그녀는 나의 고향인 바타비아 출신이었다. 우리에게 친절을 베풀어주신 분은 피어슨 씨였다.

# XIX.
# 한국 도착

일본을 떠나서 해협을 지나서 한국으로 도착하는 길은 어렵지 않았다. 다음 날 아침 우리는 드디어 한국의 아름다운 항구 도시 부산에 도착했다. 나는 항구에서 바라본 부산의 전경을 사진에 담았다. 그곳은 마치 요새와도 같았다. 우리는 부산 거리를 흥미롭게 둘러보았다. 내 눈에 처음 들어온 것은 거리를 걷는 사람들의 상투였다. 속이 비치는 모자인 갓을 쓰고 있는 사람들 머리에 보이는 상투는 마치 새장 안에 한 마리의 쥐가 갇혀 있는 것처럼 보였다. 흰 색의 두루마기는 아름다웠고, 2피트가 넘는 긴 파이프 담배를 피우는 모습도 보였다. 두루마기를 걸치고 파이프 담배를 피우고 있는 사람들 "양반"이라고 불렀는데, 이들은 아마도 세계에서 가장 권위가 높은 사람들 중에 속할 것이다.

긴 한반도를 여행하면서 평양으로 가는 길에 들어서서야 우리는 비로소 한국에 온 것을 실감했다. 처음에는 어떤 것이 집인지 몰랐다. 왜냐하면 한국의 집은 건물 밖으로 난 창문이 거의 없고 마당 안쪽에 창문이나 문들이 만들어져 있었기 때문이다. 더군다나 초가지붕에 흙을 벽에 바른 건물들을 보면서 그것을 집이라고 생각할 수가 없었다. 여행을 계속하면 우리는 흙으로 지어진 창고처럼 생긴 그 건물에서 사람이 살고 있다는 사실을 알게 되었다! 한국식 집은 살기에 편안했고, 또 짓는 비용도 저렴했다. 그것은 정사각형 모양의 터 위에, 양쪽 모서리에는 대략 8피트 정도 크기의 방들을 배치하고, 한 쪽 모서리에는 집의 전체 평균 높이보다 낮게 내려가도록 부엌을 배치했다. 요리하기 위해서 불을 피우는 화로를 설치하는 곳과 방은 서로 붙어있게 만들고, 방에는 구들을 만들고 열기가 방 안에 들어갈 수 있게 온돌을 설치했다. 열기가 자연스럽게 방바닥과 벽에 퍼지게 하는 것이었다. 그리고 연기는 굴뚝을 통해서 밖으로 빠져나간다. 내 생각에는 열기는 방으로 들어가고 연기는 밖으로 빠져나가는 이러한 시스템은 세계에서 가장 효율적인 난방 시스템이 아닐까 한다.

기차를 타고 북쪽 지역으로 올라가다가, 신년 휴일 기간에 여행을 하고 있는 것에 대해서 후회를 하기도 했다. 서울을 지나서 평양으로 올라가는 중에 기차 엔진이 고장 나는 바람에 우리는 다섯 시간 동안 추운 객실 안에서 떨고 있어야 했다. 평양에 도착했을 때에 온도를 살펴보니 화씨로 영하 15도[11]가 넘었다. 당시 평양 날씨가 이 정도였으니 당신은 우리가 다섯 시간 동안 얼마나 추위에 떨었는지 상상할 수 있을 것이다.

우리는 1920년 1월 4일 일요일 오전 11시 마침내 평양에 도착했다. 영어를 할 줄 아는 한국인이 기차역에서 우리를 기다리고 있었다. 다른 선교사들은 모두 교회에 가야했기 때문에 나오지 못했다. 그 사람은 인력거에 우리를 태우고 역에서 3마일 정도 떨어져 있는 평양선교지부로 우리를 안내했다. 인력거를 타고 3마일 정도의 거리를 가는 동안 우리는 아마도 살면서 가장 혹독하게 추운 시간을 보낸 것 같았다. 바깥 온도가 화씨 영하 15도였으니, 우리는 그 찬바람을 그냥 맞으면서 길을 지나간 것이었다. 우리가 선교지부에 도착했을 때에 우리 몸이 거

11) 섭씨로는 영하 26도가 넘는 온도이다(역자 주).

의 얼어붙어 버릴 지경이어서, 우리는 평양숭실(합성숭실대학)[12]의 학장인 모우리(E. M. Mowry)[13] 씨의 한국식 집으로 걸어 올라가는 것조차 버거웠다.

모우리 가족들은 우리를 환영해주었고, 따뜻한 난로에서 몸을 녹일 수 있었다. 그날 우리는 거의 모든 선교사들과 인사를 나누었다. 우리는 평양선교지부의 설립자인 마펫(Samuel A. Moffett)[14]박사와 제일 처음으로 인사를 나누었다. 처음 그를 보았을 때, 그는 정말 젊어보여서 선교지부의 설립자이면서 대학의 총장이라는 중책을 맡고 있는 분이라고는 믿겨지지가 않았던 기억이 난다.

평양에 도착한 후에 우리는 이틀간 몹시 아팠다. 아마도 기차에서 먹었던 생선 때문에 식중독에 걸렸던 것 같다. 다행히도 우리는 이틀 만에 회복을 했고, 스왈른(Swallen)[15] 선교사의 집으로 옮겼는데, 그는 안식년으로 미국에 갈 계획이었기 때문에, 우리는 그의 집에서 앞으로 1년을 지내게 되었다. 스왈른 선교사의 아내와 아이들은 이미 미국으로

---

12) 당시 학교의 영문이름은 Union Christian College였다. 해밀턴은 그의 자서전에 영문이름을 기록했는데, 역자는 한글로 바꾸었다. Union Christian College의 설립자인 베어드는 이 대학의 한글이름을 합성숭실대학이라고 불렀다(역자주) .

13) 한국명은 모의리(牟義理). 1909년에 미국장로교선교사로 파송된 그는 숭실에서 오랫동안 가르치면서 105인 사건과 3.1운동 등 민족운동에 동참하였고, 평양 숭실에서 생물과 영어를 가르쳤다. 관현악단을 만드는 등의 음악교육에도 앞장섰으며, 1936년부터는 평양 숭실의 마지막 학장으로 봉직하였다(역자주).

14) 한국명은 마포삼열(馬布三悅). 그는 1890년에 내한하여 선교와 교육사역에 온힘을 기울였으며, 숭실과 평양신학교에서 활동했다. 1907년 평양대부흥 운동을 이끌기도 했다. 특히 1901년 평양신학교를 설립하고 한국의 신학교육에 기초를 세웠다. 1918년부터 1928년까지는 숭실의 학장으로 교육사업에도 힘썼다(역자 주).

15) 한국명은 소안론(蘇安論). 1892년 미국장로교 선교부 소속 선교사로 내한하여 서울, 원산, 평양 등지에서 활동하였고, 1901년 조선예수교장로회공의회의 초대회장으로 피선되었다. 1901년에 마펫 선교사와 함께 평양신학교를 세웠고, 그 후에는 평양 숭실에서도 교수하며 선교하였다(역자 주).

떠났고, 그는 6월에 안식년을 얻어서 미국으로 떠날 계획을 세우고 있었다. 평양선교지부는 우리를 위해서 한국어 선생님 한 분을 따로 준비해주셨다. 우리는 바로 한국어를 배우기 시작했다.

한국어를 배우는 일은 여간 어려운 것이 아니어서 우리는 당분간 그 일에만 전념했다. 특히 당시에는 쓸 만한 영한사전이 없었기 때문에 한국어 습득에 더 많은 시간이 걸렸다. 오히려 한영사전을 찾아보는 것이 더 빨랐다. 우리 한국어 선생님은 숙달된 분이 아니셔서 전달하시는 방법이 서툴렀다. 우리는 대부분의 시간에 그림을 그려가면서 공부를 했다. 한국어를 배우는 일이 쉽지는 않았지만, 그것 때문에 다른 언어를 배우는 데 더 쉽게 접근할 수 있게 되었다. 나는 스스로 방법을 찾아서 공부했다. 소리로 습득하는 것보다도 시각적인 자료로 습득하는 것이 나에게 잘 맞는다는 사실을 알고 가로 3인치 세로 1인치 정도로 종이를 잘라서 한 쪽에는 영어 번역을 다른 한 쪽에는 한국어 문장의 문법이나 패러다임들을 적어서 그것을 보면서 한국어를 익혔다. 나는 한국어 단어를 계속해서 소리 내어 읽어가면서 그 영어 뜻은 마음속으로 새기는 방법으로 공부를 했다. 그렇게 해서 한국어 단어를 익히고 나면 이제 거꾸로 해서 영어를 보고 한국어 단어를 연상하는 방법으로 다시 공부를 했다. 단어는 보통 30-40여 개의 단어를 이런 방식으로 암기했다. 그리고 나는 매일 그 날 암기한 단어를 복습하고 2-3일 전의 단어들도 함께 복습했다. 암기하기 어려운 단어들은 따로 분류해 두고 계속해서 암기했다. 나는 몇 달간 이 과정을 반복하면서 매일 10-40 단어 정도를 암기했다. 단어를 어느 정도 파악한 후에 나는 그 단어들을 이용해서 문장을 써 보기 시작했다. 3월에는 서울에 있는 어학원에 들어가서 두 달 가량 좋은 선생님들 밑에서 공부를 하게 되었다. 이런 노력의 결과로 우리는 1년 언어 과정 시험을 6개월 만에 통과할 수 있었다.

나는 내가 앞으로 15년 동안 성경과 영어를 가르치게 될 학교를 처음 방문한 날을 잊을 수가 없다. 그 날은 1월 첫째 주 중 어느 날로 상당히 추웠다. 대학 교실 안은 난방이 되어 있었고, 창문과 문은 열기가 밖으로 나가지 않도록 잘 감싸두었다. 건물관리인들의 수고를 덜어주기 위해서 학생들은 신발은 벗고 양말만 신고 교실에 들어갔다. 교실 바닥은 광택이 나게 만든 마루바닥이었다. 수도 시설이 건물 밖에 있었기 때문에, 아마도 아이들은 자주 양말을 빨거나 발을 씻지 못했을 것이다. 교실의 창문은 열기가 새어나가지 않게 하려고 감싸두고 있었다. 그런 교실에서는 열기가 빠져 나가지 않는 데에는 효과가 있었지만, 동시에 아이들의 냄새도 빠져나가질 못했다. 내가 교실 문을 열고 들어갔을 때, 학생들의 냄새가 마치 파도처럼 나에게 밀려왔다. 나는 속으로 "어떻게 내가 이런 환경에서 내 인생을 다 바쳐서 학생들을 가르칠 수 있을까?"하고 생각했다. 놀랍게도 몇 달이 지난 후에는 그런 냄새가 더 이상 나를 괴롭히지 않았고, 안식년을 마치고 한국으로 다시 돌아와서는 그런 냄새가 싫지 않았다. 이것이 바로 한국이었다! 당시에는 하수도 시설이 없었다. 시궁창 물이 거리 곳곳에 흘렀던 것이다. 거리 곳곳에는 분뇨 냄새가 진동했다. 장마철이 시작되기 전, 봄에는 바람이 오른쪽 방향으로 많이 불었는데, 인간 분뇨로 만든 거름 더미에서 풍기는 냄새가 선교지부까지 밀려왔으며, 아무리 막아보려고 해도 도저히 차단할 수가 없었다! 그 거름들은 농작물을 키우는 여름 내내 사용되었기 때문에 그 냄새를 피할 것이 아니라, 마치 중국 정원 근처에 살고 있다고 생각하면서, 그 냄새에 익숙해지는 것이 더 현명한 일이었다.

이 이야기가 서울에 사는 한 선교사에게 전해지자, 이 선교사는 중국식 정원 근처에 살고 있었고, 마침 막 안식년을 마치고 돌아왔는데, 더운 여름날 집 현관 앞에 앉아서, "아, 다시 한국의 냄새로 돌아와서 대행이군!"하고 외쳤다. 지금은 그 냄새가 지난날에 비해서 많이 사라지기는 했지만, 여전히 이 냄새는 한국에 처음 온 사람들에게는 그냥 쉽게 넘어갈 수 있는 문제는 아니었다. 나는 1949년에 한국에 다시 돌아갈 수 있게 되어서 한국에 들어가서 다시 그 냄새를 맡았는데, 이 시간이 되기 전 과거에는, 이런 냄새가 반갑게 느껴진 적은 단 한 번도 없었다. 마침내 나는 이 냄새를 반길 수 있게 되었다! 우리가 한국 사람들의 냄새에 대해서 민감한 것처럼, 한국인들도 외국인들이 풍기는 냄새가 결코 유쾌한 것은 아니었을 것이라고 생각하니, 그 문제가 그다지 심각하게 생각되지 않았다. 한국인들은 외국인 선교사들에게는 쾨쾨한 버터냄새가 난다고 했다.

더운 계절에는, 대부분이 선교사들은 휴양지로 가서 쉬고 싶어 했다. 그러나 룻과 나는 스왈른 선교사의 집에서 정원을 즐기고 사과나무들이 자라는 것을 보는 것이 더 편하고 즐거웠다. 문자 그대로 작고 초록색을 띄고 있는 사과나무 과수원 열매가 막 맺히기 시작할 무렵에는 밤낮으로 사과나무를 보살펴 주어야만, 가을이 되면 맛있는 사과를 수확할 수가 있었다. 우리는 요리사와 집사로 외부에서 사람을 채용했는데, 그는 정원과 과수원을 모두 관리했다. 음식이 필요할 때면, 그는 "목사님, 제가 꿀을 조금 사용해도 되겠습니까?"하고 물어보곤 했다. 어느 날 그는 복통을 호소했다. 그 때는 미국에서 선교지에 가면 필요한 물건들을 준비해서 보낸 우리 수화물이 아직 도착하기 전이었다. 거기에는 선교부가 준비해준 약품들과 한 쿼트의 캐스터기름[16]이 들어있었다! 나는 캐스터기름 한 쿼트와 초록색 잉크 한 쿼드, 그리고 새로 구입한 퀼트침구세트를 짐에 넣어서 보냈다. 나는 안전하게 포장하기 위해서 퀼트 속에다가 그 병들을 넣어두었다. 짐이 도착해서 열어보니,

16) 한 쿼트(quart)는 약 1.14리터 정도이고, 캐스터(castor) 기름은 약용으로 사용된다(역자 주).

병 하나가 깨져 있었다. 다행히도 깨진 것이 캐스터기름 병은 아니었다! 그것은 안전하게 도착했다(우리는 이후 10년 정도 그 기름을 잘 사용했다)!

그러나 이서방이 복통을 호소했을 때, 나는 그 증상이 맹장은 아니라고 생각해서, 그에게 한 스푼의 캐스터기름을 먹게 했다. 그는 기름을 삼키고는 "맛있소!"라고 외쳤다. 나는 '맛있소'라는 말의 의미가 무엇인지는 나중에 알게 되었다.

스왈른 박사가 미국으로 떠날 무렵, 우리는 그의 소와 닭들을 샀다. 그 젖소는 이제 막 젖을 짜기 시작한 소였다. 덕분에 우리는 하루에 20쿼트 정도의 우유를 짤 수 있었다. 그 소의 이름은 에이미였는데, 우리는 에이미가 내어준 우유를 다른 선교사들에게 팔 수 있었다. 일 년 정도가 지나니 에이미를 산 금액 정도의 수익을 얻을 수 있었다. 닭들에 대한 재미있는 추억도 있다. 서울 어학원으로 가기 전에 나는 집사에게 닭들을 집안 뜰에 풀어놓아도 된다고 말하고 싶었다. 스왈른 박사는 지방에 있었고, 내 주변에는 통역을 해 줄 사람이 없었다. 나는 한국말로 내 생각을 전달할 수 없었다. 그래서 나는 닭이 알을 낳자, 그 알을 직접 품어서 병아리가 태어나게 되는 것을 몸으로 연기해서 보여주었다! 집사는 내 생각을 파악했다. 5월에 어학원에서 돌아오자, 우리는 상당히 많은 닭을 얻을 수 있었다.

우리는 소 값으로 600엔을 지불했다. 당시 환율이 1달러에 2엔 가량이었기 때문에, 그것은 300달러 정도 되는 금액이었다. 소 값으로는 조금 높은 편이었지만, 얼마 지나지 않아서 그것은 꽤 괜찮은 투자였음이 밝혀졌다. 우리가 10년 정도 키우는 동안 그 소는 새끼로 암소들만 낳아주어서, 어쩌면 주님께서 우리가 낙농장을 하는 것을 원하시는 것은 아닌가 하는 생각이 들기까지 했다! 기왕에 내가 이 일에 대해서 언급을 했으니, 앞으로 몇 년 후에 있을 일이기는 하지만, 소의 마지막 순간까지 기록을 해야겠다.

우리는 선교지부의 농업전문가인 덱스터 루츠(Dexter Lutz)와 연계해서 낙농장 운영을 시작했는데, 낙농장의 소는 거의 다 에이미가 낳은 젖소들이었다. 나는 낙농장에 관여할 시간이 거의 나지 않았기 때문에 루츠씨가 모든 일을 돌보고 있었다. 4월의 어느 날, 당시에 나는 대학과 남자학교의 회계 일을 하면서 대학에서 일주일에 15시간을 가르치고 있었는데, 낙농장의 일꾼이 아침 시간에 나에게 찾아와서 밤새 암소 한마리가 죽었다고 보고했다. 당시 가축의 발굽과 입에 질병이 유행하고 있었기 때문에, 나는 급하게 루츠씨에게 사람을 보내서 어떻게 해야 하는지 물어보게 했다. 루츠씨는 그날 서울로 가고 있었는데, 도중에 이야기를 듣고는 나에게 경찰에게 보고하라고 쪽지를 보내왔다. 나는 얼른 경찰에게 보고했다.

경찰은 수의사를 보내서 죽은 암소를 검시하고는 매우 심각한 질병이 발발했다고 했다. 따라서 우리가 그 소를 시에 있는 화장장에서 화장해야 된다고 했다. 집사는 나에게 소를 화장시키기 위해서 상당한 양의 장작과 생석회 한 포대, 그리고 5갤런의 기름과 마른 소나무가지 한 묶음이 필요하다고 했다. 또한 그 소를 끌고 가기 위해서 두 명 정도의 인부가 더 필요했다. 이렇게 하려면 비용이 꽤 많이 지출되어야 했다. 그러나 해야 할 일은 머뭇거려서는 안 된다. 나는 대학 일이 워낙 바빠서 개인적으로 그 일을 신경 쓸 겨를이 없었다. 그래서 집사에게 돈을 주고 그 일을 잘 처리해 달라고 부탁했다.

저녁 시간에 집사가 돌아왔는데, 건장한 남자 여덟 명을 데리고 왔다. 그는 경찰이 우리의 일이 너무 늦게 처리되고 있어서 소를 끌 사람 여섯 명을 더 고용해서 일을 빨리 진행하라고 지시했다고 했다! 그들은 일당을 받으러 온 것이다. 나는 그들이 일한 시간에 비례해서 일당을 계산해서 1인당 30엔을 더 쳐서 그 돈을 집사에게 주고 처리하도록 부탁했다. 그런데 몇 분 후에 그가 돌아와서는 일꾼들이 장례식장에서 해오던 대로 하루 품삯을 쳐 달라고 한다고 했다! 그 이야기를 듣고 나는 화가 치밀어 올랐다! 나는 집사에게 돈을 더 줄 수 없으니 일꾼들을 잘 이해시켜서 돌려보내도록 부탁했다. 밖에서는 한 두 시간 소동이 벌어졌다. 그러나 결국 그들은 돌아갔다. 그날 밤 자정쯤에 나는 잠에서 깼다. 아까 경험한 그 광경이 떠올라서 웃고 있는데, 그 소리에 그만 룻도 잠을 깨고 말았다. 그녀는 혹시 내가 어떻게 된 것은 아닌가 하고 걱정했다고 했다. 잠시 후에 내가 소에게 장례식을 해 주다니 그 상황이 너무 웃기지 않나요? 하고 말하자 그녀는 함께 웃으면서 안심했다. 그 웃음소리에 그만 우리 아이가 깨고 말았다!

다시 첫 해 여름으로 돌아가자. 몇 주 동안 선교지부에는 우리만 남아 있었다. 나는 재산들을 관리해야 했다. 그런데 선교지부 안에 한꺼번에 대략 50가정 정도가 지낼 수 있는 집을 만들기 시작하자, 나는 그만 내가 해야 할 방향을 잃고 말았다! 마침 맥머트리 씨가 돌아와서 이 어려운 상황을 해결해주었다. 물론 나는 그에게 질타를 받아야 했다!

그해 여름에는 대홍수도 있었다. 대동강 물이 넘쳐서 평양시의 낮은 지대가 물에 잠기게 되었고, 위쪽에서는 포동강이 넘쳐서 선교지부의 턱밑까지 차올랐다. 평양선교지부는 마치 섬처럼 되고 말았다. 우리는 난민들을 수용하기 위해서 학교의 문을 열었다. 각 지역으로 흩어져서 선교활동을 하고 있던 선교사들에게 난민들을 돕기 위한 모금을 부탁했다. 마침내 홍수가 지나가고 난민들이 집으로 돌아가자 그들의 거처를 청소하는 일을 돕기도 했다.

9월이 되자 우리는 어학원에 가서 마저 공부할 계획이었다. 그러나 룻이 그만 열병에 걸리고 말았다. 의사 비거(John D. Bigger)는 그녀가 파라티푸스 열병에 걸렸다고 진단했다. 그녀는 꼬박 6주 동안 앓아누웠고, 머리카락이 무척 많이 빠졌다. 그러나 그 때가 룻이 결혼 이후에 긴 시간 동안 쉴 수 있었던 첫 휴식시간이었다!

1922년 2월에 나는 처음으로 지역 선교여행을 떠나서, 2주간의 성경 공부, 즉 "사경회"를 인도하게 되었다. 나는 한국말을 완벽하게 하지는 못했지만, 사경회를 인도하기 위해서 베드로전서의 아웃라인을 만들고 그것을 한국말로 번역하는 등의 준비를 해두었다. 막상 사경회가 시작되어서는 나는 아웃라인을 읽는 정도 밖에는 이야기를 많이 하지 못했다. 그러나 청중들은 인내심을 가지고 내 이야기를 들어주었다. 마치 그들은 내 이야기를 듣고 무엇인가 배우고 있는 것처럼 보였다.

지방을 순회하기 위해서 아주 오래된 포드 자동차 모델 "T"를 타고 다녔는데, 그것은 내가 한국에서 처음 타보는 자동차였다. 우리는 이 차 안에 의자를 더 집어넣어서 버스처럼 개조해서 타고 다녔는데, 다리를 뻗을 공간이 거의 없을 정도로 협소했다. 승객들은 마치 정어리를 모아 놓은 것처럼 보였다. 차타는 것은 결코 편하지 않았다. 그러나 언제나 한 자리 정도는 비어있었다. 그 순회여행 기간 동안에 열 한 명의 승객들이 그 차를 타고 다녔는데, 그것은 마치 박스에 지붕을 덮어 놓은 보드처럼 보였다(그래, 당시에 차는 단순히 달리는 보드처럼 쓰였다!). 비오는 어느 날 운전기사는 계속해서 "안 되겠소"라고 외쳤다. 그 말은 본래 의미대로 쓰인 것이라기보다는 무언가 불만족스러운 상황이 생길 때마다 튀어나오는 습관적인 것이었다. 여행이 끝나갈 무렵에는 나도 그 말을 자연스럽게 쓸 수 있게 되었다! 우리가 마지막 목적지인 곡산 마을에 진입할 때에, 흰 두루마기를 걸친 사람들이 나와서 우리를 배웅해 주었다. 교회 전체 식구들이 다 나와서 우리를 환영해 주었다. 그리고 우리가 그 마을을 떠날 때에는 또 같은 일이 벌어졌다. 그들은 우리가 보이지 않게 될 때까지 우리를 향해서 손을 흔들어 주었다.

# XX.
# 첫 아들과 첫 번째 책

1921년 가을에 스왈른 선교사의 가족들이 돌아올 것이었기 때문에, 우리는 그해 여름이 시작될 무렵 우리의 첫 아이를 맞이하기 위해서 번하이젤[17] 선교사의 집으로 이사했다. 당시에 나는 외국인 교회를 목회하고 있었는데, 그 해 여름에는 선교지부에 남아 있는 사람이 지난 여름에 비해서 더 많았다. 우리는 로마서를 공부할 계획을 세웠다. 나는 여름 내내 수요일과 일요일 저녁에 로마서를 주석했다. 또 다른 선교사와 그의 아내도 "출산"을 앞두고 있었기 때문에 선교지부에 남아 있었다. (나중에 그녀의 임신은 가상임신으로 밝혀졌다. 그녀가 아이를 가졌다고 생각한 것을 의사는 특별한 검사를 하지 않고 임신으로 진단을 해 주고 말았던 것이다! 자신이 가상임신이었다는 사실이 밝혀지자 그녀 자신은 물론 의사도 많이 당황했었다!)

우리의 첫째 아들 로버트 고든 해밀턴(그의 태명은 밥이었다)은 예정일보다 더 늦게 1921년 10월 12일 오전 1시 번하이젤 선교사의 집 2층 침실에서 비거의사의 도움으로 태어났다. 밥은 내가 본 신생아 중에 가장

---

17) 한국명은 편하설(片夏薛), 1900년 미국북장로교 소속 선교사로 내한한 그는 1906년 계택선, 이신행, 정이도 등과 함께 산정현교회를 설립하였다. 이 교회는 이후 주기철 목사가 목회한 교회로 유명하다(역자 주).

아름다운 아이였다. 그는 다른 아이들처럼 붉은 색을 띠지 않았고, 이목구비가 또렷하게 발달해 있었다. 나는 사람들에게 그는 보라색 눈을 가졌다고 말했는데, 그것이 선교지부의 사람들의 흥미를 끌었다. 장차 맥머트리의 부인이 될 스눅 양은 그 아이가 태어나기 직전 기도회에서 룻처럼 얼굴에 광채가 나는 임산부는 처음 본다고 말했다. 드디어 밥이 태어났을 때, 나는 세상의 그 어떤 부모보다도 룻과 내가 가장 자랑스러워하고 있는 부부라고 생각했다.

1921년에서 1922년으로 넘어가는 겨울에 나는 첫 번째 책인 『기독교 변증론』(*The Basis of Christian Faith*)[18]을 집필하기 시작했다. 지난 한 해 동안 나는 한국말에 어느 정도 익숙해져 가고 있었다. 나는 대학에서 학생들을 가르치면서 내가 젊은 시절에 기독교 신앙에 대해서 회의를 품었던 것처럼 지금 내가 가르치고 있는 학생들도 비슷한 고민을 하고 있다는 사실을 발견했다. 그리고 나는 아직 한국에는 학생들의 이런 의심을 해결해 줄 수 있는 좋은 책이 없다는 사실을 발견했다. 가을에 나는 대학의 전 학장이었던 베어드 박사와 긴 시간 대화를 나눌 기회가 있었다. 나는 이 분이야말로 내가 고민한 이 문제에 대해서 대답을 들려줄 수 있는 좋은 책을 쓰기에 적합한 사람이라고 생각했다. 그는 이와 같은 책이 필요하다는 점에는 나와 의견을 같이 했다. 그러나 그는 지금 자신이 하고 있는 성경을 번역하는 일에 혼신을 다하고 있기 때문에 다른 책을 쓸 시간이 없다고 했다. 그는 "해밀턴, 당신이 한번 그 책을 써 보면 어떻겠소? 지난여름에 당신이 로마서를 강해하는 것을 보고, 나는 당신은 훌륭한 학자적인 자질이 있다고 생각했소. 지

---

18) 이 책은 『기독교신앙의 기초』라고 번역하는 것이 더 좋지만, 1929년에 해밀턴에 자신에 의해서 『기독교변증론』이라는 제목으로 출간되었기 때문에 여기에서도 그 제목을 따랐다(역자 주).

금 이 책을 집필할 수 있는 적임자는 바로 당신이오."라고 말씀하셨다.

그것은 내가 생각해 본 일은 아니었지만, 나는 베어드 박사님의 말을 떠올리면 떠올릴수록 그 말씀에 따라야 한다는 생각이 들었다. 낮에 내가 해야 하는 일은 한국어 공부였기 때문에 나는 야간시간을 이용해서 책을 쓰기 시작했다. 나는 내가 쓸 책의 각 챕터별 내용을 구상했고, 집필가가 책을 쓰려면 자신이 쓰고자 하는 분야에서는 학문적인 권위를 갖추고 있어야 한다는 사실을 나 스스로에게 상기시켰다. 그래서 나는 내 책의 각 챕터는 그 주제를 잘 다루고 있는 책들을 요약해서 소개할 계획까지 세우게 되었다. 첫 번째 챕터에서는 기독교 심리학과 인식론에 대해서 다룰 계획이었다. 두 번째 챕터에서는 철학적인 흐름들에 대해서 다루고, 세 번째 장에서는 특히 유신론에 대해서 깊게 다루려고 계획을 세웠다. 이러한 내용으로 책을 써 내려가는 것이 쉬운 일은 아니겠지만, 기독교 신앙을 변증한다는 관점에서 보면 상당히 혁신적인 방향이라고 생각한다. 특히, 나는 유기적인 진화에 대해서 반론을 제기하려고 한다.

내가 한국에 처음 갈 당시만 해도 나는 하나님이 진화의 과정도 이용하셔서 유기체와 인간을 만들었다고 보는 이신론적인 진화론에 대해서 확신하고 있었다. 그러나 대학에서 강의를 하고 있는 마티어 박사는 기본적으로 진화에 동의하지 않으면 생물학을 배울 수가 없다고 했다. 생물학 수업에 참여하는 학생들 중에 진화론자가 되지 않은 학생이 딱 한 명 있는데, 그 학생은 상당히 완고하게 진화론을 거부했다. 그러나 1920년 가을 평양에서 열리는 장로교총회에서, 호주 신학교의 교수인 엥겔 박사로부터 진화론은 허구일 뿐이라는 내용의 책을 읽게 되었다는 이야기를 들었다! 처음 그 이야기를 들었을 때, 나는 엥겔 박사가 약간 이상한 사람이라고 생각했다. 왜냐하면 진화가 이미 다 끝난 이야기라면 더 이상 과학의 발전은 없는 것이라고 생각했기 때문이다. 나는 아무 질문도 하지 않고 엥겔 박사에게 그 책을 빌려와서 읽었다.

책을 읽어갈수록 그 책은 점점 더 흥미진진해졌다. 그 책은 진화가 거짓이라는 점에 대해서 상당히 설득력 있는 증거들을 보여주고 있었다. 나는 그 책이 과장된 것일 수도 있다고 생각하면서 책을 읽었다. 나는 내가 거기에 나온 이야기들을 직접 확인해보고 싶었다. 그래서 나는 관련된 내용들에 대해서 진화론자들이 어떻게 답변하고 있는가에 대한 자료들을 찾아보았다. 오하이오 주립대학에서 유전학을 공부했으며 지금은 학교 농과에 있는 루츠씨는 지금 다양한 종류의 쌀보리 생산법을 개발하고 있었다. 그는 영어로 쓰인 유전학에 관련된 책을 거의 다 읽었다. 나는 그에게 유전학 관련 책을 몇 권 빌려서 읽었다. 읽으면 읽을수록 복잡해지기만 했다. 진화와 관련해서 내가 알고 있었던 것은 그저 어떤 한 전체의 일부분 밖에 되지 않는다는 사실을 나는 깨닫게 되었다. 그것은 마치 환영과도 같은 것이었다. 나는 진화에 대한 책들을 차근차근 읽어가면서 진화의 단계에 대한 최종 결론 부분이 무엇인가에 대해서 찾고 또 찾았다. 그러나 내가 찾은 결론들은 실망스러운 것들뿐이었다. 마침내 나는 내가 믿고 있었던 진리가 허무한 것이라는 사실을 깨닫게 되었다. 진화는 단지 최종적인 증거를 찾을 수 없는 하나의 이론일 뿐이었다. 태초에 하나님이 "종류대로" 세계를 창조하셨다는 생각을 증명할 수 없듯이 진화도 증명할 수 없는 것이라는 사실 말이다. 다른 한편으로는 진화에 대한 반대 증거는 계속해서 발견되는 중이다. 마침내 나는 유기적 진화 이론은 진리가 아니라고 확신하게 되었다. 그것은 단지 진화론자들이 주장하는 이론으로 그것을 뒷받침하는 실질적인 증거는 없다. 나는 또한 유기적 진화론이 가지고 있는 신학적인 의미는 거의 없으며 실제로 그것은 오히려 해로운 것이라고 확신하게 되었다. 나는 『기독교변증론』을 쓰기 시작할 무렵에 이런 생각을 가지게 되었다.

1921년부터 1922년까지 나는 매일 저녁 책을 쓰는 데에 온 신경을 집중했다. 가장 어려운 점은 각 장에서 제기되고 있는 논점들에 대해서 많은 사람들을 설득할 수 있는 이해할 만한 충분한 논리들을 찾아가는 것이었다. 봄학기 동안에 나는 영어를 잘 하는 학생들과 이런 문제들에 대해서 여러 견해를 나누었다. 그 중에 한 학생이 영어를 공부하기 위해서 사전을 외우는 것을 보았다! 그 학생의 이름은 박봉조인데, 나는 그 학생에게 나의 책을 한국말로 번역하면서 설명해주기 시작했다. 나는 먼저 영어로 글을 쓰기 시작했고, 그 내용들을 다시 한국말로 번역해서 대학생들에게 들려주었다. 확실하게 이해되어야만 좋은 번역이 된다는 사실은 두말하면 잔소리다. 나는 계속 반복해서 이런 작업을 진행했다. 박봉조는 이 일에 헌신적으로 참여해주었다. 그는 영어로 된 내 글을 번역하면서 그 의미들을 하나하나 따져 물었다. 그러나 영어를 시작한지 얼마 되지 않는 단계의 학생들이 영어의 정확한 의미를 파악해서 좋은 번역문을 만들어낸다는 것은 너무 어려운 일이었다. 나는 내 번역문이 한국 학생들에게 충분히 이해될 때까지 그것을 고치고 또 고쳤다. 그 책은 3만부 이상 팔렸는데, 사람들이 그 책에 대해서 호의적이었던 이유는 번역문이 단순하고 이해하기가 쉬웠기 때문이었다.

연차선교보고대회가 개최될 무렵까지 나는 이 책의 영어본과 번역본을 3장까지 완성했다. 그리고 나는 내 번역본을 당시 선교지부의 번역 권위자인 게일 박사님[19]께 보여드렸다. 그는 나의 번역문을 그와 함께 일하는 번역가들에게 보여주면서, 읽고 의견을 달라고 했다. 그들의 직업적인 질투심이었는지 아니면 현대 심리학과 철학에 대한 지식의 부

19) 게일 박사의 대표적인 번역 작품은 『천로역정』이다. 그 외에도 게일 선교사는 최초의 한영사전을 편찬하는 일에 참여했으며, 『구운몽』을 영어로 번역하여 해외에 소개하기도 했다(역자 주).

족 때문이었는지 확실치는 않지만, 그들은 내가 무슨 말을 하고 있는지 전혀 이해할 수 없다고 보고를 했다. 게일 박사는 그들의 의견을 나에게 들려주면서 그 책은 아마도 지금은 독자들에게 잘 이해될 수 없고, 20년 정도 지나야 가능할 것 같다고 조언해 주셨다!

한 번은 심리학자 라드 박사가 평양에 방문하면서 중앙장로교회[20]에 초청되어 설교를 한 일이 있었다. 통역은 그레엄 리[21]박사께서 해 주셨는데 그는 언어적인 능력도 뛰어난데다가 유머감각도 탁월했다. 당시 한국은 과학이나 철학적인 용어가 크게 발달되어 있지 않았다. 그 날 라드 박사가 근현대 사상에 대해서 잘 알지 못하는 한국 사람들에게 설교하면서 "모든 생각은 추상적이기도 하지만 구체적이기도 합니다!" 라고 말했다. 이 말을 듣고 리 박사는 "라드 박사께서 당신들을 만나셔서 기쁘다고 하십니다!"라고 통역했다. 단상에 있었던 다른 선교사들은 의자에서 떨어져 내릴 뻔 했다! 당신은 느꼈을 것이다. 당시 한국인들이 알지 못하는 개념에 대해서 리 박사께서 얼마나 정확하게 통역을 했는지를 말이다.

나는 내 책의 번역본에 대한 게일 박사님의 조언을 예의바르게 경청했고, 어떤 반론도 제기하지 않았다. 물론 그날의 이야기는 나를 실망시키기에는 충분한 것이었다. 그러나 나는 내가 평소에 마음속에 두고 살았던 "나는 할 수 있다!"는 말을 되새기면서 아직 한국에는 그러한 용어들이 없기 때문에 사람들이 이해하기는 쉽지 않겠지만, 이 일을 절대로 포기하지 않겠다고 다짐했다. 연차선교대회를 마치고 나는

---

20) 장대현교회를 의미함(역자 주).

21) 한국명은 이길함(李吉咸). 1892년 내한한 미국장로교선교사로 장대현교회에서 담임목사로 목회하던 중인 1907년 그의 교회에서 시작한 사경회가 평양대부흥 운동의 도화선이 되었다. 1894년 서상륜과 함께 서울 연지동에서 예배를 드린 것이 연동교회 설립의 모태가 되었다(역자 주).

평양으로 돌아와서 박씨에게 서울 사람들이 어떻게 이야기를 해 주었는지에 대해서 들려주었다. 그도 역시 실망이 컸다. 그러나 우리는 포기하지 않고 더 이해하기 쉬운 말들을 만들어내겠다고 다짐했다. 그러나 그 책이 최종적으로 출간되었을 때, 처음 번역과 달라진 부분은 거의 없었다. 철학과 심리학적인 배경지식이 전혀 없는 사람들에게 그 용어들을 만들어가면서 번역하는 일은 무척 어려운 일이었다. 특히 첫 장에서 "인간의 이성"에 대해서 설명하는 것이 가장 어려웠다. 심지어 인간 이성에 대해서 영어로 설명하는 것도 쉬운 작업이 아닌데, 그것을 한국어로 바꾸려고 하니 얼마나 어려웠겠는가!

1922년 여름이 끝나갈 무렵 나는 내 책의 앞부분 7장을 마쳤다. 그때 평양선교회에서는 내가 조금 더 빨리 한국어를 습득하도록 돕기 위해서 내가 지방 선교 여행을 다니도록 결정을 내렸다. 당시 나는 대학에서 영어를 가르치고 있었다. 그러나 한국말로 강의 할 수 있는 실력은 되지 못했다. 나는 2년차 한국어 시험을 치르고 있었는데, 아직은 한국어로 설교할 수 있는 실력을 갖추지 못했고, 또 한국인들의 이야기를 충분히 이해하지 못하고 있었기 때문에 구두시험에서 불합격하고 말았다. 그래서 스왈른 박사는 내가 그의 담당 선교 지역으로 선교 여행을 떠나도록 결정했다. 여행 중에 돕는 조사로 이집사를 붙여 주었는데, 그는 설교를 할 수 있을 정도로 성경에 실력이 있는 사람이었다. 내가 개인적인 일을 하거나 세례문답이나 교리교육을 시키는 동안에 그가 실제로 사람들에게 설교하기도 했다. 여행 중에 필요한 물건박스는 당나귀를 이용하여 가지고 다녔고, 이집사와 함께 요리사 한 사람도 동행했다. 그들은 도보로 다녔고, 나는 자전거를 타고 여행했다.

## XXI.
# 순회 전도여행

우리가 처음 방문한 교회에서 이집사는 처음부터 내가 설교하지 않으면 앞으로도 하기가 쉽지 않을 것이라고 하면서 나를 설득했다. 그래서 그날 아침 예배시간에 오늘 저녁 예배는 내가 설교하게 될 것이라고 광고했다. 나는 처음부터 제대로 하지 못해서 앞으로 계속할 용기를 잃게 될까봐 두려웠다.

나는 그날 오후 내내 준비했던 설교문을 아직도 가지고 있다. 그것은 아주 단순했다. 왜냐하면 당시에는 내가 알고 있는 단어들이 별로 많지 않아서 나는 되도록 단순하게 준비하려고 했기 때문이다. 나는 그 설교가 예배에 참여한 회중들에게 얼마나 좋은 마음의 양식을 제공해주었는지 잘 모르지만, 적어도 나에게는 정말로 좋은 새로운 세계를 열어주었다고 생각한다. 그것은 나에게 스스로를 믿고 용기를 가지고 한국 성도들에게 설교를 할 수 있는 계기를 마련해주었다. 몇 주 동안 나는 선교지를 여행하면서 그날 준비한 것을 계속해서 반복해서 설교했다. 그 후 나는 그보다 더 좋은 다른 설교들을 준비할 수 있게 되었다. 그 시간을 통해서 나는 첫 번째 설교를 자연스럽게 할 수 있게 되었고, 점차로 그 설교에 살을 더 붙일 수 있게 되었다. 그 시간 이후로 아직은 한국 사람들이 나에게 하는 말을 완전하게 이해하는 것은 아니지만, 나는 서서히 한국말을 할 수 있게 되었다.

그 여행 도중에 사라암(Salaam) 사건이 발생했다. 내가 젊은 여성들을 위한 세례교육을 진행하던 중에, 사라암은 갑자기 눈물을 흘리기 시작했다. 그녀는 자신의 처지에 대해서 말하면서, 자신은 조혼을 하였는데, 그녀의 시어머니는 그녀가 어린 신랑을 만나서 신방을 차리기도 전에 그녀를 친정으로 돌려보냈다고 했다. 그 후 그녀는 기독교신앙을 받아들이게 되었다. 그 때 그녀의 집안은 그녀를 나이 많은 홀아비에게 시집을 보낼 결정을 내렸다. 나는 그녀가 불쌍했다. 마침 밥에게 보모가 필요했기 때문에, 나는 그녀에게 만일 그녀가 평양에 오면 그 일을 할 수 있게 해주겠다고 약속했다. 그녀는 그 다음 주에 바로 평양으로 왔고, 평양에서 그녀는 몇 주간은 상당히 행복하게 지냈다. 그러던 중에 그녀의 오빠가 찾아와서 어머니가 아프니 당장 집으로 돌아오라고 말했다. 나는 의심어린 눈초리로 그녀가 돌아가는 것을 말렸지만, 그녀는 오빠와 함께 돌아가겠다고 결심했다. 그래서 더 이상 어떻게 할 수가 없었다.

며칠 후에 오후 시간에 갑자기 그녀는 나를 찾아왔다. 그녀는 집에 돌아가자 그녀의 부모님이 그녀를 그 홀아비에게 시집보내려고 하는 계획을 발견하고는 밤에 몰래 도망쳐서 왔다고 했다. 내가 의심한대로 그녀의 어머니가 아프셨던 것이 아니었다. 한 일주일이 지나서 그녀를 강제로 데리고 가기 위해서 그녀의 온 가족이 찾아오기 전까지 그녀는 다시 행복하게 지냈다. 사라암은 두려움에 떨면서 울었다. 그래서 우리는 그녀를 도울 수 있는 방법을 찾으려고 노력했다. 내가 그녀의 가족들과 이야기하는 동안 룻은 몰래 그녀를 집 밖으로 데리고 나가서 스왈른 선교사의 집으로 가게 했다. 우리 옆집에 사는 클락 박사는 냉정한 편이어서 다른 사람의 일에 잘 끼어들지 않았다. 그러나 스왈른 박사의 부인은 인정이 많았다. 그녀는 사라암을 데리고 평양선교지부를 벗어나서 만주 근처에 있는 도시인 선천으로 갈 수 있게 도와주었다. 그녀는 그곳에 있는 선교지부가 만든 여자학교에 들어갔다.

그녀를 멀리 떠나보내고, 그녀가 어디로 갔는지 알려주지 않았기 때문에, 그녀의 오빠는 몹시 화가 났다. 그는 경찰을 데리고 와서 여동생이 어디로 갔는지 알려달라고 했다. 나는 그 경찰에게 자초지종을 다 설명했다. 그러자 경찰은 더 이상 그 일에 나서지 않았다. 그녀의 오빠는 선교지부 안에서 며칠 더 머물었는데, 숙박비를 계산하지 않으면 경찰에 신고하겠다고 하자 돌아갔다. 그녀의 가족은 이미 결혼을 빙자해서 그 홀아비로부터 받은 돈을 다 써버린 상태였다. 그녀를 홀아비에게 시집보낼 수 없게 되자, 마침내 그들은 포기하고 집으로 돌아갔다. 사라암은 선천여학교를 졸업하고 이후에 전도부인이 되었다. 이후에 그녀는 목사의 아내가 되었는데, 그들을 위한 예식은 우리 집에서 열렸다. 나는 한국 전쟁 이후 그녀가 어떻게 지내고 있는지 잘 모른다.

번하이젤 선교사의 가족들은 1922년 가을에 안식년을 마치고 돌아올 예정이었다. 그래서 그해 봄에 우리 가족은 이전에 병원으로 쓰였던 꽤 오래된 건물에 들어가기로 했다. 우리는 여름이 시작될 무렵 그 집으로 이사했는데, 장마가 시작되고 나니 그 집에서 물이 새는 곳이 무려 27곳이나 발견되었다! 유일하게 한 곳이 비가 새지 않아서 우리는 침실을 그 방으로 옮겼다.

1923년 이른 봄에, 우리는 편안하게 지낼 수 있도록 하기 위해서 그곳을 수리했다. 로버트 딕 윌슨 박사가 그해 봄에 우리 집으로 들어왔는데, 우리는 그와 재미있게 잘 지냈다. 1922년에서 1923년으로 넘어가는 겨울에 평양선교지부는 대학의 새 학기가 시작되는 1923년 4월부터 내가 대학에서 가르치는 것을 정식으로 결정했다. 나는 로마서를 가르치기 위해서 열심히 준비했고, 『기독교변증론』도 계속해서 써내려갔다. 나는 관련된 질문을 던지고 그 질문에 대해서 대답하는 방식으로 책을 썼다. 그리고 한국 학생들이 사용할 수 있도록 하려고 인쇄를 할 수 있는 등사판을 함께 만들었다. 덕분에 내가 강의를 시작했을 때에, 그것은 내가 예상했던 것 보다 훨씬 쉬웠다. 일주일에 두 시간 영어를 가르치는 것 외에 또 다른 과목을 가르쳐야 했기 때문에 너무 바쁜 시간을 보내야 했다.

프린스턴신학교의 윌슨 박사께서 한국의 학생들을 위해서 구약성서의 역사성에 대해서 한 학기 강의를 해 주셨는데, 학생들은 깊은 감동을 받았으며, 즐겁게 수업에 참여했다. 나는 그가 골초라는 사실을 알고 있었기 때문에, 그에게 숙소에서 만큼은 자제해 달라고 부탁드렸다. 그는 처음에는 동의하고 자제했지만, 일주일쯤 지나고 담배가 다 떨어지자, 그는 자신의 태도를 바꾸었다. 나는 종들에게 담배를 사러 밖에 나가지 말라고 했고, 나 역시도 담배를 사러 나가지 않았고, 그가 직접 내가 아는 가게에 가서 담배를 사는 것도 좋지 않다고 생각했다. 마침내 나는 그를 인력거에 태우고 일본인 마을로 가서 담배 가게를 알려주었다. 이제 그는 혼자 힘으로 담배를 살 수 있게 되었다!

강의 통역은 월터 어드만(Walter Erdman)이 맡았다. 그는 통역을 훌륭하게 해냈다. 윌슨 박사의 주요 논점은 두 가지인데, 그 하나는 구약성서의 외래어 사용에 관한 것이고 두 번째는 구약성서와 고대 근동의 문서들에 나와 있는 성서 시대의 왕의 이름에 관한 것이다. 나는 윌슨 박사가 미국으로 떠나기 전에 그 내용들을 정리했고, 그것을 윌슨박사에게 보여주면서 내 책 10장과 12장에서 그것을 사용할 수 있도록 허락을 받았다.

여름방학이 되자, 다른 선교사들은 휴양지로 떠났지만, 나는 선교회에 남아서 하루에 10시간에서 12시간 정도를 할애하여 책을 집필했다. 신구약성서의 역사적 문학적 비평에 관한 장들을 쓸 때에는 나는 그 내용이 만족스럽게 구성 될 때까지 두세 번 정도 고쳐가면서 책을 집필했다. 미국에서 그 책이 출간되기 전에 나는 그 책의 내용을 다시 한 번 점검했다. 마침내 나는 1923년 8월 말에 그 책의 집필을 다 마쳤다. 그 책을 마무리하고 난 다음 날 아침이 돼서야 나는 침실 밖으로 나왔다. 비로소 세계가 돌고 있다는 사실을 느끼게 되었다. 그 여름을 그렇게 보내고 나서 나는 완전히 탈진상태가 되었다. 나는 열흘 정도 앓아 누웠다. 그것은 나에게 좋은 교훈이 되었다. 이후로 나는 여름방학에는 다른 선교사들과 함께 휴양지로 가서 쉬었다. 많은 미국인들은 선교사들이 미국 본국에서 활동하고 있는 목회자들보다 긴 휴가를 가지는 이유를 잘 모른다. 그 주요 이유는 가르치는 일과 복음 전하는 일 이외에도 아침부터 저녁까지 계속해서 찾아오는 사람들을 만나야 하기 때문에, 선교사들은 미국 국내에서 활동하고 있는 목회자들에 비해서 심리적인 스트레스를 더 많이 받고 있다. 그래서 이들은 여름 기간에는 충분한 휴식을 취해야 한다. 또한 습도와 온도가 높은 기간에는 전염병에 걸릴 확률도 높아서 선교사들은 되도록 여름에는 그런 위험이 적은 곳으로 휴가를 떠나고 있다. 그렇다고 휴가기간 동안에 아무 일 없이 쉬는 것만은 아니다. 선교사들은 다음 1년을 가르칠 강의도 준비하고 목회활동을 위한 성경공부와 설교도 준비해야 한다.

선교지부에서 1년 정도 시간을 보낸 후에, 나는 안나 데이비스 숍[22]의 회계 일을 맡게 되었다. 그것은 시간을 많이 소모하는 일이었지만, 도움이 필요한 학생들에게 실질적인 도움을 주는 일을 하는 일이었기 때문에 보람되었다. 맥머트리 씨가 그 담당자였는데, 그곳에서는 선교지부의 건물들을 관리하고 수리하는 일을 주요 업무로 했다.

22) 이곳은 숭실기계창이라고도 불리는 곳으로 숭실 교사 수리 등 여러 작업과 관련된 일을 위한 역할 뿐 아니라, 학생들에게 자조정신을 가르치는 곳으로 학생들은 그곳에서 일하면서 학비를 충당하기도 했다. 오늘의 개념으로 생각해보면, 공대의 시초가 되었다고 볼 수 있을 것이다. 그리고 그곳에서 일하는 학생들을 근로장학생이라고 부를 수 있을 것이다(역자 주).

XXII.

# 집짓는 법 배우기

1923년 10월 10일에 나의 두 번째 아들 리차드 알렉산더가 현재 우리가 숙소로 사용하고 있는 여성병원건물에서 태어났다. 리차드는 태어나서부터 아주 활동적인 아이였다. 아이가 두 명이 되었으니 우리 집도 이제 꽤 소란스럽게 되었다. 다행히도 두 아이 모두 산후통을 앓지는 않았다.

나는 1924년 4월에 대학과 남학교의 전체 재정을 관리하는 담당자가 되었다. 1년 예산은 거의 100만 엔 정도였다. 그 시기는 앞서 기록한 대로 소장례식을 막 마친 때였다. 내가 회계담당자가 되자, 한국 조사들이 해왔던 자금관리에 구조적인 문제가 있다는 점을 발견했다. 워낙 많은 돈을 관리해야하기 때문에 이런 일은 너무 쉽게 벌어지는 문제였다. 그들이 너무 쉽게 유혹에 빠질 수밖에 없었던 것이다.

그 시기에 나는 선교지부에서 가장 바쁜 사람 중에 하나였다. 재정집행 중인 곳은 다섯 채의 집이었다. 다음 승인을 기다리고 있는 대상은 우리 집이었다. 그래서 우리는 스왈른의 집 아래쪽에 새로운 집을 짓고 싶었다. 다른 계획으로는 데이빗 솔타우(David Soltau)[23] 박사의 지도 아래 대학과학관을 짓는 일이었다.

6월에 학교 방학이 시작되자마다 우리는 소래 해변으로 가서 휴가를 보냈다. 우리는 소나무 숲 한 가운데 테니스 코트가 인접한 지역에 땅을 샀다. 우리는 아직 건물을 지을 충분한 자금은 없었지만, 땅을 소유했다는 기분은 그다지 나쁜 것은 아니었다. 나는 그곳에서 골프를 배웠다. 매일 해변에서 수영과 배구를 즐겼고, 체스게임을 했다. 책도 보고 아이들과 함께 즐거운 시간을 보내기도 했다. 그 시간은 내 생에 처음으로 맛보는 휴가였다. 안타깝게도 너무 빨리 지나가고 말았다.

7월 마지막 주에 클락 박사가 들고 온 소식은 우리 집을 짓기 위한 재정이 승인되었다는 것이다! 그는 내가 이 계획을 받아들이고 계약서에 사인만 하면 바로 가을부터 건축이 시작될 것이라고 말했다. 우리는 매우 기뻤다. 월요일 저녁 소래에서는 선교사들이 모여서 회의를 했다. 나는 그 계획을 확인했고 선교지부의 건축위원들은 그 계획을 승인했다. 다음 날 아침 바로 평양으로 돌아가기 위해서 소래에서 진남포로 가는 배를 타기로 했다. 그러나 다음 날에는 가는 배편이 없었다. 우리는 배가 언제 떠나는지 알려주는 휘슬소리를 기다렸다. 토요일에도 배편이 없었는데, 그만 밥이 열병에 걸리고 말았다. 그날 밤에 의사는 비버향 기름을 처방해주었다! 룻과 나는 그것을 먹이는 것을 원하지 않았지만, 저녁 여덟시가 되었을 쯤에 우리는 어쩔 수 없이 그것을 먹였다. 한 10분 정도 시간이 흐르자, 그 기름 덕분에 아들의 상태는 호전되었다! 소래항으로부터 뱃고동 소리도 들려왔다! 룻과 나는 그저 서로 얼굴만 바라보게 되었다. 나는 더 생각할 필요도 없이 평양으로 돌아가기로 했다. 우리가 집을 짓고자 원했던 것이 그대로 이루어지는

23) 한국명은 소일도(蘇逸道). 1921년 내한한 미국북장로교 소속 선교사로 숭실전문학교 교수와 평양외국인학교의 교장 역할을 담당했다. 그의 쌍둥이 형제 떼오도르 솔타우(Theodore Soltau)의 한국명은 소열도(蘇悅道)이다. 소열도 선교사는 1914년 내한하여 평양에서 얼마간 활동하다가 청주지역으로 옮겨가서 교육사업에 힘을 써서 청주 청남학교를 설립하였다(역자 주).

것처럼 보였다. 우리는 다음 날 출발할 짐을 꾸리고 늦게 잠이 들었다.

그 일요일 아침은 참으로 아름다웠다. 밥도 다 나았고, 세상도 다시 장밋빛으로 보였다. 아홉시쯤에 우리는 차가 오는 소리를 듣고 그 택시를 잡기 위해서 서둘러서 나왔다. 그 택시는 해주에서 손님을 태우고 온 차였다. 우리는 그 차를 타고 해주로 갈 수 있었다. 그리고 거기에서 1시 버스를 타고 사리원으로 가서 기차를 탔다. 어찌나 급하게 서둘렀던지 나는 해주로 가는 택시를 잡기 위해서 5분 만에 짐을 다 꾸렸다. 해주에 도착해서 사리원으로 가는 길에 두 마리의 닭이 차에 치어 죽었고 개 한 마리가 그 차를 따라서 달려온 것 말고는 특별하게 기억나는 것이 없다.

당시 서울에 있었던 재정담당자의 결제가 난 후에 집 짓는 자재들 구입이 시작되었고, 나는 다른 집을 지어본 경험이 많은 한 중국 건설업자와 최종 계약을 맺었다. 며칠 후에 스왈른 선교사의 집 바로 아래에서 기초 공사가 시작되었다. 인부들이 땅을 판 후에 콘크리트를 부었다. 그런데 개인적인 문제가 생겼다. 집 짓는 일 감독을 할 수 있는 사람이 나 밖에 없었는데, 중국인 인부들이 영어는 전혀 하지 못하고 한국말만 조금 했던 것이다. 당시 나는 아직 한국어가 익숙하지 않았다. 단지 그들보다 조금 더 나은 수준이었다.

얼마 지나지 않아서 나는 중국 인부들은 하지 말아야 할 일들을 명확하게 지시하지 않으면 자기들 마음대로 일을 해 버린 다는 점을 알게 되었다! 하루 이틀 지나면서 집이 잘못 지어질 가능성이 곳곳에서 발견되었다. 특히 그들에게 하지 말아야 할 것에 대한 지시를 잊어버리게 되면 그들은 바로 그런 일들을 해 버리는 것이었다. 나는 곳곳을 측정하면서 그들에게 그런 부분들을 바로잡으라고 지시했다. 그러자 그들의 대답은 "별 차이가 없습니다!"였다. 나는 창문틀을 넣을 때에는 수평줄을 사용해서 만들도록 했다. 그러나 집이 완성되고 비계를 완전히 치우고 난 뒤에 보니 집 앞쪽에 있는 창문 세 개가 동쪽으로 4인치 정도 기울어져 있었다! 우리는 집 벽 전체를 다 고칠 수가 없었다. 어쩔 수 없이 창틀을 고치기로 하고 벽의 일부분을 깎은 후에 창들을 다시 집어넣었다. 창틀은 똑바로 세울 수 있었지만 벽돌들이 서로 어긋나 보이는 것은 어떻게 해 볼 수가 없었다!

1924년 12월 17일에 우리는 지난 2년 동안 살았던 캐롤라인 라드 아파트를 떠나서 새 집으로 이사를 했다. 여러 번 집을 옮기는 수고를 한 후에 이제야 우리의 집으로 이사를 하게 되었다는 사실이 우리를 흥분하게 만들었다! 이전에는 이사하는 것이 지긋지긋했는데, 지금은 이사하는 것이 전혀 힘들지 않았다! 그것은 마치 젊은 선교사가 선교지로 와서 얼마나 많이 이사를 했는지에 대해서 그 횟수를 세는 일을 더 이상 하지 않아도 되는 것을 의미하는 것이다! 젊은 선교사들에게는 적어도 일 년에 한 번 혹은 그 이상 이사를 하는 것이 마치 선교사들의 미덕인 것처럼 생각되었다! 그것은 마치 겸손함을 유지하기 위해서 헤어셔츠를 입는 것과도 같은 것이었다. 만일 내가 어떤 영향력이 있는 자리에 있게 된다면, 나는 새로 온 선교사들에게 되도록 빨리 집을 가지라고 권하고 싶다. 왜냐하면 그들이 아직 아이들이 없을 때에는 이사를 다니는 일이 그다지 큰일은 아니지만, 일단 아이들이 태어나게 되면 상황은 완전히 달라지기 때문이다.

새로운 집에서 보낸 첫 겨울은 행복했다. 한 가지 아쉬운 것이 있었다면 그것은 우리가 새집을 두고 그 다음 해 여름엔 안식년을 떠나야 한다는 사실이었다. 우리는 1925년 6월 말에 안식년을 받아서 미국으로 갔다. 우리는 배를 타고 캐나다를 거쳐서 미국으로 갔는데, 도중에 내가 선교했던 지역인 이그나스와 오시쿠안을 방문할 수 있었다. 그곳은 내가 신학교 시절 여름방학 동안에 단기 선교를 했던 곳이었다. 이제 겨우 2살과 4살 채 되지 않은 활동이 너무 왕성하고 시끄러운 어린 남자아이들을 데리고 여행하는 것은 결코 쉬운 일이 아니었다. 한 가지 기억에 남는 사건은 부산에서 일본 가는 배를 놓칠 뻔 했던 일이다. 어떤 사람이 아직 한참 기다려야 배가 떠난다고 해서 우리는 밥을 유모차에 태우고 시내 구경을 했다. 밥과 내가 돌아왔을 때에는 배가 이미 고동소리를 내면서 출발하고 있었다. 룻은 얼른 선장에게 소리 질러서 배를 돌려달라고 부탁했다. 그러나 그는 그냥 가버렸다. 어쩔 수 없이 우리 가족은 항구에서 그날 밤을 지내야 했다.

우리가 마침내 뉴욕 버팔로에 도착했을 때, 나는 부모님께 연락해서 바타비아 기차역에 다섯 시쯤에 도착한다고 말씀드렸다. 거기엔 바타비아까지 가는 동안 모든 정류장에 다 정차하는 완행기차 밖에 없었다. 그때까지 리차드는 꽤 참을성 있게 여행을 잘 하고 있었다. 그러나 그는 이제 기차는 그만 타고 싶어 했다. 우리가 기차를 타자마자 그는 바타비아까지 가는 내내 소리를 질러댔다! 나는 너무 정신이 없어서 우리 수화물이 몇 개인지조차도 까먹었다. 우리가 바타비아에 도착했을 때, 나는 수화물을 찾기 위해서 룻과 아이들을 잠시 떠나 있었다. 차장이 리차드를 데리고 아빠와 이모 부부가 기다리는 곳으로 데려다 주었다. 차장이 리차드를 나에게 데려다 주자마자 리차드는 소리치는 것을 멈추고 미소를 지었다! 그는 눈물을 흘리지도 않았다. 그는 단지 여행을 빨리 마치고 싶어서 화를 내고 있었던 것이다!

내 고향 바타비아에서 다시 맞는 여름은 정말로 행복한 시간이었다. 어머니는 아름다운 정원을 꾸며놓으셨고, 아버지는 잔디밭을 잘 다듬어 놓으시고 거기에 목가적인 분위기가 느껴지는 의자들을 만들어 두셨다. 내 고향집은 정말 아름다웠다. 우리 가족들은 처음 만난 우리 아이들의 요구를 다 들어주어서 아이들은 점점 더 버릇이 없어지고 있었다. 그러나 내  친척들을 다시 만난 것만으로도 나는 너무 행복했다.

XXIII.

# 첫 번째 안식년

내가 프린스턴 신학교에서 변증학 전공 석사학위를 시작할 계획이었기 때문에 우리는 프린스턴 신학교 기숙사에 머물 계획이었다. 그 기간 동안 나는 프린스턴에서 선교학을 가르치기도 했다. 그리고 믿기는 힘들겠지만, 나는 신학교 합창단에서도 활동을 했다. 신학교 합창단은 필라델피아에서 노래를 불렀으며, 뉴저지 캄덴 시에 있는 빅토 플랜트 음반 회사에서 두 장의 음반을 내기도 했다. 그 기간 동안에 나는 프린스턴 대학에서 빅토리안 문학 과목을 수강하기도 했다. 그 과목 교수님은 매력적인 분으로 이교도들이 가지고 있었던 시각에 대해서 재미있게 강의를 해 주셨다. 세미나 시간에 내가 기독교 신앙에 대해서 변호하려고 노력하자 교수님은 "재미있는 관점이군!"하시면서 내 의견을 받아주시기도 하셨다.

1925년에서 26년 기간에 프린스턴 신학교에 머물면서 나는 『기독교 변증론』(*The Basis of Christian Faith*)을 교정했다. 그 시간까지 나는 그 책을 "기독교는 진리인가?(Is Christianity Truth?)"라는 제목으로 부르고 있었다. 그리고 프린스턴 대학의 자연과학 도서관에서 책을 읽으면서 그 다음 책인 『진화론적 신앙의 기초』(*The Basis of Evolutionary Faith*)를 준비했다. 이 책의 한 부분이 1926년 프린스턴 신학교의 학술지인

*Princeton Theological Review*에 게재되었다.

겨울 동안 내 아내는 클래어렌스 맥카트니 목사님이 목회하시는 피츠버그 제일장로교회의 초청을 받아서 여성선교사 대회에서 설교를 하게 되었다. 룻이 떠나 있는 동안 그녀의 여동생 메이벨이 그녀가 살고 있는 피츠버그에서 프린스턴으로 와서 내가 공부하는 시간 동안에 우리 아이들을 돌봐주기로 했다. 신학교 아파트에 살고 있는 선교사 가족들은 서로 필요한 일이 있으면 아이들을 돌봐주기로 했다. 중국에서 활동하고 있는 남장로교 선교사인 마틴 홉킨스 부부가 저녁에 잠시 외출을 하기 위해서 그들의 아이들을 우리 집에 부탁했다. 메이벨과 나는 아파트 문을 열어서 혹시 아이들이 울면 소리를 들을 수 있게 해두었다. 아홉시쯤에 홉킨스씨의 아이들이 울기 시작했다. 우리는 홉킨스씨의 집으로 가서 네이벨이 한 아이를 안고 내가 다른 아이를 안고 달래주었다. 그 때 누군가 아파트 문을 두드렸다. 아파트 문을 열자 윗집에 사는 선교사가 우리를 본 것이다. 그 분은 나는 알고 있었는데, 룻의 여동생은 몰랐다. 선교사의 아파트에 낯선 여인이라니! 그녀가 우리를 처음 보고 지었던 어리둥절한 표정 때문에 그녀가 집으로 올라간 후에 우리는 한참 동안 웃었다. 나중에 그녀에게 자초지종을 설명하자 그녀도 어떤 상황이었는지 알게 되었다.

그 해에 미국북장로교의 분열의 조짐이 보이기 시작했다. 메이첸 박사는 미국북장로교 해외선교부가 자유주의자들과 보수주의자들을 같은 선교지에 함께 보내면서 서로 협력하여 일하도록 하는 지침을 보낸 일에 대해 신랄하게 비판하면서 당국자들에게 분노를 표출하였다. 오랜 기간 동안 보수적인 선교사들이 왕성하게 활동해왔던 조선선교부는 선교부가 자유주의 선교사들도 파송하겠다는 정책에 반대하고 있었다. 그러나 다른 지역 선교부의 상황은 이와는 사뭇 다르다. 1933년경 인도의 푼잡(Funjob) 선교회의 사람들에게 내가 들은 이야기에 따르면 당시에 투표권을 가지고 있는 30명가량의 선교회 회원 가운데 보수적인 교리를 따르는 선교사는 불과 5-6명밖에 되지 않는다고 했다!

신학교들 가운데 프린스턴 신학교는 보수주의 신학을 수호하는 마지막 보루였다. 1926년 신학교연합회에서는 변증학 담당으로 메이첸 박사를 추천했다. 그리고 그 결과는 총회에서 인준을 받게 되어 있었다. 나는 오하이오 마호닝(Mahoning) 장로회의 대표 자격으로 총회에 참석하였다. 2년 전에 클레러렌스 맥카트니가 보수적인 견해를 가진 마지막 총회장으로 선출되었다. 1925년에는 찰스 어드만이 윌리엄 제닝스 브라이언을 대신해서 조선장로교총회의 총회장으로 선출되었다. 어드만은 메이첸 박사의 반대자가 되었다. 그는 개인적으로는 보수주의자였지만, 총회장이 되려면 진보주의자들의 지지도 받아야 하기 때문에, 자유주의에 대해서 관대했다. 1926년에는 이례적으로 총회 이전에 사전 모임이 있었는데, 그 이유는 보수주의자들이 총회를 장악하게 될지 자유주의자들이 총회를 장학하게 될지 불분명한 상황이었기 때문이다. 근본주의 논쟁을 촉발시킨 오번 선언(Auburn Affirmation)[24] 옹호자들은 보수주의자가 총회에서 당선되지 못하면 총회를 탈퇴하겠다고 위협했다. 해외선교부의 사무총장의 동생인 클러랜드 매카피 박사는 보수주의자 후보로 나섰고, 오하이오 주립 대학의 총장인 톰슨 박사는 자유주의자 후보로 나섰다. 그들 모두는 중도 그룹의 사람들의 표를 얻기 위해서 애썼다. 자유주의자들은 총회선거를 비롯해서 거의 대부분의 노회 선거에서도 승리를 거두었다.

오하이오 노회는 선거인단 중에 중도 진영이거나 자유주의자들이 훨씬 더 많았다. 나와 다른 한 목사님만 매카피의 지지그룹에 속했다. 우

24) 1924년 근본주의 논쟁이 시작되었을 때에, 근본주의 주장에 반대파들은 오번 선언을 발표하였다(역자 주).

리는 자유주의자들의 선거 전략을 모방해서 총회의 주요 위원회 위원장들도 총회 후보와 연합해서 선거운동을 하게 했다. 우리는 각 노회 선거의 후보들도 추천을 했는데, 우리가 추천한 사람 중에는 신시네티 레인 신학교의 스티븐스 박사도 포함되어 있었다. 원래 그분은 톰슨 박사가 임명한 분이었는데, 각 위원회의 후보들을 순서대로 정해야 했기 때문에, 우리는 즉흥적으로 그분을 우리 측 후보의 명단에 넣었던 것이다. 이런 방식으로 우리는 신학교 위원회의 후보들까지 정하게 되었다. 이전 해의 해외선교위원회는 매우 중요한 부서였다. 그리고 아직 총회 선거의 영향을 덜 받았고 있었다. 나는 이 위원회는 1926년에도 역시 중요하다고 생각했다. 그래서 나는 내가 후보가 되겠다고 나섰고 당선되었다. 한 사람 한 사람 우리 진영의 후보들이 각 위원회에서 당선되었다. 신학교 위원회의 위원장을 뽑을 시간이 되었을 때, 내가 그 후보를 추천할 차례가 되었다(당시 우리는 우리가 원하는 후보가 나오게 되면 더 이상 추천하지 않는 것으로 서로 의견을 나누고 투표에 참석했었다). 내가 빠르게 후보를 추천하려고 하자, 스티븐스 박사는 "당신은 이미 많은 사람을 추천하셨으니, 추천권을 다른 사람에게 넘기면 어떻겠습니까!"하고 말하였다. 그러나 바로 다른 사람이 추천을 했고 우리는 그해에 상당히 중요한 위원회의 후보를 낼 기회를 잃어버리고 말았다. 그 결과 메이첸 박사는 프린스턴 신학교의 변증학 담당교수로 인준되지 못했다. 그러나 단지 네 명의 보수주의자들이 자유주의자들과 중도파 사람들이 다수인 회의에 참석해서 조금 더 조직적이고 세밀하게 일을 처리함으로, 대부분의 위원회의 대표를 보수주의자가 선출되도록 만들었던 것이다(중요한 자리를 놓치기는 했지만...).

총회에서 메이첸 박사를 프린스턴 신학교의 변증학 교수에서 해임하는 결의가 통과되고 신학교에 조사위원회가 파견되었을 때, 나는 신학교 위원회의 의장인 루콕 박사를 찾아가서 "당신의 결정에 따라서 어쩌면 앞으로 교단이 깨어질지도 모르는 일이 생길지도 모릅니다!"하고 말씀드렸다. 그는 내 생각이 잘못된 생각이 되길 바란다고 말씀하셨다. 이 사건은 교단이 분리되기 10년 전에 일어난 사건이었지만, 분명 1926년 총회의 이 결정이 그 도화선이 된 것은 분명하다.

우스터 대학 졸업시즌에 켈소 학장님과 위샤트 총장님이 나에게 철학과 조교수 자리를 제안하셨다. 나는 그 자리를 선택하고 싶었다. 그러나 그 이야기를 듣고 평양선교지부의 마펫 박사는 나를 대체할 만한 사람이 없다고 말씀하셨다. 나는 어쩔 수 없이 그 제안을 거절하고 선교지로 다시 가기로 결정했다.

이른 봄에 나는 책 교정을 다 마치고 그 원고를 레벨 엔 컴퍼니(Revell and Company)출판사로 보냈다. 출판사에서는 내 책이 이미 시대에 뒤진 논의이기 때문에 잘 팔리지 않을 것 같아서 출간할 수 없겠다고 답변을 보내왔다! 그는 얼마 전에 발간된 사피어의 책 『성서의 신성한 통일성』(*The Divine Unity of Scripture*)이 별로 주목을 받지 못했다는 사실을 그 예로 이야기 했다.

볼티모어 총회에서 나는 피츠버그 제일장로교회의 담임목사인 메잇랜드 알렉산더 박사를 만났는데, 그는 *Princeton Theological Review*에서 메릴의 책 『기독교자유주의』(*Christian Liberalism*)에 대한 나의 서평을 읽어보았다고 칭찬하셨다. 이후 그 서평은 사무엘 크레이그 박사가 출간하는 저널 "The Presbyterian"에 실리기도 했다. 알렉산더 박사는 그의 아내가 도란 엔 컴퍼니(Doran & Company)출판사의 주식을 소유하고 있기 때문에, 내 책 출간을 그 출판사에 부탁해 보겠다고 했다. 얼마 후에 출판사로부터 내가 그 책을 몇 백부 정도 팔수 있다면 책을 출간해 주겠다고 연락이 왔다. 메이첸 박사는 나에게 300달러를 주시면서 책 출간의 필요한 비용으로 쓰라고 하셨다. 이후 내가 그 책이 잘 팔린 덕분에 얻은 수익으로 돈을 돌려드리려고 하자 받기를 한사코 거절하셨다. 나는 그해 초여름에 앞부분을 수정했고, 나의 친구 조지 호른목사는 마지막 쪽의 틀린 부분을 교정해주었고, 내가 한국으로 돌아온 후에는 색인 작업도 해 주었다.

그 책은 상당히 흥미로운 역사를 가지고 있다. 처음 그 책을 발간한 도란 엔 컴퍼니는 그 책의 판권을 더블데이 엔 도란(Doubleday and Doran)으로 넘겼고, 다시 그 판권은 리차드 스미스(Richard R. Smith)로 넘어갔다. 최종적으로 그 책의 판권은 하퍼 엔 브라더스(Harper and Brothers)에서 소유하게 되었다. 1927년 책이 처음 나온 이래로 그 책은 꾸준히 팔렸다. 1933년에는 영국에서도 판매되었고, 1946년 3판에서는 새로 완전히 교정 작업을 하기도 했다. 1962년 현재까지 그 책은 총 50,000권 가량 팔렸다. 내년에는 그 책의 개정판이 나올 예정이다. 세계 곳곳의 사람들에게서 자신이 얼마나 그 책으로부터 도움을 많이 받았는지, 그리고 그 책이 다른 사람들에게 기독교를 전파하는 데 얼마나 유용하게 쓰이고 있는지에 대해서 이야기하는 편지가 오곤 한다.

▌해밀턴의 대표작인 *The Basis of Christian Faith*의 표지, 이미지 출처, amazon.com

1926년 다시 한국으로 돌아가기 전에 선교부에서는 우리들에게 휴가비를 주고 2주 정도 콜로라도 에스테스 공원에서 쉴 수 있는 시간을 주었다. 감사하게도 내 아내는 이 시간을 통해서 한국으로 돌아가기 전에 다시 힘을 낼 수가 있었다. 한국으로 돌아가는 동안 그녀는 배멀미를 하기도 했지만, 건강한 모습으로 한국에 돌아갈 수 있었다.

XXIV.

# 첫 안식년 이후 선교사역

나는 기쁜 마음으로 1926년 평양에 다시 돌아왔다. 선교회는 따뜻한 마음으로 나를 다시 환영해주었고, 나는 대학에서 다시 강의를 시작했다. 내가 1년간 자리를 비웠음에도 불구하고, 대학 회계는 별 무리 없이 잘 돌아갔다. 특히 내가 회계 일을 하면서 쉽게 실수할 뻔했던 일들을 보완하기 위한 도구도 새로 구입했다는 사실을 알게 되었다.

나는 겨울방학 동안에 한수철과 함께 메이첸의 책 『신앙이란 무엇인가?』 "(*What is Faith?*)"를 번역하는 일에 매진했고 마침내 그 책은 기독교서회(the Christian Literature Society)에 의해서 출간되었다. 그 해에 나의 책 *The Basis of Christian Faith*도 출간되었다.

나는 그 책을 교과서로 사용하기 위해서 한국정부의 교육부에 승인을 받아야 했다. 그 책 승인의 결과는 탐탁잖은 것이었다. 정부는 그 책의 6장까지만 다시 복사를 해서 보냈는데, 6장에는 일본 신사에 대한 내용이 수록되어 있었다. 나는 그들이 그렇게 만든 것에 대해서 이해할 수가 없었다. 정부는 검열관들에게 그 부분까지만 보여주었을 것이다. 더 이상은 필요하지 않았던 것이다! 나는 수업시간에 더 이상 그 책을 교과서로 사용하지 않겠다고 했다. 그 책은 참고도서로만 사용하겠다고 했다!

1927년 봄에 우스터대학의 철학 교수이신 일라이스 콤튼 박사 부부가 한국에 방문할 것이라는 소식을 들었다. 그들이 한국을 방문한 후, 1927년 5월 17일에 나의 첫째 딸 메리 헬렌이 태어났다. 우리는 겹경사로 인해서 매우 기뻤다. 갓 태어난 그녀는 마치 아름다운 성인 여성처럼 예뻤다.

1927년 4월, 맥머트리씨와 함께 안나 데이비스 숍을 관장하게 되었다. 맥머트리씨는 나에게 소래 해변에 조그만 별장을 지을 것을 권유했다. 내 대답은 돈이 없다는 것이었다. 그는 나에게 안나 데이비스 숍의 자금을 빌려주었고, 매달 월급에서 갚도록 배려해주었다. 나의 아내와 의논한 끝에 우리는 그렇게 하기로 결정했다. 우리는 여름방학 동안에 더운 평양에서 새로 태어난 아이와 함께 지내는 것은 좋은 일이 아니라고 생각했다. 우리가 결심을 하자마자 맥머트리씨는 집을 지을 목재들을 소래 해변으로 운반하도록 도와주었다. 우리는 집을 최대한 작게 지으려고 했다. 18제곱 피트 넓이로 해서 2층으로 아담하게 집을 지었다.[25) ]우리는 비용을 절감하기 위해서 크레오소트 마감재(磨勘材)[26)]로 처리되지 않은 목재를 주문했다. 총 비용은 대략 1000달러 정도 되었다.

방학을 하자마자, 6월 말에, 우리는 소래로 갔다. 아직 집이 다 완성되지는 않았지만, 그 집은 내가 처음으로 소유한 별장이었다. 그 집은 너무 작아서 모든 것을 다 갖추고 살 수 있는 집은 아니었지만, 1940년에 한국에서 추방될 때까지, 우리는 그 집에서 매우 행복한 여름을 보낼 수 있었다.

1927년에서 1928년 사이에 평양선교회는 중국에서 온 선교사들로 몹시 붐비게 되었다. 우리는 그들을 "중국으로부터 도망 온 사람들"이

25) 1피트가 대략 33cm 정도이기 때문에, 총 집의 크기는 대략 10평 정도가 된다(역자 주).

26) 목재의 부식을 막기 위해서 사용된다(역자 주).

라고 불렀다! 1927년 중국에서는 민족주의자들은 공산주의자들과 연합해서 자신의 세력을 북쪽 지역까지 팽창시키면서 선교사들을 추방시켰다. 나는 그 기간 동안 선교회의 회장이었기 때문에, 그들이 머물 수 있는 공간을 마련해주어야 했다. 중국에서 온 선교사들 덕분에 평양선교회는 다소 바쁘게 돌아갔다. 그들은 평양선교회를 통해서 네비우스 선교방법에 의해서 세워진 토착선교의 모습을 생생하게 볼 수 있는 기회를 가지게 되었을 것이라고 나는 생각한다.

1928년 봄, 숭실전문학교(대학)의 학장인 매큔[27] 박사는 벽돌로 된 4층 기숙사를 짓는 일을 감독하도록 부탁했다. 그 건물의 기초는 가로 40피트 세로 90피트가 되는 상당히 큰 건물이었다. 나는 이미 집을 지어본 경험이 있었고 집의 조감도를 읽는 방법과 중국인 노동자들을 다루는 방법을 잘 알고 있었기 때문에 그 일을 맡기로 했다. 건물을 짓는 동안 상당한 금액의 돈이 사용되었기 때문에, 도둑이 들 위험이 컸다. 그리고 실제로 도둑이 한 번 들기도 했다. 그래서 나는 도둑이 드는 것을 예방하기 위해서 집 한 쪽 모서리에 쇠창살로 된 창문을 만들고 또 다른 쪽에는 쇠기둥으로 문을 만들어서 회계사무실로 사용했다.

대학의 남학생들이 편안하게 사용할 수 있는 기숙사를 짓기 위해서 최선을 다했으나, 각 층에 화장실 변기를 설치하는 과정에서 심각한 문제가 발견되었다. 위층의 화장실 변기 오수가 넘쳐서 아래층으로 흘러내리게 된 것이다. 해결책을 찾아보았으나 방법이 없어서, 어쩔 수 없이 위층의 화장실 사용을 금지할 수밖에 없었다.

대학은 급속도로 성장했다. 7000석 정도의 좌석을 갖춘 대형 강당이

27) 한국명은 윤산온(尹山溫). 1905년 미국북장로교선교회 소속으로 내한한 그는 평양에서 베어드와 함께 교육사업에 힘을 기울였다. 1928년부터 36년까지 숭실전문학교의 학장을 역임하였다. 총독부가 신사참배를 강요하자 전국의 이를 거부하였다(역자 주).

세워졌고, 근대적인 과학관도 만들어졌다. 학생 수도 상당히 늘어났다. 그러나 그 시기에 한 가지 어려운 점은 식민지 정부에 의해서 발표된 교육령에 의거한 학교로 인가를 받는 일이었다. 마침내 정식 인가를 받았는데, 그 시기가 너무 늦은 것이 아닌가 하는 생각이 든다.[28] 왜냐하면 얼마 지나지 않아서 신사참배문제로 학교에 심각한 위기가 닥쳐왔기 때문이다.

대학 생활은 안정적으로 잘 진행되었다. 그리고 내 어린 아이들이 자라면서 보여주는 튀는 행동이 내 삶을 더욱 즐겁게 해 주었다. 리차드는 엉뚱한 면이 많았다. 리차드가 네 살쯤 되었을 때, 조지 삼촌이 크리스마스 선물로 보이스카우트 칼을 선물로 보내주었다! 리차드는 그것을 가지고 종일 놀다가 밤에 잠을 잘 때에도 그것을 가지고 누웠다. 물론 그는 그것을 펼칠 수 있을 만큼 힘이 세지는 못했다. 리차드가 잠을 자기 전에 기도하면서 엄마에게 "엄마, 난 지금 이 시간만큼은 하나님께 나를 보호해 달라고 하지 않아도 돼요. 왜냐구요? 나도 보이스카트 칼이 있거든요!"라고 했다.

때때로 리차드가 파티에 초대를 받아서 가게 되면, 엄마는 늘 함께 동행했다. 한 파티에서 리차드는 순진한 눈빛으로 엄마를 쳐다보면서 "엄마, 나 하나님처럼 좋은 아이가 될게요."라고 말했다.

어느 날, 만약 내 기억이 맞는다면, 리차드가 이웃집 체리나무에 올라가서 체리를 따 먹었는데, 그만 내려오다가 바지가 해어지고 말았다.

---

28) 일제는 1911년에 발표된 조선교육령에 따라서 1912년에 숭실을 대학으로 인가하였고, 1923년 제2차 조선교육령에 따라서 1925년 숭실을 전문학교로 강등하였다. 신사참배문제가 제기된 것은 일제가 1931년 만주침략을 감행하면서부터이고 1935년에 본격적으로 신사참배를 강요하였기 때문에, 해밀턴은 숭실중학이 각종 학교에서 정부에서 인증받는 학교로 된 시기가 늦은 감이 있다고 말하고 있다. 숭실중학이 정부 인증을 늦춘 이유는 신앙교육을 자유롭게 할 수 없었기 때문이다(역자 주).

엄마가 리차드를 꾸짖으면서 "네가 그 나무에 올라갈 때 네 마음이 너에게 뭐라고 말하던?" 하고 물어보았다. 그러자 리차드는 엄마를 바라보면서 "나의 착한 마음은 올라가지 말라고 했는데, 나의 나쁜 마음이 올라가라고 했어요. 그래서 나는 올라갔어요!"라고 대답했다.

조금 더 성장했을 무렵, 그는 이웃 아이들과 놀이를 하면서 그룹의 리더 역할을 했다. 두 팀으로 나누어서 게임을 하는데, 리차드는 자신이 싫어하는 여자 아이를 아무 편에도 넣어주지 않았다. 그 아이가 "난 누구의 편이야?"하고 묻자, 리차드가 "넌 사탄의 편이야!"라고 했다. 때때로 아이들은 정말로 잔인하다! 그 말 때문에 그 아이는 마음에 심한 상처를 받았다. 그 아이는 울면서 자신의 엄마에게 그 이야기를 했다. 그 아이의 엄마는 몹시 화가 났지만, 감정을 조절하면서 나에게 그 이야기를 들려주었다. 나는 그 상황을 마무리하려고 진땀을 뺐었다. 하지만, 가끔 그 일을 생각하면 웃음을 참을 수가 없다.

1928년 겨울에 나의 세 아이가 백일해에 걸리고 말았다. 그 때의 끔찍한 기억은 아직도 생생하다! 메리 헬렌은 아직 돌도 지나지 않은 어린 아이였고, 다른 두 아이들도 상태가 심각했다. 그 중에 리차드가 제일 심했다. 그 날 밤에 리차드는 열 번이나 토했다! 열 번 가량 침대 이불을 바꾸어 주다보니, 내가 어떻게 그 날 밤을 보낼 수 있었는지 기억조차 하기 힘들었다. 룻과 나는 거의 탈진상태가 되고 말았다. 시간이 지나고 아이들이 회복되었지만, 나는 백일해가 나의 최대의 적이라고 생각할 수밖에 없었다!

나의 아내는 그 무렵 아이들이 홍역에 걸리기도 했다고 한다. 그러나 나는 그것은 기억하지 못한다. 내 아내는 그 때 내가 복도 의자에 앉아서 아이들을 지켜보았고, 자신이 방을 이리저리 옮겨 다니면서 아이들을 돌보았다고 했다. 왜냐하면 한국의 많은 아이들이 홍역 때문에 폐렴에 걸려서 죽었기 때문이다. 지금이야 예방주사가 있지만, 당시에 폐렴은 마치 전염병처럼 가장 무서운 병중에 하나였다.

프린스턴신학교의 신학논쟁이 정점에 달했을 즈음에, 나는 장로교에 대해서 "장로교회와 개혁주의 신앙(The Presbyterian Church and the Reformed Faith)"이라는 제목으로 몇 편의 글을 썼다. 그 논문들에서 제기된 주제는 흥미로운 것들이었다. 캐나다 연합교회(the United Church of Canada)가 형성되고 난 직후에, 그 교단에서 대표 두 명을 한국에 보내서 그 교단이 한국의 장로교선교회의 신학교와 한국장로교단과 협력하지 못할 그 어떤 교리적인 차이가 없다는 점을 설명했다. 아마도 그들이 자신의 교리에 그 어떤 문제도 없다는 설명은 그들의 입장에서 보면 틀린 이야기는 아닐 것이다. 다음의 사건이 이 사실을 잘 말해준다.

평양선교회는 마펫 박사의 집 뜰에서 이 손님들을 위해서 작은 파티를 열었다(내 기억에 그 날은 1926년 어느 가을날이었던 것 같다). 손님 중에 한 사람이 캐나다에서 어떻게 협상을 벌였는지에 대해서 이야기를 들려주었다. 연합에 반대하는 한 사람이 나와서 연설을 하면서 감리교와 장로교의 교리 차이로 연합은 힘들다는 의견을 피력했다고 했다. 한편 연합에 찬성하는 한 사람이 나와서 칼빈주의 5대 교리와 아르미니안주의의 기초에 대해서 적힌 리스트를 서로 섞어 놓고 상대방 연사에게 칼빈주의 5대 교리를 뽑아보라고 시켰다고 한다. 그 때에 그 사람이 뽑은 다섯 가지 중에서 네 가지가 아르미니안주의의 기본 신앙 조항이었다고 한다! 나는 그 이야기가 정말로 사실인지 도저히 믿을 수가 없었다. 하지만, 곰곰이 생각해보니, 캐나다 장로교회에서 한국으로 온 대부분의 선교사들의 신앙이 정말로 칼빈주의에 기초하고 있는지 의심하지 않을 수 없는 여러 정황들로 미루어본다면, 그 이야기는 아마도 진실일 것이다. 아마도 정말로 그들은 자신들의 교리를 별로 수정하지 않고 연합할 수 있었을 것이다.

그러나 이 사건은 나에게 중요한 영향을 끼쳤다. 나는 나 자신에게 장로교 신앙에서 가장 중요한 것이 무엇이고 왜 그것을 신앙하고 있는가에 대해서 진지하게 묻지 않을 수 없었다. 내가 더욱 깊게 생각하면 할수록, 점점 더 미국 장로교회 문제의 근원은 장로교 선교사들이 자신들이 어떤 신앙적인 신조를 믿고 있는가에 대한 것을 정확하게 알고 있지 못하는 데에 있다고 확신하게 되었다.

나는 이런 부분에 대해서 고심한 끝에 한국의 선교사들에게 칼빈주의의 기본 믿음에 대해서 가르치는 캠페인을 시작했다. 나는 영국의 '주권적 은혜 연합'(Sovereign Grace Union)에 가입해서 칼빈주의 문헌들을 받아와서 그것들을 한국의 장로교선교회의 선교사들에게 배포하였다. 그 일이 별로 인기를 끄는 일은 아니었다. 왜냐하면 당시 대부분의 장로교 단체에서 칼빈주의는 장로교 전통을 변증하기 위한 하나의 도구 정도로만 여겨졌기 때문이다. 당시 한국에서는 분명 그 교리적인 차이가 있었다. 마침내 나는 칼빈주의에 대한 글을 쓰기로 결심했다. 나는 프린스턴 신학교가 나뉘면서 웨스트민스터 신학교를 설립하는 데 결정적인 역할을 한 구프린스턴 학파의 교수들의 가르침이 내가 이런 일을 하는 데에 도움을 주었다고 믿는다. 메이첸 박사, 앨리스 박사, 로버트 윌슨 박사 등이 그들이다. 이들은 프린스턴을 떠나서 웨스트민스터 신학교를 세우는 데 앞장섰던 사람들이다.

미국에 있던 나의 친구가 런던의 주권적 은혜 연합에 나의 글들을 작은 책자로 만들자는 제안을 했고, 연합의 사무총장인 핸리 에서튼 씨가 나에게 연락하여 소책자를 만들기 위해서 원고를 다듬어 줄 것을 부탁했다. 나는 이 책의 제목을 "현대 세계에서의 개혁주의 신앙(The Reformed Faith in the Modern World)"이라고 붙이고 글을 다듬었다. 나는 원고를 완성해서 에서튼 씨에게 보냈는데, 그 시기에 그는 병에 들고 말았다. 일 년 정도를 기다렸지만, 원고에 대한 아무런 연락이 없었다. 나는 다시 편지를 썼고, 에서튼 씨는 답신에서 자신이 아파서 진행을 하지 못했으며, 내 원고를 찾을 수 없다고 했다. 그러나 그는 원고를 찾아서 보았고, 내 원고 중에 일반 은총(common grace)에 대한 서술이 받아들이기 어렵다는 연락을 나에게 보냈다. 나는 내 생각에 대해서 설명하면서 그것은 나의 개인적인 의견이 아니라, 칼빈에게서 온 것이라고 했다. 서신 왕래는 몇 달 정도의 시간이 걸렸고, 그 와중에 에서튼 씨는 사망하고 말았다.

어쩔 수 없이 몇 달을 더 기다릴 수밖에 없었다. 나는 새로 임명된 사무총장 버비지 씨에게 다시 편지를 썼다. 그의 답은 원고를 찾을 수 없다는 것이었다. 나는 또 원고를 다시 써서 보내야 하는 것은 아니길 바랐다. 나는 거의 기진맥진해있었지만 다시 원고를 써서 보냈다. 시간이 한참 흐른 후에 그 책은 출간되었고 1934년 웨스트민스터 신학교 봄학기 파티에서 그것을 나누어줄 수 있었다.

그 책은 많은 사람들에게 칼빈주의 신앙의 정수에 대해서 잘 알 수 있도록 도움을 주었다. 특히 젊은이들에게 많은 영향을 주었다. 미국 정통장로교회 기독교교육 위원회에서 그 책을 다시 만들어서 보급해 주어서, 그 이후에 사람들은 그 책을 장로교출판부에서 인쇄한 것으로 받아보았다.

1928~29년 겨울 동안 나는 『진화론적인 신앙의 기초』(*The Basis of Evolutionary Faith*)를 집필하기 위해서 노력을 기울였다. 내가 1925~26년 사이에 프린스턴에 머무는 동안 나는 이 책을 집필할 준비를 했고, 그 책의 기초가 되는 부분은 프린스턴 신학교의 저널인 Princeton Theological Review에 게재되기도 했다. 그러나 그것은 기초적인 것이었고 더 많은 부분을 채워야 책으로 출판을 할 수가 있었다. 그것은 일반 독자들보다는 과학에 깊은 관심을 가지고 있는 사람들을 위한 책이었다. 그래서 나는 내가 사용하고 있는 사실들을 그 분야에 권위 있는 자료들을 통해서 직접 확인할 필요가 있었다. 나는 이를 위해서 최

근 유전학에 나온 자료들을 살펴보았다. 다행히도 최근에 발간된 브리태니커 사전에 많은 도움을 받을 수 있었다. 특히 생물학 관련 내용은 이 사전에 많이 의존했다.

영국 복음주의 학자들이 『복음주의』(*The Evangelical Quarterly*)라는 잡지를 발간할 계획을 세웠다. 그리고 그 저널의 편집위원장이 나에게 글을 투고해달라고 부탁했다. 그래서 나는 내가 쓴 『진화론적인 신앙의 기초』 전체를 보내주었고, 그 중에 필요한 부분을 출판하도록 했다. 그리고 나는 내 책이 출판될 수 있으면 좋겠다는 부탁도 했다. 그는 그 저널에 나의 책의 첫 장을 실었고, 제임스 클락이 운영하는 출판사에 연락을 해 주어서, 1932년에 이 책이 출판될 수 있었다. 그런데 그 책을 영국에서 출판한 것은 실수였다. 당시 영국에는 진화론이 유행하고 있어서 내 책에 관심을 가지는 사람들은 별로 없었다. 당연히 책도 많이 팔리지 않았다. 당시에 영국에서 출판된 책이 미국에서 팔리는 것은 쉬운 일이 아니었다. 1941년에 내가 미국으로 돌아가서 어드만 출판사에서 그 책을 출판하게 되었고 그 책은 미국에서 인기를 얻게 되었다. 지금 그 책은 모두 다 팔렸다. 그 이후에 나는 교과서로 사용하기 위해서 그 책을 더 만들어 달라고 부탁을 했지만, 그렇게 되지는 않았다.

1929년 1월 21일에 나의 셋째 아들 데이빗 유진이 평양 여성병원에서 태어났다. 데이빗은 다른 아이들보다 머리가 크게 태어나서 나는 그 아이가 성장하면 다른 사람들보다도 더 많은 것을 기억할 수 있겠다고 생각했다. 이렇게 나의 가족도 성장해갔다.

대학 일도 정상적으로 잘 돌아갔다. 학교 재정을 돌보는 일도 점차로 증가하게 되었다. 당시 나는 22개의 개별 은행 계좌를 관리하고 있었다. 대학에서 성경을 가르치고 한국 저널에 글을 써서 보내고, 때때로 미국 저널에도 글을 써서 보내면서, 학교 재정 일까지 담당했기 때문에 나는 상당히 바쁜 시간을 보냈다. 그 즈음에 한국 저널 『진생(眞生)』

(*New Life*)[29]이 새롭게 출간되었다. 몇 년간 나는 그 저널에 고정적으로 글을 보내면서 각각의 글에 질문이 있으면 그것을 수용할 수 있도록 독자 질문섹션을 만들어두었다. 이후에 나는 그 질문들을 바탕으로 개혁주의 신앙에 대한 교리 설교개요를 만들었다. 그리고 그 책을 한국의 목회자들이 사용할 수 있도록 추천했다. 나는 이 글들을 모아서 한국에서 책으로 출간했다.

1929년은 세계적으로 경제공황이 시작되는 시기였다. 그러나 이런 상황이 한국에는 그다지 크게 영향을 미치지는 않았다. 그 이듬해에 선교부에서는 선교지에 보내는 후원들을 조정하도록 했는데, 그러나 이것이 한국에는 그렇게 많은 영향을 끼치지는 않았다. 모든 일이 다른 해와 비슷하게 잘 진행되었다. 해마다 여름이 되면 우리 가족은 소래해변에서 다른 선교사들과 함께 즐거운 시간을 보냈다. 골프와 테니스를 즐겼고, 저널에 보낼 글을 쓰면서 다음 학기를 시작할 준비를 하였다. 1930년에는 캠퍼스에 재미있는 프로젝트를 진행했다. 남장로교 선교회에서 오랫동안 선교활동을 해 온 레이놀드 박사[30]와 나는 신학교 캠퍼스에 작은 골프 코스를 만들 계획을 세웠다. 전체 홀의 길이는 90~100 야드 정도가 되었고, 코스는 신학교 건물들과 조화를 이룰 수 있도록 만들었다. 한 가지 문제는 건물의 창문에 영향을 미치지 않도록 하는 것이었는데, 이런 것을 고려하기 위해서 레이놀드 박사와 나는 문제를 최소화하면서도 골프를 즐길 수 있도록 작은 규모의 9홀 골프 코스를 만들었다.

1931년 1월 6일에 나의 막내딸이 태어났다. 우리는 그 아이의 이름

---

29) 해밀턴은 한국어 진생을 영어 "New Life"로 번역하였다(역자 주).

30) 한국명은 이눌서(李訥瑞). 미국남장로교회에 의해 1892년 파송되어 호남지역에서 선교활동을 전개하였고, 후에 평양신학교에서 가르쳤다. 성경번역과 문서선교에 큰 업적을 남겼다(역자 주).

을 엄마와 언니의 이름을 따서 룻 루사일이라고 지었다. 그녀가 자라면서 "베이비 룻"이라는 별명을 얻었는데, 이 이름은 상당기간 그녀의 이름처럼 불렀다. 1931년 가을에 나는 서울에서 열린 선교사 대회에 참석했다. 나는 회의에 참여하던 중에 데이빗이 아프기 때문에 즉시 돌아오라는 전보를 받았다. 집에 돌아와서 보니 그 아이는 성홍열을 앓기 시작했다. 의사는 그를 6주 동안 격리하도록 시켰다. 단지 나 혼자만 데이빗을 보호하게 위해서 그와 같이 지냈다. 불행 중 다행으로 그의 증상이 그렇게 심각한 것은 아니었다. 가장 어려운 일은 데이빗이 음식을 먹게 만드는 일이었다. 나는 그에게 억지로 음식을 먹여주었는데, 그는 그 음식을 씹으려고도 하지 않고 삼키려고도 하지도 않았다. 그래서 그의 볼은 마치 다람쥐 볼처럼 부풀었다. 그는 불평하지는 않았지만, 음식을 먹으려고 하지도 않았다.

데이빗이 성홍열에 걸렸다는 소식을 받고 서울에서 평양으로 돌아왔을 때에 미국에서 편지가 하나왔다. 그것은 우스터 대학에서 온 편지인데, 내가 졸업생 중에 파이 베타 카파(Phi Beta Kappa)[31]로 선정되었다는 것이었다. 우스터 대학에서 졸업한지 15년이 안 되는 졸업생들 중에서 한 명을 추천했는데, 그 대상이 바로 내가 되었다는 것이었다.

1931년 크리스마스가 다가 올 무렵, 내 아이들 중에 큰 아이만 빼고 모두 아파서 병원 신세를 지게 되고 말았다. 다행히도 크리스마스 때에는 퇴원했지만, 여전히 가슴 쪽에 통증이 있어서 다시 병원신세를 지게 되었는데, 유양돌기에 문제가 있는 것이 발견되었다. 더욱 안타까운 것은 큰 아들 밥도 같은 문제가 발견되었다는 사실이다. 모두 수술을 받았는데, 각각 상태가 심각했다. 가장 심각한 아이는 평양 여성병원에

31) 미국에서 가장 오래된 엘리트 클럽 중에 하나. 1776년에 설립된 것으로 미국의 많은 리더들이 이 그룹에 뽑히는 것을 큰 영광으로 여기고 있다(역자 주).

서 태어난 룻 루사일이었다. 룻은 수술을 받았는데도 불구하고 상태가 호전되지 않고 계속 열이 심했다. 룻을 위해서 나는 수혈을 해 주었다. 하지만 룻의 상태는 진전되지 않았다. 그래서 세브란스 병원의 기형치료를 담당하는 정형외과 전문의인 리(Lee)선생님이 오셔서 아이를 진료했다. 그는 내 아이가 골수염에 걸렸다고 진단을 했고 당장 그녀의 팔을 수술해야 한다고 했다. 버코비츠 의사가 나를 불러서 지금 당장 수술하지 않으면 아이가 위험하다고 했다. 그리고 그는 지금 아이의 상태가 몹시 안 좋기 때문에, 과연 마취를 견딜 수 있을지 모르겠다고 했다. 그리고 수술에 성공하더라도 앞으로 팔을 쓸 수는 없을 것이라고 했다.

나는 내 아내에게 이 상황을 설명했다. 그리고 우리는 룻의 옆에서 아이의 손을 잡고 무릎을 꿇고 기도했다. 하나님의 뜻이 잘 이루어질 수 있도록... 하나님께서 원하신다면 그녀를 다시 만날 수 있을 것이라고 나는 믿었다. 나는 룻의 수술을 지켜보면서 계속 기도했다. 그녀의 팔에서 한 컵 정도의 고름을 걷어내었다. 그리고 어깨 부분의 뼈만 남기고 팔을 잘라내었다. 그러나 그 병이 다른 곳에서도 재발되었다. 병원에서는 리 선생님이 직접 진료할 수 있는 서울 세브란스로 옮겨야 한다고 했고, 서울로 옮겨서도 그녀의 열은 쉽게 떨어지지 않았다. 마침내 더글라스 에비슨(Douglas Avison) 박사가 그녀의 몸 전체를 살피면서 어디에서부터 감염되었는지를 찾아내려고 애썼다. 그 진원지는 그녀의 등이었다. 수술이 잘 마무리 되었고 그녀는 회복될 수 있었다.

리 선생님이 평양에서 내 아이를 처음 수술했던 날 나는 루츠의 집에서 그와 함께 저녁식사를 했다. 그는 내 다리에 장애가 있다는 것을 보고는 나에게 내 다리를 진찰해도 되냐고 물었다. 그는 자세하게 내 다리를 진찰해보고는 내 다리는 수술을 받으면 보조기구를 사용하지 않고 생활할 수 있을 것이라고 했다! 나는 몹시 기뻤다. 하지만, 룻이 수술을 받아야 하는 상황에서 내가 수술을 받는 것은 상상할 수 없는 일이었다. 겨울이 지나고 방학이 되어서 나는 룻을 돌보기 위해서 서울을 방문했고, 내 딸은 빠르게 회복되고 있었고, 가족의 품으로 돌아갈 준비를 하고 있었다. 나는 이제는 내 다리를 수술해도 될 수 있겠다고 생각했다. 나는 수술을 받은 후에 룻이 회복하고 있는 그 병실에 입원할 수 있게 해 달라고 부탁했다. 내 수술이 시작되었다. 그들은 척추마취를 여러 번 시도했으나 여의치가 않아서 전신마취를 하고 수술을 했다. 수술을 마치고 내가 깨어났을 때 나는 룻과 함께 같은 병실에 있었다. 내 희미한 기억에 룻은 처음에 나를 보고 "아빠, 아빠!" 외치면서 울었던 기억이 난다. 마침내 내가 마취에서 완전히 깨어나고 의식을 찾았을 때, 룻은 울음을 멈추었다.

수술이 시작되기 전에 나는 리 선생님에게 혹시 진통제를 복용해도 되는지 물어보았다. 그는 가능하다고 했다. 나는 외국인에게 약품을 파는 약국에 가서 진통제를 샀다. 한 병에 25개의 알약이 들어있었다. 나는 그 약을 내 침대 옆에 두었다. 수술을 마치고 병실에 돌아와서 금요일에 의식을 찾았을 때에 나는 다리에 심한 통증을 느꼈다. 그 때마다 나는 진통제를 복용했다. 월요일 아침이 되어서 나는 그 병속이 모든 약을 다 먹었다는 사실을 깨달았다! 단지 3일 만에 그 독한 약을 다 먹은 것이다! 내가 살아있는 것은 진실로 하나님의 은혜였다!

나는 내 아내에게 서울에서 수술을 받을 것이라고 말하지 않았다. 그래서 일요일 아침에 나는 아내에게 편지를 썼다. 수술은 성공적이었고 나는 잘 회복되고 있다고 썼다. 아마도 당신은 내 아내가 그 편지를 받았을 때의 심정을 상상할 수 있을 것이다! 그녀는 내가 미친 것 아닌가 하고 생각했다고 했다!

그러나 하나님은 살아계시다! 마침내 룻과 나는 기차를 타고 집으로 다시 돌아갈 수 있을 만큼 건강이 회복되었다. 다시 가족을 만나게 되어서 내 다리에 있는 깁스를 풀고 나면 내 다리는 곧게 펴져 있을 것이다! 난 더 이상 보조기구를 달지 않아도 된다, 비록 굽을 올린 신발은 여전히 신어야 하지만, 나는 더 이상 보조기구를 달지 않고도 걸을 수 있게 되는 것이다. 처음에는 목발을 짚고 걸었고, 이후에는 지팡이를 사용했다. 그리고 마침내 나는 아무 것도 붙들지 않고 걸을 수 있게 되었다. 나는 베드로가 성전미문의 앉은뱅이를 예수 그리스도의 능력으로 고쳐주었을 때, 그가 어떤 느낌이었을 것인지 상상할 수 있었다. 내 발은 이제 아무리 걸어도 더 이상 기우뚱거리며 넘어지지 않을 것이다!

## XXV.
# 평양 대학살

나는 그해 6월에 일본 관리들을 위한 영어 성경공부를 시작했다. 그러나 그 공부는 7월 첫 주에 끝나고 말았다. 월요일 아침에 숭실대학의 총장인 매큔 박사가 나의 집으로 와서 평양의 한국인들이 중국인들을 학살하고 있다는 이야기를 들려주었다!

나는 그 소식을 믿을 수 없었다! 그런 야만적인 일이 벌어질 만한 아무런 이유가 없었다. 한 가지 이유를 찾아보자면 몇 주 전에 만주에서 벌어졌던 작은 소동이 그것이었다. 만주에서 한국인들과 중국인들 사이에 집을 빌리는 문제로 그다지 심각하지 않은 작은 사건이 있었다. 그러나 그 일은 눈덩이처럼 커져서 마침내 이곳 평양에서 큰 일이 벌어졌던 것이다. 분명한 것은 일본인들이 이 일을 기획했다는 점이다. 만주에서 벌어진 일을 이곳 평양까지 가지고 들어와서 중국 사람들이 한국 사람들에게 복수극을 펼치고 있다고 선동했다. 그것은 일본이 만주를 침공하기 위한 빌미를 찾고자 벌인 것이었다! 그러나 그것은 심각하게 잘못된 것이었다. 만주에서 벌어진 사건을 평양에까지 끌어들인 것은 아무런 타당한 이유를 찾을 수 없는 일이었다.

그러나 평양에 살고 있었던 가난한 중국인들에게 그 날 밤은 악몽과도 같은 것이었다. 한국 불량배들이 선동을 해서 폭동을 일으키려고 기획했는데, 분명한 것은 일본의 매수로 진행된 일이었다는 점이다. 유언비어가 난무하는 가운데 평양 외곽에서 중국인들이 도시를 공격하기 위해서 사람들을 조직하고 있다는 소식이 급속도로 퍼졌다. 불량배들은 중국 가게를 약탈했고 도심의 중국 상인들을 짓밟았다. 중국인들의 상점이 길게 늘어져 있었던 거리가 쑥대밭이 되고 말았다! 불량배들은 중국인들이 보이면 닥치는 대로 공격하면서 살인을 저질렀다. 다른 한국인들은 불량배들의 리더들이 누구인지 조심스럽게 살폈는데, 그 중에 알려져 있는 사람은 아무도 없었다. 그들은 평양 사람들이 아니었던 것이다. 그 불량배들은 전혀 약탈하지 않았고 단지 상점들을 부수면서 거리를 폐허로 만들어 버렸다. 그러면서 중국인들이 나타나면 닥치는 대로 살인을 저질렀다.

중국인들은 일본인 거주 지역으로 피난을 가서 잠시 공격을 피할 곳을 찾았다. 경찰은 한국인들이 접근하지 못하도록 했고, 불량배들은 그 선을 넘어 들어가지 못했다. 더 이상 폭도들이 중국인들을 약탈하지 못하도록 했다. 그러나 만일 경찰들이 제대로 된 행동을 취해서 폭도들을 진압했다면 그들이 거리에서 그렇게 잔인한 행동을 하는 것을 막을 수 있었음에도, 그렇게 하지는 않았다. 그 폭동으로 인해서 200여 명의 중국인들이 목숨을 잃었다.

그 월요일에 폭도들은 도시 외곽까지 중국인들을 찾아다녔다. 그날 오후에 수천의 군중들이 선교회 캠퍼스에 있는 여학생 기숙사로 들이닥쳤다. 이곳에 중국인들이 결집해 있다는 소문을 들었다는 것이었다. 그 소문은 터무니없는 것이었지만, 폭동을 이끌어내기에는 충분한 것이었다. 그날 밤 11시쯤 되었을 때, 폭도들은 도심 한 가운데 있는 선교회 컴파운드(compound)[32]까지 들이닥쳤다. 그들은 컴파운드 바로 앞까지 진출해서 대치했다. 폭도들의 리더가 맨 앞에서 지휘하고 있었다. 나는 폭도들이 아무런 힘이 없는 중국인들을 더 해칠까봐 두려웠고,

그런 기세라면 그들이 미국 선교사들을 공격한다고 해도 막을 수 없겠다는 생각이 들었다.

나는 얼른 아이들을 깨워서 큰 아이들이 작은 아이들을 데리고 스왈른 선교사 집이 위치한 언덕 위로 피신하도록 했다. 다른 선교사들에게 캠퍼스 가장 안쪽에 위치하고 있는 번하이젤 선교사 집으로 여성들과 아이들을 데리고 가도록 시키고, 성인 남성 선교사들은 컴파운드 앞을 지켰다. 블레어(William L. Blair)[33] 박사와 나는 그날 밤 계속해서 그곳을 지켰다. 한편 폭도들은 캠퍼스를 지나쳐서 포동강 가의 평지로 가서 모였다. 곧 불길이 타올랐다. 그 불길은 폭도들이 중국인들의 정원과 집을 태우는 것이었다. 우리는 그들이 철저한 계획 하에 움직이고 있었다는 것이다. 불행 중 다행으로 컴파운드 안에서는 아무런 일도 일어나지 않았다.

그 월요일에 우리는 소래 해변으로 피신 가기 위해서 짐을 꾸렸다. 우리는 차를 타고 그곳을 빠져나와서 사리원으로 향했다. 캠퍼스 안에서는 4000여 명의 중국인들이 야영을 하게 되었다. 길을 가던 중에 상당히 많은 부분이 파괴되어 있는 것을 보았다.

소래 해변은 모든 것이 평온했다. 맥머트리씨는 나의 집에 기둥을 더 세우고 그 위에 지붕을 설치했다. 나는 마루바닥을 깔고 벽을 세워 올리고 창문을 내었다. 그 지역 목수들의 도움으로 모든 일을 빨리 마무리할 수 있었다.

---

32) 컴파운드는 건물들이 모여있는 단지를 말한다. 평양에는 평양신학교, 숭실대학, 평양외국인학교, 선교사들의 주택, 선교회 본부 등이 모여 있었다(역자 주).

33) 한국명은 방위량(邦緯良). 그는 1901년에 내한하여 1942년 일제에 의해서 강제로 추방될 때까지 서북 지역에서 활동하면서 숭실대학에서 학생들을 가르쳤다. 1907년 평양대부흥 운동에도 참여하였고, 신사참배반대 운동에도 깊이 관여하였다(역자 주).

그러나 그 다음날 소래 해변에도 문제가 발생했다. 소래 해변에는 서울의 스튜워드 앤 컴퍼니 회사에서 운영하는 상점에서 일을 하던 두 명의 중국인들이 있었다. 나는 그날 아침 아홉시 경에 집을 만드는 일을 계속해서 하고 있었는데, 이 두 명의 중국인들이 우리 집 쪽으로 뛰어와서 나무 사이로 숨었다. 그리고 몇 분 후에 십여 명의 한국인들이 따라 들어왔다. 그 중 몇 명은 내가 아는 사람들이었다. 나는 그들을 멈춰 세워서 왜 왔냐고 물어보았다. 그들은 중국인들을 데리러 왔다고 했다. 나는 그들에게 내가 책임지고 중국인들을 한 시까지 소래 해변에서 내보내겠다고 약속했고, 그들은 떠났다. 소래 해변은 긴 거위 목처럼 생긴 반도의 끝 부분에 있기 때문에 해변을 벗어나려면 동쪽으로 길게 나 있는 길을 통과해야 하는데, 그 길에는 한국인 마을이 있었다. 우리는 그 마을을 가로 질러서 중국인들을 밖으로 내보내기 위해서 차에 그들을 태웠다. 창영으로 출발하려고 할 때 한 소식이 들렸는데, 마을 입구에 한국인들이 바리케이트를 쳐놓았다는 것이다. 그 소식을 듣자마자 나는 한국인들이 우리 차를 통과하지 못하게 하고 중국인들을 죽일 계획을 세웠다는 것을 직감했다. 마을 사람들도 전날 밤에 평양에서 있었던 사건에 대해서 알고 있었던 것이다.

그래서 우리는 정오쯤에 중국인들을 해변에서 2~3마일 위쪽에 있는 곳에서 그들을 모터보트를 태워서 창영으로 내보낼 계획을 세웠다. 중국인들은 해변의 한 집에 숨어 있었고 약속시간에 맞춰 폴 로드와 다른 젊은이 한 사람과 함께 해변의 보트를 타기 위해서 달리기 시작했다. 한편 한국인들도 그들이 도망치는 것을 보고 따라오기 시작했다. 그들은 해면의 다른 보트를 타고 중국인 도망자들을 향해서 달려왔다. 보트에는 한 무더기의 돌들이 있었는데, 그것은 누가 봐도 중국인들을 해치기 위한 것이었다. 중국인들이 보트를 탔는데, 처음에는 엔진에 시동이 걸리지 않아서 애를 먹었다. 한국인들은 노를 저어서 중국인들이 타고 있는 보트로 다가오고 있었다. 마침내 엔진은 시동이 걸렸고 그들은 무사히 빠져나갈 수 있었다. 그들은 무사히 빠져나가서 경찰들의 보호를 받을 수 있는 곳으로 갈 수 있게 되었다.

보트가 해변을 무사히 빠져나가는 것을 보면서, 나는 어리석게도 해변에 있는 아무도 살고 있지 않은 집 쪽으로 나있는 길을 따라서 걸어 내려갔다. 그곳에서 보면 보트가 잘 빠져나가는지 쉽게 볼 수 있었기 때문이었다. 잠시 확인을 하고 나는 나의 집으로 걸어 올라가고 있었다. 그 때 성난 한국인들이 나에게 다가왔다. 그들은 내가 아침에 만났던 사람들이었다. 그리고 주변에는 다른 외국인들은 보이지 않았다. 그들은 왜 내가 약속을 지키지 않았냐고 따졌다. 나는 약속을 지켰다고 했다. 그러나 그들은 내가 중국인들을 차를 태워서 내보내지 않았기 때문에 약속을 지키지 않았다고 했다. 나는 그런 약속을 하지 않았다고 대답하면서 길에 바리케이트가 세워져 있었기 때문에 차로 나갈 수가 없어서 보트를 태워서 보냈다고 했다. 그들은 화가 나서 중국인들이 한국인들을 죽이려고 했고, 나는 그들을 보호해준 꼴이 되었다고 했다. 나는 그들에게 그것은 사실이 아니라고 대답하면서, 만일 그 중국인들이 한국인들을 죽인다면 내가 책임지겠다고 말했다. 이 말을 듣고 그들은 화를 참으면서 나를 가게 해 주었다. 나를 보내주면서 그들은 "좋소. 만일 그 중국인들이 한국인들에게 해를 끼친다면 당신에게 책임을 물을 것이오."라고 했다.

중국인들과 함께 보트를 타고 나갔던 젊은이들은 한 시 반쯤 되어서 돌아왔다. 보트를 해변에 세워두고 해변 길을 따라서 걸어왔다. 나는 그 때 내 집 앞에 있는 둑 밑에서 숨어서 그들을 해치려는 한국인들을 보았다. 그들을 보자마자 나는 밖으로 나가서 그 젊은이들에게 이리로 오지 말고 다른 곳으로 도망하라고 소리쳤다. 그들은 도망해서 다른 사람들을 데리고 함께 돌아왔다. 한국인들은 많은 외국인들이 함께 오는 것을 보고 그 젊은이들을 공격하지는 못했다. 그러나 잠시 긴박한 긴장감이 감돌았다. 그 날 밤에 우리는 외국인 거주 지역을 보호하기 위해서 밤새 보초를 세워두었다. 한국인들은 상점에 불을 지르려고 했다. 그러나 아무 일도 일어나지 않았다. 그해 여름은 그렇게 지나갔다.

그해 여름이 끝나갈 무렵 일본은 만주 공격을 시작했고, 마침내 상하이까지 공격했다. 일련의 과정을 살펴보니, 평양에서의 대학살은 일본에 의해서 철저하게 계획된 것이라는 사실을 알 수 있었다. 여름이 끝날 무렵 우리는 평양으로 돌아왔고, 로이드 엔더슨 부인이 우리와 함께 지내면서 머크덴에 거주하고 있는 남편의 소식을 기다리고 있었다. 그들은 그들이 살고 있었던 힝킹(Hingking)으로 돌아가기를 고대하고 있었다. 2주가 지나도록 소식이 없다가 아주 슬픈 소식이 왔다. 그녀의 남편이 "야만인"들에 의해서 살해되었다는 것이었다. 우리는 그가 일본군인에 의해서 살해되었다고 믿고 있다. 왜냐하면 일본군은 그가 일본이 힝킹까지도 공격할 것이라는 소식을 밖으로 전달하게 되는 것을 막고자 그런 일을 저질렀을 것이라는 확신 때문이었다.

1932년 가을, 우리가 소래에서 돌아온 지 얼마 되지 않아서 내 아내가 심하게 아프기 시작했다. 사실 그 여름에 벌어진 일련의 일들이 내 아내에게는 정말로 힘든 일이었다. 그런데 그만 내 아내의 의사가 그녀에게 잘못된 약을 처방해주어서 그녀의 건강이 더욱 나빠지게 되고 말았다. 그 의사는 비거 의사와 관련된 의료소송사건에 휘말려서 그만 실수를 저지르고 만 것이다. 내 아내는 상태가 심각했었다. 그러나 다른 의사가 처방한 포도당 주사가 효과를 내었다. 하나님의 섭리로 아내는 다시 건강을 찾을 수 있었다.

미국에서는 루즈벨트 대통령이 당선되었다. 1933년 경 심각한 경제위기는 미국의 거의 모든 은행들이 문을 닫게 만들고 말았다. 우리 가족은 1933년 6월에 두 번째 안식년을 떠나게 되었다. 그 시기 학교는 이

▌1932년경 숭실교정에서 찍은 사진. 앞줄 맨 오른쪽이 해밀턴 선교사이다. (사진제공, (사)방지일목사기념사업회, 이 사진은 방지일목사기념사업회의 허락을 받은 것으로 사진의 무단 사용은 금지되었음을 밝힌다).

제 막 신사참배 문제가 터지기 시작한 때였다.

## XXVI.
# 두 번째 안식년

미국으로의 여행은 언제나 다양한 일들이 가득한 것이었다. 26개나 되는 짐을 꾸리느라 나는 매우 바빴다. 나의 다섯 아이들은 호기심이 많은 나이로 한 아이가 생각하지 못한 것을 다른 아이는 상상하곤 했다. 일본 고베에서 경험한 첫 번째 모험은 아직도 내 기억에 생생하다. 우리는 산비탈을 가파르게 가로지르고 있는 기차를 타고 산꼭대기에 있는 한 작은 동물원에 들렀다. 한 우리에 작은 원숭이들이 있었는데, 그 우리는 작은 그물망으로 씌워져 있었다. 그물망 곳곳에 원숭이들이 손을 뻗어서 관람객들이 주는 음식을 받아먹을 수 있는 구멍들이 있었다. 그 우리 밖에는 작은 3인치 정도 되는 통나무 기둥들이 2피트 간격으로 세워져 있었다.

호기심이 많아서 종종 어려움을 겪곤 하는 메리 헬렌이 그 기둥에 다리를 걸치고 앉아있었다. 나는 "메리 조심해. 우리 안으로 떨어질지도 몰라!"하고 소리쳤다. 내 말이 떨어지기가 무섭게 메리는 균형을 잃고 우리 안으로 떨어지고 말았다! 메리는 놀라서 소스라치게 소리를 질렀고, 12마리의 원숭이들이 메리 가까이로 몰려들었다. 그들은 구멍으로 손을 뻗어서 메리의 모자를 붙잡았다. 나는 원숭이들이 메리의 머리를 잡고 흔들기 전에 재빨리 손을 뻗어서 메리를 끄집어냈다. 원숭이들은 모자를 찢기 시작했고, 다른 원숭이가 그 모자를 뒤집어서 자기 머리에 썼다. 모자를 쓴 원숭이의 모습이 너무 웃겨서 우리는 그 긴박한 순간에 그만 웃음을 터뜨리고 말았다. 나중에 우리가 미국 뉴올리언스에 방문했을 때, 우리는 그곳에 있는 동물원에 갔다. 나는 "메리 저기 원숭이 우리가 있네!"라고 말했다. 메리는 "난 다시는 원숭이 우리 근처에 가지 않을 거 에요!"라고 대답했다.

태평양을 가로지르는 뱃길은 정신없이 바쁜 여정이었다! 밥과 리처드는 완전히 악동이었다. 나는 그 아이들이 배의 난간 위로 기어 올라가지 못하게 하기 위해서 매순간 그들을 감시해야 했다. 어린 아이들도 큰 놈들 못지않게 말썽을 부렸다. 심지어 나는 그 놈들이 멀미를 했으면 좋겠다는 생각을 했다. 그렇게 돼서 기운이 빠지면 내가 쉴 수 있을 것이라고 생각했던 것이다.

다행히도 내 아내 룻은 2-3일 정도 지나자 멀미를 다스릴 수 있게 되었다. 남편과 남동생이 모두 의사인 한 선교사 부인이 자신이 가지고 있던 멀미약을 내 아내에게 나눠주었기 때문이다. 그 약은 정말 잘 들었다. 그래서 우리는 하와이에 들렀을 때에, 그 약의 처방을 빌려서 약국에 가서 약을 구입하였다. 덕분에 나머지 여행길은 무척 편했다. 우리가 샌프란시스코에 도착했을 때, 자연스럽게 그 증상은 멈추었다. 다음 행선지로 가는 티켓을 바로 구매할 수가 없어서 우리는 그곳에서 이틀을 머물렀다. 다음 날 우리는 차를 빌려서 폴로 알토에 있는 스탠포드 대학과 허버트 후버의 집을 방문했다. 차를 타고 이동하는 동안에 룻의 상태는 나쁘지 않았다. 하지만 하루를 더 머물기에는 편치 않아보였다. 그래서 나는 다음 날 아침에 떠날 수 있는 기차를 알아보았다. 택시 두 대를 불러서 한 대에는 짐을 싣고 다른 차에는 아이들을 태우는 동안에 내 아내는 호텔 방에 아침 식사를 두고 왔다는 사실을 알았는데, 그녀는 우리가 떠난 한 참 후에야 그 일을 나에게 말해주었다. 올랜도에서 기차를 타게 되었는데, 그 때에 그녀는 앉아 있을 수 없을 정도로 상태가 좋지 않았다. 풀만에 도착하자마자 나는 역무원에게 그녀가 누워서 갈 수 있는 침상을 부탁했고, 우리가 뉴올리언스에 도착할 때까지 그녀는 거기에 누워서 여행을 했다. 그 길은 그녀에는 몹시 힘든 길이었다. 캘리포니아 해변을 따라서 여행하는 동안 에어컨도 설치되지 않은 여객선에서 화씨 110도가 넘는 더위를 견뎌야 했다.

나는 밤새 내 아내와 아이들을 돌봐야 했다. 다음 날 아침 내 아내에게 아침 식사를 제공해주기 위해서 우리는 한 식당에 들렀고, 내 아이들은 한쪽에 회전의자에 앉혀두었다. 한 쪽에는 데이빗이 그리고 다른 쪽에는 룻 루사일이 앉아있었고, 아이들이 회전하면서 차례가 돌아올 때마다 나는 아이들에게 오트밀을 먹였다. 사람들은 우리를 보고 웃음을 지었다. 아이들 식사를 마치게 하고 나는 아내에게 음식을 먹여주고 음식값을 지불했다. 식당을 나서면서 나는 직원에게 625번 기차가 어디 있는지 물어보았다. 그는 "아니! 그 기차는 이제 막 몇 백 야드 정도를 출발했습니다!"하고 말했다.

기차 안에 모든 짐이 다 있었기 때문에, 기차를 놓치게 되면 우리는 완전히 무일푼이 될 뿐 아니라, 심지어 기차표조차도 잃어버리게 되는 것이다! 우리는 있는 힘을 다해서 손을 흔들었다. 다행히도 차장이 우리를 보고 차를 세워주었다. 우리는 얼른 달려가서 기차를 탔다. 밥은 "하마터면 기차를 놓칠 뻔 했어요!"라고 소리쳤다.

내 아내는 음식을 제대로 먹지 못했다. 그녀의 상태는 점점 더 나빠졌다. 한편 내 아이들은 기차 안에서 천방지축 날뛰었다. 나는 그들을 조용히 시키느라 애를 먹었다. 그날 오후에 나는 차장에게 내 아내의 상태에 대해서 말했고, 차장은 알버락에서 의사를 만날 수 있도록 배려해주었다. 그곳은 그날 저녁 우리가 기차를 갈아타기로 한 역이다. 의사는 휠체어를 타고 있었는데, 내 아내를 진찰해보더니 고지대에 있어서 그런 것이라고 하면서 되도록 빨리 이곳을 벗어나라고 조언해주었다. 힘들더라도 계속 여행을 하라는 것이었다.

뉴올리언스로 바로 가는 기차는 2시간 후에나 있었다. 하는 수 없이 우리는 풀만에서 탄 기차를 다시 타고 여행을 계속했다. 우리는 역무원에게 침상이 있는 칸에 탈 수 있게 해 달라고 부탁했다. 나는 룻 루사일을 침상의 2층에 올려놓았고, 아내를 아래에 눕혔다. 얼마가지 않아서 룻 루사일은 울기 시작했다. 그러나 나는 룻 루사일을 돌볼 겨를이 없었다. 마침내 내가 그녀를 보았을 때에 그녀는 피가 흐르는 손가락을 부여잡고 울고 있었다! 그녀의 손가락이 선풍기에 끼어서 상처를 입은 것이었다!

다행히도 그녀의 상처는 그렇게 깊지는 않았다. 역무원의 도움을 받아서 응급처치를 할 수 있었다. 그 사고로 나는 내가 가지고 있었던 거의 모든 종이들을 다 써 버렸다. 그 날 밤은 악몽처럼 지나갔다. 다음 날도 역시 무척 힘든 시간이었다. 텍사스를 지나가게 되었는데, 열차 안의 온도가 무려 화씨 117도가 되었다. 게다가 사막먼지가 불어와서 사방이 온통 흐릿하게 보였다.

마침내 우리는 뉴올리언스에 도착했다. 최종 목적지에 도착하기 전에 기차는 다섯 시간이나 연착되었다. 아이들은 기차 안에서 숨바꼭질 놀이를 했다! 당신은 마침내 내가 그들을 잠자리에 들게 했을 때의 모습을 상상할 수 있겠는가! 이틀 밤낮을 뜬눈으로 보낸 후에 나는 이제는 더 이상 손가락 하나도 까딱할 수 없을 만큼 지쳐버리고 말았다. 그러나 내가 막내 아이를 낮잠 재우는 것을 성공한 그 순간에 룻 루사일이 일어나면서 옷을 입혀달라고 했다. 나는 딸아이의 옷을 입혀주었다. 그러나 이제는 완전히 지쳐서 쓰러질 지경이었다. 불행 중 다행인 것은 높은 지대에서 낮은 지대로 내려오면서, 드디어 내 아내에게 약효가 나타나게 되었다. 그녀는 이제 조금 기운을 찾기 시작했다. 그녀는 룻 루사일을 불러서 바라보았다. 그리고 나에게 말했다. "여보 당신 아이 옷을 거꾸로 입혔구려!" "네 그래요. 다른 쪽이 너무 더러워서 그렇게 했어요."라고 나는 대답했다.

나는 룻이 여동생에게 전보를 보내서 룻을 위해서 휠체어를 준비해 달라고 부탁했다. 마침내 저녁 때 쯤 뉴올리언스에 도착했을 때, 그녀는 휠체어를 준비해서 우리를 마중 나왔다. 그런데 룻의 상태가 호전되어서 그것이 더 이상 필요 없었다. 그러나 이미 돈을 지불한 것이었기 때문에 우리는 그녀를 휠체어에 앉혀서 차를 태우고 룻의 여동생의 집으로 갔다.

마침내 우리는 아이들을 씻기고 잠을 재울 수 있게 되었다. 나는 너무 피곤했기 때문에 눕자마자 잠에 빠졌다. 그러나 룻은 나에게 말을 걸어왔고, 내가 대답해 줄 것을 요구했다. 나는 무시했고, 그녀는 계속 포기하지 않아서 나는 "그래요, 당신은 그들을 돌려세우세요. 그럼 나는 밥을 먹일게요."라고 대답했다.

내 아내의 여동생인 헬렌과 그녀의 남편 존스 집에서 며칠간 휴식을 취한 후에 우리 가족은 시카고에서 열리는 진보의 세기(The Century of Progress) 전시회를 관람하기 위해서 여행을 떠났다! 다섯 아이를 데리고 가는 여행은 여간 신경 쓰이는 일이 아니었다! 우리는 감리교 성경 학교로 숙박지를 정하고 주변 관광을 시작했다. 내 기억이 맞는다면 그날은 금요일 어린이날이었다. 다리와 철길이 가로지르는 23번가는 많은 가족들로 붐볐다. 그 길은 그늘이 전혀 없는 곳이었는데, 나는 가족들을 한쪽에 있게 하고 혼자 줄을 서서 전시회 표를 사기 위해서 한 시간 정도 기다렸다. 전시회 전광판에서 가리키는 온도는 화씨 99도가 되었기 때문에 기다리는 내내 더위에 시달려야 했다.

어린이를 위한 "보물섬"이라는 놀이터가 있는데, 그곳에서는 관람이 가능하지 않은 어린이들은 확인해서 들여보내지 않았다. 메리 헬렌과 데이빗은 괜찮았는데, 룻 루사일 차례가 되자 직원이 룻의 나이를 물어보았다. "두 살 반 입니다"라고 대답하자, 그녀는 "세 살 미만의 어린이는 이용할 수가 없습니다!"라고 했다. 룻 루사일이야 말로 우리가 꼭 들여보내고 싶은 아이었는데, 그 아이가 들어갈 수 없다니! 룻에게 상황을 설명해서 엄마와 함께 있게 하고, 나는 밥과 딕을 데리고 관람을 계속했다.

우리는 제일 먼저 장난감 기차를 타기로 하고 티켓을 샀다. 우리가 도착했을 때, 기차가 막 출발하려고 했다. 딕이 운전석에 앉고 싶다고 우겨서 우리는 다음 열차를 타기로 했다. 다음 열차가 오자 딕이 운전석에 앉아서 열차 벨을 계속해서 울렸다. 밥과 나는 뒷자리에 앉았다. 열차는 메리와 데이빗이 놀고 있는 놀이터를 지나치게 되어 있었다. 지나가면서 밥은 "안녕, 헬렌!" 하고 소리쳤다. 그러나 헬렌은 우리를 쳐다보더니, 있는 힘을 다 해서 울기 시작했다! 왜냐하면 그 아이는 자기만 남겨두고 아빠가 오빠들하고만 놀고 있다고 생각했던 것이다. 차에서 내려서 룻 루사일과 엄마가 있는 곳으로 돌아갔다. 전쟁과도 같은 시간이 그렇게 흘러갔다. 여전히 메리는 놀이터 안에서 소리 지르면서 울고 있었다. 반면 데이빗은 자기의 시간을 마음껏 즐겼다. 마침내 나는 오늘 여행은 이만 마쳐야겠다고 생각을 하고 내일 관광을 위한 티켓을 구매한 후에 숙소로 돌아갔다. 오늘은 더 이상 다섯 명의 어린 아이들을 데리고 씨름하고 싶지 않았다.

다음 날 아침 우리는 자연사박물관을 관람했다. 관람객이 너무 붐벼서 다 같이 관람하는 것은 거의 불가능한 일이었다. 어쩔 수 없이 나는 데이빗과 메리를 데리고 관람을 하기로 했고, 밥과 리차드는 자신들이 알아서 관람하기로 했다. 우리는 12시에 입구에서 다시 만나기로 했다. 한편, 룻 루사일과 엄마는 박물관에 별로 관심이 없다고 해서 밖에서 기다리기로 했다.

그런데 밥과 리차드는 따로 떨어져서 각자 관람을 했고 나는 메리와 데이빗을 데리고 관람을 했다. 12시가 되어서 다른 사람들은 모두 입구 쪽으로 모였는데, 밥만 오지 않았다. 우리는 한참을 기다렸지만, 밥은 나오지 않았다. 너무 사람들이 많이 붐비고 있어서 밥을 어떻게 찾아야 할지 막막했다. 한 시간쯤 지나자, 나는 더 이상 기다리는 것은 아니라는 생각에 그를 찾으러 전시장 안으로 들어갔다. 막막하기는 했지만, 나는 처음 전시장부터 다시 돌아보면서 밥을 찾아다녔다. 열두 번째 전시장을 들어갔을 때에 밥이 있었다! 그는 모든 전시장에 있는 것을 주의 깊게 살펴보고 있는 중이었다. 호기심이 가득한 다섯 살 밥은 박물관 안에 전시된 모든 것이 신기하게 보였던 것이다! 한편 내 아내는 어린 아이들을 데리고 박물관 입구에서 직원과 씨름하고 있었다. 직원은 아이들을 데리고 빨리 나가라고 재촉했고, 내 아내는 나와 밥을 기다렸던 것이다. 그렇게 우리는 박물관 관람을 마쳤다.

우리는 장터 축제를 구경하기 위해서 9번가에 있는 입구로 갔다. 그런데, 그 축제 티켓을 1달러 50센트나 더 주고 샀던 것을 알게 되었다. 그 가격은 버스 여행 티켓으로 샀던 것인데, 거기에는 버스가 없었다. 우리가 기다리고 있는데, 한 직원이 오더니, 우리를 도보로 안내했다. 그는 우리에게 "신사 숙녀 여러분, 이쪽에 있는 건물은 이런 것이고, 저쪽에 있는 건물은 저런 것입니다."하면서 설명을 했다. 그러나 어떤 한 관람객이 대꾸했다. "그런데, 우리가 타기로 한 버스는 어디에 있나요?" 그러나 직원은 "네? 이 상품은 버스 여행이 아니라 도보로 축제 장소 주변의 여섯 개의 건물을 둘러보는 관람입니다!" 우리는 이전 장소에서 걷느라고 온 힘을 다 소진해서, 이제는 이 다섯 아이를 태우고 다니기 위해서 1불 50센트를 더 지불하고 이 축제 티켓을 샀던 것이다!

우리는 스코틀랜드 기질을 가지고 있었기 때문에, 지불한 돈을 포기할 수가 없어서 힘들지만, 계속해서 여행을 했다. 안내원이 잠시 룻 루사일을 돌봐주었는데, 얼마 가지 않아서 룻 루사일은 이제는 더 이상 걸어가지 않겠다고 고집을 부리기 시작했다. 그녀는 더 이상 걸을 수 없다고 하면서 더 이상 발을 떼지 않았다! 나는 룻 루사일을 한쪽에 앉게 하고 정성을 다해서 그녀의 다리를 주물러 주었다. 룻 루사일은 다시 걸을 준비가 되었다! 우리는 마치 빛의 속도처럼 빠르게 지나치면서 나머지 빌딩들을 둘러보았다. 안내원이 우리에게 와서 파티에 참석하지 않고 가게 되면, 20센트를 돌려받을 수 있는데, 만약에 버스를 이용해서 나가게 되면 그 금액은 돌려받지 못한다고 했다. 우리는 20센트를 돌려받기로 하고 파티 장소 출구 쪽에 있는 23번 길로 나와서 숙소로 돌아왔다. 이렇게 두 번째 날도 지나갔다!

월요일에는 성서학교의 여학생들이 어린 아이들을 보살펴주기로 했다. 그래서 우리는 밥과 딕만 데리고 여행을 할 수 있었다. 그날 우리는 실내 천문쇼를 제일 처음 갔다. 밥과 나는 그것을 정말 재미있게 구경했다. 그래서 밥과 나는 다음 쇼도 관람하기로 했다. 딕과 룻은 다른 곳을 구경하기로 했다. 우리는 나중에 다른 곳에서 만나기로 했다. 그리고 나는 두 아이를 데리고 롤러코스터를 탔다. 나는 뉴올리언스에 도착해서 구입한 파나마모자를 손에 꽉 쥐고 그것을 탔다. 쉭, 쉭, 눈 깜짝할 사이에 우리는 다시 처음 장소로 돌아왔다! 나중에 내 모자를 보니, 내가 어찌나 그것을 꽉 쥐었던지, 그 모자의 모양이 심하게 일그러져 있었다! "와우, 이게 바로 내가 원하던 거야!" 밥이 말했다. 딕도 매우 즐거워했다. 그날 여행은 정말 즐거운 것이었다. 그날 밤 숙소로 돌아와서 우리는 뉴욕의 나의 고향 바타비아로 떠날 준비를 했다.

7년 만에 부모님을 만나기 위해서 고향집을 방문하는 것은 그야말로 설레는 일이었다. 부모님들은 그렇게 많이 변하지 않으셨다. 그해 여름에 우리는 고향집에서 즐거운 시간을 보냈다. 우리는 나의 여동생의 결혼사진을 보았다. 여동생의 남편인 밥 카는 바타비아의 아버지 가게

▌이 시기에 찍었을 것으로 추청되는 해밀턴 선교사의 가정, 사진 출처, https://continuing.wordpress.com/tag/floyd-e-hamilton/ 이 사이트에서 이 사진은 The Independent Board Bulletin, III.4 (April 1937): 5 로부터 가져왔다고 명시되어 있다.

에서 일을 하고 있었는데, 우리 가족은 금방 그와 친해졌다. 밥과 딕은 이웃집 아이들과 친해져서 그들과 함께 즐겁게 놀았고, 심지어 그 집에서 키우고 있는 오물투성이 돼지를 타기도 했다! 그들은 농부가 되기로 결심을 했다! 우리 가족은 메인 주에 있는 사바로 호수로 여행을 떠났는데, 그곳에서 비로소 내 아내 룻은 휴식을 취할 수가 있었다.

나는 뉴저지 벤트노에서 머물기로 하고 거기에 집을 빌려서 여름이 다 끝날 무렵에 그곳으로 이동했다. 어느 날 오후에 메이첸 박사와 폴 우레이와 에드 리안과 맥알리스터 그리핀스가 우리 집에 다녀가고 나서야 비로소 나는 내가 고국으로 돌아왔구나 하고 느낄 수 있었다. 독립해외선교부가 막 구성되었으며, 그들은 나에게 해외선교정책에 대해서 자문을 구해왔다.

나는 그들의 의도를 이해하지 못하는 것은 아니었지만, 그 시기에 해외선교부를 따로 만드는 것은 좋은 생각이 아니라고 여겼다. 그들은 장로교해외선교부의 포괄주의 정책으로 인하여 자유주의자들과 보수주의자들을 구분하지 않고 해외에 선교들을 파송함으로 적지 않은 해외선교회가 근대주의자(Modernist)들로부터 좋지 않은 영향을 받고 있는 상황에 대해서 심각한 우려를 표현했다. 나는 그들의 이러한 걱정에는 동의했다. 메이첸 박사와 그의 동료들은 장로교해외선교부에 포괄주의 정책으로 인해서 근대주의자들이 선교의 현장에서 잘못된 영향을 주고 있는 사실에 대해서 여러 번 문제제기했으나 받아들여지지 않았다. 결국 최종 투표를 통해서 장로교해외선교부의 독립조직이 만들어졌으며, 이를 위해서 재정적인 후원을 해 줄 것을 총회에 호소했다.

이러한 독립조직이 만들어진 것은 어쩔 수 없는 것이었지만, 나는 그것이 결코 지혜로운 결정이었다고 생각하지는 않는다. 기존 선교부의 후원을 통해서 파송된 많은 보수적인 선교사들은 이제 어떻게 하란 말인가? 독립선교부는 기존의 북장로교해외선교부에서 파송한 선교사들에게 급여를 줄 수 있는 지위를 가지지 못했다. 오히려 선교사들의 위치가 더 어려워질 뿐이었다. 나는 만일 새로운 조직이 자금을 모집해서 선교사들에게 적절한 후원을 해 주어서 선교사들이 더 이상 기존의 장로교해외선교부로부터 받는 급여를 거부할 수 있게 되어야만, 새로운 독립선교조직을 만드는 일이 의미가 있는 것이라고 생각했다. 그러나 독립선교부는 자금이 충분하지 않았다. 만일 선교사들이 자신들이 가지고 있는 보수적인 신앙에 따라서 자신들을 지원해주는 선교부를 바꾸고, 기존의 선교부에서 탈퇴하려고 하면, 반드시 새로운 선교부는 이 선교사들에게 경제적인 지원을 해 주어야만 하는 것이다.

이 기간 동안에 독립선교부는 사무총장으로 찰스 우드릿지를 선출하였고, 그는 탁월한 리더십을 발휘해서 새로운 조직을 잘 이끌었다.

그해 12월 초에 나는 뉴욕의 성 누가 병원에서 두 번째로 발 수술을 받았다. 한국에서 의사 리(Dr. Lee)가 나를 위해서 노력해준 덕분에 내

발 수술은 성공적이었고, 나는 매우 만족하고 있었지만 발을 완전하게 펴기 위한 최종 수술이 남아 있었다. 해외선교부는 친절하게도 나의 수술비를 비롯한 모든 병원비를 지불해주었다. 선교부의 스틸 씨는 병원에서 나를 태우고 뉴욕 맨하탄의 중앙 기차역인 팬 스테이션까지 데려다 주었고 나는 열차를 타고 아틀랜틱 시티로 갈 수 있었다. 그 곳에서 내 아내 룻은 나를 태우고 벤트노의 집으로 데리고 갔다. 크리스마스가 다가왔고, 나는 라디오에서 나오는 감미로운 음악을 들으면서 아름다운 크리스마스 시즌을 보낼 수 있었다.

가을 동안에 나는 필라델피아에서 복음주의 학생연합 모임에서 강연을 하였다. 그리고 그곳에서 평양에서 온 학생들을 만날 수 있었다. 그리고 보스턴의 고든 칼리지에서 열린 전국 복음주의 학생연합 집회에 초대받아서 메이첸 박사와 다른 동료들과 함께 같은 자리에서 강연을 하고 또 그들과 함께 나란히 사진을 찍게 된 것은 더할 나위 없이 영광스러운 것이었다. 나는 진화에 대해서 두 번 강의를 했다. 당시에 나는 아직 발에 깁스를 하고 있어서 여전히 보조 기구를 사용하고 있었다. 그러나 여행하는 데 커다란 불편은 없었다.

그해 마지막 학기 동안 나는 웨스트민스터 신학교에서 선교학을 가르쳤다. 나는 젊은 학자들과 수업을 하는 것이 매우 즐거웠다. 그 학자들은 나중에 장로교회에 크게 공헌할 사람들이었다. 찰스 우드브릿지가 독립선교부의 사무총장이 되었을 때, 그는 나에게 독립선교부소속 선교사로 옮기라고 권유했다. 나는 한국의 숭실대학에서 내가 독립선교부 소속 선교사로서 학교에서 계속해서 가르칠 수 있도록 허락해준다면 그렇게 하려고 계획을 세웠다. 나는 한국에 전보를 보냈다. 그러나 돌아온 답신은 독립선교부로 옮기게 되면 더 이상 학교에서 가르칠 수 없다는 것이었다. 나는 우드브릿지에게 상황을 설명하고 독립선교부 소속으로 옮길 수 없다고 말했다.

1934년 총회가 클리브랜드에서 열렸다. 그 총회에서는 두 가지 해결할 과제가 있었다. 하나는 연합장로교와 통합하는 문제였고, 다른 하나는 독립선교부와 관련된 문제였다. 연합장로교단과 통합하는 문제는 투표로 가결되었다!

총회의 추천에 의해서, 총회에서는 믿기 어려운 명령을 내렸는데, 그것은 독립선교부에 소속된 장로교 소속의 목회자들은 60일에서 90일 사이에 독립선교부에서 탈퇴하라는 것이었다. 이 명령을 따르지 않으면, 개별 노회에서는 그들의 활동을 제한하도록 했다!

당시 보수주의자들의 힘은 막강했다. 그래서 미국장로교단에서 그런 결정을 내리도록 투표한 것에 대해서 믿을 수가 없었다. 독립선교부가 처음 구성된 이유는 해외선교지에서 독립적인 활동을 보장할 수 있도록 하기 위함이었다. 장로교 목회자들 중에 찰스 어드먼 같은 목회자는 독립선교부 선교회에서 활동하던 사람이었다. 그는 중국 내륙에서 선교하면서 미국 성서학회의 소속이었다. 미국장로교총회의 결정은 선교회의 구성원이 교회 헌법을 위반하지 않은 한 보장되어 있었던 자유를 제한하는 것이었다.

장로교 헌법 23장 1조의 조직이 구성에 따르면 "특정 교회의 구성원들은 자신들이 하고자 하는 특별한 선교 활동이나 자선 활동을 위해서 단체를 구성할 수 있다."고 되어 있다. 그리고 독립선교부는 그런 취지로 만들어진 것이다. 헌법의 같은 장 3조에서는 "특정 조직의 명칭은 그들 스스로 결정할 수 있고, 그 조직들은 독립적인 규정을 만들 수 있고, 독립적으로 일꾼을 선출할 수 있으며, 장로교의 헌법에 따라서 관리와 감독을 받게 되어 있다."고 서술되어 있다. 앞선 결정은 이와 같은 장로교의 법 정신을 보장하지 않는 처사였다.

이제 헌법에 나오는 "관리와 감독"이라는 두 단어가 문제가 되었다. 장로교 총회가 어떤 조직이 구성원들의 회원권을 제한할 수는 없는 것이다. 왜냐하면 헌법에서는 이 조항을 분명하게 명시하고 있기 때문이다. 이것은 너무 명백한 것이었기 때문에, 우리는 지역 노회가 이 부분을 분명하게 인식하고 있을 것이라고 믿었다. 그러나 독립선교부의 회원들의 문제가 불거지게 되고, 그들이 총회의 재판에 회부되었을 때에, 장로교 총회의 명령이 헌법에 위배된다는 문제가 제기되는 것조차도 허락하지 않았다! 각 노회에서 제기된 문제들이 총회로 올라갔을 때, 총회 재판국은 총회의 명령은 이의를 제기할 수 없는 것이라고 했다!

이렇게 미국장로교총회의 초법적인 결정에 반대하는 많은 목회자들이 미국장로교 총회에서 쫓겨나게 되었다! 장로교총회는 헌법이 어떻게 말하고 있든, 개인적인 양심이 어떻게 말하고 있든 상관없이 총회의 명령을 따르라고 했고, 독립선교부에 소속된 메이첸 박사와 그의 추종자들은 자신의 양심을 저버리면서 장로교총회의 명령을 따를 수는 없었다.

장로교총회가 이러한 결정을 내린 것은 마치 로마 교황청이 종교개혁자들을 탄압하는 것과 비슷한 것이었다. 교회의 결정이 개인의 양심을 뛰어넘는 최고의 권위를 가지고 있다는 것이다! 장로교총회가 독립선교부의 회원들이 교회의 헌법과 하나님의 말씀에 따라서 자신들이 권한을 지키고자한 호소를 무시하는 이러한 처사는 교회의 머리이신 예수의 권위에 도전하는 것이다.

1936년 연합장로교회와 통합이 마무리 될 무렵, 미국장로교 총회의 비기독교적인 결정은 거의 모든 노회에서 받아들여지게 되고 말았다. 그 이후로 미국장로교 총회에 소속된 목회자가 되는 것은 마치 성직자가 자신의 양심을 버리고 로마 교황청의 명령에 따르는 것과도 같은 것이 되고 말았다.

연합장로교가 이전에 사용하던 것을 버리고 새로운 이름을 쓰고 새로운 법을 따르는 것은  기술적인 문제일 뿐이다. 그러나 연합장로교회가 자신의 모든 정체성을 버리고 장로교총회의 독재와 교회의 머리이신 그리스도를 배반하는 그런 결정을 따르기로 하는 것은 전혀 다른 차원의 문제이다.

XXVII.

# 두 번째 안식년 이후 마지막 선교사역

1934년 8월에 한국에 돌아왔을 때에는 심각한 문제가 우리를 기다리고 있었다. 우리를 기다리고 있었던 것은 심각한 폭정이었다. 한국에 도착해서 대학에서 다시 가르치기 시작했을 때, 대학과 남학교는 새로운 문제에 직면해 있었다.

그러나 나는 새롭게 다가올 일들을 준비하기 위해서 매우 중요하고 훌륭한 활동을 시작했다. 학교 일을 마치고 집으로 돌아가는 길에 나는 드와이트 말스베리(Dwight Malsbary)[34] 씨가 거리에서 한국인들을 대상으로 하는 설교를 하곤 했는데, 나는 그를 도와서 그의 설교를 통역했다.

말스베리 씨는 평양 외국인 학교에서 음악을 가르치기 위해서 그의 아내와 함께 한국으로 들어왔다. 그의 목적은 한국어를 배우는 것이 아니라, 평양외국인학교의 선생으로서 한국으로 입국한 것이다. 그러나

---

34) 한국명은 마두원(馬斗元). 1929년 미국북장로교 소속 교육선교사로 내한하여 평양숭실학교와 평양외국인학교에서 음악을 가르쳤다. 신사참배반대운동에 참여하다가 추방당했으며, 이후에 성경장로교소속 목회자로 안수를 받고 다시 내한하여 김치선의 대한신학교 측과 협력하였고 ICCC 운동을 전개하였다. 지금의 대신교단 안양대학교의 전신인 성경신학교와도 협력하였으며, 홍천 등지에서 활동하였다(역자 주).

그는 평일 늦은 오후나 일요일에 거리에서 설교를 하곤 했다. 그는 성경에 대해서 매우 조예가 깊었으며, 설교를 할 때마다 한국인들에게 어떤 성경 내용이 필요한지를 잘 알고 있었다. 회심하는 사람이 생기면 말스베리는 그 사람을 자신이 집으로 초청하여 기독교인으로 살아가는 방법에 대해서 자세하게 알려주었다. 대학의 총장인 매큔 박사는 캠퍼스 동쪽에서 서쪽으로 뻗은 길에 그를 위해서 설교할 수 있는 장소를 만들어주었으며 그는 그곳에서 회심자들을 만나기도 했고 또 성경에 대해서 더 자세히 가르칠 수 있었다.

그의 사역을 보면서 나는 감동을 받았고, 가만히 있을 수가 없어서 그의 일을 돕기 시작했다. 매주 일요일 아침이면 나는 그의 설교 장소로 가서 그를 도우면서 사람들에게 기독교에 대해서 가르치기 시작했다. 그런데 나는 말스베리처럼 자세하게 성경구절을 알지 못하고 있다는 사실을 발견하게 되었다. 나는 책갈피를 사용해서 사람들이 필요한 성경구절에 표시를 해 두었고, 그것의 도움을 받아서 사람들을 가르칠 수 있었다. 그 방법은 점차로 효과를 발휘해서 사람들이 필요한 성경구절을 논리적으로 찾아가면서 설명할 수 있었다. 덕분에 상당수의 사람들이 기독교인이 되도록 도울 수 있었다. 또한 나는 성경구절을 사용해서 한국인들이 기독교에 대해서 반대하는 입장에 대해서도 논박할 수 있게 되었다. 나는 사람들이 제기하는 문제들에 대해서 성경에 표시를 해 두었고, 그것들은 내가 사람들을 가르치는 데 큰 도움을 주었다.

우리는 행인들에게 전도지를 나누어 주었고, 어떤 사람이 그것에 관심을 보이는 경우 그를 설교 장소로 데리고 가서 성경을 펼쳐놓고 그에게 필요한 말씀을 찾아가면서 설명을 해 주었다. 그런 성경 구절들은 (1) 모든 사람이 죄인이라는 내용; (2) 하나님께서 죄인들을 벌하신다는 내용; (3) 하나님께서 용서받을 수 있는 길을 열어주셨는데, 그것은 갈

보리 언덕 위에 십자가에 달리신 예수 그리스도를 믿으면 가능하다는 내용; 그리고 (4) 그리스도를 받아들이는 것은 미룰 수 없는 일이라는 내용 등이다. 만일 그 사람이 받아들이기를 거부하면, 나는 다른 성경 구절들을 이용해서 그를 설득하곤 했다.

나는 골프를 포기하고 매일 저녁 한 시간씩 그곳으로 가서 전도했다. 나는 매일 저녁 여가를 즐기기 위해서 한두 가지 정도의 취미를 즐겼는데, 최근에 우표 수집을 그만두었다. 나는 개인적으로 사람이 한두 가지 취미가 없으면 육체적으로나 혹은 정신적으로 어려움을 겪게 될 것이라고 믿는다. 사람들은 자신의 머리를 식힐 수 있는 시간이 꼭 필요하다. 나는 우표 수집이나 골프를 치면서 책을 보는 일을 하면서 시간을 보내는 것은 결코 낭비가 아니라고 생각한다. 그러나 최근에 나는 경제적인 이유로 우표 수집을 포기해야만 했다.

숭실대학과 남자학교의 명성이 올라가면서 학생들이 많이 입학하게 되었다. 덕분에 선교회는 경제적으로 점점 나아지게 되었고, 마침내 자립할 수 있게 되었다. 일본학교들에서는 오랫동안 태양신 아마테라스 오미 카미(Amaterasu Omi Kami)에게 헌신하기 위해서 신사참배 하는 것을 전통으로 여겨왔지만, 기독교학교에는 이런 문제들이 없었다. 그러나 1935년 가을에 일본은 정책을 바꾸었다. 일본 정부는 각급 학교의 교장들을 소집했고, 그들에게 신사참배를 강요했다. 숭실대학의 교장인 매큔 박사도 소집되었는데, 그는 참석을 거부했다. 일본 정부는 강제로 자신의 정책을 관철하려고 하였다. 문제가 발생하자 일본은 외국인들에게는 신사참배를 강요할 수는 없었지만, 매큔 박사를 억지로 대학에서 물러나게 하고 미국으로 돌려보냈다.

사무엘 마펫 박사가 매큔 박사를 대신해서 대학의 교장이 되었다.[35] 일본은 그에게 신사참배를 강요하지는 않았지만, 일본은 한국인들에게 점점 더 압력을 가해서 신사에 절할 것을 강요하였다. 마펫 박사는 학교가 신사에 절하게 하는 것을 확고하게 거부하였다.

선교사들은 처음에는 그 문제의 심각성을 정확하게 인식하지 못했다. 왜냐하면 일본 정부는 신사 참배는 종교적인 의식이 아니라 국민들에게 애국심을 고취하기 위한 것이라고 설명했기 때문이다. 많은 선교사들은 정부의 이와 같은 방침을 따르는 것이 맞는다고 생각했다. 왜냐하면 일본에 있는 선교사들은 학교 학생들에게 다 그렇게 하도록 가르치고 있기 때문이었다.

우리는 이 문제에 대해서 심사숙고하였다. 마침내 우리는 태양신에게 절하는 것은 성경에서 금지하고 있는 우상숭배를 하는 것이라고 결론을 내렸다. 우리는 열왕기하 17장 35절의 "너희는 다른 신들을 두려워하지 말고, 그것들에 절하지도 말고, 그것들을 섬기지도 말고, 그것들에게 제물을 바치지도 말라."는 말씀을 굳게 붙들었다. 신사에는 신상이 있거나, 다른 우상에 대한 그림이 걸려 있는 것은 아니지만, 나무로 만든 두루마리에는 분명 태양신의 이름이 기록되어 있었다. 그 두루마리에는 신전에 대한 헌신과 태양신에 대해서 분명하게 서술되어 있다. 어떤 선교사들은 신사에 예배를 드리는 것이 아니라, 단순하게 절하는 것은 가능하지 않는가 하고 주장하였다. 그러나 우리는 앞서 언급한 성경 구절을 생각하면서 절하는 일과 예배드리는 일은 둘 다 성경에서 금지하는 일이라는 점을 확실하게 주장했다. 왜냐하면 우리가 몸으로 어떤 행동을 하는 것에는 반드시 그 정신적인 상태가 그것을 하도록 시키는 것이기 때문이다. 신사에 단순하게 절하는 것은 어쩌면 단순하게 존경을 표현하는 것일지도 모른다. 그러나 그 광경을 보는 사람은 그것을 예배라고 생각할 것이다. 지금은 하늘나라에 가고 없는

35) 이 부분에 대해서는 수정이 필요하다. 마펫 박사가 숭실대학교 학장(총장)을 역임한 것은 베어드가 퇴임한 후 3대 총장으로 1918~1929까지 봉직하였고, 매큔 총장 이후 평양숭실의 마지막 총장은 모우리 선교사였다(역자 주).

어떤 선교사가 자신이 신사참배를 한 것을 변호하면서, 누구든 자신을 아는 사람이라면 내가 그런 행동을 한 것을 보고 예배의식을 한 것이라고 생각하지는 않을 것이라고 말했다! 그러나 분명 성경에서는 예배드리는 것이나 절하는 것 모두 금지되어있다. 왜냐하면, 절하는 것은 예배의 상징이기 때문이다.

이 문제가 가장 극심하게 대두되던 어느 날, 나는 마펫 박사의 응접실에서 그와 함께 있었는데, 시청에서 일하던 한 일본인 관리가 찾아와서 마펫 박사를 불러서 한국 학생들이 신사에 절할 것을 설득했다. 남학교의 교감을 불러 통역을 부탁해서 한 30분 정도 대화를 했는데, 마펫 박사는 단 1인치도 움직이지 않았다. 마침내 그 일본 관리는 떠났는데, 그가 통역사를 불러서 이야기를 했다. 몇 분 후에 통역을 했던 강 선생님이 얼굴이 종이처럼 하얗게 질린 채로 돌아왔다.

그는 "그 사람이 무어라고 말했는지 아세요? 그가 만일 당신이 학생들을 신사에 절하게 시키지 않으며 도시에 있는 모든 선교사들을 잡아다가 죽이겠다고 했어요!"라고 말했다.

강 선생이 마펫의 집을 나선 후에 나는 잠시 할 말을 잃었다. 그리고 마펫은 다시 응접실로 돌아왔고, 그는 내가 응접실에 앉아서 두려움에 떨고 있는 것을 발견했다. 그는 "해밀턴, 우리는 이 땅 위에서 우리가 해야 할 일을 다 마치기 전에는 죽지 않을 것이오!"라고 말했다. 나는 마펫의 그 말을 아직도 생생하게 기억하고 있다. 기독교인이라면 어떤 일이 닥쳐도 두려워하지 말아야 한다. 왜냐하면 하나님께서 나에게 계획하신 일을 다 마칠 때까지는 하나님께서 나를 안전하게 지켜주실 것이기 때문이다.

그러나 나는 그날 밤에 내 생애에서 가장 두려운 경험을 하고 말았다. 새벽 두시쯤 되어서 내 집 앞에 차 소리가 심하게 들려서 나는 잠에서 깼다. 그곳은 야외 설교단이 세워져 있는 곳이었다. 갑자기 총성이 울렸다. 나는 낮에 마펫 선교사의 집에서 있었던 일을 나의 아내에게는 말하지 않았다. 그러나 나는 금방 낮에 선교사들을 모두 죽여 버리겠다고 말한 그 일본인이 이 사람들을 보낸 것이라는 사실을 직감하게 되었다. 몇 분 동안 나는 극심한 공포를 느꼈다. 너무 겁에 질려서 나는 내 아내에게조차도 아무 말도 하지 못하고 멍하게 있었다. 다행히도 그 외에 다른 일은 일어나지 않았다. 나는 한 시간쯤 후에 다시 잠자리에 들었다.

다음 날 학교의 학생들은 그들 자신의 개인적인 안위를 위해서 신사에 참배할 것을 허락해 달라고 했다. 내 기억이 맞는다면, 그들은 신사참배 문제에 대해서 그렇게 심각하게 생각하지 않았고, 오직 일본에게 좋은 인상을 주는 것이 더 중요하다고 생각했던 것 같다. 나와 나의 가족은 긴박한 위험을 피하기 위해서 잠시 서울로 떠나 있었고, 그 시간 동안에 더 심한 일은 일어나지 않았다.

그해는 정말로 격정의 해였다. 그 학기가 마무리 될 무렵에 학교의 한국인 선생들은 학생들을 데리고 신사참배에 참여했다. 마침내 선교회는 학교의 문을 닫기로 했다. 정부는 학교가 일시에 문을 닫는 것을 허락하지 않았고, 모든 학생들이 졸업한 후에 학교를 닫도록 했다.

학교가 신사참배를 시작할 무렵, 나는 대학의 모든 일을 그만두었다. 내 평생을 걸쳐서 했던 일이 그렇게 마무리 되었던 것이다. 그리고 나는 잠시 동안 평양신학교에서 학생들을 가르쳤다.

한편 1936년 미국 장로교 총회에서는 매우 중요한 일이 있었다. 메이첸 박사, 칼 매킨타이어, 맥알리스터 그리피스 등의 사람들이 총회에서 내린 비헌법적인 결정이라고 보았던 미국장로교선교부의 독립선교부에 소속된 목회자들에게 그 단체를 탈퇴하라는 명령이 최종적으로 가결되었다. 지난 2년 동안 모든 교회는 총회에 파견되는 대의원들을 더 많이 보내서 자신의 결정을 옹호하도록 하기 위해서 총력을 기울여서 선전전을 펼쳤다. 이전 총회에서 이미 내려졌던 이 명령이 이번 총회에서 번복될 가능성은 거의 없었다. 1936년 총회의 다수 그룹은 기존 결정에 따르는 사람들이었던 것이다. 총회가 독립선교부를 반대하는 결정을 내리는 것은 새로운 교단이 만들어지는 것을 의미한다고 밖에는 달리 해석할 길이 없었다.

총회에서 내려진 여러 가지 결정들에 대한 소식은 6월 말경에 항공메일을 통해서 받아보았다. 그 기간 동안에 우리는 서울에서 선교회 연례대회를 열고 있었는데, 우리는 미국북장로교 총회에서 내려진 결정을 장로교총회가 발행한 잡지인 장로교가디언(Presbyterian Guardian)을 통해서 볼 수 있었다. 그 내용은 독립선교부의 완전한 패배를 이야기하고 있었다. 그 내용은 차마 믿을 수 없는 것이었다. 미국장로교총회대의원들은, 교회의 헌법이나 성경의 가르침과는 무관하게, 총회의 결정은 반드시 따라야 한다고 선언했다. 설혹 그것이 성경의 가르침과 반대되기 때문에 따를 수 없다고 생각하는 양심에 근거한다고 하더라도 말이다! 물론 총회 법정의 그와 같은 결정은 상당히 완화된 표현으로 설명되어 있기는 했지만, 결국 내용을 잘 살펴보면 그와 같은 것이었다.

# XXVIII.
# 서로 다른 길

미국북장로교총회(Presbyterian Church of the U.S.A.)를 마친 후에, 수백 명의 목회자들과 평신도들이 필라델피아에 모여서 새로운 장로교 총회(Presbyterian Church of America)를 조직하였다.[36] 이 뉴스를 접하자마자 나는 평양의 아내에게 편지를 써서 내 신앙 양심으로는 이제 더 이상 기존 장로교총회에 충성을 다할 수 없겠다고 이야기를 했다. 그리고 나는 독립선교부의 사무총장인 찰스 우드릿지에게 편지를 보내서 새로운

36) 여기에서 잠깐 미국 장로교단에 대해서 정리를 해보자. 미국장로교는 남북전쟁이후에 북장로교(PCUSA)와 남장로교(PCUS)로 나뉘었다. 이 장로교는 오랫동안 서로 분리되었다가, 1983년 총회에서 다시 합치기로 결의하였으나, 남장로교의 보수적인 목회자들은 이 통합에 반대하여 PCA(Presbyterian Church of America)를 설립하여 오늘날에 이르고 있다. 한편 1929년 프린스턴논쟁을 시작으로 웨스트민스터 신학교가 만들어지면서 분열되었던 장로교도 처음에는 '미국장로교회(Presbyterian Church of America)'로 불렸다가, 소송을 당해서 1938년에 정통장로교회(Orthodox Presbyterian Church)로 개칭되었다. 이후 천년왕국론에 대한 의견이 갈리면서 여기에서 다시 성경장로교회(Bible Presbyterian Church)가 분리되었다. 이후 해밀턴은 정통장로교회에서 활동하였으나, 선교사로 다시 내한하는 과정에서 정통장로교회에서 인준을 받지 못해서 성경장로교회 소속 선교사로 내한하여, 고려신학교에서 교수하였다. 해밀턴 회고록에는 이런 내용들이 자세하게 기록되어있다. 해밀턴 선교사는 미국의 보수장로교단의 역사의 한 가운데 있었던 것이다. 한편 미국북장로교 출신 선교사들은 주로 한국의 서북지역에서 선교활동을 펼쳤으며, 남장로교 출신 선교사들은 한국의 호남지역에서 주로 활동하였다(역자 주).

장로교 총회에서 나를 선교사로 임명해줄 것을 요청했다. 8월이 되어서야 답이 왔는데, 아직 충분한 자금이 마련되지 않았기 때문에 당분간은 기존 체제로 남아있으라는 내용이었다.

여름에 소래 해변에 있는 동안, 부르스 헌트(Bruce Hunt)[37] 부부와 로이 바이럼(Roy Byram)[38] 부부가 선교사로 왔는데, 이들은 기존 교회를 탈퇴하고 새로운 장로교 총회 독립선교부에서 파송한 선교사들이었다. 그들을 만나서 나도 독립선교부 소속으로 옮기고 싶다고 이야기를 했다. 그곳에 있던 코레이스 부부와도 함께 구체적으로 어떤 문제를 해결해야 하는지에 대해서 이야기를 나누었다.

평양에 돌아왔을 때, 우리는 한국선교부에서 헌트 부부와 바이럼 부부가 독립선교부로 옮길 수밖에 없었던 이유에 대해서 듣는 시간을 가졌다. 선교회는 그들의 결단에 감동을 받았으며 그들이 기존 장로교총회를 떠날 수밖에 없었던 상황에 대해서 동정심을 가지게 되었다. 집으로 돌아가는 길에 나는 내 옆집에 살고 있는 부부에게 내가 기존 교회를 떠날 수밖에 없는 점에 대해서 설명했다. 그 부부의 아내는 "만일 내가 당신과 같이 생각하고 있다면, 나는 독립선교부가 어떤 결정을 내려줄 때까지 기다리지 않을 것이오. 나는 그것이 필요하다면 당장 실행에 옮길 것이오!"라고 이야기를 했다.

그녀의 대답은 나의 마음을 움직였다. 내가 기존 총회를 떠나서 새로운 곳으로 옮기기 전에 나의 삶에 대해서 완전하게 보장받을 수 있는

---

37) 한국명은 한부선(韓富善). 1903년에 한국 평양에서 태어나서 평생 한국에서 선교활동을 하였으며, 블레어 선교사의 사위이다. 미국에서 신학공부를 마치고 처음에는 청주지역에서 활동하였으나, 이후 만주에서 활동하였고, 신사참배 반대운동에도 적극적으로 참여하여 투옥된바 있다. 이후 한국에서 추방되었던 그는 1946년 11월 다시 내한하여 부산에 거주하며 교회개척과 후원, 고려신학교 교수로 활동했다(역자 주).

38) 한국명 배의남, 1921년 의료선교사로 내한하였으며, 신사참배 반대운동을 하다가 투옥되었고, 1941년에 미국으로 추방되었다.

것을 기다리고 있다는 나의 이러한 모습은 어쩌면 내가 주님에 대해서 완전하게 신뢰하고 있지 않은 것일지도 모른다.

그 날 밤에 나는 거의 잠을 잘 수가 없었다. 이 문제로 나는 밤새 씨름했다. 기존 총회를 떠난다는 것은 나의 노후 생활의 방편인 연금을 포기해야 하는 것을 의미한다. 그것은 나의 가족을 불확실한 상황으로 이끌어가는 것을 의미하는 것이다. 그것은 한국선교부에서 함께 활동하고 있는 평양선교회의 동료들과의 관계를 저버리는 것을 의미하는 것이다. 그것은 내가 한국장로교회를 떠나는 것을 의미하는 것이다. 그러나 나의 급여와 연금을 계속 보장받기 위해서 내가 옳다고 생각하는 것을 저버리게 된다면, 나는 내 자신과 맞서는 것을 의미하는 것이다. 나의 구주이신 예수 앞에서 나는 나의 개인적인 이익만을 추구하는 것이다.

그날 아침에 나는 내 아내와 진지하게 이야기를 나누었다. 내가 지금 현재 상태에 있는 것이 어떤 느낌인지 그녀에게 들려주었다. 비스하스의 아내가 아들을 낳은 후에 그 아들을 "이가봇"(영광이 떠남)이라고 부른 그 심정이 지금 나의 마음이라고 이야기를 했다. 내가 그리스도와 그분의 올바르심에 충성하려면 나는 지금 당장 그만두고 나의 미래를 주님께 맡겨야 한다고 이야기했다.

내 아내는 조금 더 기다려야 한다고 했지만, 나는 우리는 이미 두 달을 기다렸고, 독립선교부가 나를 선교사로 임명해줄 것을 더 기다리는 것은 믿음이 부족한 것이라고 이야기를 했다. 결국 그녀는 나의 의견에 동의했다. 나는 그 자리에서 미국북장로교 해외선교부에 편지를 썼다(그 때 보낸 편지는 이 책 부록에 첨부해 두었다). 이 편지를 쓰고 나서 내 아내도 함께 미국장로교선교부에 선교사사직서를 보냈다.

나는 미국장로교총회에 사직서를 보낸 후에 바로 새로 구성된 장로교 독립선교부에서 나를 지원할 수 있는 자금이 있는지의 여부와 상관

없이 독립선교부에 해외선교사 지원서를 보냈다. 그리고 그 결과를 기다렸다. 우리는 하나님께서 그의 사역을 위해서 나를 사용할 것이고 나의 가족을 돌봐주실 것이라는 믿음으로 그 결과를 기다렸다. 독립선교부는 10월까지도 그 결정을 알려주지 않았다.

평양선교회는 우리에게 친절을 베풀어주었다. 우리는 선교회에 우리가 지은 집에 머물면서 월세를 내겠다고 부탁을 했지만, 선교회에서는 우리가 중립적인 장소에 있는 것이 좋겠다고 결정을 내려서 우리 가족을 다른 곳으로 이사하도록 했다. 그리고 평양선교회는 우리를 남장로교에 소속된 파커 하우스로 이사하도록 허락해 주었다. 우리는 곧바로 이사를 했고, 그곳에서 태평양전쟁이 일어나기 전까지 지내면서 행복한 시간을 보냈다.

다음 과제는 내가 어느 곳에서 일을 할 것인가 하는 문제였다. 그해 가을 한국장로교 총회에서는 오랫동안 지켜왔던 원칙인 한국을 분할해서 선교하는 정책을 포기하는 문제를 투표로 결정했다. 장로교 총회에서는 한국에 아직 교회가 들어가지 않은 지역에 선교사를 보내기로 결정했다. 나는 제주도에서 초청장을 받았으며, 한편 황해도 서부 지역의 해주 지역에서도 초청장을 받았다.

해주는 감리교 지역이었는데, 그곳에는 교회가 없는 곳이 많이 있었다. 해주를 선택하게 되면 평양에 거주하면서 아이들을 평양외국인학교에 보내면서 선교 사역을 감당할 수 있었다. 우리는 해주지역을 가기로 결심을 하고 즉시 그곳으로 사역지를 옮겼다.

나는 하나님께서 왜 나에게 지난 2년 동안 개인적인 일을 돌볼 수 있는 시간을 주셨는지 이해할 수 있게 되었다. 나의 새로운 일은 이전처럼 계속해서 개인적인 일을 하는 것이나 다름없었다. 왜냐하면 그 지역에는 기독교인들이 많지 않았기 때문이다. 나의 계획은 2주 동안은 시골 지역에서 머물렀고, 나머지 2주는 집에서 머물면서 내가 그동안 작업해 왔던 로마서와 창세기 주석을 쓸 수 있었다. 로마서 주석이 먼저 완성되었는데, 그 책은 한국장로교총회출판부에서 출간되었고, 영어로는 1958년에 베이커 출판사에서 출간되었다. 창세기 주석도 1941년에 완성되었고, 그 해에 한국어로 번역되었는데, 자금이 부족해서 책으로는 출판되지 못했다.

# XXIX.
# 새로운 교회들의 시작

내가 해주에서 첫 번째로 사역한 곳은 용당포라고 불리는 곳이었다. 그곳은 사창가가 밀집된 곳으로 선교하기에는 쉽지 않았다. 그러나 그 지역에 시멘트 공장이 들어서면서 새로운 인구가 유입되기 시작했고, 덕분에 나는 그 사람들을 위해서 전도를 할 수 있었다.

나의 첫 번째 회심자는 술주정뱅이였다. 그는 그리스도를 받아들였고 신기하게도 술을 끊어버렸다. 그는 완전히 죄악 된 습관에 빠져 살아서 그의 눈빛은 완전히 흐려있었다. 그는 내가 그동안 만난 그 어떤 사람보다도 더 흐릿한 눈빛을 가지고 있었다. 그러나 그는 완전히 회심해서 내가 1940년에 한국에서 떠나올 쯤에는 완전한 그리스도인으로 변해 있었다. 나는 평양 근처에서 살았던 한 남자 집사를 불러서 교회를 위해서 일해 줄 것을 부탁했다. 나는 그를 많이 의지했다. 그러나 한 3주가 지난 후에 그는 더 이상 일요일에 예배에 나올 수 없다고 했다. 그는 시멘트 공장에서 매일 일하기로 결정했기 때문에 주일에 교회에 오는 것이 힘들다고 했다. 나는 그에게 그와 같은 결정은 주일을 범하는 것이며, 또 쉬지 않고 계속해서 일하게 되면 건강을 잃어버릴 수도 있다고 이야기를 해 주었다. 그는 자신은 무척 건강하기 때문에 그런 문제는 걱정하지 않아도 된다고 했다. 그렇게 이야기를 나눈 후에 나는 3개월 정도 그를 만나지 못했다. 그런데 어느 날 내가 교회에 갔을 때에 교회 사람들이 한 집사가 많이 아프다고 나에게 이야기를 했다. 나는 그를 만나러 갔는데, 그는 폐결핵 말기라고 했다. 시멘트 공장에서 매일 일을 한 것이 건강했던 그의 폐를 완전히 망가뜨리고 만 것이다. 우리는 이런 일들을 역사를 통해서 이미 알고 있다. 하나님께서는 하나님의 일을 거역하는 사람에게 이러한 벌을 내리시기도 한다.

나는 용동포에서 2주 동안 있으면서 두세 번 정도 설교를 했고, 그 일을 통해서 교회가 세워졌다. 마침내 다음해 봄에는 그 교회는 작은 교회 건물을 건축하게 되었다.

다음 장소에서의 선교는 그다지 성공적이지 못했다. 그곳에는 한 명의 집사님이 계신 곳이었다. 나는 그곳에서 2주 동안 머물면서 그분 덕분에 그곳에서 교회를 세우는 일은 그다지 어렵지는 않을 것이라고 생각했다. 첫 날 밤에 나는 그곳에 늦게 도착해서 마을회관이 작은 방 한 곳을 숙소로 정했다. 아직 봄이 시작되지 않은 늦겨울이었는데, 평년 기온보다 더 따뜻했다. 그들은 자신들의 집 지붕에 새로운 볏단을 씌우는 일을 하고 있었다. 나는 그 마을 사람들을 개별적으로 만나면서 설교를 했고, 그들이 마을 이장님과 함께 회의를 하고 최종결정을 내리기 전까지는 나에게 관심이 있는 듯 했다. 어느 토요일에 나는 숙소의 문을 열어두고 점심식사를 하고 있었다. 다른 사람의 식사하는 모습을 쳐다보는 것은 예의바른 행동이 아니었다. 그런데 밖에서 머리에 이빨 하나를 꽂아 놓은 이상한 어떤 노인이 나를 쳐다보고 있었다. 그 뒤에는 한 그룹의 소녀들이 뒤따르고 있었는데, 가장 나이가 많은 아이는 열다섯 쯤 되어보였다. 나는 그 때 스터드가 쓴 전기를 읽고 있었는데 거기에는 그가 상하이에서 경험한 것이 기록되어 있었다. 그 책에는 상하이의 한 그룹이 "주님을 위해서 일어나라"라는 노래를 부르는 장면이 묘사되어 있었다. 그 노랫말에는 "우리 모두 일어나서 무엇인가 더 뜻

있는 일을 하자! 모두 의자 위로 올라가라!"라는 구절이 있다. 한 선교사는 그들의 행동을 저지하려고 했는데, 신기하게도 그 선교사의 생각과는 달리 몇 사람들이 그 노래를 듣고 그리스도를 영접하게 되었다. 이후에 그 선교사는 자신의 모습을 반성하고 그들에게 자신도 그리스도를 위해서 어떤 일이라도 하겠노라고 이야기 했다. 그 때에 그 그룹의 리더는 "당신은 그리스도를 위해서 당신의 의자에 올라가겠소?"하고 물어보았다. 그는 잠시 머뭇거리다가 "네, 기꺼이 의자에라도 올라가겠소!"라고 대답했다.

그 중국인 그룹의 이야기를 읽고 난 후에 나는 나 자신에게 물어보았다. "나는 그리스도를 위해서 우리 안에 갇힌 원숭이가 되겠는가?" 나는 그렇게 하기로 결심을 하고 한국말로 소리쳤다. "할머니 들어오세요!" 그녀는 전혀 망설이지 않고 따르던 아이들을 데리고 집 안으로 들어왔다. 그녀는 내가 먹고 있는 것을 보더니 그것이 무엇이냐고 물어보았다. 그리고 내가 마시고 있는 커피를 가리키면서 "이게 무엇이요? 맛이 좋소?"하고 물어보았다. 나는 그렇다고 했고, 그녀는 나에게 어떤 것도 더 물어보지 않고 그것을 한숨에 마셔버렸다. 나는 그것을 전혀 신경 쓰지 않기로 결심했다.

그리고 나는 그녀에게 설교하기 시작했다. "당신 나이가 어떻게 되십니까?" 나는 그녀에게 물어보았다. 그녀는 "일흔 여섯이오."라고 대답했다. 나는 "나이가 지긋하시군요!"라고 대답했다. 이렇게 대답하는 것은 한국인들에게는 칭찬이었다. "당신 이제 곧 이 세상을 떠나시겠군요. 그렇죠?" 그녀는 고개를 끄떡거리면서 잇몸뿐인 입을 드러내보였다. "당신 이 세상을 떠나고 나면 어떻게 됩니까? 그 다음에는 어디로 가나요?" 그녀는 "영혼은 없소."라고 대답했다. "정말 그런가요? 저기 언덕 위를 달리고 있는 트럭보이시나요?" "네."

"그 트럭에는 운전기사가 없소!" 나는 말을 이어갔다.

"무슨 말 같지도 않은 이야기를 하시오?" 그녀는 바로 받아쳤다.

"당신은 지금 당신에게는 당신 몸을 운전하고 있는 영혼이 없다고 하시지 않으셨습니까? 그것은 마치 저 달리고 있는 트럭에 운전기사가 없는 것과 마찬가지라오. 그렇지 않습니까?"

"허, 허, 허!" 그녀는 너털웃음을 지었다.

나는 그녀에게 구원의 진리에 대해서 조금 더 이야기를 들려주었고, 그녀는 관심 있는 표정으로 그 이야기를 들었다. 다음 날 일요일 예배에 다른 마을에 있는 그리스도인들이 이곳 마을의 예배를 돕기 위해서 방문했다. 우리 마을에서 예배에 참석한 사람은 어제 내가 만난 그 노파뿐이었다.

두 주 후에 마을에서 한 사람이 나에게 찾아와서 "당신이 말한 구원이 무엇이요?"하고 물었다. 그는 그가 알고 있는 구원에 대해서 이야기를 하면서 나에게 자신이 궁금하게 여기고 있는 것들을 질문했다. 나는 지난 2주 동안에 사람들을 만나면서 했던 이야기들을 자세하게 다시 설명했다. 그는 마지막 질문을 했다.

"그래서 당신은 우리가 하나님의 아들 예수그리스도가 우리를 구원하기 위해서 십자가에서 죽임을 당했다는 사실을 믿지 않으면 구원을 받을 수 없다는 말씀인가요? 우리는 영원히 하나님의 진노 아래에서 살게 된다는 말씀인가요?"

"그렇습니다. 당신은 정확하게 잘 알고 있소." 나는 대답했다.

"글쎄요. 나는 내가 알고 있는 것이 정말 맞는지 확인하고 싶어서 당신에게 왔소. 그런데, 마을 원로들이 우리 마을 사람들은 절대로 그리스도인이 되지 않기로 결정했습니다!" 그는 이렇게 대답했다.

당신은 마치 깃털처럼 가볍게 나를 찾아와서 노크를 하고는 떠나 버렸소! 여기 이 젊은이는 지적으로는 복음에 대해서 잘 알고 있는 사람이었다. 그러나 그는 의도적으로 그것을 거부해버렸다!

나는 그와 한 두 시간 정도 진심어린 마음으로 대화를 이어갔다. 그러나 그는 이미 자신의 마음에 결정을 내리고 마을의 다른 사람들과 마찬가지로 그리스도인이 되지 않기로 결심을 했다. 나는 그에게 더 이상 어떤 말도 할 수가 없었다. 나는 그를 바꿀 수가 없었다. 나는 깨달았다. 내가 아무리 설명을 잘 해서 사람들에게 복음에 대해서 이해할 수 있게 만든다고 하더라고 그를 바꾸는 것은 성령께서 하실 수 있는 일이라는 사실을 말이다. 나는 그곳에서는 교회를 세울 수가 없었다.

나는 그 마을에서 1마일 반 정도 떨어진 곳으로 옮겼다. 그 마을은 지난 번 일요일 예배 때 나를 방문했던 기독교인들이 있는 마을이다. 나는 숙소를 마련하기 전에 2주 정도 텐트를 치고 지냈다. 그것은 내가 만들어본 첫 텐트였다. 그것은 꽤 커서 약 200명 정도 되는 사람이 앉을 수 있었다. 나는 커다란 아세틸 램프 두 개와 바닥에 깔 큰 가마니 등을 구해두었다. 나는 예수의 생애와 바울의 생애가 담겨있는 슬라이드 영상물이 있었는데, 이것을 아주 효과적으로 활용하였다. 그 마을의 첫 번째 밤 집회는 천막 안이 꽉 찼다. 처음에는 상당히 시끄러웠으나 이내 나의 설교를 경청하게 되었다. 많은 사람들이 그리스도를 믿게 되었고 2주 후에 우리가 떠나고 난 후에 사람들은 교회로 사용하기 위해서 방 두 칸짜리 집을 장만하였다. 나는 이 후 몇 달 동안 그곳을 정기적으로 방문하면서 설교를 하였고, 내가 갈 수 없는 날은 내 조사를 보냈다. 그 교회는 1940년이 되기까지 급속도로 성장하였다.

지금 내가 언급한 마을을 오가는 길 중간에 문정리가 있다. 나는 그곳에서 설교를 하고 싶었지만, 1937년이 될 때까지 그럴 수 있는 기회를 마련하지 못했다. 그곳은 기독교인이 전혀 없었으며, 기독교인이 발을 디딜 틈조차도 없는 곳이었다. 그곳은 양반 마을로 그곳 사람들은 자존심이 상당히 강했다. 나는 그곳에 들어갈 결심을 하고 그 마을에서 설교를 할 수 있도록 허락을 받기 위해서 그곳의 가장 높은 어른 집으로 찾아갔다. 그곳처럼 기독교인이 없는 곳에는 마을의 가장 큰 어른의 허락을 받지 않으면 설교를 할 수 있는 기회를 얻지 못하기 때문이었다.

그 어른은 하얀 수염을 기른 전통적인 양반으로 그 마을의 가장 큰 기와집에 살고 있었다. 그 마을의 거의 모든 재산이 그의 것이거나 혹은 그의 집안과 연결된 것이었다. 나는 사랑채가 있는 건물 앞으로 가서 한국의 오랜 풍습대로 큰 기침을 한 번 하고 "안에 사람 없소?" 하고 외쳤다.

"있소. 들어오시오." 안에서 반응이 있었다.

나는 문을 열고 들어가서 부엌 아궁이 불이 따뜻하게 나오는 방바닥에 앉아 있는 어른을 만났다. 그는 한국 전통을 따라서 길고 하얀 두루마기와 갓을 쓰고 긴 담뱃대를 물고 있었다. 한국의 풍습에는 보통 집 주인이 일어나서 따뜻한 곳을 양보하면서 손님을 맞이하지만, 나는 외국인이었기 때문에, 그 어른은 그냥 자리에 앉아 있었고, 나는 다른 쪽에 앉았다. 이것은 아랫사람을 대하는 풍습이었다. 나는 얌전히 앉아서 잠시 나를 소개하고 난 후에 내가 왜 그 마을에 왔으며, 내가 무엇을 하고 싶은지에 대해서 설명했다. 그리고 복음에 대해서도 설명했다.

"살아계신 하나님이 자신의 아들을 보내셔서 십자가에 죽게 하심으로 인간을 대신해서 죽으셨습니다. 오직 그분을 믿음으로 인간은 구원을 받을 수 있습니다."

그 어른은 거기까지 듣고는 손을 흔들며 다음과 같이 대답했다.

"당신 기독교인들은 너무 배타적이오! 그러나 그것은 바른 길이 아니오. 여기 높은 산이 있다고 상상해보시오. 산 정상으로 오르는 길은 다양하지만, 결국에 모든 길은 산 정상을 향해 있는 것이오. 종교도 그와 같은 것이오. 이슬람교도들은 이쪽 길로 오르고, 불교도들은 저쪽 길로 오르고, 기독교인들은 또 다른 길로 오르고, 우리 유교도들은 여기 이 길로 오르는 것이오. 그러나 결국 모든 길은 다 정상을 향해 나 있으니, 모든 종교는 오르는 방법이 다를 뿐이지 모두 다 정상에 오르는 것이오."

그 어른이 말씀하신 것은 미국의 몇 몇 대학의 철학과에서 가르치고 있었던 것으로 특히 하버드 대학의 호킹 교수가 그의 책 『선교에 대한 재고찰』 (Rethinking Missions)에 나온 내용과 똑같은 것이었다. 나는 그 어른에게 당신이 말씀하신 것은 일면 일리가 있는 이야기이지만 올바른 것은 아니라고 말씀드렸다. 하늘나라에 이르는 방법은 여러 가지 많은 길 중에 한 가지를 선택하는 문제가 아니라, 기독교를 통한 한 가지 길밖에 없다고 말씀드리면서, 죄가 신과 인간 사이에 커다란 균열을 만들었기 때문에 인간이 하늘나라에 도달할 수 있는 방법은 오직 기독교밖에는 없다고 말씀드렸다. 하나님의 아들이신 예수 그리스도가 자신을 십자가에서 희생하심으로 그 균열을 극복하고 하늘나라에 도달할 수 있는 길을 열어주게 된 것이라고 이야기했다.

내 이야기를 듣고 그 어른이 기독교인이 되겠다고 결심하지는 않았지만, 그 분의 믿음이 조금 흔들리는 것처럼 보였다. 그분은 나에게 마을로 들어가서 전도해도 된다고 허락해주었다.

그 어른은 자신의 아들이 운영하고 있는 주막 뒤쪽에 어떤 기생이 운영하고 있던 한 방을 열어주고 내가 그곳에서 전도하도록 허락해주었다. 그 방의 흙벽에 벽지는 붙여있지 않았고, 주막으로 직접 갈 수 있는 조그만 문이 나 있었다. 주막에서는 손님들이 새벽 2시까지 북적거려서 시끄러웠다.

첫 날 밤에는 나는 도저히 잠에 들 수가 없었다. 한 쌍의 남녀가 내가 머문 방으로 오면서 이야기하는 소리가 들렸다.

"그 외국인은 분명 돈이 많을 것이오! 나는 그 사람을 칼로 위협하고 그 돈을 빼앗아오겠소!"라고 말하는 남자의 목소리가 들렸다.

그 여자는 "그렇게 하지 마시오. 어쨌든 그 사람은 우리 마을의 손님이요. 결국 당신은 들키고 말 것이오!"라고 말했다.

나는 그 이야기를 알아듣고 내 옆에서 자고 있던 한국인 조사를 조용히 깨웠다.

"당신, 지금 이야기를 들었소?"하고 나는 속삭였다.

"네, 우리가 어떻게 하면 좋을까요?"하고 그는 대답했다.

우리는 우리 옆방에서 하고 있는 대화를 조용히 경청했다. 한 여자가 다른 남자와 논쟁하더니, 마침내 그를 떠나게 만들었다. 우리는 안심이 되었고, 덕분에 잠을 취할 수 있었다.

다음 날 우리는 그가 누구인지 알게 되었다. 그의 위협은 그냥 지나가는 소리가 아니었다. 그는 자기 이웃집의 소를 팔아넘기고 그 소 주인과 싸우던 중에 그를 칼로 찔러서 감옥에 들어갔다가 이제 막 풀려난 사람이었다. 그 사람이 나에게 다가와서 기독교인이 되고 싶다고 했다. 그날 그는 나를 따라다니면서 마을 사람들에게 전도하는 것을 도와주었다. 그러나 그것은 전혀 도움이 되지 않았다. 마을 사람들은 모두 그가 어떤 사람인지 알고 있었다. 그가 나타나면 그 앞에서는 웃으면서 "네, 네"하고 대답은 하지만, 그것은 그 사람을 빨리 떠나보내기 위한 것이었다.

며칠 후에 그는 아침 일찍 나를 찾아왔다. 그 마을에서는 단감을 키우는 집이 많았는데, 나는 단감을 좋아했다. 이전에 그 사람이 좋은 단감을 살 수 있는 집을 소개시켜주겠다고 했었는데, 바로 이 이유로 그가 날 찾아 온 것이다.

"목사님. 심각한 일이 생겼습니다. 당신에게 단감을 팔기로 한 집에 어린 아이가 그만 심한 병에 걸렸습니다. 그 아이가 급하게 해주 병원에 가야 하는데, 그 집이 지금 돈이 없습니다. 혹시 당신 단감을 살 돈을 미리 주시고 제가 나중에 단감 한 상자를 보내드리면 어떻겠습니까?"

나는 너무 바빠서 그 집을 직접 찾아갈 수가 없었다. 그렇다고 그를 믿고 돈을 주는 것도 내키지 않았다. 그러나 나는 그에게 돈을 보내기로 결심했다. 당신이 추측하는 것처럼, 그 이후로 나는 그 사람을 다시 만나지 못했고, 돈도 사라졌고, 단감도 받지 못했다. 나는 그 마을을 떠나면서 그를 찾고자 했으나 사람들은 그를 찾을 수 없다고 했다. 나는 그 이후로 그 마을을 정기적으로 방문했는데, 그를 다시 만나지 못했다. 나는 그를 거리에서 한 번 스쳤는데, 그는 나를 보자마자 건물 뒤로 숨어버렸다. 나는 얼른 건물 뒤로 가서 그를 찾았다. 나는 그에게 왜 나를 속였냐고 점잖게 타일렀다. 그러나 돈을 돌려달라고 요구하지는 않았다. 그가 나를 다시 따라오게 만드느니 그냥 그 돈을 잊어버리는 것이 더 좋은 선택이었다.

2주 후에 내가 그 마을을 떠나려고 할 때, 한 그룹의 사람들이 찾아와서 기독교인이 되고 싶다고 했다. 나는 내 조사 몇 명을 그 마을에 남겨두고 그들을 돌보게 했다. 그해 겨울까지 나는 그 마을을 주기적으로 방문했다. 그 즈음에 나는 50엔을 준비해서 그들에게 주고 교회를 짓도록 했다. 내 조사는 그 일을 맡아서 진행을 했고, 장마철이 되기 전까지 그 일을 마치려고 애썼다. 그러나 그 일은 장마철이 되어도 끝나지 않았다. 장마철에는 일을 할 수 없기 때문에 잠깐 쉬었다. 나는 다시 50엔을 더 준비해서 주었고, 마침내 교회는 완성되었다. 내가 1940년에 한국을 떠나기 전까지 그곳 교회는 신실한 사람들이 모여서 교회를 잘 세워가고 있었다.

그곳에서 한 10마일 정도 떨어진 마을에 살고 있는 한 신자가 나에게 그곳에서도 교회를 시작할 수 있도록 도와달라고 했다. 그래서 나는 내 자전거를 타고 그 마을로 갔고, 마을에 내 짐이 도착하는 것을 기다렸다. 내 짐을 실은 마차는 지연되어서 내가 숙소를 정하고 저녁시간이 되어서 음식을 먹고 난 이후에 도착했다. 짐이 도착할 무렵 마을의 여섯 명의 젊은이들이 복음을 듣기 위해서 나를 찾아왔다. 나는 11시까지 그들에게 복음을 전했다. 그들이 떠났을 때에, 나는 기진해서 잠자리에 들었다. 그런데 한 시간쯤 후에 밖이 소란스러워서 잠을 깨고 말았다.

"목사님, 주무십니까?" 나는 그날만큼은 정말로 잠을 자고 싶었지만, 그렇게 할 수 없었다.

"왜 그러십니까?"

"들어가도 될까요?"

나는 잠옷을 그대로 입은 채로 들어오라고 했다. 여섯 명의 젊은이들은 내가 전한 복음을 들은 후에 서로 열띤 논쟁을 벌였다고 했다. 그리고 마침내 그들은 기독교인이 되기로 결심을 하고, 대표를 뽑아서 나에게 보낸 것이다. 그 이야기를 듣고 나는 정신이 번쩍 났다. 나는 그들과 함께 기도를 했고, 그들에게 한 시간 정도 더 이야기하면서 기독교인으로 살아가는 방법에 대해서 알려주었다. 그들이 돌아간 후에 나는 행복한 마음으로 다시 잠을 청할 수 있었다. 우리는 숫자는 적지만 훌륭한 신자들을 그곳에서 만날 수 있었던 것이다.

다음으로 우리는 조선의 이씨왕조 후손이 살고 있는 마을로 가서 선교를 했는데, 그것은 잘못된 결정이었던 것 같다. 왜냐하면 그 마을은 우리가 본 마을 중에서 가장 심한 양반 마을이었기 때문이다. 왕조의 후손임을 자랑스러워하는 그 마을 사람들은 아주 완고하게 유교를 신봉하고 있었다. 나는 마을 한 곳에 천막을 치고 지나가는 사람들에게 개인 전도를 했다.

그들은 아주 예의바른 태도를 가지고 있었다. 하지만, 그들의 속마음은 알기 어려웠다. 그들은 언제나 웃음을 띠었고 상당히 협조적이었다. 나에게 가장 협조를 잘 한 사람은 그 마을의 이장이었는데, 그는 마을 주막을 운영하고 있었다. 어느 날 밤 30여 명의 사람들이 기독교인이 되고 싶다고 했다. 그들은 거의 매일 밤에 모였다. 그런데, 나는 그들의 마음이 정말로 진심인지 알 수가 없었다. 한 2주 정도 그렇게 모임을 하고 난 후에 그들은 갑자기 냉담해졌다. 우리가 교회를 시작했을 때, 처음에 우리에게 협조적이었던 30여 명의 사람들은 거의 다 우리의 일을 돕지 않았다. 교회를 시작한 첫날 일요일 오후에 내가 만든 천막이 바람에 날아가고 말았다. 그리고 어느 날엔 한 주정뱅이가 우리의 모임을 망쳤다. 마을 이장인 주막 주인은 만일 그가 기독교인이 되면 자신의 일을 계속해서 할 수 없기 때문에 기독교인이 되는 것을 거부했다. 30여 명이나 되었던 사람들이 하나둘 그렇게 떠나고 교회를 시작하려고 할 때에 남은 사람은 몇 명 되지 않았다.

신사참배 문제로 나의 순회전도여행이 금지되었던 1939년까지 우리는 여덟 교회를 세울 수 있었다. 나의 마지막 사역은 상당히 가슴 아픈 경험이었다. 그곳은 이씨의 마을에서 3마일정도 떨어진 곳이었다. 그곳은 그동안 나의 사역을 적극적으로 도왔던 한 나이 드신 집사님이 계신 곳이었다. 그는 자신이 살고 있는 곳에서도 교회가 세워지기를 바랐지만, 그럴 수 있는 기회를 얻기가 쉽지 않았다. 마침내 우리는 교회를 시작하기로 하고 그 마을 사람들이 좋아하는 마을의 경찰의 도움을 받아서 천막을 지었다. 그러나 그 일이 시작되자마자 그는 다른 곳으로 전출을 가게 되었고, 다른 지역에서 새로 경찰이 왔는데 그는 우리 일에 전혀 협조하지 않았다.

지난 2~3년 동안 나는 완강하게 기독교인의 신사참배는 있을 수 없는 일이라고 주장하였다. 비록 그것이 일본 사람으로서 일본의 황제에게 충성을 표하는 일이라고 하더라도 말이다. 아니 그것이 단순히 동쪽을 향해서 절을 하는 그런 일이라고 할지라도 말이다. 왜냐하면 군부에서 아무리 그가 신적인 존재라고 주장하더라도 황제는 단지 사람일 뿐이기 때문이다. 나는 그에게 절을 하는 것은 하나님의 말씀을 어기고 양심을 저버리는 일이라고 생각했다. 나는 신사참배 문제가 불거져서 숭실대학의 교장인 매큔 박사를 비롯해서 교수들과 학생들에게 황제의 즉위식 날에 신사에 절하도록 만드는 문제가 대두되기 전 해에 장로교 황해 노회에 참석했는데, 거기에서 황제에게 절하는 시간이 있었다. 1938년 장로교총회에서는 일본 경찰의 압력에 못 이겨 신사참배는 종교적인 예식이 아니라, 정치적인 국가 예식일 뿐이라는 결의를 하게 되었다. 그 결정이 내려졌을 때, 나는 다른 선교사들과 함께 그 문제에 대해서 강력하게 항의했고, 그 이유로 나는 총회에서 제명되었다. 이후 황해노회에서도 탈퇴하게 되었다. 이 문제에 찬성한 나머지 다른 선교사들은 한국장로교총회 회원직을 유지하고 있었다.

이러한 문제로 인해서 나는 내가 가는 곳마다 경찰의 감시와 압력을 피할 수 없는 처지가 되고 말았다. 내가 나의 마지막 사역을 시작할 무렵, 새로 부임한 경찰은 내가 예배를 드리기 전에 동쪽을 향해서 절을 하고 황국신민서사를 낭독해야만 나의 사역을 계속할 수 있도록 허락하겠다고 했다. 나 자신이나 교인들 모두 그 일을 하는 것이 싫었지만, 교회를 하기 위해서 어쩔 수 없이 그렇게 하게 되었다.

그러나 나의 사역의 마지막 날이 닥치게 되고 말았다. 나는 기독교인들에게 신사참배는 잘못된 것이라고 계속해서 가르치고 있었는데, 교회 안에 스파이가 들어와서 나의 그런 가르침을 듣고는 바로 나를 체포해서 경찰서로 끌고 가서 폭행을 가했다. 이웃 마을의 사람들은 기쁜 마음으로 복음을 받아들이고 그 마을의 모든 사람들이 기독교인이 되기로 하고 자신의 마을에서 교회를 시작하기로 했다. 그러나 다음 날 내가 그 마을에 도착했을 때, 그곳에 그 스파이가 이미 와서 마을 지도자들에게 폭행을 가하고 만일 기독교 신앙을 받아들이게 되면 벌을 줄 것이라고 그들을 위협했다. 그들은 이제 막 기독교를 받아들였기 때문에, 그들은 나에게 이런 상황 때문에 기독교인이 될 수 없다고 말했다.

2주간의 전도 여행을 마치고 나는 금방 돌아갈 계획을 세웠지만, 다시 돌아가지 못하고 말았다. 평양에 돌아왔을 때, 일본 의회에서는 이세(Ise) 신궁을 향해서 절하는 것은 황제에게 절하는 것과 마찬가지라고 하면서 일본 내각의 모든 각료들에게 이러한 지시를 내렸다는 보고를 읽게 되었다. 일본 총리는 그의 각료들은 이러한 지시를 따르겠다고 발표했다! 물론 교육부 장관도 이 의견을 따르는 것은 당연한 것이었다.

내가 그것을 읽었을 때, 나 뿐 아니라 많은 기독교인들이 속고 있다는 것을 알게 되었다. 왜냐하면 동쪽을 향해서 절하는 것(동방요배, 東方遙拜)이나 황제에게 절하는 것은 바로 신궁을 숭배하는 것이라는 사실을 알게 되었기 때문이다. 그러나 기독교인들이 동쪽을 향해서 절을 하지 않고 예배를 계속해서 드리는 것은 불가능한 일이었다. 설혹 그것을 따르지 않는다고 하더라도, 그 사람들은 경찰에게 체포되어서 심한 폭력에 시달리게 되고, 결국에는 그 명령을 따를 수밖에 없는 것이 현실이었다. 이제 막 기독교를 받아들이게 된 사람들은 자신의 믿음을 지킬 수 있는 기회조차도 얻을 수 없는 상황이었다. 이런 상황 가운데에서 나는 1939년에 순회전도여행을 포기할 수밖에 없었다.

# XXX. 미국에서의 교회 분열

1937년 1월의 메이첸 박사의 죽음은 미국장로교(Presbyterian Church of America)[39]뿐 아니라 해외 선교사들에게 커다란 충격을 주었다. 그는 훌륭한 선생님이셨고, 나의 든든한 친구였으며, 독립선교부의 든든한 경제적인 "후원자"였다. 1936년 독립선교부에서 그를 대신해서 다른 사람을 새로운 회장으로 세운 결정이 그에게 큰 상처를 안겨주었다. 그의 심장이 거의 멈출 정도로 충격적인 이 사건은 미국장로교(PCA)의 분열을 알리는 전조가 된 사건이었다. 그러나 그는 그의 길을 멈추지 않았다. 노스 다코타(North Dakota) 지역을 여행하면서 설교하던 도중에 그는 폐렴에 걸리고 말았다. 그에게 항생제를 투여되기 며칠 전에 그는 이 무서운 병에 무릎을 꿇게 되고 말았다. 아마도 교회가 그에게 보여준 태도로 인해서 그의 마음은 무너져 내렸고 폐렴과 싸우고자 하는 의지가 사라져 버렸던 것 같다.

한국에서는 메이첸 박사의 죽음에 충분히 슬퍼할 겨를도 없이 또 다른 일이 터지고 말았다. 1937년 5월 31일에 독립선교부의 여덟 명의 회

39) 각주 36번 참고. 본 회고록에서 언급된 '미국장로교'라는 용어는 1983년 이후 미국남장로교에서 분리된 미국장로교(PCA)를 말하는 것이 아니라, 북장로교회에서 분리되어 나온 정통장로교회를 의미한다(역자 주).

원이 그만두게 되었고, 찰스 우드럿지 사무총장도 그만두게 된 것이다. 그들이 그만두게 된 이유는 독립선교부의 회장과 부회장을 비롯한 몇 명의 회원들이 장로교 정치의 규칙을 따르는 대신 독자적인 방향을 결정했기 때문이었다. 1937년 6월 총회에서 상당수의 미국장로교(PCA) 목회자들이 총회를 탈퇴하고 성경장로회(Bible Presbyterian Synod)를 결성했다. 이러한 분열의 이유가 표면적으로는 크게 드러나지 않았다. 그들은 그들이 분열하게 된 이유를 공공연하게 표명하지는 않았다.

많은 목회자들이 독립선교부를 그만둘 것을 거부한 후에, 1936년 미국장로교(PCA)가 만들어졌을 때, 새로운 교단에는 다양한 믿음을 가지고 있었던 복음주의자 그룹이 속해 있었다. 아마도 교리적인 차이를 가지고 있었던 사람들이 한 교회에 모여서 있으면서 교리적인 차이로 인한 갈등이 어쩔 수 없이 발생했을 것이다. 가장 심각한 교리적인 차이는 천년왕국에 대한 것이었다. 미국장로교(PCA)를 떠나서 성경장로교를 만들었던 그룹은 전천년설을 신봉하는 사람들이었다. 이 그룹의 대다수의 사람은 전-대환란주의자들이었다. 그들은 하나님의 나라가 오기 전에 그리스도가 천년 동안 실질적으로 세계를 지배한다고 하는 믿음을 가지고 있었을 뿐 아니라, 천년왕국이 시작되기 전, 즉 "대환란"이 시작되기 전에, 성경에 나오는 대로 그리스도께서 오셔서 성도(saints)들을 "휴거"시킨다고 믿었다. 다시 말해서 그리스도께서 대환란이 오기 전에 성도들을 데리고 하늘로 올라가고, 7년 후에 그들을 데리고 하늘에서 구름을 타고 내려와서 마태복음 25장에서 나오는 것과 같은 양과 염소를 나누는 심판이 있을 것이고, 그 후에 예루살렘에 그의 왕국이 만들어지고 천년 동안 아마겟돈 전쟁이 지나가고 마침내 요한계시록 20장에 나오는 최후의 심판(Great White Throne, 백보좌)이 이루어지게 될 것이라고 믿는 것이다.

한편 미국장로교(PCA)의 사람들은 무천년설을 믿는다. 무천년설이란 성서에 나오는 천년왕국은 영적인 지배를 의미하는 것으로 그리스도는 지상의 교회와 천상의 성도들을 다스리시고 계시며, 예수가 재림하실 때에 최후의 심판(양과 염소를 나누는 심판과 백색 보좌의 심판)이 이루어질 것이라고 믿는다. 성도들의 휴거는 역사의 마지막 순간에 일어나게 되며 하나님의 나라는 지상에서 완전하게 이루어지고, 그 순간이 되면 인간의 죄는 완전하게 사라지게 된다고 믿는다.

미국장로교(PCA)의 대다수의 목회자들은 칼빈주의자로 "개혁주의 신앙"을 따르고 있으며, 무천년설을 믿고 있으며, 천년왕국보다는 칼빈주의가 더 중요하다고 생각하고 있다. 그래서 그들은 천년왕국에 대해서 교리적으로 선포하는 것은 바람직하지 않다고 믿고 있다. 반면 성경장로교의 목회자들은 칼빈주의보다는 자신들이 믿고 있는 천년왕국이 더 중요하다고 생각하고 있다. 미국장로교(PCA)의 다수의 목회자들의 이러한 생각은 확고한 것이었다. 그들은 웨스트민스터 신학교에서 가르치고 있는 교수들 중에서 전천년설을 믿고 있는 사람들에게 그것을 그만 가르치도록 제안했다. 이러한 제안은 신학교 이사회의 심기를 건드렸다. 왜냐하면 교수들은 그들이 가지고 있는 천년왕국에 대한 믿음에 따라서 선발된 것이 아니라 각 전공과에 맞는 사람들로 이사회가 세운 것이기 때문이었다.

또 다른 이슈는 "기독교인의 자유"에 관한 것이었다. 미국장로교(PCA)의 사람들은 성경에서 가르치지 않은 것들, 예를 들어서 흡연, 영화관람, 댄스, 적당량의 음주 등의 문제들에 대해서는 제약을 두어서는 안된다고 생각했다. 이것은 장로교회의 오랜 전통이었다. 그러나 기존의 미국장로교(북장로교, PCUSA)에서는 음주를 금지했다. 몇몇 네덜란드 배경을 가지고 있는 사람들은 성경에서 말하는 대로 술 취하지 말라는 점을 강조하기는 했지만, 대체로 음주, 흡연에 대해서 자신들의 전통에 따라 관대한 태도를 가지고 있었다.

그러나 성경장로교 소속 목회자들은 천년왕국에 대한 견해를 강력하게 피력하기보다는 음주와 흡연 문제에 대해서 강력하게 반대하였다. 미국장로교(PCA)는 무천년설을 주장하지만, 그보다는 칼빈주의가 더 중요하다고 보았고, 성경장로교는 전천년설을 칼빈주의보다도 더 중요하게 여겼다. 그러나 실제로 이 두 교단이 크게 다른 견해를 보이면서 갈라진 최종관심은 자유의 문제였다. 안타깝게도 개인의 성향의 차이가 교리의 차이보다도 더 컸던 것이다.

처음에 미국장로교 총회가 독립선교부의 회원들이 그만둘 것을 종용하고 그 선교부의 회원들에 대한 지원을 중단시켰던 "독립"의 문제는 이제 장로교회의 또 다른 분파인 성경장로교를 만들게 되는 단계로 접어들게 되었다. 안타깝게도 그 결과로 페이스 신학교(Faith Theological Seminary)가 설립되었고, 미국장로교(PCA) 해외선교부는 분열되어서 성경장로교로 발전되게 되었다.

선교부가 분열되었다는 소식은 한국과 만주에 있는 선교사들에게 마치 천둥번개와도 같은 충격이었다. 그렇게 멀리 떨어져 있는 우리들에게도 그 열기가 전달되었으며, 그 분열은 우리가 그동안 싸워왔던 모든 것들을 다 배신하는 것처럼 보였다. 교회가 모더니즘의 나쁜 영향에 대항하기보다는 작은 문제에 집착해서 형제들에게 상처를 주고 작은 차이를 극복하지 못하는 것으로 보였다. 그 사건은 기존 미국장로교회에 소속되어 세계 곳곳에 퍼져서 활동하고 있었던 선교사에게 우리를 비참하고 창피하게 보이도록 만들었다. 그것은 우리들에게 새로운 문제를 던져주었다. 혹시 우리가 기존의 미국장로교(PCUSA)에서 분리하여 나온 것이 너무 성급한 것은 아니었는지, 그래서 교리적인 근본적인 문제가 아닌 작은 문제에 집착하게 만든 것은 아닌지 하는 생각이 들었다. 오랫동안 떠나는 문제로 논쟁을 벌이다가 결국 기존 교단에 남은 선교사들은 지금의 이 문제를 접하면서 결국 그들이 옳았다고 생각했다. 그들이 우리들에게 보낸 조소는 자신들의 결정이 옳았다는 사실을 반증하는 것이었다. 한편 새로운 교단에 사람들은 이러한 분열을 야기한 사람들은 고집불통의 방해꾼들이기 때문에 더 이상 함께 갈 수 없다고 하면서 자신들을 변호했다. 그러나 진실로 우리가 기존 교단을 떠난 이유가 무엇인지 다시 한 번 점검해보는 것이 필요했다.

나는 개인적으로 새로운 교단이 완벽하기 때문에 기존 교단을 떠난 것은 결코 아니었다. 기존 교단의 선교사들은 나에게 "보시오. 당신들 새로운 교단을 만들겠다고 하면서 역시 기존 교단이 가지고 있는 불완전함을 당신들도 드러내지 않았소! 당신은 단지 프라이팬에서 튀어나와서 불속으로 뛰어내린 것 아니오!"라고 말했다. 내가 기존 미국장로교 총회를 떠난 이유는 교회의 머리되신 예수 그리스도를 따르지 않았다고 확신했기 때문이었다. 또한 그런 상황 속에서 계속 목회를 한다는 것은 목회적인 양심을 저버리는 행동이라고 생각했기 때문에 나는 1936년의 총회의 결정에 반대했던 것이었다. 다시 말해서 내가 떠나기로 결심한 것은 "어떤 결과"를 바라고 행동했던 것이 아니라, "어디에서부터 출발해야 하는가?"의 문제였던 것이었다! 나는 그런 상황을 더 이상 참을 수가 없었고 그래서 나는 고심 끝에 스스로 떠나기로 결심한 것이었다. 기존 총회의 입장에서 본다면 그것은 단순히 장단점을 따져서 소위 말하는 "배교" 행위를 하는 것으로 보였을 것이다. 그러나 역사적으로 본다면 "배교"라는 단어는 그렇게 쉽게 사용될 수 있는 것은 아니다. 왜냐하면 기독교인들이 그 단어를 사용할 경우는 반드시 그리스도를 구주로 믿기를 포기하고 다른 진리를 따르는 것을 의미하기 때문이다. 오히려 기존의 미국장로교(PCUSA)가 1936년에 내린 공식적인 결정이 배교에 가까운 것이었다. 총회가 내린 결정은 분명 그리스도를 따르는 결정은 아니었다. 나는 그 상황에서 교회의 결정을 묵인하는 것은 우리를 구원하신 그리스도를 배신하는 것이라고 생각했다.

그러나 한국과 만주에서 우리는 매우 실질적인 문제에 직면했다. 그 문제는 바로 미국장로교 내에서 우리가 만든 독립선교부를 계속해서 따를 것인가 아니면 새로 조직된 장로교(PCA)의 해외선교부로 소속을 옮길 것인가 하는 것이었다. 우리는 두 선교부에서 모두 편지를 받았다. 독립선교부가 더 개혁신학을 따르고 있으니 계속 있으라는 내용의 편지와 새로 조직된 장로교총회의 선교부에 합류하라는 편지를 함께 받았다. 우리 중에 몇 명은 새로운 선교부에 합류했다. 나머지는 독립선교부에 남아있었다. 그러나 우리 모두는 비록 다른 선교부에 소속되었지만, 서로 교류하고 협력하는 일은 멈추지 않았다.

나는 아래의 이유로 독립선교부에 남았다: (1) 나는 독립선교부의 신학이 개혁신학의 가르침에서 벗어난 것이라는 확신이 들지 않았다. 새로운 장로교(PCA)의 해외선교부로 합류하지 않고 독립선교부에 남는다고 해서 그것이 장로교회의 정책을 따르지 않는 것은 아니라고 생각했다. (2) 독립선교부는 자신들이 따르고 있는 전천년설이 아닌 무천년설을 믿고 있는 나에게 강요하지 않을 것을 약속했다. (3) 내가 생각하기에 그 문제는 교리적인 차이에서 발생한 문제가 아니라 편의주의에 의해서 발생한 문제였다. (4) 나는 내가 계속 남아있는 것이 죄라고 판명되지 않는 한 교회와 선교부를 떠날 이유가 없다고 생각했다. 그래서 나는 독립선교부에 남기로 결정했다.

1938년 1월과 2월 동안에 브루스 헌트와 나는 해주에 새로 시작한 성경학원(Bible Institute)에서 가르쳤다. 6주 동안 우리는 한 방에서 생활하면서 함께 기도하고 또 서로 존중하고 이해하려고 노력하면서 논쟁을 벌였다. 우리는 당면한 신학적인 문제들에 대해서 심도 깊게 토론하였고, 그것은 매우 만족스러웠다. 나는 그 다음 해에 성경학원을 계속 운영하지 못한 이유에 대해서 정확하게 기억할 수는 없지만, 아마도 그것은 신사참배 문제가 심각하게 대두되면서 정부에서 심각한 압력이 있었기 때문에 포기했던 것 같다.

당국의 속임수는 매우 치밀했다. 장로교 황해노회의 노회장에게 일어난 일을 보면 그들이 얼마나 치밀하게 속이고 있는지 알 수 있다. 그 노회장은 신사에 절대로 절하지 않겠다고 했다. 그런데, 하루는 경찰이 와서 그에게 질문을 했다.

"당신은 하나님은 모든 곳에 계시다고 하지 않으셨소?"

"물론이오!"

"그렇다면 하나님은 신사에도 계시지 않겠소?"

"그렇소만..." 노회장은 머뭇거렸다.

그는 "그렇다면 신사에서 당신이 믿는 하나님께 기도하시오."라고 명령했다.

노회장은 그의 말을 따르지 않으면 어려움에 처하게 될 것을 직감했다. 그리고 물론 신사 안에도 하나님은 계시고 그 하나님은 우상숭배죄를 범하는 사람에게 분노하신다는 것을 믿었다. 이런 믿음으로 그는 신사에 들어가서 고개를 숙이고 삼위일체 하나님께 기도드렸다. 그가 고개를 숙이고 기도하는 동안 그 형사는 사진을 찍어두었다. 그리고 다음 날 그 사진을 신문에 내고 기사에 "장로교 황해 노회의 노회장도 신사에 들어가서 여신의 아들에게 절을 하다!"라는 제목을 달았다.

그 사건은 내가 한국의 북쪽 지역에 있는 강계에 세워진 성경학원에서 6주 동안 강의를 하고 난 이후 1939년에 벌어졌다. 일제 당국이 전국의 모든 학생들에게 신사참배를 명령하게 되면서 신사참배문제는 가장 극에 달했다. 내 기억에 거의 모든 학생들이 신사참배를 거부하고 집으로 돌아갔던 것 같다.

그 기간에 나는 평양에 있는 여자성경고등학교와 남성성경학원에서 가르쳤다. 나는 평양신학교에서도 두 과목을 가르쳤다.

1938년에서 1939년 학기 동안에 중국 북부에 있는 두 명의 선교사의 딸이 그 학교에서 공부했다. 솔베이그와 브조르그 루돌프 남매였는데 그들은 노르웨이 출신이었지만 영어를 유창하게 구사했으며 평양의 외국인 학교에서의 생활을 즐겼다. 1940년 겨울에 루돌프 씨가 나를 베이징에 있는 오순절성경학교와 교회로 초대해서, 나는 거기에서 한 달간 강의를 했다. 나는 칼빈주의 학자로 알려져 있지는 않았지만, 그곳에서 칼빈주의를 강의했다. 중국어 통역사가 나의 강의를 통역해주었고, 성경을 바탕으로 한 나의 교리 수업을 학생들이 잘 받아들였다.

우리 부부는 1938년 가을에 처음으로 베이징에 방문한 적이 있다. 건물들과 사원들이 너무 아름다워서 왜 그곳이 가장 많은 사람들이 방문하는 명소가 되었는지 금방 알 수가 있었다. 베이징은 세계에 그 어떤 다른 장소와 비교할 수 없는 곳이었다. 우리는 거기에서 베이징 러그(rug)를 하나 구입했는데, 환율의 차이 때문에 매우 싼 가격에 살 수 있었다.

잠깐 환율에 대해서 이야기하자면, 1938년부터 1940년까지 환율 차이로 상당한 이익을 볼 수 있었다. 한 사람이 미국 달러를 중국의 외환 시장에서 중국 달러를 살 수 있고, 중국 달러로 일본 은행에서 엔으로 바꿔야 하는데, 조선은행에서 수표로 사 두었다가 일본 은행에서 엔으로 바꾸면 된다. 일본 본토에서는 1달러를 4엔 50전으로 바꿀 수 있고, 중국 20달러가 미국 1달러 가치를 가지고 있다. 그런데, 중국 1달러는 일본 1엔으로 통용되었다. 그래서 한국에 살면서 미국 달러를 가지고 있는 사람들은 상당한 이익을 얻을 수 있었다.

물론 이론적으로는 한국에서 엔화로 달러를 살 수는 있었다. 그것을 반복해서 자본금을 늘릴 수도 있었다. 그러나 그것은 일본 정부에서 속임수로 여겨서 금지하는 것으로 우리는 이러한 비윤리적인 일은 하지 않기로 했다. 그러나 달러를 일본 제국으로부터 사들여오는 것이 아닌 한, 한쪽 방향으로 자금이 흐르는 것은 일본 정부에서 금지하는 일은 아니었다. 우리는 중국에 있는 선교사 친구들에게 부탁해서 미국으로부터 들어오는 선교자금을 중국으로 보내게 하고, 베이징에서 그것을 엔으로 바꾸어서 한국에 수표로 보내도록 했다. 그런 과정은 일본은행에서 직접 관리를 하면서 관계 당국에서도 이미 알고 있는 일이었기 때문에, 물론 그런 과정을 환영할 리는 없었겠지만, 그리고 이미 자신들도 중국 은행에서 중국 달러를 사서 일본으로 보내는 일을 하고 있었기 때문에, 자신들의 손해를 감수하면서까지 이 일을 막지는 않았다.

그러나 마침내 일본 당국은 베이징 은행에서 일본 수표를 파는 것을 금지했다. 그래서 우리는 우리의 자금을 베이징 우체국에서 머니 오더(money order)[40]를 발행받아서 받아야만 했다. 1940년 봄까지 그렇게 할 수 있었는데, 일본 당국은 한 달에 우체국의 머니 오더 송금 가능 액수를 800엔으로 제한했다. 이것은 우리가 우리의 일을 하면서 편안하게 살 만큼 충분한 금액이었다.

우리 선교부는 현지인 선교 사역을 위해서 한 달에 50달러를 보내주었다. 1940년에 나는 선교여행을 그만두고 신사참배에 반대하는 캠페인을 시작했는데, 그 일은 상당히 성공적이었다. 목회자들이나 그들의 조사들이 신사참배를 거부하고 나에게 찾아와서 도움을 구했는데, 그들은 감옥에 들어가는 것을 피하기 위해서 집을 떠나야만 했다. 우리는 한국 전역에 걸쳐서 신사참배거부 캠페인을 벌였다. 일본 당국은 신사참배는 단순하게 국가에 충성하는 일일 뿐이라고 하면서 많은 기독교인들을 속였다. 그래서 우리 캠페인에 참여한 사람들은 그들을 만나서 신사참배가 우상숭배라는 사실을 알리는 캠페인을 벌이면서 신사

40) 우리나라에는 없는 제도로 우체국이나 은행에서 발행해주는 일종의 어음과 같은 것이다. 머니 오더를 가지고 은행에 가면 다시 현금으로 바꿀 수 있다(역자주).

참배를 강요당하고 있는 교회를 떠나도록 촉구했다. 차라리 교회를 떠나서 자신의 집에서 예배를 드리던지 아니면 산에서 숨어서 예배를 드리도록 권유했다. 이 캠페인은 급속도로 전국으로 확대되었고, 신사참배를 하는 교회의 교인들의 수가 감소하면서 각 교회의 목회자들과 조사들은 경제적인 어려움을 겪기 시작했다. 이에 많은 목회자들이 이 캠페인에 불만을 품고 신사참배를 거부를 선동하고 다니는 사람들을 경찰에 고발하게 되었다. 그래서 캠페인에 참여한 사람들은 한 곳에서 오래 활동하기 보다는 이곳저곳으로 옮겨 다니면서 활동했다. 나는 그들에게 혹시 체포가 돼서 그들의 활동경비를 어디에서 받고 있는지 취조를 당하게 되면 거짓말을 할 수 없게 될 것이라고 일러주었다. 어느 날 연세가 많이 드신 이기선 목사님이 체포되어서 고문을 당하는 일이 있었는데, 그는 연세가 많아서 그랬는지 모르겠지만, 그의 경제적인 경비에 대해서는 취조를 당하지 않았다고 했다.

부산에서는 우리 쪽의 한 분이 지방을 돌아다니면서 약 50여 개 정도의 교회에서 활동을 벌였다. 어떤 한 날에 부산 지역의 모든 교회가 신사참배를 하도록 명령을 받았다. 그가 캠페인을 벌인 50여 개의 교회에서는 단지 한 명만 신사에 참배를 했지만, 활동을 하지 못한 다른 곳의 50여 개의 교회에서는 신사참배에 참여하였다! 경찰은 무엇인가 심상찮은 일이 벌어지고 있음을 감지하고 조사를 시작했고, 캠페인 활동을 하고 있던 그 사람은 곧 다른 지역으로 피했다.

평양에서는 경찰이 목사들의 집을 찾아와서 누가 우리 캠페인에 참여하고 있는지 심문을 했다. 그러나 그는 그 소리를 듣고 침실에 있는 다락방에 숨었다. 다행히도 그는 들키지 않고 도망칠 수 있었다.

평양의 내 친구 중에 하나는 배관공이었다. 그는 서문교회의 성가대에서 멋진 테너로 활동하였다. 내가 그에게 신사참배 문제에 대해서 설명했을 때에 그는 교회출석을 그만두고 자신의 그룹을 결성하였다. 그는 일요일마다 젊은이들을 모아서 유람선을 빌려서 강에서 2-3마일 정도 떨어져서 나와서 예배를 드리면서 찬양과 기도와 말씀을 나누고 다시 도시로 돌아왔다. 경찰은 그를 전혀 의심하지 않았다.

지난해 동안 경찰은 우리 집에 한 주에 한 번씩 나와 안면이 있는 사람들을 스파이로 보내서 내가 무엇을 알고 있는지 캐물었다. 나는 그들에게 나에게 많은 질문을 할 기회를 주지 않기 위해서 그들이 집에 오는 소리가 들리면 바로 설교를 시작했다. 나는 그들에게 최후의 심판에 대해서 설교하면서 하나님의 심판 때가 오면 교회를 핍박하는 일본은 반드시 망할 것이라고 설교했다. 나는 역사를 예를 들어서 말하면서 그 어떤 나라도 하나님을 무시하는 나라는 오래갈 수 없다고 설교했다.

일본 제국주의의 힘이 정점에 도달하게 될 무렵, 일본군은 만주, 중국북부, 상하이, 중국북부를 점령했고, 마침내 진주만도 공격하였다. 그러나 성경의 가르침에 따르면 하나님의 심판은 곧 닥치게 될 것이었다. 왜냐하면 어떤 나라도 하나님의 심판을 피할 수 없기 때문이다.

나는 종종 그 스파이들이 어떻게 살고 있는지 궁금했다. 그 중에 한 사람의 이야기를 알고 있다. 그는 회심해서 경찰서에 있는 그의 상관에게 자신은 자신의 집에 여신상을 놓고 동쪽을 향해서 절을 할 수 없다고 용기 있게 말했다. 그는 양심이 올바른 사람이어서 그의 상관도 그를 이해해주고 그가 신사참배를 하지 않을 수 있도록 허락해주었다. 그는 우리가 한국을 떠나서 미국으로 돌아올 때에 가장 큰 도움을 준 사람이었다.

1939년 여름이 끝나갈 무렵, 미국으로 떠날 준비를 하고 있는 나의 아들 로버트를 만나기 위해서 일본에 들렀다. 나는 그가 배 위해서 내가 보이지 않을 때까지 계속해서 손을 흔들어주었던 기억이 아직도 생생하다. 선교현장에서 소위 말하는 어려움 중에서 하나만 꼽으라고 한다면 나는 교육을 위해서 아이들을 본국으로 떠나보내는 순간이라고 말할 것이다. 몇 달 후에 밥은 나에게 말도 하지 않고 본국으로 떠났다. 우리는 다른 사람을 통해서 그가 휘튼 대학에 잘 도착해서 그곳에서 학업을 잘 이어간다는 이야기를 들었다. 그러나 밥은 6개월이 지나서야 우리에게 44쪽이나 되는 편지를 보냈다! 그는 정기적으로 편지를 쓰기는 했지만, 보내지 않고 있다가 한 학기가 마무리 되고 편지를 보냈다고 했다!

1940년에 우리가 마지막으로 소래 해변에서 보낸 시간은 행복했다. 우리는 한국에서의 우리의 일이 이제 거의 다 끝나가고 있다고 느끼고 있었다. 그러나 몇 주가 지나자 우리는 소래 해변과 같이 멋있는 곳에서 했던 일들이 다른 해변에서 펼쳐질 수도 있다는 가능성도 보았다. 여름 동안에 나는 필리핀 마닐라에 방문했는데, 그곳에서 나는 만일 우리가 한국에서 철수하게 되면 필리핀에서 선교사역을 계속할 수 있을지에 대해서 알아보았다. 그곳에서 두 달 동안 머물면서 나는 침례교동방복음화단체(the Association of Baptists for the Evangelization of the Orient)에서 보낸 선교사들을 만났다. 그들은 우리가 만일 마닐라에서 새로운 선교사역을 시작한다면 기꺼이 협력하겠다고 약속했다. 그래서 나는 한국의 사역이 마무리가 된다면 그곳으로 갈 계획을 세웠다.

우리가 리온 사의 도움으로 경기용 보트를 반값에 구매하기 이전 몇 해 여름 동안 리차드는 보트 훈련을 열심히 했다. 매해 여름마다 여러 보트를 타고 대회에 참석했는데, 우리 소유의 보트가 있기 전까지 한 번만 제외하고 4등 안에 들어본 적이 없었다. 그 보트의 이름은 "번갯불"이었는데, 실제로는 번개처럼 빠르지 않았다! 그러나 우리가 그것을 구매하고 나서 우리는 보트를 대대적으로 수리했다. 모양도 바꾸고 크기도 조금 더 키웠다. 마침내 그것은 꽤 묵직한 경기용 보트의 모습을 갖추었다. 우리가 그 보트로 대회에 출전한 처음 여름에 그것은 무게를 못 이기고 그만 뒤집어지고 말았다. 다행히도 탑승자들은 모두 구출되었다. 그러나 1938년 1940년까지 3년 동안, 둘째 아들 리차드가 그 배에 리더가 되어서 매해 여름 우승을 했다. 1940년 여름 우리 집을 닫아야 할 무렵, 우리는 가지고 있었던 소중한 것들을 다시 평양으로 가져왔다. 그런데, 그것들을 돌려받지 못할 것 같다는 불길한 예감이 밀려왔다. 소래 해변은 38선보다도 북쪽에 있는 지역으로 우리는 전쟁기간 동안에 우리 집이 일본군에 의해서 파괴되었다고 이야기를 들었다. 나는 종종 우리의 배 "번갯불"이 어떻게 되었을지 궁금하다.

1년 전에는 나는 대장염과 아메바성 이질로 몹시 아팠다. 평양의 의사들은 내 증상을 잘 다스리지 못해서 나는 베이징에 있는 독일 병원에 가서 치료를 받았다. 그들은 나에게 새로운 약을 처방해주었고 내 위장에 염산분비가 10%밖에 되지 않는다는 사실을 발견하고 알려주었다. 덕분에 내 증상은 완화되었지만, 나를 완전하게 치료한 의사는 내가 미국으로 카마쿠라 마루라는 배를 타고 돌아가던 중에 만난 일본인이었다. 그는 오랫동안 이질 치료에 쓰인 주사약 에메틴을 주사해주었는데, 덕분에 나는 완전하게 나을 수 있었다. 1940년 11월에 중국에서 열릴 복음주의자 회의에 참석할 것을 약속하고 그해 9월에 나는 베이징에서 한국으로 돌아왔다.

그러나 나는 다시 중국에 가지 못했다. 내가 돌아오자마자 미국 외교부에서 모든 선교사들과 사업가들은 미국으로 돌아오라는 명령을 내렸다. 우리 선교회의 사람들은 이 일 때문에 모여서 회의를 했다. 몇몇 선교사들이 돌아가면 안 된다는 이야기를 하기는 했지만, 나머지는 머물 수 있는 타당한 조건을 찾지 못했다. 우리가 남아서 한국인들을 도울 수 있다면 우리는 남을 수 있는 방법을 찾아보았을 것이다. 그러나 우리가 남아있게 되면 한국 사람들에게 더 큰 어려움만 가중될 뿐이었다. 우리를 만난 사람들은 감옥에 가게 될 것인데 우리가 그들을 피신시켜 줄 수 있는 방법이 더 이상 없었다. 더 이상 그들을 보호해 줄 수 있는 선교회의 건물도 없었다. 외국인 학교는 문을 닫았다. 대부분의 선교사들은 퇴거명령을 받았으며 전쟁은 점점 더 심각한 상황으로 치달았다. 어쩔 수 없이 우리는 외교부의 명령에 따라서 본국으로 돌아갈 결정을 내렸다. 우리는 전쟁이 당장 일어나지는 않을 것이라는 사실을 알게 되었지만, 그 시간이 언제인지 알지 못했고, 더 이상 억류되어 있을 자신도 없었다.

우리는 가재도구들을 한국인들에게 팔았다. 나는 귀중품들과 책들을 뉴욕 바타비아의 내 여동생에게 우편으로 보냈다. 짐을 꾸리고 보니 16개의 박스와 26개의 가방이 쌓였다!

또 다른 심각한 문제는 내 돈을 어떻게 돌려받을 것인가 하는 것이었다. 내 수중에는 선교부로부터 받은 돈과 가재도구들을 팔아 모은 돈이 상당히 많았다. 그러나 나는 우리 여섯 식구가 탈 배는 일본 엔으로 계산할 수 있다는 점을 알았다. 그래서 상당한 돈을 고국으로 돌아갈 티켓을 구입하고, 일본에서 여행할 경비에 쓰기로 했다. 그러나 그렇게 쓰고 나서도 상당한 금액의 엔화가 수중에 남아 있었다.

한 가지 좋은 방법을 찾았다. 일본 정부가 여권 하나에 117달러까지 가지고 본국으로 돌아가도 된다는 규정을 발표했다. 거기에는 한 가정에 제한된 여권의 수가 나와 있지 않았다. 나는 서울에 가서 우리 집 식구 숫자에 맞게 각 여권 당 125달러까지 지참할 수 있도록 허락해 달라고 요청할 계획을 세웠다.

"당신은 그렇게 할 수 없소." 서울의 조선은행 직원이 말했다.

"가능합니다. 정부의 규정에는 그렇게 되어 있습니다." 나는 대답했다.

그 직원은 잠시 머뭇거리더니 전화를 걸어서 정부 담당자에게 물어보았다. 그리고 여권 하나 당 117달러를 가지고 갈 수 있도록 허락을 해 주었다! 아직도 돈은 남아 있었지만, 그 이상 다른 방법은 없었다.

나는 카마쿠라 마루를 타고 고국으로 돌아가면서 생각했다. 만일 우리가 미국에 도착하기 전에 전쟁 종료가 선언된다면, 일본 배가 미국 배보다는 더 안전할 것이라고 생각했다. 왜냐하면 일본군이 미국 배는 어뢰로 공격을 할 수도 있겠지만, 자국이 배는 어뢰로 공격하지 않을 것이라고 확신했기 때문이다! 우리는 우리와 함께 일했던 많은 사람들에게 작별인사를 하면서 우리를 위해서 일해 준 일꾼들에게는 감사의 표시로 보너스를 지급하고, 또 한국 목사님들과 조사들에게 1년간 쓸 수 있는 급여를 지급했다. 마지막 작별의 순간에는 눈물이 멈추지 않았다. 이제 이렇게 헤어지면 다시 못 보게 될 것이라고 생각했기 때문이었다.

# XXXI.
# 고향 여행

기차를 타고 나서야 내 마음이 조금 편해졌다. 그러나 아직도 걱정해야 할 일들은 많이 남아 있었다. 부산에 도착할 무렵 나는 혹시 우리 가족이 짐 검사를 받게 되면 어떻게 해야 할지 걱정했다. 내가 걱정했던 것은 두 가지였다. 첫 번째는 존 군더가 쓴『아시아의 내막』(*Inside Asia*)라는 책인데 이 책은 당시에 금서로 지정되었다. 그리고 다음은 금전출납부인데, 그곳에는 내가 신사참배반대운동을 하면서 사람들에게 주었던 자금 내역들이 기록되어 있었다! 이것은 나를 감옥으로 보내기에 충분한 증거였다. 만일 발각된다면 나는 신사참배를 거부하고 국가에 충성하지 않은 죄로 감옥으로 보내지게 되었을 것이다. 나는 그 장부를 본국으로 가져가야만 했다. 왜냐하면 그 장부는 내가 지난 시간 동안에 어떤 활동을 했는지 말해주는 것이었기 때문이다. 나는 그 장부를 들고 다니는 가방 안에 넣어두었는데, 나는 그 가방이 가장 먼저 검열될 것이라고 생각했다. 그래서 나는 아내 몰래 그 장부들을 빼서 여행 짐 안쪽에 넣어두었다.

아니나 다를까, 우리가 부산에 도착하자마자, 대여섯 명의 해양경찰이 와서 우리가 들고 다니는 모든 가방은 다 조사했다. 그들은 내 이름을 물어보았다. 내가 대답하자 그들은 "좋습니다. 이쪽으로 오세요."

라고 우리를 안내해서, 500여 명의 사람들이 배를 기다리면서 줄을 서고 있었는데, 그 줄의 앞으로 우리를 데리고 갔다. 그리고 그들은 우리가 객실이 아직 배정되지 않은 것을 확인하고는 우리들의 객실을 배정해 주었다. 모든 준비가 다 되자, 그들은 "당신의 가방을 열어보아도 되겠소?"하고 물어보았다. "물론이오." 나는 내 가방을 건네주면서 대답했다. 그들은 내 가방의 내용물들을 일일이 살펴본 후에 "당신의 주머니를 검사해도 되겠소?"하고 물었다. 나는 물론 내 주머니의 내용물들도 다 보여주었다. 검사가 다 끝나고 나는 그에게 밖으로 나가서 내 짐이 잘 들어오는지 확인해도 되겠냐고 물어보았다. 그는 모든 것이 다 되었으니 나가도 된다고 했다.

내가 객실 밖으로 나가서 내 짐이 잘 들어오는지 확인하려고 했던 이유는 그들이 나에게 다른 짐들에 대해서 물어볼 시간을 주지 않기 위해서였다. 나는 경찰들이 배에서 떠나고 배가 출발할 때까지 갑판 위에서 지켜보았다. 객실에 돌아오자 룻이 무슨 문제가 없었냐고 물어보았다. "아니." 그녀는 "그들이 내 짐에 다른 책들이 들어있지 않은지 물어보길래 없다고 대답했어요."라고 했다. 나는 "그래요! 나는 내 짐에 장부와 존 군더의 책을 넣어두었어요!"라고 대답했다. 그녀는 "나는 몰랐어요."라고 하면서 웃었다.

우리는 한국을 벗어나기는 했지만, 아직 일본이 우리를 기다리고 있었기 때문에 아직은 안심하기에는 일렀다. 우리는 고베에 도착해서 호텔에서 묵으면서 일본 배를 알아보았다. 왜냐하면 일본 배가 미국 배보다는 검열이 덜할 것이라고 생각했기 때문이다. 카마쿠라 마루라는 일본 배를 타게 되었고, 그 배에 탑승하면서 나는 짐꾼에게 팁을 많이 주면서 내 짐이 세관 검열을 받지 않고 안전하게 들어올 수 있도록 부탁했다. 그는 내 부탁을 들어주어서 우리 짐을 쉽게 배에 실었다. 우리는 객실 두 개를 마련해서 26개의 짐을 싣고 일본을 출발할 수 있게 되었다. 내 친구가 나에게 과일 바구니를 주었는데, 나는 그 바구니 바닥에 군더의 책을 숨겨두었다.

그리고 나는 밑으로 내려가서 16개의 박스 짐이 세관을 통과하는 것을 기다렸다. 내 짐꾼이 세관에게 가서 내 짐을 통과시켜 달라고 부탁했다. 그는 내 이름을 묻더니, "내 짐은 전부다 검열을 해야 하오!"라고 했다.

나는 아찔했다! 나는 내 모든 짐에 끈으로 묶은 다이아몬드 모양의 매듭을 만들어서 표시를 해 두었다. 나는 모든 짐을 최대한 꽁꽁 묶어두었다. 한쪽 짐의 끝을 다른 짐과 연결해서 묶어두어서 하나를 잡아당기면 다 풀릴 수 있게 해 두었다. 모든 짐을 그런 식으로 묶어서 다이아몬드 모양의 매듭을 만들어두었다.

짐꾼은 나에게 내가 원하는 박스 네 개 정도를 풀어서 객실로 가지고 올라가라고 속삭였다. 나는 그렇게 했고, 세관은 나머지 짐을 검열하기 시작했다. 검열을 마치고 세관이 나에게 다가와서 말했다:

"나는 당신의 귀중품 가방을 보고 싶소!" 내가 가지고 있던 귀중품 가방에는 토론대회에서 받은 메달과 몇 가지 장신구들이 들어 있었다. 나는 그것을 그에게 보여주었다. 그는 다시 말했다:

"내가 보고 싶은 것은 이런 것들이 아니오. 나는 당신이 평양에서 당신의 가재도구들을 팔아서 받은 돈의 내역서를 보고 싶소!"

나는 그에게 그것은 없다고 말했다. 그는 화를 내면서 다시 캐물었다:

"나는 당신이 가재도구를 팔아 모은 돈이 상당하다고 평양에서 전보를 받았소. 나에게 그것을 보여주시오!"

나는 그에게 그 돈으로 기차표를 사고 또 배 삯을 지불하는 데 썼고, 나머지는 여권의 숫자에 맞게 달러로 환전해서 수표를 구매했다고 설명했다.

"그런데 왜 당신은 환전한 수표가 하나 밖에 없소?" 그는 다시 물었다.

나는 그에게 규정을 설명해주면서 규정에는 한 여권 당 117달러를 환전해서 수표를 구매할 수 있도록 되어 있고, 그 규정에 따라서 나는 내 가족의 숫자에 맞게 환전했다고 설명했다. 그는 입가에 미소를 띠면서 환전한 수표를 보여 달라고 요구했다. 나는 어쩔 수 없이 그것을 보여주었다. 그러나 그는 다시 말했다:

"당신의 객실에 있는 짐들도 검열해야겠소!"

다행히도 모든 짐들이 다 객실 안에 올라와 있었고, 그들이 보고자 했던 것은 내 수표들이었기 때문에 그들은 내가 가지고 있었던 장부에는 크게 신경을 쓰지 않았다. 검열을 마치자, 내 객실은 완전히 엉망이 되어버렸다. 그러나 그들은 그들이 원하는 것은 찾지 못했다. 마침내 모든 과정이 지나갔다. 나는 안도의 숨을 내쉬었다. 그러나 아직 안심할 수는 없었다. 왜냐하면 내가 탄 배는 하루 정도 더 요코하마에 정박해 있어야 했기 때문이다.

그 항구에서 기다리는 동안 나는 안절부절했다. 왜냐하면 일주일 전에 요코하마 항구의 일본 경찰이 에드나 로렌스 양을 체포해서 다시 서울로 돌려보냈다는 이야기를 들었기 때문이었다. 그녀는 아무런 혐의도 없었지만 잡혀갔다. 반면에 나는 한국에서 신사참배반대 운동을 했다!

나는 벌써 열아홉 살이 된 큰 아들 리차드에게 상황을 설명하고 만일 내가 체포되면 가족들을 데리고 미국으로 가라고 이야기를 했다. 나는 그에게 여행 과정에 대해서 상세하게 설명을 해주고, 모든 서류와 여권, 그리고 배표를 넘겨주었다. 그리고 나는 갑판 위에 혼자 올라가서 배가 떠나는 시간을 마음 졸이면서 기다렸다.

마침내 배는 출발을 알리는 고동 소리를 울렸고, 나는 비로소 식사를 하기 위해서 객실로 내려갈 수 있었다. 드디어 배는 출발을 알리면서 닻을 올리고 항구를 빠져나갔다! 이내 그 배는 태평양을 향해서 자유의 땅을 향해서 유유히 항해를 시작했다! 이제 우리 모두는 안도의 숨을 쉴 수 있었다.

호노룰루에 도착했을 때, 나는 수표를 현금으로 바꾸어서 관광도 하고 필요한 물건도 구매하려고 했다. 그러나 내가 수표를 넣어둔 박스를 열어본 순간 모든 수표들이 사라져 버렸다! 우리는 모든 짐들을 다 뒤져서 수표를 찾았지만, 수표는 어디에도 보이지 않았다. 한 시간 가량 찾다가 거의 포기할 무렵에 메리 헬렌이 리차드의 손가방에 달린 주머니를 우연히 열었는데, 거기에 수표들이 있었다! 우리는 안도의 숨을 쉬면서 배 밖으로 나왔고, 그곳에서 우리를 환영하는 한국인들을 만날 수 있었다. 그들은 우리에게 섬을 안내해주면서 한인교회로 우리들을 데리고 갔다. 나는 그들에게 설교를 했고, 그들은 우리에게 만찬을 베풀어주면서 다음에 기회가 된다면 자신들의 교회에 다시 한 번 오라고 초대를 했다. 그 교회는 하와이의 한국인 노동자들이 세운 교회였다.

미국으로 가던 중에 나는 선교부로부터 전보를 받았는데, 그들은 우리 가족을 로스앤젤레스로 가도록 안내했다. 거기에 아이들이 다닐 만한 학교가 있는데, 수업료를 내지 않아도 된다고 했다. 샌프란시스코에 도착했을 때 편지가 왔는데, 마틴 토마스 박사가 미군으로 입대를 하면서 그가 섬기고 있는 교회인 성경장로교회를 맡을 사람이 필요하다는 내용이었다. 그 교회는 로스앤젤레스 뉴햄프셔길 5번지에 위치하고 있었다.

나는 배 안에서 샌프란시스코에 사는 밥 처칠과 밥 아트웰 씨를 만나는데, 그들은 나를 자신의 집으로 초대해주었다. 처칠의 아이들은 아빠에게 "해밀턴 씨의 아이들의 피부색은 어떤 색인가요?"하고 물었다고 한다. 왜냐하면 그들은 나의 아이들이 한국에서 태어났다는 이야기를 듣고 호기심이 생긴 것이었다.

우리는 샌프란시스코에서 우리의 짐을 푸는 대신에 카마쿠라 호를 타고 로스앤젤레스로 가기로 결심했다. 우리는 이틀을 더 여행해서 윌밍턴에 도착했고, 거기에서 세관을 통과하고 배에서 내렸다. 로스앤젤레스에 살고 있던 솔타우 부부가 우리 가족을 환영해주었다. 그들은 우리를 웨스트몬트 대학에 있는 쿨터 아카데미에 데려다 주었는데, 그곳은 우리의 거처가 결정될 때까지 임시로 지내기로 한 곳이었다. 다음 날 바로 우리 아이들은 학교에 등교하기로 되어 있었다. 할리 보디우 박사가 우리 아이들을 데려다 주었다. 우리는 아이들이 학교에 걸어다닐 수 있는 거리에 집을 마련해서 우리의 짐을 풀었다. 마침내 우리들은 로스앤젤레스의 편안한 집에 정착하게 되었다. 우리가 그곳에 도착한 날은 1940년 12월 7일 이었다. 우리는 우리가 미국에 도착할 때까지 어떤 긴장의 상황들이 있었는지 몰랐다. 단지 우리가 알게 된 것은 우리는 무사히 자유의 땅에 도착했다는 사실이었다! 윌밍턴 항에 내려서 펄럭이는 미국 국기를 바라보는데, 국기가 그렇게 아름다워 보인 적은 처음이었다.

나는 토마스 박사에게 연락하여 그를 만났고, 새해가 되기 전에 그의 교회에서 설교를 몇 번 했다. 우리는 교회의 사람들과도 만날 수 있었고, 그들은 우리를 반갑게 맞아 주었다. 새해가 되자 나는 집으로부터 새어머니가 위독하시다는 연락을 받고 동부에 갔다 와야 했다. 물론 가던 길에 나는 휘튼에 들러서 밥을 만났다. 거기에서 나는 이전에 이름을 들어서 알고 있었던 사람들을 만났다. 휘튼의 총장직에서 은퇴한지 얼마 되지 않은 버스웰 박사가 나에게 동부까지 차를 태워주었다. 우리는 오후 1시에 시카고를 출발해서 다음 날 오후 네 시에 필라델피아에 도착했다. 가던 도중에 오하이오 우스터에서 밤을 보냈다. 총 여행 거리는 800마일 가량 되었고, 시간은 20시간가량 되었다. 길은 군데군데 얼음이 얼어서 미끄러웠고, 장거리 운전이 쉬운 일은 아니었다. 버스웰 박사는 운전을 매우 잘 했다. 속도를 즐기는 편이어서 출발한 다음날 저녁이 되기 전까지 필라델피아에 도착하겠노라고 말했다.

마침내 우리는 목적지에 도착했다. 가던 도중에 나와 버스웰 박사는 내가 내년에 출간할 계획을 세우고 있는 책인 『천년왕국의 기초』(*The Basis of Millennial Faith*)에 대해서 함께 토론을 했다. 나는 무천년설을 지지하였고, 버스웰 박사는 전천년설을 지지하였다. 내 주장은 그를 완전하게 설득하지는 못했지만, 우리의 대화는 화기애애했다.

나는 필라델피아에서 홀드크로프트 박사 부부를 몇 년 만에 만나게 되었다. 나는 독립선교부에 그를 소개시켜주면서, 그가 미국장로교(PCUSA) 한국선교부를 떠날 결심을 했기 때문에, 그를 독립선교부의 사무총장으로 임명하도록 추천했다. 그는 한국선교회의 회장으로 몇 년간 일하고 있었는데, 신사참배 문제가 대두되자 그는 선교회를 떠나기로 결심했다.

칼 매킨타이어 박사는 나를 환영해 주었다. 그는 뉴저지 콜링우드에 있는 자신의 교회에 나를 초대해서 설교할 기회를 주었다. 그 교회는 콜링우드에 세워진 멋진 석조 건물을 가지고 있었는데, 그 건물의 소유권 분쟁으로 자신의 교회를 잃어버리고 말았다. 그래서 그 교회의 신자들이 나와서 교회를 다시 세웠다. 나는 페이스 신학교의 학생들을 만났고, 또 델라웨어 윌밍턴에 있는 해롤드 레이어드 박사의 교회에서도 설교를 했다. 나는 신학교 학생들과 하나님의 주권에 대해서 토론을 벌였고, 그들은 칼빈주의를 잘 알고 있었다.

동양에서 일하고 있던 선교사들은 두 교단은 결국 다시 합치게 될 것이라고 생각하고 있었다. 그러나 새로 새워진 장로교(PCA)는 기존 장로교단(PCUSA)에 의해서 법정 소송에 휘말리게 되었는데, 그 이유는 교단 이름을 도용했다는 것이었다. 하위 법정에서는 "새 미국장로교(Presbyterian Church of America)"는 분명 기존의 이름인 "미국장로교(Presbyterian Church of the U.S.A)"와는 완전히 다른데도 불구하고 원고

승소 판결을 내렸다.

오랜 토론 끝에 새로운 교단의 이름을 "정통장로교회(Orthodox Presbyterian Church)"로 짓기로 결정했다. 나는 이 이름이 별로 마음에 들지 않았다. 이 이름에 대해서는 호불호가 분명하게 나뉘었다.

나는 필라델피아를 방문에서 성경장로교단과 정통장로교단이 다시 합쳐질 가능성에 대해서 타진했다. 성경장로교의 사람들은 정통장로교단 사람들이 원한다면 다시 합치기를 원했다. 나는 웨스트민스터 신학교를 방문해서 교수 조찬 모임에서 이 문제에 대해서 발표를 하기로 했다. 오랜 토론 끝에 그 교수들은 연합에 대해서 부정적인 시각을 가지고 있다는 사실을 알게 되었다. 그 중 한 분이 "성경장로교단은 분열에 대한 책임이 있소. 그들이 이런 잘못에 대해서 고백하고 회개하지 않는 한 우리 정통장로교회에는 그들을 받아들이지 않을 것이오."라고 말했다. 그런 태도는 더 이상 대화를 불가능하게 만들었다.

나는 필라델피아를 떠나서 나의 가족을 만나기 위해서 뉴욕의 바타비아로 갔다. 내 새어머니는 정말로 위독하셨다. 그런 상태로 아직 살아 계시다는 것이 경이로울 따름이었다. 나는 내 아버지와 누이의 식구들을 만나서 정말 즐거웠다. 나는 그곳에서 일주일 동안 재미있게 지냈다. 나는 캘리포니아로 돌아가면서 다시 휘튼을 방문해서 밥을 만났다. 나는 캘리포니아로 돌아가면서 햇살이 눈부신 따뜻한 날씨를 기대했는데, 막상 캘리포니아에 도착해보니 우기가 시작되어서 날씨는 좋지 않았다. 지난 12월에 우리는 1932년형 중고 뷰익 자동차를 구매했다. 내가 떠나 있는 사이에 내 가족은 그 차를 타다가 큰 사고를 당해서 차 뒷면이 부서져 버렸다. 이 후에도 세 번이나 더 비슷한 사고가 났다. 어쩔 수 없이 나는 그 차를 팔고 1941년형 허드슨을 할부로 샀다.

내가 로스앤젤레스로 돌아갔을 때, 성경장로교회는 나를 부목사로 청빙했다. 그리고 곧바로 토마스 박사는 군목으로 입대했다. 처음 세

달 동안 나의 목회 사역은 순조롭게 진행되었다. 그러나 토마스 박사는 지난번 회의에서 결정된 중요한 사항을 번복하고 따르지 않기로 결정했다. 그는 다시 회의를 소집해서 지난번에 결정된 사항을 번복할 것을 요구했다. 장로들은 그의 의견을 따르지 않기로 했고, 그 중에 두 사람은 장로직을 사임했다. 토마스 박사는 교인들의 의견을 무시하고 두 사람의 사직을 받아들이고 새로운 두 사람을 임명했는데, 이것은 장로교단의 교회법을 무시하는 결정이었다! 두 장로의 가족들은 교회를 떠나 버렸고, 나머지 교인들은 크게 실망했다. 이런 현실은 독재적인 리더십 아래에서 장로교회의 법은 아주 쉽게 무시될 수 있다는 사실을 보여주었다. 이런 상황 속에서 내가 할 수 있는 일은 교회를 떠나는 것이었다. 사실 나는 이 교회에서 일하면서 자연스럽게 성경장로교단으로 옮길 생각을 하고 있었는데, 결국 이 일이 터지면서 나는 교단을 옮기지 않게 되었다. 나는 여전히 정통장로교회 소속 목회자로 남게 되었다.

나는 교회를 그만두고 드와이트 하운드스톤 부부와 함께 정통장로교 총회로 가게 되었다. 이 여행에는 두 명의 여신도들도 함께 동행 했는데, 나는 그들의 여행 경비를 함께 부담했다. 우리는 남쪽 지역으로 난 길을 따라서 동부로 여행을 했고, 덕분에 뉴올리언스에 있는 내 아내의 여동생의 집도 방문할 수 있었다. 마침내 우리는 필라델피아에 도착했다.

나는 정통장로교 총회를 방문한 후에 미국의 현충일 격인 메모리얼 데이[41] 동안에 뉴잉글랜드에 방문했다. 그리고 필라델피아로 돌아왔다. 우리는 다시 바타비아를 방문해서 그곳에서 가족과 하룻밤을 지낸 후에 휘튼에 가서 밥을 만났다. 그리고 휘튼에서 출발해서 옐로우 스톤 국립공원에 방문했고 유타에 가서 브라이스 캐년과 자이온 국립공원

41) 5월 마지막 주 월요일로 국경일로 지정되어 있다(역자 주).

을 구경했다. 나중에 방문한 곳이 이전에 방문한 그랜드 캐년보다도 더 인상적이었다.

동부 여행을 하기 전에 나는 인생에서 가장 엉뚱한 사업을 준비하고 있었다. 나는 성경장로교회의 한 장로님과 함께 깡통 수집 사업을 계획했다. 그 계획은 깡통을 전기 용광로에 녹여서 선철을 만들어서 파는 일이었다. 우리는 버뱅크 시와 계약을 맺고 그 시에서 수집된 깡통들을 우리의 사업장으로 가지고 왔다. 그 도시의 담당자와 이야기할 때에는 우리가 받기로 한 것은 깡통뿐이었는데, 그 사람은 우리에게 종이를 가져다주어도 될 것이라고 생각했다. 그는 계약서를 작성하지 않은 채, 내가 동의하지도 않은 종이 수거에 대한 내용을 편지로 써서 보냈다. 그리고는 시에서 깡통을 배달해 주면서 버뱅크 시에서 모은 종이도 함께 배달해 주었다! 그 당시에는 아직 종이가 귀중한 자원으로 취급받기 전이어서, 우리는 그것을 태워서 없애야만 했다. 만일 서너 달만 기다렸다면 종이가 귀중한 자원이 되었을 텐데, 당시에는 그런 규정이 없었다. 우리가 종이를 태우자마자 주변 사람들의 항의가 빗발쳤다. 시 당국은 우리에게 종이 태우는 일을 금지시켰고, 만일 우리가 계속해서 그 일을 하려면, 주민들을 종이를 태운 연기와 재로부터 보호할 수 있는 소각장을 세우도록 명령했는데, 그 비용이 무려 10,000달러 정도를 들여야 했다.

나는 소각장을 세우기 위해서 돈을 빌려보려고 했지만, 당시에 그렇게 많은 돈을 빌리는 것은 불가능한 일이었다. 만일 우리가 서너 달 후에 벌어지게 될 일을 당시에 알았더라면, 그 종이들을 잘 보관해두어서 이후에 막대한 이익을 챙길 수 있었을 것이다. 그러나 당시에는 도저히 그렇게 할 수가 없었다.

한편 우리가 가지고 있는 전기 용광로에 문제가 생겼다. 우리의 계획은 캔을 녹여서 고철로 만들어서 팔려고 했다. 그러나 문제는 간단하지 않았다. 첫 번째 문제는 어떤 캔들은 일반 쇠보다도 녹는 온도가 높아서 쉽사리 녹일 수가 없었다. 두 번째 문제는 쇠보다 가벼운 캔들은 녹이는 중에 위로 떠올라서 딱딱한 표면을 만들었다. 그러자 캔들을 전체적으로 고르게 녹일 수가 없었다. 우리가 가지고 있는 용광로는 그다지 큰 편이 아니어서 이런 문제들을 해결하기가 매우 어려웠다. 당시에 고철은 매우 가치가 있어서 만일 우리가 이 문제를 해결할 수 있었다면 우리의 사업은 상당히 번창할 수 있었다. 그러나 문제는 해결될 기미가 보이지 않고, 가지고 있었던 자금은 점점 고갈되고 있었으며, 설상가상으로 종이 문제는 점점 더 심각해졌다. 만일 우리가 이 문제들을 모두 해결하려면, 용광로를 고치고 또 소각장을 만들어야 하는데, 그렇게 하기 위해서는 15,000달러가 되는 자금이 필요했다. 만일 우리가 그렇게 할 수 있었다면 우리 사업은 크게 번창할 수 있었을 것이다. 왜냐하면 몇 개월 후에 종이가 부족해져서, 그 종이들이 우리에게 막대한 이익을 줄 수 있었기 때문이었다.

어쨌든 자금은 바닥났고, 용광로 문제는 해결되지 않아서 우리는 사업을 그만두어야만 했다. 나는 내 개인적인 일을 해결하는 데에는 쓸 수 있는 돈은 있었지만, "태평양철강회사"를 운영할 만큼의 자금은 없었다. 결국 "태평양철강회사"는 지나간 과거의 일이 되고 말았다. "바보는 그 수중의 돈을 금방 잃어버린다!" 내가 배운 가장 큰 교훈은 복음을 전하는 사람은 세속적인 능력에 의존해서는 안 된다는 것이었다. 물론 그 사업을 시작하게 된 동기는 순수한 것이었다. 나는 돈을 벌어서 경제적인 걱정을 하지 않아도 되는 교회를 시작할 계획을 세웠다. 그러나 나는 이런 목적을 이루기 위해서 단지 나의 "사업적인 재능"만을 믿었던 것이다. 결국 나의 이런 믿음은 더 큰 손해를 발생시키고 말았다!

그해 여름에 나는 『천년왕국의 기초』를 집필하는 데에 전력을 다했다. 그 책의 기본 자료는 내가 만주에서 선교하시던 로이 바이럼 씨에게 보낸 편지들이었다. 우리는 서로 우리 자신이 가지고 있는 "천년왕국"에 대한 생각이 왜 올바른가에 대해서 상대방을 설득시키고자 했다. 이런 논쟁들이 거의 끝날 무렵이 되자, 나는 그 내용들을 책으로 만들 수 있겠다고 생각했다. 나는 그 내용들을 다시 점검하고, 약한 부분을 보완해서, 그 책을 출간하기로 한 어드만 출판사로 보냈다.

그해 가을에는 홀드크로프트 박사가 나에게 편지를 보내서 아내를 데리고 동부에서 열리는 미래에 대해서 이야기를 하는 컨퍼런스에 참석하라고 했다. 우리는 먼저 룻의 여동생 헬렌 존스가 살고 있는 뉴올리언스에 방문했다. 그리고 버지니아의 스카이라인드라이브(Sky Line Drive)[42] 길을 따라서 버지니아와 워싱턴시를 지나서 필라델피아로 갔다. 나는 독립선교부에 방문하여 이야기를 나누었는데, 현재 상황에서는 더 이상 해외에 선교사를 파송하는 것이 어렵겠다는 의견을 함께 공유했다. 그들은 나에게 빨리 성경장로교회로 옮겨서 그 교단 소속으로 교회를 시작하라고 권유했다. 나는 정통장로교회를 떠나지 않으려고 노력했지만, 이후 내가 선교회를 사임했을 때, 결국 우리는 서로 다른 길을 갈 수 밖에 없었다.

정통장로교회 국내 선교위원회는 나를 캘리포니아로 다시 보내서 로스앤젤레스 지역에서 교회를 시작하도록 만들었다. 서부로 돌아오는 길에 우리는 클리브랜드에 살고 있는 룻의 남동생의 집에 들렀고 밥을 만나기 위해서 휘튼도 방문했다. 그리고 오클라호마 털사에 살고 계신 룻의 삼촌집도 방문했다. 그리고 그랜드 캐년, 브라이스 캐년, 지온 국

42) 미국 버지니아 주에 있는 도로로 산 정상 부근에 100마일 가량으로 만들어져 있다. 이 도로는 매우 아름다워서 해마다 많은 관광객들이 방문하는 명소가 되었다(역자 주).

립공원, 보울더 댐 등의 관광지들을 방문했다. 마침내 우리는 로스앤젤레스의 아이들이 기다리고 있는 집으로 돌아왔다. 멋있는 여행을 마치고, 우리는 새로운 일을 시작하였다.

# XXXII. 교회 개척

나는 새로운 일을 시작할 장소를 물색하기 시작했다. 몇 주 동안 나는 캘리포니아 남쪽 지방을 돌아보면서 새로운 일을 시작할 장소를 알아보았다. 나는 1941년 12월 7일에 에스콘디오에서 설교를 했다. 나는 일본과 같이 살아계신 하나님을 더럽히는 국가는 하나님의 최후의 심판을 견디지 못할 것이라고 설교했다. 설교가 끝나고 예배를 거의 마칠 무렵에 어떤 사람이 교회 안으로 들어와서 일본의 진주만 공격을 알렸다. 드디어 전쟁이 시작된 것이다.

정통장로교 소속 목회자이면서 회중교회에서 목회를 하시고 계신 그레이미 스미스 목사님이 사우스웨스턴가 근처에 살고 계신 프랜시스 브라우닝 부인의 집에서 시작된 주일학교를 소개시켜주었다. 칼 올슨 부부가 그 곳에서 15명 정도의 학생들을 가르치고 있었다. 그 일과 관련된 세 명의 사람들이 모여서 깊은 이야기를 나눈 후에, 우리는 새로운 교회를 시작하기로 했다.

우리는 사우스웨스턴가 9120번지에 있는 작은 창고를 빌렸다. 우리는 그 집을 빌리기로 하고, 우선 중고상점에 가서 극장 의자를 구매했다. 우리가 그 장소를 준비하는 동안 우리는 브라우닝 부인의 집에서 두 주 동안 예배를 드렸다.

새로운 장소에서 처음 예배를 드리는 날에 모인 숫자는 많지 않았지만, 우리에게는 이미 상당히 잘 조직된 주일학교가 있었다. 나는 그 지역에서 살고 있는 사람들 중에서 동부에서 이주한 후에 종교생활을 제대로 하지 않는 사람들의 집을 방문해서, 창고를 개조해서 만든 교회에서 함께 예배를 드리자고 설득했다! 그러나 그 일은 쉽지 않았다. 그러나 어린이를 위한 주일학교를 하는 일은 그다지 어렵지 않았다. 얼마 되지 않아서 주일학교 학생의 숫자는 50여 명가량 되었다. 다행인 것은 몇 주 지나자 어른들도 점차로 모여서 예배를 드릴 수 있게 되었다.

일본인들이 수용소에 갇히게 되자, 교회 옆 건물이 비게 되었다. 그 건물이 조금 더 컸기 때문에 우리는 그 집도 빌려서 교회로 사용하기 위해서 수리를 했다. 점차로 어른들이 교회로 모여 들었고, 20여 명의 어른들이 모였을 때, 우리는 은혜정통장로교회(Grace Orthodox Presbyterian Church)를 시작했다. 우리는 계속해서 집집마다 방문을 하면서 교회에서 함께 신앙생활을 하자고 사람들을 설득했다. 이 방법은 점차로 효과를 내기 시작했는데, 흥미롭게도 근처에 있던 루터파 교회에서도 우리의 방법을 따라서 전도를 하기 시작했다. 1942년 여름에 우리는 파사데나에 있는 한 루터 교회의 목사님을 초대해서 교회 건축 방법에 대해서 특강을 듣기도 했다. 그의 강의는 지역 정통장로교회 목회자들에게 새로운 시각을 제공해 주었고, 나는 그의 방법을 따라보기로 결정을 했다. 그의 방법은 한 가족이 흥미를 느끼도록 만들기이다. 그 방법의 핵심은 그 가족으로부터 시작해서 주변에 변화가 시작된다는 것이다.

웨스트사이드에 최근에 새로 지은 멋진 집에 라레이 부부가 살고 있었다. 그들은 세 명의 자녀를 키우고 있었고, 가족은 행복해보였다. 그들은 상당한 수입을 올릴 수 있는 일을 하고 있었는데, 전시였기 때문에 그의 이런 상황은 더욱 돋보였다. 나는 두 번 전화를 걸어서 라레이 부인에게 아이들을 주일학교에 보내라고 권유했다. 세 번째 전화를 걸자 그녀는 다소 상기된 목소리로 "해밀턴 씨, 저는 제 아이들을 주일학교에 보낼 수가 없습니다. 왜냐하면 제 남편은 종교를 하찮은 것으로 생각하는 사람입니다!" 라고 말했다.

나는 "그렇다면 제가 당신의 남편과 이야기를 나누어도 되겠습니까?" 라고 그녀에게 제안을 했다. "그렇게 하세요. 그러나 당신은 별로 좋은 반응을 얻지는 못할 것입니다."라고 그녀가 대답했다.

"몇 시쯤 남편과 이야기를 나눌 수 있을까요?"

"일곱 시 반이요. 전화하는 것은 좋은 방법이 아니니 직접 방문하세요."

나는 그 시간에 그 집을 방문했고, 나중에 라레이 부인에게 들은 이야기인데, 그녀는 그날 밤에 몹시 긴장했었다고 한다. 혹시나 그녀의 남편이 나를 집어 던지지는 않을까 하는 걱정을 했었다고 한다. 그 집에 방문한 나는 잠시 나를 소개한 후에 그의 응접실에 앉아서 그의 자녀들이 주일학교에 오는 것을 싫어하신다고 들었다고 말하면서 말문을 열었다.

"그렇소." 그는 대답했다.

"혹시 이전에 기독교에 대해서 공부를 해 보신 적이 있으신가요?" 나는 질문했다.

"없소!"

"그래요. 당신은 기독교에 대해서 전혀 알지도 못하면서 기독교에 대해서 반대하시는 것이 정당하다고 생각하십니까?"

그는 내 말에 동의했다. 그래서 나는 그에게 일주일에 한 시간만 함께 기독교에 대해서 공부하면 어떻겠냐고 제안했다. 그는 동의했고, 오는 금요일 저녁부터 함께 만나기로 약속을 잡았다.

금요일 저녁이 되어서 나는 그의 경계심을 풀기 위해서 이야기를 던졌다. "라레이 씨. 당신이 생각하듯이 나도 기독교 안에는 많은 이단들이 있다는 사실을 알고 있습니다."

그는 호기심을 보이면서 "그런가요!" 라고 대답했다.

"네. 나는 그런 사람들은 기독교인이 아니라는 점을 분명하게 말하고 싶습니다! 진정한 기독교인은 그리스도를 구주를 믿을 뿐 아니라, 그리스도를 그들의 삶의 가장 중요한 기초로 따르는 사람들입니다. 다시 말해서 그리스도를 구주로 고백할 뿐 아니라, 그리스도를 그들의 삶의 주인으로 모시고 사는 사람들이 진정한 기독교인입니다."

그 후로 몇 달 동안 나는 소요리문답에 나와 있는 질문과 그 대답을 중심으로 만남을 계속 이어갔다. 그 첫 번째는 바로 "인간의 제일 목적은 하나님을 영화롭게 하고 영원토록 그를 기뻐하는 것"입니다. 나는 이 말의 의미에 대해서 차근차근 설명을 했다. 한 시간 동안의 토론이 끝나면 그는 계속해서 질문을 던졌고, 때로는 두 시간 혹은 두 시간 반 정도의 시간이 지날 때까지 우리는 토론을 이어갔다.

몇 주 동안 소요리문답에 나온 여러 가지 주제들을 나누면서 그는 점점 더 기독교에 대해서 이해를 하게 되었다. 내 생각으로는 그가 이제 거의 기독교를 받아들을 준비가 되었다는 생각이 들었다. 어느 금요일에 내가 그의 집에 방문했을 때, 그의 아내가 울고 있었다. 그녀는 그의 남편이 오늘 아침에 샌디에이고에 해병대로 징집되어 갔다고 말했다. 그는 군대의 징집명령을 받았고, 명령이 떨어지기가 무섭게 바로 해병대로 불려가게 된 것이었다. 그리고는 라레이 부인은 아무 말도 하지 못했다. 주말이 지나고 월요일 오후에 나는 그녀의 집을 방문했다.

"제가 그동안 여러 번 말씀드리지 않았습니까? 우리의 삶에서 언젠가는 하나님을 의지하지 않고는 살 수 없는 날이 오게 될 것이라고... 당신은 당신의 인생이 최고의 자리에 있다고 생각하고 살아왔습니다. 높은 수입이 있었고, 사랑스러운 아이들과 멋있는 집이 있었습니다. 그래서 당신은 하나님의 도움이 없이도 살 수 있다고 생각하고 있지 않았습니까?"

"네. 물론입니다." 그녀는 울먹이면서 대답했다.

"그러나 당신은 지금 하나님의 도움 없이는 살 수 없게 되어버렸습니다. 지금이 바로 그리스도를 구주로 영접해야 할 시간이라고 생각하지 않으십니까?"

"저는 항상 그리스도를 믿고 있습니다." 그녀는 반문했다.

"저도 알고 있습니다. 그러나 당신은 단 한 번도 그리스도를 당신의 주인으로 생각하면서 살지는 못했습니다. 그렇지 않나요?"

그녀는 잠시 머뭇거리더니, 낮은 목소리로 "당신 말이 맞습니다."라고 대답했다.

"당신은 지금 이 시간이 그리스도를 당신의 구주로 그리고 주인으로 받아들여야 하는 시간이라고 생각하지 않습니까?"

"네. 맞습니다."

"그러면 저를 따라하시면 됩니다. 이것은 영접의 기도입니다."

"하나님. 나 같은 죄인에게 은혜를 베푸시는 하나님. 예수 그리스도의 이름으로 저를 구원하소서."

그녀는 울면서 이 기도를 따라했다. 그리고 그녀는 "아. 정말로 제 마음이 많이 홀가분해졌습니다!"라고 말했다.

나는 "자 이제 당신의 남편에게 편지를 써서 오늘 있었던 일을 설명하고 당신의 남편도 같은 기도를 드리도록 하세요."라고 말했다.

나는 지금도 그로부터 받은 편지를 가지고 있다. 그의 말을 잠깐 인용해본다면:

"해밀턴 씨. 당신은 나에게 성경 말씀대로 그리스도가 나의 구세주이심을 철저하게 가르쳐주셨습니다. 지금 이 시간 저는 처음으로 기도를 드리고 있습니다. 나는 군 교회에 가서 성경을 받아왔습니다. 그리고 기도를 드리고 있습니다...... 나는 제 아내에게도 말했습니다. 그녀의 믿음대로 나도 함께 할 생각입니다."

라레이 부인은 우리 교회 추수감사절 예배에서 모든 사람 앞에서 그리스도를 자신의 구주로 고백했다.

나는 같은 방법을 사용해서 세 부부를 더 전도했다. 그들은 모두 그리스도를 구주로 고백했다. 그들 중에 한 사람은 나중에 교회의 장로가 되었고, 그의 아내는 한 선교회의 대표가 되었다.

정통장로교회 기독교교육위원회는 한 번도 전임 사무총장을 임명하지 않고 있다가 1942년에 한 명을 임명하기로 결정했다. 그해 가을에 나는 위원회로부터 사무총장에 임명하겠다는 편지를 받았다. 그러나 그것은 만장일치로 결정된 것이 아니라, 위원회 구성원 중에 두 명이 반대한 결정이었다. 그래서 나는 잠시 망설이다가 그 결정을 받아들였다.

그 결정은 이제 막 새롭게 성장하고 있는 교회를 떠나야 하는 것이었다. 그것은 교회의 주일학교인 소나무 학교(Coulter Academy)의 아이들을 떠나야 하는 것이었다. 그리고 우리는 이제 막 할부로 구입한 집에서도 떠나야 했다. 교회와 교단에서 만난 많은 친구들, 매년 여름마다 열린 성경 캠프에서 만난 젊은이들과도 이별해야 했다. 캘리포니아의 멋있는 자연환경과 해변에서 즐겼던 파티들도 잊어야 했다. 급여가 늘어나는 것도 아니고, 더군다나 머나먼 동부까지 이사를 해야만 했다. 나는 이런 저런 생각을 하면서 망설였지만, 결국 그 결정을 따르기로 했다.

동시에 내가 그 자리에 들어가게 되면 우리 교회에는 더 좋은 주일학교 교육을 시작할 수 있는 기회가 생기게 되고, 또 교회가 중심이 된 기독교 학교들도 생길 수 있는 기회가 열리는 계기될 것이라고 나는 생각했다. 이러한 일들을 생각하면서 나는 최종 결정을 하게 되었다.

교인들에게 내가 최종적으로 그 자리를 받아들이게 되었다고 알렸을 때, 그들은 몹시 서운해 했다. 나는 델라웨어에서 목사님을 청빙해서 그들을 위해서 목회를 하도록 했다. 1943년 2월, 나는 우선 책들을 우편으로 보낸 후에, 이삿짐 트레일러를 사서 귀중한 물건들을 싣고, 1941년산 허드슨 세단을 운전해서 필라델피아로 떠났다. 우리가 떠날 때 로스앤젤레스에는 비가 많이 내렸고, 그 비는 협곡을 지나서 산 정상에 도달 할 때까지 계속되다가, 사막지역에 들어가서야 겨우 멈추었다.

# XXXIII. 총회교육위원회 사무총장 사역

동부로 가는 길은 순탄하지 않았다. 나는 어리석게도 그 주 일요일에 위스콘신 우스트버크와 세다그로브에 있는 정통장로교회 소속 교회들을 방문해서 설교를 하기로 약속을 해 두었다. 덕분에 우리는 친척을 방문하거나 주변을 돌아볼 시간도 없이 서둘러서 그 곳에 도착해야 했다. 전쟁 중이기 때문에 시속 35마일을 넘길 수가 없었다. 길은 눈과 얼음으로 덮여 있어서 내가 트레일러를 단 허드슨을 몰고 협곡을 오르는 일은 거의 불가능했다. 어쩔 수 없이 우리는 첫 날의 일정을 그렇게 마무리하기로 했다. 트레일러의 타이어에 문제가 생겼다. 우리는 그 것을 수리했다. 그런데 앞으로 계속해서 필요하게 될 트레일러용 스페어 타이어를 준비하지 못했다. 얼마 가지 못해서 타이어의 휠이 망가지고 말았다. 설상가상으로 둘째 날 밤에는 진눈깨비가 날렸다. 아주 느린 속도로 차를 움직였지만, 10마일도 못가서 우리는 더 이상 가는 것은 불가능하다는 것을 알았다. 우리 가족은 모두 조금 더 편한 길을 찾아야 한다고 생각했다. 결국 우리는 차를 멈춰 세웠다. 그런데 불행히도 우리가 차를 멈춰 세운 곳은 언덕 중턱이었다. 우리 가족에게 그 시간은 아직도 생생하다! 다음 날 우리는 눈길을 계속 가야만 했는데, 길가에는 눈에서 굴러서 완전히 망가진 차가 보였다. 다행히도 그들 중에 다친 사람은 없었지만, 그 일을 본 우리 가족은 모두 두려움에 떨었다.

저녁 늦게 우리는 겨우 텍사스 아마딜로에 도착했다. 트레일러 타이어는 완전히 망가져 버려서 타이어가 없는 채로 간신히 바퀴살로 버티고 있는 트레일러를 몰고 운전을 했다. 얼마 가지 못해서 우리는 트레일러를 그 자리에 놔두고 도시 안으로 운전해서 들어갔다. 시간은 벌써 밤 11시를 가리키고 있었다. 아침 일찍 나는 차를 운전해서 트레일러가 어떻게 되었는지 살피러 왔다. 타이어가 없어서 트레일러에 방수비닐을 꽁꽁 싸매서 옮겼다. 나는 아마딜로 시로 트레일러를 가지고 가서 그것에 맞는 타이어를 찾아볼 생각이었다. 아주 천천히 트레일러를 연결해서 도시 안으로 운전했다.

적당한 타이어를 찾는 일도 만만하지 않았다. 첫 번째 찾아간 공장에서는 그들은 우리가 타이어를 살 수 있는 허가가 없으면 팔 수 없다고 했다. 그러나 사장님이 나오셔서 문제를 듣더니 관공서에 전화를 했다.

관공서 직원은 "당신은 허가 없이는 타이어를 팔 수 없소!"라고 대답했다.

"당신이 허가를 주면 되지 않소. 만일 그들이 타이어를 살 수 없다면 그들은 계속해서 여행을 할 수가 없단 말이오!" 라고 말했다.

"미안하지만, 그렇게 할 수가 없소!" 직원이 말했다.

"들어보세요. 만일 당신이 그들에게 허가를 줄 수 없다면 당신은 이 목회자 부부와 그의 세 명의 아이들을 돌보아주어야 하오. 그렇게 할 수 있겠소?"

물론 그 설득은 관공서 직원에게는 터무니없는 것이었지만, 어쨌든 덕분에 우리는 허가를 받을 수 있었다. 공장에서 타이어를 수리하는 동안 나는 도시의 폐차장에서 여분의 타이어를 살 수 있는지 알아보았다. 나는 그곳을 찾아가서 내 트레일러에 사용될 만한 오래된 타이어 두 개를 구입했다. 그 타이어 공장의 일꾼들이 나를 살린 것이다. 왜냐하면 전쟁기간 동안에 정부에서는 타이어 구매를 철저하게 통제했기 때문이다.

나는 여행하는 기간 동안에 얼마나 많은 일들이 벌어졌는지 기억조차 할 수가 없다. 길 상태는 좋지 않았던 반면, 정해진 시간 안에 목적지에 도착해야만 했기 때문에 나는 서두를 수밖에 없었다. 그것은 한마디로 내 정신을 완전히 나가게 만들어버렸다. 한 가지 편안했던 기억은 우리가 어떤 한 길을 달리고 있을 때에 그 길은 대체로 잘 닦여져 있었고, 뒤편에서는 바람도 불어주어서 차가 잘 움직일 수 있는 시간도 있었다는 것이다. 덕분에 우리 차 허드슨은 평소보다도 1갤런의 기름으로 몇 마일을 더 달릴 수 있었다!

목요일 저녁 때 우리는 털사에 도착해서 룻의 삼촌 인 아더 렌드렌 가족을 만났다. 그리고 우리는 오클라호마 접경에 있는 한 캠프 장소에서 밤을 보내고 여행을 계속하기로 했다. 가능하다면 다음날 저녁에는 휘튼에 도착하기를 원했다. 다음 날 여행을 하면서 세인트루이스를 지나가다가 이번에는 폭우를 만나기도 했다. 마침내 토요일 새벽 1시 30분경에 일리노이 스프링필드를 지나갈 수 있었다. 몇 마일을 더 운전해서 주유소에서 기름을 넣고 잠시 휴식을 취했다. 시간당 35마일밖에 속력을 낼 수 없는 상황에서 600마일 넘는 길을 운전해서 달려왔으니, 나는 완전히 기진맥진했다.

한 시 간쯤 휴식을 취한 후에 나는 일어났는데, 이제는 눈보라가 내리치기 시작했다. 주유소 직원에게 물어보니, 가장 좋은 방법은 스프링필드 외곽에 있는 여행자 캠프에서 쉬는 것이라고 했다. 우리는 그곳에 새벽 4시 경에 도착했는데, 예감이 너무 좋지 않았다. 아침 7시로 알람을 맞춰두고 쉬고 있었는데, 아침이 되어도 불길한 예감이 사라지지 않았다. 우리 차가 시동이 잘 걸리지 않았다! 겨우 시동을 걸고 고속도로에 진입했다.

그런데, 우리 차가 고속도로의 그리 높지 않은 비탈길을 올라가지 못했다. 자동차 기어가 완전히 망가졌다. 거대한 트레일러를 달고 계속해서 달려온 우리 차가 이제 더 이상 그 무게를 견디지 못했던 것이었다. 우리는 허드슨 차 서비스 센터에 전화를 했다. 회사는 견인차를 보내주었다. 트레일러는 놔두고 차만 견인해서 정비소로 갔는데, 도착해보니 정오 가까이 되었다. 정비사가 보더니 클러치가 완전히 망가졌다고 했다. 설상가상으로 그 정비소는 이제 문을 닫고 월요일 오전에 다시 일을 한다고 했다. 애원도 해보고 돈도 더 주겠다고 해 보았지만, 토요일 오후에는 일할 수 없다고 했다.

가족을 데리고 버스를 타고 휘튼으로 가는 것 밖에는 달리 방법이 없었다. 반면 나는 기차를 타고 밀워키로 가기로 했다. 밀워키로 가는 기차 안에서 나는 잠시 휴식을 취할 수 있었다. 기차는 밀워키에 8시 30분에 도착했다.

내가 우스트버그에 가는 버스를 알아보았을 때, 버스회사직원은 눈보라가 심해서 그날 밤에는 버스가 갈 수 없다고 했다! 나는 밀워키에 살고 있는 정통장로교회 목사님이 생각나 전화번호부를 뒤져서 그의 연락처를 찾아서 연락을 했다. 다행히도 그는 나를 맞아주었다. 리차드 개핀 목사 가족은 친절했다. 그날 밤이 지나고 다음 일요일 밤에는 그의 교회에서 설교를 하도록 부탁을 받았다. 비로소 그날 밤에 편하게 쉴 수 있었다. 다음 날 아침 5시에 일찍 일어나서 나는 우스트버그로 가는 버스를 타고 약속장소에 도착할 수 있었다. 물론 도중에 아침을 먹는 것도 잊어버리지 않았다.

아침에는 세다 그로브에 있는 우리 교단 소속 교회 중에서 가장 큰 교회에 정확하게 도착해서 주일아침예배를 드렸고, 오후에는 우스트버그에서 예배를 드렸다. 우스트버그는 마을의 모든 사람들이 다 기독교인으로 주일에 마을 시계탑에서 시간을 알리면 모든 사람들이 교회에 모여서 예배를 드렸다. 그런 경험은 처음이었다. 오스타 훌커보어 목사님은 매우 훌륭한 분이셨다.

늦은 오후에는 다시 밀워키로 돌아와서 개핀 목사님 교회에서 함께 저녁 예배를 드리면서 설교를 했다.

다음 날 아침 나는 기차를 타고 스프링필드로 가서 자동차가 어떻게 되었는지 확인을 했다. 그 차는 이미 수리가 되어 있었다. 나는 트레일러가 있는 캠프장소로 가서 트레일러를 매달고 조심스레 빙판길을 운전해서 휘튼으로 갔다. 나는 밤늦게 겨우 휘튼에 도착했다. 밥과 이제 막 휘튼 학생이 된 딕을 포함한 우리 가족 모두가 그곳에서 다시 만났다.

나는 필라델피아에 다른 일정들이 많이 있었기 때문에 그곳에서 오래 머물 수는 없었다. 필라델피아로 가는 도중에 나는 뉴욕 주 바타비아에 들러서 가족들을 만났다. 바타비아로 가는 길도 악몽의 연속이었다. 뉴욕 주 프레도니아까지 난 길은 고르지 않았고, 눈이 내린 빙판길에 모래가 뿌려져 있지 않아서 매우 미끄러웠다. 그런 길을 운전하는 것은 너무 위험했다. 어떤 곳에서는 차가 얼음 구덩이에 빠져서 나오지를 못했다. 다행인 것은 길 반대편에서 오는 차들이 없었다는 점이다. 나는 되도록 브레이크를 밟지 않고 아주 천천히 차를 움직여서 그 길을 빠져나왔다. 바타비아에 도착했을 무렵 나는 완전히 지쳐버렸다.

가족들을 다시 만나면서 내 누이의 집에서 즐거운 시간을 보냈다. 동생 부부는 아이들을 몹시 아꼈고, 우리 아이들을 비롯한 가족들도 함께 약 1주일간 즐거운 시간을 보냈다. 우리는 메리 헬렌과 룻 루사일을 그곳에 잠깐 두기로 결정했다. 나와 데이빗이 필라델피아로 가서 우리가 지낼 곳을 마련할 때까지 그들은 거기에서 학교를 다니기로 했다. 우리는 트레일러를 달고 필라델피아로 갔다. 그리고 이전에 밥 그래이험으로부터 가구를 사 두었는데, 그것은 델라웨어 미들타운의 한 창고에 보관해 두었다. 나는 도착하자마자 윌로우 그로브에 있는 기독교학교연합에서 강의를 할 계획이었다.

필라델피아로 가는 길은 무난했던 것 같다. 왜냐하면 내 기억에 남는 일이 별로 없기 때문이다. 우리는 웨스트민스터 신학교의 게스트룸에서 머물렀다. 그곳의 교수와 학생들을 우리를 환영해주었다. 내가 그곳에 도착해서 집을 구하는 일을 제일 처음으로 진행했다. 우리는 신학교 근처의 집을 알아보았는데, 그 집은 한 달 집세가 100달러나 되었는데, 나는 그것을 감당할 수 없었다. 어떨 수 없이 나는 글렌사이드에 있는 부동산을 찾아가서 도움을 청했다. 그는 그 근처의 집은 집세가 매우 비싸다고 하면서 오리랜드에 있는 집을 알아봐주었다. 나는 그곳에 가 보고 그 집을 계약했다. 그 집은 우리 다섯 식구가 지내기에는 다소 작았지만, 그렇다고 불가능한 정도는 아니었다. 나는 키를 받고, 트레일러를 열어서 그 속에 있는 짐들을 집안을 옮겼다. 그리고 다음 날 아침 가구를 옮기기 위해서 델라웨어 미들타운으로 갔다.

델라웨어까지 잘 가다가 우리는 그만 어려운 일을 만났다. 델라웨어 주의 경찰이 나에게 면허증을 보여 달라고 했다. 내 면허증은 캘리포니아에서 받은 것인데 지난 3월1일로 만기가 지나고 말았다. 나는 어제 펜실바니아 주소를 얻었기 때문에 아직 펜실바니아 면허를 받지 못했다. 그 경찰은 주 경찰소로 나를 데리고 갔다. 나는 면허증을 받을 때까지 운전을 할 수 없는 처지가 되고 말았다. 그러나 나는 경찰서에서 내 사정을 속속들이 설명을 했다. 우리의 사정을 이해한 경찰서는 미들타운까지만 운전을 허락해주었다. 다행히도 우리는 미들타운에서 가구를 트레일러에 싣고 필라델피아로 돌아올 수 있었다.

우리는 오후 늦게 필라델피아에 도착했다. 나는 그날 저녁 때 윌로우 그로브에서 강의를 할 계획이었다. 저먼타운으로 가기 위해서 지름길로 가려고 위사히콘 길을 들어서려고 하는데 입구에서 경찰이 우리 차를 세우더니 트레일러는 진입할 수 없다고 했다. 우리는 사정했지만, 소용없었다. 어쩔 수 없이 우리는 차를 돌려서 저먼타운 방향으로 난 다리를 건너서 길을 찾아갔다. 마침내 우리가 신학교에 도착했을 때에 우리는 트레일러를 내려놓을 시간이 충분하지 않았다. 우리는 대충 정리만 하고 요기한 후에 다시 트레일러를 매단 채로 운전을 해서 윌로우그로브로 갔다. 그곳에서 우리는 즐거운 모임을 가졌고, 다시 신학교로 돌아왔다.

다음 날 아침 일찍 우리는 트레일러의 짐을 오리랜드의 집에 풀어놓고 가족들을 데리러 바타비아로 갔다. 바타비아에서 부모님이 가구를 준비해주신다고 하셔서 빈 트레일러를 다시 달고 운전을 했다. 바타비아로 가는 길도 만만치 않았다. 가는 도중에 눈보라가 치는 바람에 우리는 아주 무서운 일을 겪었다. 차 타이어에 체인을 감았고, 트레일러가 비었었음에도 불구하고 가는 길은 매우 위험했다. 우리는 눈 쌓인 길로 들어서게 되었는데, 쌓여 있는 눈 아래 있는 빙판을 전혀 볼 수 없었다. 트레일러가 미끄러지지 시작했고, 우리 차는 순식간에 미끄러져서 빙글빙글 돌았다. 도저히 통제할 수 없는 상황이었다. 다른 차들이 접근하는 것이 보였는데, 그 차들도 역시 미끄러지지 시작했다. 우리 차는 구덩이에 빠져버렸고, 우리 차가 구덩이에 끼어서 꼼짝달싹 할 수 없게 되자 겨우 멈췄다. 그나마 다행인 것은 덕분에 다른 차와 부딪히는 것을 피할 수 있었다. 내 차 뒷면이 심각하게 긁혔지만 더 심각한 상황은 모면할 수 있었다! 그 상황에서 우리는 주님께 감사했다. 우리는 시속 30마일 미만으로 운전해서 바타비아로 가는 산길을 겨우 넘어서 계속 길을 갔다.

시간이 너무 늦어서 바타비아까지 가는 것은 도저히 불가능했다. 우리는 한 마을로 들어가서 작은 호텔에서 자고 가기로 했다. 그런데 그곳에는 전화가 없어서 바타비아의 가족에게 연락할 방법이 없었다. 가족들이 우리를 걱정할 것이 뻔했지만, 우리는 너무 피곤해서 곯아 떨어지고 말았다. 다음 날 아침 일찍 일어나서 우리는 바타비아로 갔다. 도착하니 나의 가족들은 우리를 걱정해서 막 경찰들에게 알리려고 했던 참이라고 했다.

우리는 농장으로 가서 부보님이 준비해주신 가재도구를 챙겨 트레일러에 싣고 필라델피아로 돌아왔다. 룻은 우리의 새 집이 너무 작다고 생각했지만, 다른 방법이 없었다.

다음 날부터 나는 새 일을 시작했다. 샤프 빌딩의 한 부분을 빌려서 기독교교육위원회일을 하기위한 사무실을 열었다. 마가렛 헌트(후에 레스리 던 부인)가 내 비서였다. 그녀는 속기하는 법은 잘 몰랐지만, 훌륭하게 비서역할을 감당했다.

기독교교육위원회는 우리가 기존에 해왔던 일보다는 더 큰 계획을 가지고 있었다. 그것은 우리의 경제적인 능력을 훨씬 뛰어넘는 일이었다. 우선 이번 여름에 사용할 여름성경학교 자료들을 인쇄해서 교회들에게 보내는 일을 해야만 했다. 나는 로렌스 길모어 박사가 목회하고 있는 화이트 호스로 운전해서 위원회가 등사판으로 인쇄한 자료집을 가지고 왔다. 이후 몇 주 동안 우리는 그것을 보내는 작업으로 바빴다.

일의 과정은 집필, 인쇄, 재발행 등의 일들로 나뉘어 있었다. 위원회의 부회장의 조언에 따라서 나는 우리가 실제로 사용해야 하는 분량보다도 조금 더 많은 양을 주문했고, 소요되는 경비는 위원회에서 부유한 사람들의 후원으로 충당했다. 일은 잘 진행되었지만, 때로는 우리가 주문한 분량을 제대로 만들어 내는 데에는 조금 더 많은 시간이 소요되기도 했다.

다음 일은 젊은이들을 위한 교재를 등사인쇄로 만들어서 이것을 교회들에 보내는 것이었다. 교재의 상당 부분을 내가 쓰기도 하고 편집하기도 했다. 이 교재에 대해서 교회들은 대체로 만족했지만, 상당수의 교회는 그 교재를 사용하지 않았다.

그러나 가장 골치 아픈 일은 주일학교 교재를 만드는 것이었다. 위원회는 개혁주의 신앙에 입각한 주일학교 교재를 단계별로 준비해서 초급, 기초, 중급, 고급 단계로 만들기로 했다. 내가 그 일을 회상해보면, 당시 재정적인 상황이 매우 열악해서 거의 파산이나 다름없는 상태였던 위원회에서 어떻게 그렇게 막대한 지금이 들어가야 하는 일을 기획했는지 모르겠다. 그 실례로 남장로교 기독교교육부에서는 이러한 일을 위해서 6년 정도의 준비기간을 두어서 모든 자료를 준비하고 막대한 자금을 투자해서 교재를 만들기로 했지만, 그 일이 1962년까지 진행되지 못했었다.

복음주의 진영에서 발행되어 시중에서 유통되고 있는 주일학교 상당수 있는데, 대부분의 책들은 전천년설에 기초한 것이고, 심지어 어떤 것은 알미니안주의적인 요소가 들어있는 것도 있었다. 우리 교단에 소속된 대부분의 교회가 사용하고 있는 주일학교 교재는 칼빈주의에 대해서 제대로 설명되어 있지 않아서 주일학교에서 자라난 많은 학생들이 칼빈주의에 대해서 잘 알지 못했다. 주일학교 교재 중에서 개혁주의 신앙에 기초한 교재는 기독교개혁교단(Christian Reformed Church)에서 만든 것인데, 그것은 너무 교리 중심이어서, 교육학적인 측면이 약해서 학생들이 별로 좋아하지 않았다. 정말로 학생들을 위한 새로운 교재가 필요했다.

무식하면 용감하다 했던가. 나는 새로운 주일학교 교재를 만들기 위한 준비 작업을 시작했다. 우리는 초급 교재부터 만들기로 했다. 나는 한 평양선교사의 딸인 메리 엘리자베스 힐 호너를 설득해서 초급 교재를 쓰도록 했다. 일 년 동안 배우게 될 목차를 정하고 샘플 교안을 만들어서 위원회에 보고를 했고, 위원회에서는 만장일치로 통과시켰다.

그러나 그것을 준비하는 동안 큰 문제에 봉착하고 말았다. 나는 여름에 콜로라도, 오리건, 그리고 내가 소속된 캘리포니아 등의 노회에서 강연을 하기로 했다. 위원회는 총회를 마친 후에 내가 강연에 갈 수 있도록 허락했다. 사무실에 있는 동안에는 모든 것이 순조로워 보였다. 그런데, 내가 서부에 도착했을 때에, 그만 지붕이 무너지는 것 같은 일이 터지고 말았다.

위원회의 부회장인 영 박사(Dr. Young)가 초보자용 교재를 감수하기로 했는데, 내가 여행을 떠나자마자, 그는 호너 여사가 쓴 교재에서 몇몇 문장이 알미니안주의적인 요소가 있다고 하면서, 문제를 심각하게 만들어서 저자를 해고할 것은 물론 전체 계획을 포기하라고 했다. 내가 여행에서 돌아왔을 때, 그는 마치 전쟁에 임한 전사처럼 행동하면서 그 어떤 해결책도 고려해 보려고 하지 않았다. 위원회에서 처음부터 내가 사무총장으로 임명되는 것에 대해서 반대한 사람들까지 같이 합세해서, 이 사건은 내가 이 일에 적합하지 않을 뿐 아니라, 교단 교육을 맡기기에는 믿을 만한 사람이 아니라는 사실을 보여주는 극명한 예라고 하면서 문제를 더욱 키웠다. 물론 나는 즉시 알미니안주의적인 요소를 완전히 없애고 새롭게 집필하도록 조치를 취했지만, 그들은 그런 조치에 만족하지 않았다. 그들은 호너 여사는 알미니안주의에 빠져 있기 때문에 이 책을 집필하는 데에 적합하지 않다고 계속해서 주장했다. 그러나 위원회의 다수는 내 의견에 동의해주었으며, 교재는 계속 집필되었다. 그러나 그것은 인쇄본으로 출간된 것이 아니라 등사본으로 만들어졌다.

그러나 교재에 들어 있는 여러 그림 자료들을 제대로 활용하려면 등사본으로는 불가능했다. 모든 자유주의 교단에서 발간되는 교재는 컬러로 된 사진과 그림들이 활용되고 있는데, 거기에 사용되는 그림 자료들은 우리가 받아들일 수 없는 것들이었다. 그 교재들을 출판하는 회사들은 우리 같이 부수가 작은 교단에는 별로 관심이 없었다. 보수적인 교단에서 만든 책을 출판해주는 회사는 신시네티에 있는 스탠다드

출판사였는데, 그 출판사에서는 20,000부 이하로는 출판해줄 수 없다고 했다. 우리같이 작은 교단에서는 엄두조차 낼 수 없는 숫자였다. 우리가 사용할 수 있는 최후의 방법은 스크립쳐 출판사에서 만든 여러 가지 그림 자료와 사진들을 주문해서 그것을 우리 교재에 붙여서 사용하는 것이었다. 사실이 이렇다보니, 우리가 만든 교재가 다른 출판사에서 발행한 교재들과 도저히 경쟁할 수 없었다. 더군다나 교사용 교재에 있는 그림 자료들은 손으로 그려서 등사판으로 만들어진 것이어서 더 형편없었다. 우리는 교단 내에 있는 교회들이 우리가 만든 교재를 사용하라고 설득할 수 없었다. 당시 교단에 충성심이 강한 교회들만 교단 교재를 사용할 뿐이었다. 그 다음 해에 초급 교재는 내 아내가 집필했는데, 그것은 매우 우수했다.

교정보고, 편집하고, 등사판으로 찍고, 분류해서 책으로 묶고, 포장해서 보내는 일들 때문에 일 년이 어떻게 지나갔는지도 모를 정도로 정신없이 바쁘게 지나갔다. 개교회로부터 들어오는 기부금은 거의 없기 때문에, 직원들을 고용한다거나 사무실을 확장하는 일도 불가능했다. 교재를 팔아서 만든 수익은 거의 모두 다른 교재들을 만드는 비용에 쓰였기 때문에 다른 곳에 사용할 수익은 전혀 없었다. 그렇게 첫해가 흘렀다. 더 많은 직원을 고용할 수 있는 형편이 되지 못했기 때문에, 우리는 상당한 시간을 수작업을 통해서 교재를 만드는 일에 보냈다.

1944년에 나는 다시 임명되었고, 점점 더 많은 교회들이 교육위원회의 일에 대해서 관심을 가지게 되었다. 그러나 한편으로는 앞으로 나에게 닥칠 문제들이 점점 더 가까워오고 있었다. 비록 나는 그 문제와 직접적인 관련은 없었지만, 결국 그 문제들은 내 문제가 되고 말았다.

## XXXIV.
# 클락(Dr. Clark) 사건

1943년 봄에 휘튼 대학에서 철학을 가르치던 고든 클락 박사가 필라델피아 노회에서 설교자로서 활동할 수 있는 강도사시험에 응시했다.[43] 고시위원회는 그를 만나서 여섯 시간동안 면접을 진행했고, 그는 후에 노회에 자신이 시험에 응시한 것을 철회해 달라고 요청했다. 이 사건은 나를 비롯한 그의 친구들을 어리둥절하게 만들었다. 그러나 그날 오후에 알게 된 것은 클락 교수가 그런 결정을 내린 이유는 노회의 고시위원회가 그에게 호의적이지 않았기 때문이라는 사실이었다. 그는 휘튼으로 돌아갔다. 그러나 그날 오후 회의에서 나는 고시위원회가 그에게 보인 적대적인 태도에 대해서 질문했다. 그들의 대답은 충분하지 않았다. 결국 노회는 고시위원회가 클락 박사의 설교자 면허와 목사 안수 과정을 다시 진행시킬 것을 결정했다. 그러나 그해 여름에 내가 서부 지역의 성경 컨퍼런스에 참석하기 위해서 가던 중에 휘튼에 들려서 클

43) 장로교회에서는 목사후보생들에게 설교자로서 활동할 수 있는 시험을 치른 후에 일련의 과정을 거쳐서 목사안수를 주었다. 이런 제도를 따라서 현재 한국의 일부 장로교회에서 강도사(講道師) 제도를 두고 있다. 이들 교단에서는 신학교를 졸업한 목사후보생들에게 시험을 거쳐 합격한 후보생들에 한해서 강도사로 활동하게 하고 그 한 후에 목사 안수를 받을 수 있게 하고 있다. 클락 박사가 여기에서 치른 시험이 바로 강도사 시험이었다(역자 주).

락 박사를 만났는데, 나는 그 이후에 노회 고시위원회가 그에게 다시 강도사 인허 과정을 진행하는 조치를 전혀 취하지 않았다는 사실을 알게 되었다.

1943년 겨울과 1944년 봄 사이에 필라델피아 노회에서는 하루 동안 클락 박사의 안수과정 시험을 다시 치르게 했고, 속기사가 질문에 대한 그의 답변을 기록해서 노회에 제출했다. 4분의 1가량의 노회원들이 클락 박사의 신학에 대해서 의문을 제기했으며. 이에 따라서 클락 박사의 안수를 위한 다음 과정들은 자연스럽게 다음 노회에서 다루기로 했다.

다음 회의에서 클락 박사의 신학에 대한 부분은 통과되었는데, 다음 문제는 그의 히브리어 시험을 면제시켜 줄 것인가 말 것인가에 대한 것이었다. 그를 반대하는 사람들은 만일 그가 히브리어 시험을 면제받지 못한다면, 그는 안수를 받을 수 없을 것이라고 생각했다. 그러나 놀랍게도 노회원들은 그의 히브리어 시험을 면제하기로 결정했다. 그래서 그는 목사 안수 과정을 무사히 통과했고 그해 7월에 안수를 받을 수 있게 되었다. 나는 그의 안수식에 설교를 하였고, 그를 반대했던 사람들은 그 안수식에 아무도 참석하지 않았다.

9월 노회에서 그의 안수에 대해서 반대하는 글이 배포되었다. 비록 그가 자신에 대한 반대의견에 대해서 반박하는 내용의 글을 발표하기는 했지만, 문제는 쉽게 해결되지 않았다. 이후에 나는 그가 어떤 점에서 오해를 받고 있는지를 나열해 보았는데, 그 논점이 대략 57가지 정도가 되었다.

장로교 가디언 출판사에서 만들어진 그에 대한 반대 『소책자』(*The Complaint*)는 그가 그것에 대해서 반박자료를 내기도 전에 교회 내부만 아니라 밖에까지도 배포되었다. 나는 그 노회에는 참석하지 못했음에도 불구하고 다섯 명으로 구성된 위원회가 만들어져서 그 문제에 대해서 답변 문헌을 만들기로 했는데, 그 다섯 명중에 나도 선출되었다. 클락 박사가 위원장으로, 로버트 스트롱 박사와 알란 티트체너 씨와 에드윈 리안 목사가 외부 위원으로 그 위원회의 일원이 되었다. 1944년에서 1945년 겨울 사이에 위원회는 여러 번 모여서 의견을 나누었고, 『답변』(*The Answer*)이라는 제목의 문서를 만들었다.

이 신학논쟁의 주요 이슈들은 불분명하다. 처음 클락 박사 사상에 반대되는 의견은 기적에 관한 문제였다. 클락 박사는 기적은 하나님의 섭리(Providence)에 기초를 두는 것이지 하나님의 창조적인 활동들에 기초를 두는 것은 아니라고 주장했다. 그러나 이 문제는 개인적인 신앙고백 차원의 문제이기 때문에 그렇게 심각하게 여겨지는 것은 아니었다. 첫 번째로 중요하게 대두된 문제는 클락 박사의 "지성의 우월성"이었다. 클락 박사는 기능적인 차원에서 생각해본다면 지(the intellect)가 인간의 의(the will)나 정(the emotion)보다도 더 근원적인 것이라고 말하면서 지성이 인간의 감성을 평가하고 의지를 다스린다고 주장했다.

클락 박사의 의견에 반대하는 사람들은 하나님은 인간 전체를 만드셨기 때문에, 지, 정 의 모두는 독자적으로 "완전한 우수성"을 (코닐리우스 반 틸 『조직신학』 27쪽) 지닌다고 주장했다. 클락 박사는 이 부분에 대해서 동의하지 않았는데, 그 이유는 하나님의 입장에서 보면 이 모든 것은 다 소중한 것이지만, 기능적인 측면에서 보면 지성은 감성을 평가하고, 의지를 다스리고 있기 때문에 결코 이 세 가지는 "완전한 우수성"을 지니지 않는다고 주장했다. 반대 소책자에는 이 문제를 비롯해서 많은 다양한 문제들이 폭넓게 제기되었다.

클락 박사의 반대파들은 클락 박사가 안수 과정 시험에서 대답한 답안에 대해서 더 연구한 후에 또 다른 주장들을 제기했다. 그들이 제기한 다음 이슈는 "하나님의 불가해성(incomprehensibility)"이다. 이 문제는 그가 노회에서 시험을 치르던 도중에는 제기되지 않았던 질문이었다. 사실 많은 사람들은 이 문제는 반대파들이 클락 박사의 정통장로교회 목사안수에 반대하기 위해서 찾아낸 몇 가지 구실들 중에 하나라고 생각했다. 그들이 제기한 구실들은 상당히 불분명하고 엉성한 것이지만, 그들은 별로 개의치 않는 것 같았다. 그들은 자신들이 제기한 어떤 문제가 분명하게 아니라고 밝혀지면 또 다른 문제로 클락 박사를 공격했다.

오랜 시간동안 반대파들이 제기한 "하나님의 불가해성"에 대해서는 별 문제를 찾을 수 없을 것으로 보였다. 『소책자』 2쪽에서는 "하나님의 본성을 사람이 이해하는 것은 불가능하다."고 기록되어 있다. 그런데 그들은 이 부분에 대해서 "하나님은 자신이 원하시는 방향대로 사람을 자신을 알려 주신다(『소책자』 2쪽)."는 논리로 이 부분을 반박했다. 한편 『소책자』 3 쪽에는 "하나님의 무한성과 절대성으로 인해서 오직 하나님만이 자신과 세계에 대해서 모든 것을 다 알고 계신다는 진리는 유한한 인간은 도저히 알 수 없는 신비로운 것이다."라고 기록되어 있다. 이런 주장은 하나님이 자신을 계시하지 않으시면 인간은 하나님에 대해서 명백하게 알 수 없다는 것을 의미하는 것은 아니다. 『소책자』에는 "하나님이 인간에게 자신을 계시하는 능력에 대한 질문은 이 교리의 부분에 포함되는 것은 아니다(『소책자』 3쪽)."라고 쓰여 있다. 계속해서 "하나님에 대한 불가해성 교리에는 신성에 대한 지식의 형식을 말하는 것이 아니다. 하나님의 불가해성은 신적인 지식의 내용을 말하는 것이다(『소책자』 6쪽)."라고 기록하고 있다.

물론 하나님은 영원의 한 부분으로서 현재 벌어지고 있는 모든 것을 인지적으로 알고 계시며, 이 모든 지식은 영원성과 연결되어 있다. 신성에 대한 지식의 형식이란 바로 이것을 의미한다. 그런데 반대파들은 이것이 하나님의 불가해성의 한 요소라는 사실을 부인했다. 그들은 또한 "모든 피조물 안에 깃들여 있는 신적인 정신과 지식의 내용들에는 질적인 차이가 있음(『소책자』 6쪽)"을 주장하면서 "우리는 하나님의 지식과 우리의 지식에는 그 어떤 부분도 일치하는 것이 없다고 생각한다(『소책자』

5쪽).”고 말했다. 반대파들의 이런 주장은 그들이 하나님이 알고 계신 진리에 대해서 아는 것은 불가능하다는 영지주의적인 가르침을 따르고 있는 것으로 보인다. 왜냐하면 역사적으로 보거나 신학적으로 보았을 때에 하나님께서 계시하신 진리에 대해서 사람들은 알 수 있기 때문이다.

『답변』에서는 이 점을 지적하면서 『소책자』에서 말하고 있는 “질적인 차이”에 대해 하나님께서 가지고 계신 세계에 대한 지식과 인간의 지식 사이에 질적인 차이가 존재한다는 사실은 진실로 인간의 지적인 능력으로 하나님이 알고 계신 모든 것에 대해서 다 알 수 없다는 것을 의미한다고 하였다. 1947년 위원회 보고서에서 클로우니 씨과 그래이 씨는 “하나님의 진리에 대한 주관적인 ‘의미’는 진리에 대한 객관적인 ‘의미’와는 완전히 다른 것이다. 그러나 인간에게 있어서 주관적인 ‘의미’는 하나님 편에서의 주관적인 ‘의미’와는 질적으로 전혀 다른 것이다. 그러므로 『소책자』 에서 말하고 있는 인간의 주관적인 ‘의미’가 하나님에 대한 진리의 객관성과는 전혀 관련이 없는 것이다.”라고 기록하였다. 다시 말해서 우리는 절대로 하나님께서 알고 계신 진리가 무엇인지에 대해서 알 수 없다! 흥미로운 사실은 이 문제에 대해서 몇 년간 토론이 있은 후에도, 반대파들 중에 적어도 두 명 정도가 1948년 총회에서도 여전히 같은 주장을 반복하고 있다는 점이다. 나는 1948년 보고서에 이 부분을 다음과 같이 기록해 두었다: “다시 말해서, 하나님의 주관적인 지식과 인간의 주관적인 지식에는 그 어떤 한 부분도 일치하는 부분이 없습니다!” (1948년 정통장로교회 총회보고서, 부록 95).

그러나 아직도 반대파들은 “객관적인 지식의 측면에서는 같은 것이지만(1948 보고서)” 동시에 객관적인 것에 대한 인간의 지식은 하나님께서 가지고 계신 지식과는 질적으로 다른 것이라고 주장하고 있다. 이와 같이 1948년도까지 반대파들의 주장은 인식론적인 차원에서 그 핵심을 잘못 지적하고 있는 듯이 보였다.

다시 1944년 『소책자』로 돌아가자. 클락 박사에 대한 두 번째 비판은 "지성의 우월성"에 대한 것으로 이것에 대해서는 앞서 살펴보았다. 세 번째 비판의 내용은 신적인 통치와 인간의 책임의 관계였다. 클락 박사는 이 두 가지 사이에는 그 어떤 모순도 없다고 주장했지만, 반대파에서는 이 둘은 역설적인 관계로 클락 박사는 이 역설을 이성적인 것으로 치부해버렸다고 주장했다. 네 번째 비판은 구원과 타락의 문제였다. 클락 박사는 하나님께서 타락한 사람에게 구원을 베푸시는 이유는 하나님께서 진정으로 그들을 구원하시기를 원하시기 때문이라는 의견에 반대했다. 왜냐하면 이것은 하나님의 내재성에 대한 교리와 모순되기 때문이다. 만일 하나님이 그들을 구원하시기를 원하시고 동시에 선택의 교리에 따라서 그들을 이미 창세전에 선택하신 것이라면 이것은 신의 존재에 대한 명백한 모순이라고 그는 주장했다. 그들은 진실로 하나님은 오래 전에 구원하시지 않기로 결정한 죄인들조차도 구원하시기를 원하신다고 주장했다.

어느 누구도 하나님은 진심으로 죄인들을 구원하시기를 원하신다는 점을 부인하지는 않았다. 그러나 클락 박사는 "진심으로"라는 단어가 들어가는 것에 대해서 좋아하지 않았다. 왜냐하면 알미니안주의를 신봉하는 사람들이 자신의 견해가 칼빈주의적인 견해와는 다르다는 사실을 보여주기 위해서 이 단어를 사용하고 있기 때문이었다.

『답변』은 클락 박사의 주장들을 변호하면서 특히 하나님의 지식에 대한 불가해성에 대한 교리에 집중해서 논리를 전개했다. 하나님의 불가해성에 대해서 완전한 정의를 내리는 것은 어렵겠지만, 대체로 아래와 같은 점에서 그 교리를 이해할 수 있다. (1) 인간은 하나님 스스로 자신에 대해서 알려주지 않으신다면 하나님의 존재에 대해서 알 수 없다. 반대자들은 특히 이 부분에 대해서 집요하게 파고들었다. 『소책자』

에서는 하나님의 불가해성에 대해서 하나님은 실질적으로 알 수 없는 분이라고 설명하고 있다. 『답변』에서는 그 단어가 사용되는 경우에 대해서 구체적으로 설명하면서 사람이 하나님에 대한 완전한 혹은 "적절한" 혹은 전적인 지식을 얻는 것은 불가능하다고 설명하면서 『소책자』에 나와 있는 가르침 즉 하나님의 계시에 대한 불가해성은 잘못된 것이라고 논박하고 있다. (2) 하나님은 영원하신 분이시기 때문에 하나님의 지식에 대해서 인간이 이해하는 것은 불가능하다. 『소책자』에서는 이것은 교리의 한 부분이라는 점에 대해서 거부했다. (3) 사람은 진리에 대한 하나님의 지식에 대해서, 그것의 관련성이나 혹은 어떤 함의에 대해서도, 완전하게 알 수 없다. 그러므로 이러한 함의들은 단지 무한성의 개념에서 유추할 수 있을 뿐이고 절대로 하늘의 영역에 대해서 인간은 검토할 수 없다. 이러한 설명은 하나님의 지식의 불가해성의 기본적인 정의에 해당된다. (4) 교리는 2 곱하기 2는 4와 같은 확실한 논리를 말하는 것이 아니다. 사람이 어떤 의미에 대해서 아는 것이 하나님께서 알고 있는 의미와는 질적으로 다르다. 혹은 자연에는 어떤 진리는 개념적인 것이지만, 그렇지 않은 것도 존재한다. 이런 점은 인간의 지식이 하나님의 모든 지식과는 질적으로 다른 것이라는 요구에 직접적으로 반대되는 것이다. 또한 이런 주장은 인간이 설명할 수 없는 하나님의 진리의 영역이 존재한다는 생각에도 반대된다.

반대자들의 주장이 노회에서 거부되었을 때, 그들은 1945년 총회에 이 문제를 다시 제기했다. 총회는 『소책자』에 나온 내용을 살피면서 클락 박사의 안수 과정이 무효인지 아닌지를 심사하는 재판을 열었다. 그러나 그 판결은 바로 나오지 않았고, 클락 박사의 반대자들이 기록한 『소책자』를 검토하는 위원회를 만들어서 1946년 총회에서 보고하도록 했다. 1946년 총회에서 검토위원회는 클락 박사의 의견은 틀린 것이 아니라는 보고를 제출하면서 머레이 씨의 소수 의견도 함께 제출했다.

반대자들은 이 사실에 대해서 항의하면서 다시 한 번 클락 박사의 안수는 유효하지 않다고 주장했다. 그들은 재판에서 졌지만, 총회가 끝날 무렵 필라델피아 노회가 클락 박사에게 목사 안수를 준 것은 너무 성급한 것이라고 주장하면서 항소했다. 그들의 의견에 동의하는 사람들을 다수로 하는 위원회를 새로 구성해서 그 문제에 대해서 심의할 것을 요구했고, 놀랍게도 총회는 반대자로 활동해왔던 스톤하우스 박사를 위원회의 구성원으로 새롭게 임명했다.

1947년 총회가 열리기 전에 1945년 봄에 있었던 일들을 다시 살펴보는 것이 필요했다. 위원회는 나의 감독 아래『소책자』와『답변』에 나와 있는 클락 박사 사건을 다시 심의했고, 그 과정에서 나에 대해서 불만을 품었던 기독교교육위원회의 몇 몇 사람들의 의견을 다시 제기하면서, 내가 그 위원회에 참석하는 것은 적절하지 못한 것이라고 지적했다. 그 시간은 위원회 구성원들 간의 의견 차이를 더 깊게 확인하는 계기가 되었다. 몇 몇 사람들에게 나는 코넬리우스 반 틸의『변증학』에 전적으로 동의하지 않는 것으로 비춰졌고, 위원회의 다른 사람들은 사무총장이 자신들의 의견에 전적으로 동의해주기를 원했다. 1945년 봄에 나의 역할에 대해서 문제를 제기하면서 내가 그 일에서 몇 달간 손을 떼고 있어야 한다고 주장하는 위원들이 등장하면서 이 문제는 아주 심각해졌다.

1945년 여름 동안 나는 고든 대학에서 여름 강의를 했고, 그것은 너무 멋있는 경험이었다. 내가 거기에 있는 동안에 일본은 전쟁에서 패했고, 내가 필리델피이로 돌아오자마자 나는 정통장로교 해외선교부에 한국선교사로 지원했다. 나는 다시 임명되었고, 한국에 갈 여권을 준비했다. 한편 기독교교육위원회의 문제는 아직 그대로였다. 나는 사무총장으로 최선을 다해서 일을 했고, 덕분에 많은 성과를 거두었다.

오리랜드로 이사 간 후에 우리 가족은 상당히 풍요로운 삶을 살게 되었다. 1943년 리차드는 공군에 지원했다. 그는 모든 훈련 과정을 무사히 마치고 고급 군사훈련을 하던 도중에 그는 중대한 실수를 하고 말았다. 그는 비행훈련을 하던 도중에 세 비행기에 나눠 탄 그의 분대원들에게 원형 비행 명령을 내리고 말았다. 그 광경을 보고 교관은 그가 비행기를 탈 자질이 없다고 상부에 보고했다. 어쩔 수 없이 그는 레이더 부대에 소속되었고, 최종적으로 태평양 전투에 배치되었는데, 그가 배치될 무렵에는 이미 전쟁이 거의 다 끝나가고 있었다.

군복무를 마칠 무렵 그는 웨스트 버지니아 대학으로 돌아가서 전기공학을 계속해서 공부하기로 결정했다. 그는 이전에 몇 번 결혼을 전제로 사람을 만나기는 했지만, 모두 실패하고 말았다. 그러나 그는 정통장로교 소속 교회인 윌로우그로브 교회의 마로리 다드를 만나서 결혼하게 되었다. 그가 아직 훈련을 받고 있는 도중 1945년 6월 9일에 그들은 결혼식을 올렸다. 우리 가족은 작년에 윌로우그로브로 이사를 왔다. 그들은 워싱턴으로 신혼여행을 다녀왔고, 얼마 있다가 군 당국은 리차드를 필리핀 사마로 보냈다. 웨스트 버지니아 대학에서 공부를 다시 시작한 후, 1947년 10월 3일에 우리의 첫 손녀인 엘리슨 케이가 태어났다. 우리의 두 번째 손녀 크리스틴 루스는 1948년 10월 16일에 태어났다. 그는 뉴욕 주의 세넥타디에 있는 제너럴 일렉트로닉에서 1년간 연수를 마치고 펜실바니아 미들우스에 있는 미디어 부서에서 일을 시작하였고, 두 아들 스티븐과 토마스가 그곳에서 태어났다.

장남 로버트 고든도 내 생일인 1947년 4월 3일 윌로우 글로브 출신 헬렌 로렌스와 결혼했다. 그는 휘튼 대학을 졸업하고 필라델피아에 있는 성공회개혁신학교에서 신학을 공부한 후에 요르단에 마이안에서 선교사로 일했다. 아들 부부는 슬하에 4명의 아들을 키우고 있다. 한 아들은 베들레헴에서 태어났는데, 어릴 때에 하늘나라로 가고 말았다.

장녀 메리 헬렌은 1947년 6월 7일에 워렌 웨스트와 결혼했다. 이들 부부는 두 명의 아들과 두 명의 딸을 키우고 있으며, 한 아들은 태어나면서 하늘나라로 갔다. 워렌은 침례교 목사로 뉴저지 주 뉴왁에 있는 복음침례교회에서 목회하고 있다.

셋째 아들 데이빗 유진은 롱아일랜드 스토니 브룩에 있는 뉴욕 주립대학을 졸업하고 메사추세츠 베벌리에 있는 고든 칼리지와 고든 신학대학원을 졸업했다. 그들은 지금 슬하에 네 명의 딸을 두고 있다. 데이빗은 고든 칼리지에서 그의 아내 매를린 롱을 만났다. 그들은 지금 멕시코에 있는 남부장로교회에서 선교사로 일하고 있다.

우리 막내딸 룻 루사일은 1949년 12월 17일에 케니스 베첼더 목사와 결혼했다. 그들은 두 명의 딸과 두 명의 아들을 키우고 있다. 베첼더 목사는 뉴햄프셔의 키네에서 스튜어트번트 교회에서 목회하고 있다. 1961년 은퇴한 후에 룻 루사일 가족과 우리 부부는 함께 살고 있다.

아이들이 자라면서 그들이 겪는 일들과 그들의 자녀들이 성장하는 것을 보는 것은 분명 부모들에게는 커다란 기쁨이다.

1947년에 클락 박사 사건은 또 다른 종류의 클라이맥스를 향해서 달려가고 있었다. 지난 몇 년간 나는 관련된 주제들에 대해서 여러 번 보고서를 작성했다. 이러한 주제들 중에 첫 번째 주제는 죄의 결과에 대한 질문과 영혼의 지적인 활동으로서의 회개에 대한 것이었다. 이 문제는 반대파들이 제출한 『소책자』에서 제기된 문제로, 나는 이 문서에 대한 대답인 『답변』을 제기할 책임을 지고 있었는데, 『답변』에는 앞서 제기한 문제에 대해서 아래와 같이 기록하고 있다: "회개와 무회개는 둘 다 '그리스도가 죄인들을 위해서 돌아가셨다'는 명제를 어떻게 이해하고 있는가의 문제이다. 『소책자』에 제기된 이론에도 불구하고 회개란 단순하게 이러한 단어들에 대한 이해가 바뀌는 것을 의미하지는 않는다. 회개와 무회개의 차이는 전자는 그리스도가 구원자이시라는 명제를 믿는 것이고 후자는 그렇지 않은 것이다. 어떤 사람은 이 명제를 따르고 어떤 사람은 이 명제를 거절한다. 다시 말해서 회개는 단순하게 이 명제에 대해서 이해가 바뀌는 것을 의미하는 것은 아니다(『답변』 32쪽)." 이러한 생각은 반대자들이 클락 박사를 공격하는 핵심 개념이었다. 나는 무회개란 사람이 복음의 의미에 대해서 이해할 수 있는 가능성을 보여주는 일반적인 명제라고 설명하면서 클락 박사를 변호했다.

우리는 『답변』에서 두 구절을 고칠 필요가 있다. 첫째로 "같은 편이성"이라는 표현은 삭제되어야 한다. 왜냐하면 회개한 사람은 회개하지 않은 사람보다는 훨씬 더 쉽게 복음을 받아들일 수 있기 때문이다. 두 번째 표현은 "역사적인 믿음"이다. 회개하지 않은 사람은 지적으로는 복음의 진리에 대해서 믿을 수 있지만, 그것을 영적으로는 받아들이지 못한다. 나는 초기 토론에서 오직 회개한 사람만이 복음의 진리에 대해서 경험적으로 받아들일 수 있다고 했다. 반대자들은 회개한 사람과 회개하지 않은 사람이 복음에 대해서 이해하는 것에는 분명한 차이가 있어야 함을 주장했다. 왜냐하면 회개하지 않은 사람에게는 죄가 있어서 이 죄를 회개하지 않은 사람들이 회개한 사람들과 같은 방법으로 복음을 이해하는 것은 불가능하기 때문이다. 나는 만일 회개하지 않은 사람이라도 복음의 진리의 의미에 대해서는 이해할 수 없다면, 회개하지 못한 사람들에게 복음을 전하는 것은 아무런 의미가 없다고 주장했다. 나는 뛰어난 성경학자들 중에는 회개하지 않은 사람들도 있다는 점을 지적했다.

내가 보고서에서 제기한 두 번째 문제는 복음은 모든 사람들에게 공짜로 주어지는 것이라는 점이다. 나는 하나님이 죄인들을 모두 구원하시기를 원하신다고 말하는 것은 논리적이지 못하다고 주장했었다. 왜냐하면 하나님의 예정하심이란 구원하시고자 원하시는 사람과 그렇지 못한 사람이 구별되어 있음을 의미하는 것이기 때문이다. 그러므로 하나님께서 모든 죄인을 구원하시기를 원하신다는 생각은 하나님의 존재와 모순되는 것으로 그것은 하나님께서 자신이 구원하시기를 원하지 않는 사람들도 구원하신다는 논리적인 모순에 빠지기 때문이다.

해외선교회 위원들은 이 두 보고서를 반대했다. 그래서 그들은 두 번째 심사에서 나를 불렀다. 선교회 위원들과 이 두 문제에 대해서 토론한 후에 다음과 같은 결정이 내려졌다: "선교 위원회에서는 해밀턴 씨를 한국선교사로 보내서 고려신학교에서 가르치도록 하는 것에 동의할 수 없습니다. 그러므로 우리의 사무총장에게 한국으로 떠날 여권을 발행해주는 것을 반대합니다." 그들의 보고에 따라서 총회는 다음과 같은 결정을 내렸다: "선교사로서 신학적인 측면에서 해밀턴 씨에 대한 반대의 의견이 제기되었습니다. 만일 이 의견이 맞는다면 해밀턴 씨를 선교사로 임명하는 것은 철회되어야 합니다. 위원회에서 해밀턴 씨가 증언한 것과 그가 최근에 발행한 문서들에 따라서 위원회는 해밀턴 씨가 위기에 처한 한국에 선교사로 가서 고려신학교에서 학생들을 가르치는 것을 추천하지 않았습니다."

위의 결정이 담긴 편지가 우리 부부에게 도착했을 때에 우리는 총회 선교부에 아래와 같은 편지를 보냈다.

정통장로교단 해외선교부
로버스 마스덴 목사 귀하
필라델피아, 펜실바니아

마스덴 목사님께

저는 지난 1947년 3월 20일에 총회해외선교위원회의 결정을 통보받았습니다.

위원회에서는 세 가지 문제점을 지적하셨는데, 저는 이 부분에 대해서 반론을 제기하려고 합니다.

1. 첫 번째 문제는 회개한 사람과 회개하지 않은 사람들이 가지고 있는 복음에 대한 지적인 이해에 대한 것입니다. 제 견해로는 회개하기 이전의 사람의 영혼은 완전히 타락한 상태에 있고 따라서 구원에 대한 믿음을 가지는 것은 불가능하기 때문에, 회개하지 못한 사람들이 지적인 차원에서 복음의 의미에 대해서 회개한 사람들과 같은 이해를 가지게 되는 것은 거의 불가능하다고 생각합니다. 이 두 부류의 사람들이 가지는 근본적인 차이는 회개한 사람들은 복음에 대해서 성령의 인도하심에 따라서 근본적으로 다른 경험을 하게 된다는 것이고 그렇지 않은 사람들은 찰스 하지 교수님의 표현대로 그렇지 못하다는 것입니다. 하지 교수님에 따르면 "회개하지 못한 사람들은 성경의 교리와 사실들에 대해서 지적으로는 알 수 있지만, 영적인 각성을 할 수 없기 때문에, 그들에게는 복음이 즐겁지 않습니다(『조직신학』 3권 33쪽)."
2. 두 번째 문제는 복음이 모든 사람에게 공짜로 주어진다는 것입니다. 제가 위원회에서 말씀드린 대로 저는 하나님은 진정으로 모든 사람들에게 복음을 주셨다고 믿습니다. 이것은 마치 모든 사람들에게 주어지는 하나님의 일반은총과도 같은 선물입니다. 그러나 저는 하나님께서 당신의 의지에 따라서 죄인들에 대해서 당신이 원하시는 대로 결정을 내리신다는 선택의 교리에 모순되는 점을 지적하지 않을 수 없습니다. 다시 말해서 하나님께서 어떤 사람을 구원하시지 않기로 이미 예정하셨다면, 그것은 하나님께서 그렇게 하시기로 원하신 것이기 때문에 되돌릴 수 없는 것입니다. 따라서 하나님께서 모든 죄인이 구원 받기를 원하신다는 것은 하나님의 존재와 모순되는 것입니다.

3. 세 번째 문제는 독주와 담배를 습관적으로 즐기는 것에 저는 동의 할 수 없다는 점입니다. 우리가 그러한 습관을 가지게 된다면 우리의 몸은 그것들의 노예가 되어서 결국 우리의 몸은 망가지고 맙니다. 이 문제는 결국 여섯 번째 계명인 살인하지 말라는 계명을 어기게 되는 것입니다.

위원회에서는 나의 이러한 관점을 충분히 이해하고 있다고 생각됩니다. 그래서 저는 위원회가 말씀하신 "불확실성"이 어떤 것인지 잘 모르겠습니다. 마찬가지로 위원회에서 이러한 "불확실성" 때문에 저를 한국의 고려신학교에 선교사로 파송하는 것이 "지혜롭지" 못하다는 결정에 대해서도 동의할 수 없습니다. 위원회의 결정은 제가 가지고 있는 교리적인 견해가 불건전하다고 생각하시기 때문이라고 저는 생각합니다. 만일 제가 가지고 있는 이러한 견해가 불건전한 것이어서 한국의 고려신학교에서 가르치는 것 역시 불건전한 것이 된다면, 마찬가지로 제가 이곳에 있으면서 설교자로서 사역을 하는 것 역시 불건전한 것이 될 것입니다. 저는 당신에게 다시 묻고 싶습니다. 정말로 저의 이러한 견해가 제가 해외선교사로 갈 수 없는 이유라고 생각하십니까?

심사숙고 한 끝에 결론을 말씀드리자면, 저희 부부는 정중하게 정통장로교회의 해외선교사직을 사임하려고 합니다. 이에 사직서를 함께 보내드립니다.

정중히,

플로이드 해밀턴 드림

위원회에서는 내가 그들의 의견을 오해했고, 총회에서 최종 결정을 하기 전까지 내 사직서는 받아들일 수 없다는 답신이 왔다.

총회에서 클락 박사의 신학 논쟁에 대해서 호의적인 사람들에 의해서 계획이 만들어졌는데, 그 계획에 따르면 총회 본 회의가 열리기 전에 나의 사직 문제를 먼저 결정하기로 하기로 하고 나를 회의의 중재자로 세우기로 했다. 그러나 많은 사람들이 현재 직면한 문제의 당사자인 내가 중재자로 나서는 것은 현명하지 못한 것이라고 생각했기 때문에 갈브리스 씨를 중재자로 다시 선출했다. 그러나 회의에서 가장 급하게 제기된 문제는 해외선교위원회를 새로 선출하자는 안건이었다. 해외선교위원회 소송과 관련해서는 만일 내가 원한다면 나를 다시 복직시키고 한국의 고려신학교로 파송하기로 의견을 모았다.

그러나 전체적인 문제를 조율하면서 내 소송과 관련된 안건은 1950년을 위한 선교위원회 위원들을 선출한 후에 최종 결정을 내리기로 했다. 해외선교위원회를 구성하는 문제가 나를 한국의 고려신학교로 파송하는 문제보다도 더 시급하다는 의견은 전술적으로 틀리지 않은 것처럼 보였다. 만일 위원회 중에서 나를 격렬하게 반대하는 사람이 두 명 정도만 재선에서 실패한다면, 새로운 위원회에서 나를 한국으로 파송하는 문제는 자연스럽게 정리할 수 있었다.

그러나 선거의 결과를 보니 나를 반대하는 측이 사람들이 재선되어서 50대 49로 그들의 숫자가 많았다. 투표결과가 발표되고 나에 대해 호의적이었던 위원 두 명이 위원회를 그만두게 되었다. 투표 이전에 위원회의 사무총장은 투표결과가 그들에게 불리하게 된다면 그 즉시 고려신학교에 연락해서 내가 한국으로 갈 수 없게 될 것이라고 전보를 보내게 될 것이라고 했음에도 불구하고 결과는 내가 바라는 대로 되지 않았다.

해외선교위원회에 우리 측의 후보가 선출되지 못한 것을 보고, 나는 그 자리에서 일어나서 해외 선교와 관련해서 내가 관련된 모든 일을 그만 둘 것을 요청했다. 나는 총회 교육위원회의 사무총장직에 사표를 냈다. 나는 뉴잉글랜드 지역의 기독교학교연합의 사무총장직을 계속하기로 했다.

선거가 열린 그 주 일요일에 강경파들이 모임을 가지고 앞으로 진행될 일들에 대해서 의논했다. 그들은 신학교 그룹과 다시 화해를 시도해 보고, 그것이 여의치 않게 된다면 그만 싸우기로 했다. 그들 중에 상당수는 정통장로교단을 떠나겠다고 했다.

1947년 총회가 끝나고 투표로 6인 위원회가 선출해서 당면한 신학적인 문제들에 대해서 계속해서 토론을 진행했다. 입후보한 모든 사람들이 당선되었다. 그 기간에 나는 신학적인 문제들에 대해서 공부하고 또 토론하는 데 많은 시간을 보냈다. 그러한 노력의 결과로 우리는 신학교 그룹과 어느 정도 타협점을 찾을 수 있게 되는 것처럼 보였다. 그러나 최종보고서가 작성되기 전에 우리와 함께 일했던 두 명의 사람이 잠깐 자리를 비운 사이에 신학교 그룹의 사람들 중에 세 명이 참석해서 일방적으로 투표를 진행하면서 그동안 논의했던 모든 것을 처음으로 돌려버렸다. 투표결과는 3대 3으로 동률을 이루었으나 죄의 결과와 회개 그리고 영혼의 지적인 활동에 대한 우리의 보고서는 소수 의견으로 분류되고 말았다. 나는 우리들의 노력이 이 문제에 대해서 실질적인 공헌을 했고 우리가 만든 구분은 상당히 유효한 것이라고 믿었다.

우리가 계속해서 강조했음에도 불구하고 선물로 주어진 복음에 대한 우리의 보고서는 덜 중요한 것으로 간주되고 말았다. 내가 작성한 보고서에 제기된 하나님의 불가해성에 대한 의견은 작년에 그레이 씨와 글로우니 씨가 제출한 보고서를 조금 수정해서 다시 제출되었다. 그러나 나는 한 상을 너 할애해서 신학교 그룹이 『소책자』에 나와 있는 불명료한 입장을 여전히 주장하고 있다고 지적했다. 비록 그들은 하나님의 진리에 대해서 사람이 알고 있다고 언급하기는 했지만, 그들은 여전히 하나님의 주관적인 지식의 관점에서 인간은 세계에 널리 알려진 객관적인 진리에 대해서 단 하나도 알 수 없다고 가르쳤다. 비록 그들은 회의주의를 거부하고 인간은 신성한 지식에 대해서 접근할 수 있다고 말하기는 했지만, 그들은 여전히 인간이 주관적인 지식은 인간이 신성한 지식에 접근함으로 얻게 된 객관적인 지식과는 질적으로 다른 것이라고 가르쳤다. 만일 그렇다면 객관적인 진리와 접근함으로 얻게 된 지식은 도대체 무슨 차이가 있는 것인가? 만일 인간이 신적인 지식에 접근할 수 있음에도 불구하고 그가 알게 된 것은 실질적인 것이 아니고 그것은 질적으로 다른 주관적인 지식일 뿐이라면, 이러한 주장이 회의주의와 무엇이 다르단 말인가?

나는 인간은 물론 하나님에 대해서 완전하게 이해할 수는 없지만, 인간이 만일 어떤 것에 대해서 알게 되면서, 그것이 진리와 닿아 있음을 발견하게 된다면, 인간은 진리를 깨닫게 되는 것이고, 그런 과정 속에서 인간의 주관적인 지식과 하나님의 주관적인 지식은 서로 일치할 수 있다고 생각했다.

총회에서 윌리엄 영 박사는 마지막으로 신학교 그룹의 사람들과 그들의 추종자들이 클락 박사에 대해서 공격하는 것이 올바르지 않은 것이라는 점을 설득하려고 노력했다. 그러나 그들은 우리의 진의를 왜곡하고 오히려 그들이 상처를 받았다고 주장했다. 그들은 우리에게 자신들이 받은 감정적인 상처에 대해서 사과를 요구했고, 자신들에게는 아무런 문제가 없다고 주장했다.

나는 일찌감치 총회를 떠났다. 그리고 우리 대부분은 더 이상 이 상태가 갈 수 없음을 직감했다. 그러나 나는 개인적으로 아직도 정통장로교단에 대한 애정과 개혁주의 신앙을 지키는 기관으로서의 교단의 활동에 대한 관심이 남아 있었기 때문에 그 때 교단을 떠나지는 않았다.

그러나 우리 그룹의 다른 사람들은 하나둘 교회를 떠나기 시작했다. 로버트 스트롱 박사는 남장로교로 옮겼고, 클락 박사는 구 연합장로교단으로 옮겼다. 돈 그래함은 샘 알렌과 함께 남장로교로 갔다. 다른 사람들도 이렇게 하나둘 떠났다. 떠나지 않은 사람들도 정통장로교단의 현직 목회자리를 그만두었다.

나는 비록 신학교 그룹이 따르고 있는 교회론이 교회가 성장하는 것을 방해할 것이라는 생각을 가지고 있지는 했지만, 그렇다고 해서 내가 신학교 그룹에 대해서 나쁜 감정이 있는 것은 아니었다. 나는 개혁주의 신앙이 다른 복음주의자들을 테스트해서 편을 가르는 것은 잘못되었다고 생각했다. 하지만 나는 복음주의자들끼리 칼빈주의 신앙에 대해서 서로 경쟁하기도 하고, 한편 성경은 기록된 하나님의 말씀이고, 구원은 예수를 그리스도로 믿는 믿음의 은혜에서 온다는 사실을 함께 공유하면서 서로 교제할 수도 있다는 생각을 가지고 있었다. 우리가 기독교인 형제들을 만날 때, 우리의 첫 번째 반응은 그들이 우리가 가지고 있는 신앙관에 동의하고 있는지를 시험하는 것이 아니라, 형제로서 함께 교제하고, 믿음으로 서로 받아들이고, 만일 교리적으로 부족한 부분이 발견된다면, 그것에 대해서는 친절한 마음으로 그 부분에 대해서 안내해주는 것이 바람직한 태도라고 나는 생각했다. 우리가 믿고 있는 것에 대해서 반대한다고 해서 시간을 가지고 인내하면서 그들을 기다려주는 것이 아니라 판단하고 정죄한다면, 그것은 이교도에 대한 마녀사냥과 같은 것이다. 또한 우리는 한 개인의 신앙은 점차로 발전하는 것임을 기억해야 한다. 어떤 한 사람이 기독교신앙을 받아들이고 하나님의 말씀을 믿게 된다면, 우리는 그를 관용으로 대해야 한다. 만일 어떤 사람이 기독교 신앙을 반대하고 버리게 되면 그들은 십중팔구 회의주의자가 되거나 혹은 적대주의자가 되고 만다. 만일 우리가 어떤 사람을 회의적인 시각으로 바라보거나 적대적인 시각으로 바라본다면, 거기에는 반드시 분열과 다툼이 자라나게 된다. 정통장로교단에 자리 잡고 있는 이러한 태도는 교회의 성장을 가로막게 될 것이다.

# XXXV.
# 뉴잉글랜드에서

1947년 총회를 마치고 나는 지난 모든 과거와 작별했다. 나는 뉴잉글랜드의 기독교학교연합의 사무총장직을 맡게 되었다. 윌로우그로브로 돌아가서 나는 샤푸 빌딩에 있는 사무실을 정리하고 내 책과 모든 개인 소지품을 집으로 옮기고 보스턴으로 떠날 준비를 했다. 나는 보스턴에 방문해서 이전에 사무총장직을 수행했고, 지금은 이사장으로 있는 분을 만났다. 고다드 박사는 나에게 캠브릿지 가에 빌릴 수 있는 아파트가 있다는 소식을 듣고는 그 아파트를 빌릴 수 있게 준비하겠다고 약속했다. 당시에 보스턴에서 아파트나 집을 빌리는 일은 여간 어려운 것이 아니었다. 그러나 우리는 하나님께서 우리를 위해서 집을 준비해 주실 것이라고 믿었다.

그 주 주말에 고다드 박사가 나에게 전화를 해서 아파트 관리자가 나를 직접 만나기 전에는 집을 빌려줄 수 없다고 하면서 빨리 올라와서 집을 보라고 했다. 나는 룻 루사일과 함께 밤새 운전해서 보스턴으로 가서 다음 날 아침에 아파트 관리인을 만났다. 200명이 넘는 사람들이 대기자 명단에 자기 이름을 올려놓고 빈 아파트가 나기를 기다리고 있었다. 그러나 우리가 관리인을 만나서 필라델피아에서 밤새 달려왔다고 하자, 그 자리에서 집을 빌려주겠다고 했다. 그는 그 아파트는 이미 우리를 위해서 준비된 것이라고 했다! 나는 그에게 감사 인사를 하고 열쇠와 짐을 내릴 수 있도록 허락을 해 달라고 부탁했다. 우리는 그의 사무실 밖으로 나와서 그것이 얼마나 행운이었는지를 깨닫고 긴 안도의 숨을 쉬었다. 그것은 진실로 하나님께서 우리를 위해서 준비해 주신 것 같았다.

아파트는 멋있었다. 단 한 가지 우리가 지낼 곳이 4층이었는데, 그 아파트에는 엘리베이터가 없다는 사실 빼고는 모든 것이 완벽했다. 우리는 다시 필라델피아로 내려와서 이삿짐을 꾸려서 그 다음 화요일에 캠브리지로 이사했다. 트럭 운전사는 내 책 박스를 아파트 4층까지 계단으로 다 날라준 후에 이제 다시는 책은 쳐다보기조차 싫다고 말했다!

그 다음 해는 내 인생에서 가장 행복한 시간이었다. 룻 루사일과 데이빗이 내 아파트에서 함께 지냈고, 메리와 워렌은 우리 집 가까이에 있는 고든 칼리지 기숙사에서 살았다.

1947년 10월 3일에 리차드가 다니고 있는 학교가 있는 웨스트 버지니아 모건타운에서 나의 첫째 손녀 앨리슨 케이 해밀턴이 태어났다. 나는 그 아이가 태어난 후에 필라델피아에 교리연구 모임에 참석하게 되었는데, 간 길에 웨스트 버지니아에 들러서 내 첫 손녀를 만났다. 딕과 매기는 트레일러 하우스에서 살다가, 그들의 딸이 태어나기 직전에 작은 아파트를 빌려서 이사했다. 아들 부부의 집은 작았지만, 첫 딸과 함께 가장 행복한 집을 꾸렸다.

조부모들에게 첫 손주는 더할 나위 없는 즐거움을 선사하는 존재였다. 1948년 6월 23일에 보스턴에서 우리의 두 번째 손녀 도나 린 웨스트가 태어났다. 메리와 워렌은 딸을 아주 많이 자랑스러워했고, 우리 부부 역시 손녀가 정말 자랑스러웠다.

보스턴에서 나는 기독고등학교에 관심이 있는 부모들을 인터뷰하는 일과 학교를 위한 모금 사업, 그리고 뉴잉글랜드 지역의 학교를 비롯한 기독교교육기관에서 강연하는 일 등을 했다. 그 일들은 흥미로운 일이었지만, 한편 나는 모금에는 별로 소질이 없다는 사실을 발견하게 되었다. 나는 뉴잉글랜드 지역에 기독교학교연합에 상당수의 학교가 가입할 수 있도록 만들었고, 점차로 바람이 심하게 부는 보스턴의 거리에도 익숙해졌다.

거의 매주 일요일마다 나는 뉴잉글랜드 지역의 복음주의 교회에서 설교를 했고 기독교학교들을 대표해서 라디오에 출연하기도 했다. 보스턴 기독고등학교의 학생그룹을 데리고 함께 교회에 방문해서 예배를 드리면서, 학생들은 교인들 앞에서 찬양을 했다. 나는 1948년 여름 동안 퀸시 지역에 전화를 걸어서 기독교학교에 학생들을 유치하기 위해서 애썼다. 또한 우리는 그 지역에서 그해 가을부터 연합장로교회를 시작했다.

리차드는 웨스트 버지니아 대학에서 전기공학을 전공하고 뉴욕 셴넥타디에 있는 제너럴 일렉트릭 회사에 엔지니어로 취직하게 되었다. 나는 웨스트 버지니아로 가서 그들을 데리고 보스턴으로 올라왔다. 보스턴에서 일주일을 지내고 나는 그들의 새 아파트가 준비된 셴넥타디로 데려다주었다. 거기에서 1948년 10월 16일에 그들의 두 번째 딸 크리스틴 룻이 태어났다.

때때로 나는 한국으로 돌아가는 것이 나의 소명이 아닌가 하는 생각에 빠지곤 했다. 비록 당시의 상황에서는 정통장로교회 해외선교부의 파송 선교사가 될 수는 없었지만, 나는 독립선교부에서 나를 파송할 수 있지 않을까 하는 기대를 품었다. 내 아내는 보스턴 러글스 가에 위치한 침례교회의 여전도회 회장직을 맡았다. 그녀는 80여 명의 여성들에게 성경을 가르치는 일을 하면서 행복한 시간을 보냈다. 또한 교회의 멤버들에게 전화심방을 했다. 내가 다시 한국으로 가고 싶다고 그녀에게 말했을 때, 그녀는 처음에는 그곳을 떠나기를 싫지만, 만일 내가 원한다면 얼마든지 그렇게 해도 된다고 했다.

결국 나는 홀드크로프트 박사에게 편지를 써서 독립선교부에서 나를 선교사로 파송해줄 수 있는지 알아보았다. 나는 처음에는 나 혼자 한국에 가서 첫해를 보낼 계획이었다. 왜냐하면 한국 상황이 어떤지 확인할 필요가 있었기 때문이다. 나는 아내에게 잠시 보스턴에 있으면서 그녀의 학교 일을 계속하고 또 아이들을 돌봐주라고 했다.

크리스마스에 우리 온 가족이 다 함께 캠브리지 아파트에 모였다. 우리는 매우 행복한 시간을 보냈는데, 한편으로는 이것이 어쩌면 우리 가족이 모두 함께 만날 수 있는 마지막 시간이 될지도 모른다는 생각이 들었다. 아이들이 함께 즐겁게 시간을 보내는 것을 보니 평양에 있었을 때가 떠올랐다. 우리는 평양에서 나의 장난꾸러기 아이들이 했던 여러 가지 이야기들을 함께 나누며 즐거워했다. 이야기를 나누다 보니 웃음이 끊이지 않았다.

전쟁이 끝난 지 2년이 지났는데도, 한국행 여권을 발행하는 일은 시간이 꽤 걸렸다. 나는 여권 발생을 다시 신청했고, 여권은 신청한지 2주가 지난 1949년 1월 10일에 발행되었다. 가장 큰 어려움은 선교지에서 일하는 동안 나를 후원해 줄 사람을 찾는 것이었다. 비록 선교부가 나를 임명하기는 했지만, 선교부가 재정적으로 내 모든 경비를 후원할 수는 없었다. 나는 평소에 나와 친분이 있는 정통장로교회 목회자들, 소위 말해서 "급진파" 목회자들에게 연락해서 후원을 부탁했다. 그리고 교회에 방문해서 설교를 하면서 후원을 부탁했고, 선교부에서도 일정 부분을 후원해주기로 했다.

떠날 날이 가까워오자 내 아이들은 내 아내를 집요하게 설득해서 나와 함께 떠나라고 했다. 한국에서 온 편지에는 우리가 함께 오면 좋겠다고 기록되어 있었고, 아이들도 아내에게 자신들은 잘 지낼 테니 아무 걱정하지 말고 한국에 가서 아버지와 함께 지내시라고 했다. 나와 내 아내는 이렇게 훌륭한 아이들을 만나게 해 주신 하나님께 감사드렸다!

밥과 그의 아내 헬렌은 독립선교부 해외선교사에 지원했다. 메리와 워렌 웨스트 역시 해외 선교사로 지원을 했는데, 신체검사를 합격하지 못했다. 데이빗은 지금 멕시코에서 선교사로 활동하고 있다. 리차드는 한 장로교회의 장로로 봉사하고 있고, 룻 루사일은 침례교 목사와 결혼했다. 그야말로 하나님께서는 우리의 아이들을 훌륭하게 키워주셨다.

마침내 아이들은 내 아내를 설득하는 데 성공했다. 아내는 다시 여권을 신청했고, 여권은 1949년 2월 7일에 발행되었다. 마침내 선교부는 우리의 한국행을 결정지었고, 우리는 다시 짐을 꾸리느라 정신없는 시간을 보내야 했다. 한국에 보내고 싶은 책들은 우편으로 보냈고, 그 외에 부피가 큰 가재도구들은 로스앤젤레스에서 배로 보냈다. 그 짐들은 우선 동부지역에서 서부 지역으로 옮기게 되는데, 그 때에는 파나마 운하를 지나서 이동하게 되어있다.

이제 우리는 아이들과 작별의 눈물을 흘려야 할 시간이 되었다. 우리는 서부까지 차로 이동하면서 바타비아와 클리블랜드를 방문해서 친척들을 만날 계획을 세웠다. 로스앤젤레스로 떠나기 전에 우리는 필라델피아에 들려서 여러 교회들을 방문해서 예배를 드리고 또 후원을 부탁했다.

떠나기 바로 직전에 밥과 헬렌이 뉴올리언스까지 함께 동행하기로 했다. 우리는 차에 실을 짐을 되도록 많이 줄여서 밥과 헬렌을 위한 자리를 마련했다. 생각해보니, 가장 커다란 짐 두 개를 새로 싣게 되었던 것이다.

뉴올리언스에서 룻의 여동생 헬렌을 만났고, 이번에는 밥과 그의 아내는 그곳에 남고 룻의 여동생을 태우고 그의 딸이 가족이 살고 있는 달라스로 갔다. 그리고 다음 날 우리는 로스앤젤레스로 이동했다. 우리는 3일 만에 로스앤젤레스고 가게 되었는데, 둘째 날에는 무려 707마일이나 운전했다.

로스앤젤레스에 도착해서 우리는 이전 교회의 집사님이신 젠센스 씨 집에서 머물렀다. 그들은 우리를 환영해주었고, 우리는 그들과 즐거운 시간을 보냈다. 그 다음 날은 일요일로 나는 여덟 교회에서 설교했다. 그 다음 일주일은 기억에 남는 시간이었다. 우리가 처음 전도했던 그레이스 정통장로교회 교인들 중에 현재는 교회를 떠난 사람들이 함께 모여서 저녁식사를 하면서 함께 작별파티를 했다.

그 주간 동안 우리는 우리의 짐을 시트루스 패커라는 이름의 배에 실었다. 그리고 우리는 시애틀에 방문하기로 했다. 우리는 해변 도로를 따라 운전하면서 세쿠오이아 국립 수목원, 요세미티 공원, 그리고 샌프란시스코에 들렀다. 로스앤젤레스에서 많은 사람들이 후원을 해 주어서 우리는 우리의 차를 한국에 가지고 갈 수 있는 경비를 마련할 수 있게 되었다. 처음 계획은 시애틀에서 우리 차를 팔고 내려올 생각이었는데, 그렇게 할 필요가 없게 되었다. 그곳에서 우리는 룻의 친구인 시블리스 가족과 함께 즐거운 시간을 보내면서 관광을 했다. 그리고 타코마로 돌아와서 한국으로 가는 배에 탑승했다.

한국으로 다시 가는 길에서는 기억에 남는 일이 별로 없다. 그러나 한국에 돌아가서 신학교의 학생들을 만나고 성경학교의 학생들을 만났을 때는 잊을 수 없다. 부산 항구에 도착했을 때에 선착장에서는 많은 학생들이 나와서 우리를 환영해 주었다. 그들은 우리가 배에서 내릴 때에 "예수님의 이름은 능력이 있네."라는 노래를 불러주었는데, 그 순간 나는 눈물을 흘렸다.

# XXXVI.
# 다시 한국으로

1949년 5월 18일에 우리는 부산에 도착했다. 이미 한국에서 내가 할 일들은 다 정해져있었다. 나는 고려신학교에서 성경과 변증학을 가르치고, 고려고등성경학교[44]에서는 성경을 가르치기로 했다. 오랜 동안 한국을 떠나있기는 했지만, 다시 한국말로 학생들을 가르치는 데에는 별 문제가 없었다. 사실 그렇게 빨리 한국말이 다시 잘 되리라고는 생각하지 못했다.

처음에는 치솜 박사(Dr. William H. Chisholm)와 드와이트 말스베리(Dwight R. Malsbury) 목사님과 마조리(Marjorie L. Hanson) 양이 거처하는 곳에서 그들과 함께 지냈다. 그 집은 오래된 일본 집이었는데, 2층에는 방이 여러 개 있었다. 우리는 임시로 1층에 있는 응접실에서 지냈는데, 그곳은 일요일에는 주일학교로 활용되는 공간이었다. 방 중간에 미닫이문이 있어서 문을 열면 넓은 응접실이 되었고, 문을 닫으면 아늑한 공간이 되었다. 우리는 작은 응접실에서 함께 식사를 했다. 도착하자마자 시작된 학교 일은 정신이 없이 돌아갔지만, 무사히 첫 학기를

44) 부산시 서구 부인동에 위치하고 있었던 고려고등성경학교를 의미함. 이 학교는 1948년 말 오종덕 목사에 의해 설립된 학교였고, 이 학교 졸업생들이 고려신학교로 진학했다(역자 주).

▌고려신학교에 당시 사진, (좌에서 우로: 한명동, 장석인, 이상근, 한상동, 최의손, 오종덕, 한부선, 박손혁, 박윤선, 마두원, 함일돈, 사진 제공 - 고신대학교 이상규 교수)

▌고려고등성경학교 제1회 졸업식 사진 (앞줄 좌에서 우로: 한부선 부부, 한일돈 부부, 최의손 부부, 오종덕, 김계초, 한선, 마두원 부부, 이인재, 박윤선, 김신욱, 사진제공 - 고신대학교 이상규 교수)

마쳤다.

얼마 지나지 않아서 우리는 우연히 평양 숭실대학 졸업생 한 사람을 만났고, 그에게 일본식 집을 한 채 구입했다. 그 집은 일본식 나무 기둥이 유난히 광택이 나는 아담한 집으로 정원까지 갖추고 있는 집이었다. 일본이 전쟁에서 패한 후에 한국에 있던 모든 일본인들은 본국으로 돌아갔고, 그들의 집은 한국 정부에 의해서 몰수되었다. 우리는 운이 좋게도 그런 집들 중에 하나를 구입할 수 있었다.

새집에서 첫 번째 주일을 보내면서 우리는 거실에 이웃집 아이들을 초청해서 주일학교를 열었고, 어른들을 위한 예배도 드렸다. 우리는 2층에서 주로 지냈고, 외부 손님들이나 친구들은 아래층에서 시간을 보냈다. 응접실이 꽤 커서 주일 예배를 드리기에 충분했다. 점차 예배를 드리는 사람들이 늘어나게 되어서, 우리는 다른 방 하나를 더 사용해서 예배를 드리기 시작했다.

# XXXVII. 부흥

나는 지금 직접 경험해보지 않고서는 설명할 수 없는 특별한 일에 대해서 이야기하려고 한다. 이 사건 자체에 대해서 이해하기 위해서 그 배경에 대해서 먼저 알아야 한다.

우리는 1950년 봄에 한국기독인연합회에서 세계적으로 유명한 한 복음주의자를 한국에 초청한다는 소식을 들었다. 우리는 그 소식 중에 그 후원단체가 한국기독교연합회(The National Christian Council in Korea)[45]라는 것을 알고 놀랐는데, 그 이유는 그 복음주의자는 보수적인 사람이기 때문에 모든 초청을 다 응하지 않는다고 알고 있었기 때문이다. 아마도 그 사람은 현재 한국의 상황을 잘 모르고 그 초청에 응한 것 같았다.

전쟁 기간 동안에 일본은 감리교, 장로교, 성결교 등의 교단을 총 망라해서 80프로가 넘는 한국 교회의 지도자들을 부산에 모았다(여기에 모인 이 교단들은 한 동안 하나의 단체로 활동했다). 이 지도자들이 모인 이유는 신사참배 문제 때문이었다. 일본 당국은 그들을 부산 근교의 해변에 모아놓고, 그들에게 그 어떤 신이나 영적인 존재에게 충성하는 것을

---

45) 한국기독교연합회는 '한국기독교교회협의회" (NCC)의 전신이다(역자 주).

금지시키고 오직 태양의 여신에게만 충성할 것을 강요했다!

전쟁이 끝나고 연합교단은 다시 원래의 교단으로 돌아갔다. 그러나 교단의 지도자들은 자신들이 저지른 죄에 대한 고백과 회개를 하지 않고 다시 교단을 자신들의 통제 하에 두려고 했다. 그러나 일제시대에 태양신과 신사참배를 거부하고 감옥에 6년 동안 갇혀 있었던 부산의 장로교 소속 이 목사는 그들의 우상숭배에 대해서 고백하고 회개하는 날을 정했다. 그들은 스스로 자신들을 훈련 규정을 정하고 목회자들을 비롯한 모든 교회의 회중들을 모아서 죄를 고백하고 회개하도록 했다.

어떤 한 노회에 신사참배 예식을 거행한 몇 몇 목회자들이 있었는데, 이들은 자신들이 우상숭배를 저지른 사실을 인정하지 않고 교단 모임에 참석하기를 거절했다. 노회에서는 그들에게 참석 명령을 내렸다. 그러나 그들은 참석하지 않고 불법적으로 새로운 노회를 만들었다. 마침내 총회가 그 문제를 다루게 되었다. 총회는 기존 노회에 명령을 해서 지난 과거는 덮어버리고 더 이상 문제를 만들지 말고, 노회를 떠난 목회자들에게 그들이 우상숭배를 한 과거나 노회의 말을 듣지 않고 자신들 마음대로 노회를 탈퇴한 문제에 대해서 그 어떤 제재도 가하지 말고 그들을 다시 받아들이라고 판결을 내렸다.

이 판결은 법과 질서를 무시하는 처사였기 때문에, 노회는 총회의 판결을 받아들이기를 거부했다. 총회는 부산 노회[46]에 중재자를 보내어서 일을 처리하는 대신에, 언론에 광고를 내서 부산 노회는 이제 더 이상 한국장로회 소속이 아니라고 공포했다. 이 일은 엄청난 충격이었다.

이 사건 이후 결국 장로회 부산 노회가 할 수 있는 선택은 독자적인 교단을 만드는 일 밖에는 없었다. 이렇게 구성된 새 장로교 총회는 내

46) 경남 노회를 말함. 해밀턴은 부산에서 열린 이 노회를 부산 노회((the local presbytery in Pusan)으로 명기한 듯하다(역자 주).

가 이 글을 쓰고 있는 지금까지(1962년) 건강하게 잘 성장하고 있다. 상당수의 교회들이 기존 장로교 총회에서 탈퇴해서 새로운 장로교 총회로 들어왔다. 물론 그들은 자신들의 교회 부동산도 함께 가지고 왔기 때문에 자연스럽게 새로운 장로교 교단이 성장할 수 있었다.

다시 이 장에서 처음에 제기했던 문제로 돌아가자. 조금 전에 언급한 복음주의자가 참석하기로 한 모임은 한국에 자유주의 신학을 가지고 있는 한국기독교연합회에서 후원을 했다. 우리는 일본 선교부에 편지를 보내 선교회의 대표인 길 다드에게 현재 한국 상황에 대해 설명하면서 우리 학교에서 조직한 모임인 "청년신앙운동(Youth for Christ)"라는 모임에서 후원을 할 테니 그 복음주의자를 후원하는 단체를 바꿀 것을 권유했다.

부르스 헌트와 나는 관계자들을 직접 만나서 기존의 후원을 철회하고 우리 단체를 후원자로 바꿀 것을 권유하기 위해서 서울로 갔다. 서울에는 성결교 선교사들이 거주하고 있는 집이 있는데, 우리는 그 집으로 찾아가서 그를 만나서 한국의 전체 상황을 설명하고 후원을 바꿀 것을 권유했다. 그들은 이미 행사가 다 준비되어 있기 때문에 한국기독교연합회의 후원을 바꿀 수는 없다고 했다.

헌트씨와 나는 11시에 그곳을 나와서 숙박할 수 있는 장소를 찾았다. 우리의 대화는 실망스럽게 끝나고 말았지만, 우리는 하나님께 모든 복잡한 상황이 잘 해결될 수 있도록 도와달라고 기도했다. 다음 날 아침 나는 부산으로 돌아왔고, 브루스는 서울에 남아서 상황이 어떻게 전개되는지 지켜보기로 했다.

나는 부산에 도착하기 전에 전보를 받았는데, 그 내용은 다시 서울로 가서 공항에서 그 복음주의자를 직접 만나보라는 것이었다. 나는 부산에서 다시 비행기를 타고 서울 공항으로 갔다. 내 비행기는 길 다드의 선교팀이 도착하기 이전에 공항에 도착했다. 나는 한국기독교연합회의 관계자들이 도착하기 전에 공항에서 그를 기다렸다. 나는 길 다드 선교팀에 인사를 하고 한국기독교연합회의 사람들이 오기 전에 그 복음주의자를 만나서 상황을 설명하게 해 달라고 요청했다.

그들은 그 자리에서 나의 요구를 거절했다. 그러나 그 복음주의자는 모든 문제가 제대로 정리되기 전까지는 그 어떤 일도 하지 않겠다고 했다. 그래서 이 문제에 대해서 다시 모여서 의논을 하기로 했다. 다음 날 조선호텔에 모여서 함께 회의를 했다.

조선호텔에는 생각보다 많은 사람들이 모였다. 우리 그룹을 대표하는 사람들이 부산에서 올라왔고, 한국기독교연합회의 사람들도 모였다. 길 다드 선교회 사람들과 그 당사자도 함께 모였다. 그러나 그 모임은 아무런 결과를 만들지 못했다. 결국 길 다드 선교회와 그 복음주의자는 내일 계획한 행사가 시작되는 장소인 대구로 떠났다.

우리 그룹의 선교사들은 상당한 곤경에 처하게 되었다. 왜냐하면 우리의 행동이 우리가 복음주의 그룹에서 준비한 행사를 방해하려고 그 유명한 복음주의자가 설교하는 것을 반대하는 것으로 비쳐졌기 때문이다. 한편 만일 우리가 이 행사를 그대로 묵인한다면 그것은 우리가 소속된 교단의 방침을 어기게 되는 것이었다. 오랜 시간 동안 회의를 진행한 끝에 우리는 다음과 같은 결론을 내렸다: 만일 그 복음주의자가 우상숭배를 회개하고 교회 앞에서 그것을 고백하지 않은 사람들과 함께 하지 않고 복음주의자 모임을 따로 여는 것에 동의한다면, 우리도 그 모임에 함께 참석하겠다. 우리는 그날 밤에 기차를 타고 대구로 내려가서 우리가 의논한 것을 그들이 받아들일지 확인하기로 했다.

다음 날 나는 의논된 문제들을 그들에게 설명하고 그들이 우리의 의견을 따를 수 있는지 확인했다. 그리고 우리는 그 모임에서 있었던 일들을 설명하고 그 모임의 복음주의자들 모임에 참석할 준비를 했다. 그러나 한국기독교연합회 측으로부터 그들은 논의한 사항들을 따를 수 없다고 연락이 왔다. 그러자 한 이틀 정도 지난 후에는 일제 때 신사참배를 하고 태양신 이름으로 세례를 받은 사람들인 "미소기(mesokee)"들이 그 모임에 참석하기 시작했다. 그래서 우리는 그 모임에서 철수했다.

브루스 헌트는 아직 부산으로 돌아오지 않았다. 그는 금요일에 돌아와서 신학교 학생들에게 그 간 벌어진 일을 설명하면서 우리가 그 모임에 협력할 수 없었던 이유를 설명하고 학생들에게 자신들의 죄를 회개할 것을 촉구했다. 학생들은 깊은 감동을 받았다.

다음 주 월요일에 내가 채플을 인도할 순서였다. 아침 수업을 마치고 채플 시간이 되었다. 나는 기도를 하면서 특별한 생각이 들었는데, 오늘 채플은 조금 특별하게 진행해야겠다는 생각이 들었다.

나는 채플을 시작하면서 특별한 이야기를 했다. 나는 지난 금요일에 헌트 목사님이 말씀하신 대로 우리의 죄를 고백하는 시간을 갖자고 했다. 그리고 나는 내가 교만했던 죄, 내가 나 자신의 의지대로 행동하면서 겸손하지 못한 죄를 고백했다.

내가 그렇게 말을 시작하자마자 예배에 참석한 모든 사람들은 울음을 터뜨렸다. 큰 소리로 울면서 하나님께 자신들의 죄를 용서해달라고 기도하기 시작했다. 그리고 한 사람 한 사람 일어나서 울부짖으면서 자신들의 죄를 고백했다. 나는 처음으로 그렇게 진정어린 마음으로 회개하는 장면을 목격했다. 어떤 말로 설명할 수 없는 모습이었다. 나는 계속해서 우리의 개인적인 죄를 하나님께 고백해야 한다고 그들에게 설교했다. 만일 우리가 다른 사람들에게 상해를 입혔다면 우리는 하나님께만 고백하는 것이 아니라, 우리의 행동으로 상처를 받은 사람들에게도 고백해야 한다고 말했다. 또한 공동체의 이름으로 지어진 죄도 사람들 앞에서 회개해야 한다고 설교했다.

이 설교는 예배에 참석한 사람들을 더 많이 울게 만들었다. 한 장로님이 일어나서 자신이 아내에게 지는 죄를 고백했다. 그러면서 그는 그 죄를 아내에게 용서를 받을 수 없는 것이 더욱 자신을 울게 만든다고 했다. 왜냐하면 그의 아내는 이미 하늘나라로 가고 없기 때문이라고 했다. 간음죄, 절도죄, 신사참배를 한 죄 등의 모든 죄를 고백했는데 그것은 고통스러운 일이기도 했다. 그 어떤 것도 우리들이 회개의 눈물을 막을 수는 없어 보였다. 어떤 사람은 자신이 신학교에서 스파이 활동을 한 것을 고백했다. 우리의 마음을 움직인 가장 큰 고백은 신학교 교장[47]의 회개였는데, 그는 자신이 만주에서 신사에 절을 했다고 고백하면서 회개했다.

한 선교사가 고려고등성경학교로 가서 지금 신학교에서 벌어지고 있는 일을 말했다. 그리고 그곳에서도 회개하는 예배가 시작되었다. 정오가 되어서도 우리의 예배는 끝나지 않았다. 우리는 계속해서 회개의 기도를 드렸고, 그 예배는 오후 세시가 되어서야 끝났다.

한 주가 지나고 신학교와 성경학교의 학생들은 부산을 포함한 지역 곳곳에 있는 자신들의 집과 교회로 돌아가서 같은 일을 시작했다. 철저한 회개를 통해서 그들의 가정과 교회는 새로운 부흥의 전기를 맞이하게 되었다.

안타깝게도 며칠 후에 한국 전쟁이 일어났다. 공산주의자들은 한반도 전체를 집어삼킬 기세였다. 공산주의자들은 엄청난 부흥을 경험한 부산지역만 빼고 한반도를 거의 다 점령하고 말았다. 나는 하나님께서는 회개를 통한 부흥을 일으킨 부산을 최후의 순간을 위해서 남겨주신 것이라고 믿는다. 하나님께서는 부산을 끔찍한 전쟁의 날이 올 때를 대비해서 부흥을 경험하게 해주셨다고 나는 믿는다.

전쟁이 일어나기 전에 나는 서울로 올라가서 우리 선교회 지부를 만들기 위해서 집을 알아보았다. 집을 알아보는 일은 토요일쯤에 마무리

---

47) 박윤선을 의미함 (역자 주).

되었다. 나는 일요일까지 서울에서 지내려고 했으나, 부산으로 내려가는 기차 시간이 여의치 않아서 토요일 밤 기차를 차고 부산으로 내려왔다. 기차역에 갔더니 침대칸이 하나 남았다고 해서 나는 얼른 기차표를 구매해서 부산으로 내려왔다.

그 기차는 전쟁이 일어나기 전에 서울을 출발해서 부산으로 내려가는 마지막 기차였다! 다음 날 아침 부산으로 내려왔을 때, 즉 일요일 새벽에 공산주의자들이 전쟁을 일으켰다. 소식은 삽시간에 퍼졌다. 선교사들이 드리는 마지막 예배가 그 날 오후에 힐리(Heleah)에 있는 선교회건물에서 열렸다. 그날 밤에 우리는 불안한 마음으로 선교회의 일정을 마무리했다.

선교사들이 치솜 박사의 집에 있을 때에 전보가 왔는데, 우리가 지내고 있는 곳은 폐쇄되고 우리는 더 이상 선교활동을 할 수 없다는 내용이었다. 치솜 박사는 힐리 바깥에서 활동하고 있는 선교사들은 모두 힐리에 있는 선교사 주거지로 들어와 있으라는 군 당국으로부터 온 전보의 내용을 우리들에게 알려주었다. 선교사들은 한 명당 두 개의 가방만을 챙겨서 들어올 수 있었다.

룻과 나는 잠자고 있던 중에 소식을 듣고 짐을 꾸렸다. 룻과 함께 짐을 꾸리던 중에 우리는 흥미로운 물건을 발견했다. 그것은 룻이 주방에서 요리를 할 때 사용했던 한국식 앞치마들이었는데, 그것들은 룻이 자신의 옷을 고쳐서 만든 것이었다! 짐을 꾸리던 중에 우리는 너무 졸려서 잠깐 침대에 누웠는데, 일어나보니 아침이었다.

우리는 아침을 챙겨 먹고 힐리의 선교사 주거지로 옮겼는데, 그곳은 도시의 끝에 자리하고 있었다. 그곳에 도착해서 방을 하나 배정받았다. 그 안에서는 선교사들의 안전이 보장되었다. 그러나 당장 어떤 위험한 상황이 생길 것 같지 않았다. 그래서 나는 신학교로 가서 다른 여느 날과 마찬가지로 학생들을 가르쳤다.

나는 저녁 식사를 하기 위해서 힐리로 돌아왔다. 라디오에서는 어떤 일들이 벌어지고 있는지 계속해서 속보가 전해지고 있었다. 오후 늦게 당국에서는 어린이와 여성들은 그날 밤에 배를 타고 안전한 곳으로 옮겨야 한다고 명령했다. 남성들에게는 자신들의 가족이 보트에 안전하게 탑승했는지 볼 기회가 주어지지 않았다. 그러나 나는 내 차를 타고 부두에 나와서 그들이 무사히 배에 탑승하는지 확인했다.

다음 날 아침 여성들이 무사히 떠나고 나서 당국은 만일 우리가 귀중품들을 보관하기를 원한다면 그것들을 힐리 창고에 갖다놓으면 나중에 그것을 배에 실어서 보내준다고 했다. 나는 집으로 가서 내가 소중하게 생각하는 책들과 몇 가지 다른 물건들을 챙겨서 힐리에 있는 창고에 보관해 두었다.

마침내 남성들도 배를 타고 한국을 떠날 수 있다는 명령이 내려졌다. 그날 밤에 나는 차를 타고 항구로 가서 혹시 내가 차를 가지고 갈 수 있는지 알아보았다. 처음에는 가능한 것처럼 보였지만, 나중에 선장이 와서 내 차는 힐리에 남겨두어야 한다고 했다.

우리가 탄 배는 많은 피난민들이 함께 타고 있었기 때문에, 우리는 일본으로 가는 내내 앉아 있었다. 해협을 지나면서 우리는 "자코나(Jachnah)"라는 사인을 보았는데. 그곳은 한국 전역에 전기를 공급하는 화력발전소였다. 우리는 규슈 끝에 자리하고 있는 미군 캠프 근처에 도착했다. 군인들은 우리의 가방을 운반해주었고, 막사를 사용하는 법을 알려주었다.

나는 룻도 거기에 와있을 것이라고 생각했다. 그러나 알아본 결과 룻은 그날 아침에 다른 배를 타고 다른 곳으로 갔다고 했다. 그들은 처음에는 그녀가 어디로 갔는지 알려주지 않다가 나중에 알려주었다. 그곳은 도쿄 근교의 산 아래 있는 아름다운 호텔이었다. 그곳은 오도와라에 있는 후지야 호텔이었다. 내가 그곳으로 갔을 때, 룻은 도쿄 근처에 있는 군인캠프에 있었다. 우여곡절 끝에 그녀와 통화가 되었고, 그녀는 바로 오도와라로 올 수 있었다.

7월 4일에 마침내 룻과 나는 다시 만났다. 우리는 자정까지 이야기를 나누었다. 우리는 후지야 호텔에서 8일간 머물면서 멋진 시간을 보냈다. 맛있는 음식과 멋진 자연환경은 우리에게 최고의 시간을 선물해 주었다. 그곳에서 멋진 시간을 보내면서도 우리는 한국에서 어떤 상황이 전개되고 있는지 계속해서 알아보았다. 라디오에서 들려오는 뉴스는 절망적인 소식뿐이었다. 미군과 한국 군인은 계속해서 패해서 마침내 부산 지역만 남겨두었고, 미군은 그곳을 사수하기 위해서 사력을 다하고 있었다.

7월 11일에 도쿄에 있는 독립선교부 소속 필 팍스웰 목사는 나에게 전화해서 도쿄로 오라고 했다. 다음 날 나는 도쿄로 갔다. 필은 역으로 나를 마중 나와서 그가 있는 선교회로 나를 인도해주었다. 우리는 9월 말까지 그곳에서 지냈다.

선교부에서는 우리에게 연락하여 시암이나 타일랜드로 가면 어떻겠냐고 물어보았다. 다른 선교사들에게는 필리핀이나 싱가폴을 추천해 주었다. 룻과 나는 이 문제에 대해서 이야기를 나누었다. 우리는 이런 전쟁 시기에 한국을 포기하고 다른 곳을 가는 것은 올바르지 않다는 의견을 나누었다. 오히려 현재 부산은 상대적으로 안전하니 부산으로 다시 가는 것이 좋겠다고 결론을 지었다.

그 이후 두 달 동안 나는 도쿄와 오사카 지역에서 열리는 많은 성경 컨퍼런스에서 사람들을 가르쳤다. 내 아내의 일기를 보면 어떤 날에는 나의 설교를 듣고 30여 명의 사람들이 기독교를 받아들이게 되는 일도 있었다고 한다. 다른 컨퍼런스에서도 비슷한 일들이 일어났다.

치솜 박사는 다시 한국으로 돌아갈 수 있는 허가를 받았다. 우리도 그렇게 되기를 원했지만, 그런 일은 일어나지 않았다. 기다리다가 지쳐서 나는 공군 장교에서 사정을 이야기 했다. 그는 내가 통역관이 된다면 한국으로 돌아갈 수 있을 것이라고 알려주었다. 여러 번의 인터뷰를 통과하면서 마침내 나는 통역관이 되었고, 따라서 나는 비행기를 타고 다시 한국으로 돌아갈 수 있는 기회를 얻게 되었다.

10월 3일에 나는 공군복을 입고 한국으로 돌아갈 비행기에 탑승했다. 그날은 비가 많이 내렸다. 우선 내가 도착한 곳은 일본 남부에 있는 공항이었다. 우리가 도착해서 비행장에서 기다리는 동안 비행기 사고가 일어나서 두 비행기가 불길에 휩싸였다. 나는 얼른 달려서 비행장을 벗어났고, 불타고 있는 비행기 근처에 가는 것은 금지되었다. 나는 비행기 조종사들이 어떻게 되었을지 알 수 없었다.

오랫동안 기다리다가 다음 날이 되어서야 나는 한국으로 가는 비행기를 탈 수 있었는데, 나는 단지 가방 하나만 가지고 탑승할 수 있었다. 조종사는 나에게 안전벨트를 느슨하게 해 두라고 이야기를 했다. 그 이유는 혹시 비행기가 바다 위를 날다가 추락하게 되면, 안전벨트가 오히려 방해가 될 수 있기 때문이라고 설명해주었다.

해협을 건너서 비행하는 것은 마치 모험 같았다. 비가 와서 시야가 전혀 확보되지 않았다. 부산 공항에서 조종사가 "K 9" 사인을 찾는 것이 쉽지 않았다. 그러나 그는 성공했고, 나는 마침내 아내 없이 다시 한국으로 돌아오게 되었다!

# XXXVIII.
# 공군 통역관(ADVATIS)[48]

나는 공군 고급통역심문관으로 임명되어서 한국전쟁에 참전했다. 전에 내가 타던 차를 다시 이용할 수 있게 되었다. 내가 하는 일은 비밀리에 진행되는 것으로, 일꾼들은 우리의 귀중품들을 밤에 우리의 주둔지 정원에 묻어 두었다. 외부에서 들어온 조서방(Cho Sobang)이 우리의 물건을 남김없이 가지고 가서 숨겨두었고 우리가 그것을 원할 때 다시 돌려주곤 했다. 모든 생활은 계획에 따라서 진행되었다. 아침에는 우리 조사팀 본부가 있는 동래로 운전해서 출근했고, 밤이 되면 숙소로 돌아왔다.

내 주요 임무는 전쟁터에서 막 잡혀온 포로를 심문하는 것이었다. 내가 부산에 도착했을 때, 수용소에는 약 200명 정도의 포로가 수용되어 있었다. 그러나 맥아더가 인천상륙작전에 성공한 후에는 남쪽에서 싸우던 포로들이 많이 잡혀 와서 그 숫자는 천명이 넘었다. 천여 명의 포로들에게 제공되는 여러 물품들은 세금으로 편성된 미군이 사용하는 경비에서 충당되었다. 포로들은 백 명 단위로 한 막사에 수용되었으며,

48) Advance Translators and Interrogator. 고급 통역 심문관을 의미한다(역자 주).

포로의 숫자가 늘어남에 따라서 막사를 더 세워야 했다. 특별하게 심문할 필요가 있는 포로는 따로 수용되었다. 대부분의 포로들은 상당히 협조적이었다. 왜냐하면 그들은 대부분 공산주의 사상을 가지고 있어서 군대에 들어간 것이 아니라, 공산당에 의해서 억지로 참전한 사람들이었기 때문이었다. 상당수의 포로들은 자신들이 알고 있는 정보를 다 넘겼는데, 이것은 제네바 협정에 따르면 불필요한 행동이었다. 나는 많은 포로들이 기독교인이었다는 사실을 알게 되었고, 심지어 그중에 한 명은 내가 평양 숭실대학에서 가르쳤던 학생이었다.

나는 본부에 허락을 받고 포로를 위한 주일 예배를 드렸다. 포로들이 점점 더 많아지게 되어서 5000명에서 10000명가량 되는 포로들을 위해서 예배를 드려주어야 했다. 나는 군인 신분을 이용해서 치솜 박사와 말스베리 목사, 그리고 다른 한국인 목회자들을 초청해서 포로들을 위한 예배의 설교를 부탁하기도 했다. 1950년 말에 중국이 전쟁에 참전함에 따라 상황은 급변했다. 그러나 우리는 여전히 포로들을 위해서 예배를 진행하였고, 많은 사람들이 그리스도를 믿게 되었다.

미군이 한반도의 북쪽으로 올라가던 중에 중국이 참전하게 되자, 포로수용소는 남쪽 끝자락에 있는 섬[49]으로 옮기게 되었고, 나는 더 이상 포로들을 위한 예배에 관여할 수 없게 되었다. 대신에 부대에서는 선교사 중에 군목을 임명해서 그 일을 계속 진행했다. 성공적으로 일이 진행되어서 24,000여 명의 포로를 더 이상 수용소에 가두어두지 않고 "석방"해서 한국에서 살 수 있게 해 주었다. 그들의 대부분은 기독교인들이었다.

그해 끝 무렵에 나는 도쿄로 가라는 명령을 받았다. 나는 담당 장교와 면담을 하면서, 그에게 내 책을 어떻게 해야 하는지 물어보았다. 그

49) 거제도를 말함 (역자 주).

는 내 책을 미국으로 보내는 것이 가장 안전하다고 했다. UN군이 참전하여 남쪽에 있는 공산군들을 몰아낼 수 있으리라고 기대하기는 어렵다고 그는 설명했다. 나는 화요일에 떠나게 되어있는데, 내가 떠나고 나서 목요일에는 군영에 있는 모든 장비는 일본으로 옮긴다고 했다. 그러고 나면 우리의 부대는 파괴될 것이라고 그는 말했다. 그 말을 듣고 나는 중국군이 한두 주 이내에 부산까지 내려오게 될지도 모른다고 생각했다. 다행히도 나는 내 차를 군용 배에 실어서 요코하마로 옮길 수 있게 되었다. 나는 비행기를 타고 일본으로 가게 되었다.

그 후에 한국에 기적이 일어났다. 한국 남쪽에 살던 기독교인들이 함께 모여서 밤새 공산군이 물러나게 해 달라고 기도했다. 하나님은 그들의 기도를 들으셨고 공산군은 자신의 진격을 멈추었다. 우리 군대는 다시 서울을 되찾았고, 공산군은 38선까지 물러났다. 한국의 남쪽이 구원을 받게 된 것이었다.

나는 도쿄 중심에 있는 한 사무실에서 "탈수기" 프로젝트에 대해서 듣게 되었다. 그 사무실은 중앙 공군 첩보부가 있는 곳이었다. 나는 그곳에서 3개월 동안 일을 했고, 아내와 함께 독립선교부 선교사 숙소에서 지냈다. 그 일은 물론 기밀이었다.

XXXIX.

# 선교사 신분으로 한국에 다시 돌아옴

3월 말에 나는 공군 통역관의 일을 마치고 다시 선교사로 한국에 돌아갈 수 있는 허가를 받았다. 내가 일본을 떠나서 한국으로 돌아온 날에 트루먼은 맥아더를 일본과 한국 지역의 UN군 사령관으로 임명했다. 나는 미국 비행기에 내 차와 짐을 함께 싣고 한국으로 돌아왔다. 그러나 룻은 아직 일본에 남아 있었다.

나는 부산의 기독교인들에게 대대적인 환영을 받았다. 나는 교회에서 설교를 했고, 고려신학교에서 다시 학생들을 가르쳤다. 폐허 속에서도 우리는 부산 지역에 몇 몇 교회를 세울 수 있었다. 그리고 나는 매주 일요일마다 이 교회들을 방문하면서 설교했다. 내 집에서도 교회를 시작했다. 주일마다 200여 명의 신도들이 내 집에서 예배를 드렸다. 나는 신학교와 성경학교에서 몇 과목을 가르쳤다. 그 기간 동안 한국인들과 함께 한 일은 매우 흥미로웠고 또 보람되었다. 한국의 남쪽의 교회들은 순식간에 크게 성장했다. 부산에 있는 한 교회는 교회의 신도들이 거의 모두 평양에서 피난 온 사람들이었다. 이전에 북한에서 시작된 학교와 교회들이 남쪽에서 다시 시작되었다.

내 아내를 다시 한국으로 데리고 오는 일은 거의 불가능했다. 어쩔 수 없이 나는 그녀를 만나기 위해서 일본을 자주 방문했다. 처음에는 공군 비행기를 함께 타고 일본을 방문할 수 있었다. 그러나 점차로 그런 기회가 줄어들었다. 그 후에는 항공 수송 본부의 비행기를 타고 일본에 갔다. 덕분에 나는 1951년 크리스마스를 내 아내와 함께 지낼 수 있었다.

# XL.
# 한국을 떠남

이번에 할 이야기는 내 인생에서 그다지 자랑스럽지 않은 것이다. 이야기를 본격적으로 하기 전에 당시의 경제적인 상황에 대해서 조금 설명할 필요가 있다. 일본이 한국에서 철수한 후에, 미국 군인이 한반도의 남쪽을 신탁 통치 했고, 북쪽은 러시아가 했다. 미국 당국은 남한 경제 계획을 세우면서 통화를 통제하기로 했다. 자유롭게 수출입 무역을 하는 대신에 환율을 적정 수준으로 조정했다. 당시 한국에서 통용되고 있었던 엔화의 가치를 고정시켜놓고 무역을 진행시켰다. 당시 미군은 한국 엔화나 미국 달러 대신에 유럽에서 사용되고 있던 군사용 스크립트[50]를 사용했다.

미군은 한국 경제에 커다란 책임을 지고 있었다. 그러나 군사용 스크립트의 사용은 엄격하게 제한되어 있었으며, 한국인들은 절대로 사용할 수 없었다. 이런 상황으로 한국인들은 무역을 하는 데 상당한 어려움을 겪었으며, 동시에 한국이 자신의 땅에서 생산된 생활용품들을 군인들에게 팔 수 조차도 없었다. 상황이 이렇게 진행되다 보니, 전쟁 상

---

50) military script. 미군에서 발행한 군사용 통화 증서. 이 증서는 해외에 파병된 군인들에게 사용되었던 증서로 미국 달러의 가치가 안전하지 않은 지역에 발행되었다(역자 주, 영문 위키피디아 참조).

황에서 한국의 경제는 더욱 악화되었다. 정책적으로 환율을 고정시키기는 했지만, 엔화의 가치도 달러에 비해서 형편없이 떨어졌다. 미국 당국은 엔화와 달러화의 환율을 완전하게 비현실적으로 고정시켜버렸다. 미군 중앙에서는 이렇게 인위적으로 조정된 환율로 엔화를 사들였다. 자연스럽게 미국 군인들은 그들이 가지고 있는 군사용 스크립트가 현재 유통되고 있는 달러의 환율만큼 그 가치가 높지 못한 것에 대해서 불만을 품고 있었다.

선교사들과 일반인들은 그들이 가지고 있는 미국 수표를 한국은행에서 현재 통용되고 있는 환율을 그대로 적용받아서 현금으로 바꿀 수 있었다. 이것이 한국이 달러를 벌어들일 수 있는 유일한 방법이었다. 이런 상황은 한국의 국제 통화 시장에 엄청난 압력을 주었다. 한국 정부는 해외로부터 생활에 필요한 기본 재료들을 수입하기 위해서 달러를 확보하는 데 상당한 어려움을 겪었다.

군인은 군대 우체국에서 미국 머니 오더를 살 수 있게 허락받았다. 그들은 머니 오더를 사서 미국에 보냈다. 이론적으로는 머니 오더는 한국에서 현금으로 바꿀 수 없었다. 그러나 많은 군인들이 한국 여성들과 결혼했거나 혹은 함께 살았기 때문에, 그들은 생활을 위해서 한국 화폐가 필요했다. 한국 환전상은 매우 만족할 만한 교환 비율을 군인들에게 제시했고, 군인들은 그들의 아내들이나 함께 살고 있는 사람들을 위해서 자신들이 가지고 있는 머니 오더를 한국 엔으로 바꾸었다.

나는 내 미국 수표를 한국은행에서 교환했는데, 나를 도운 한국인이 목이라는 사람이었다. 나는 한국은행에 달러 계좌와 엔 계좌를 모두 가지고 있었다. 어느 날 목이 700달러 가치의 머니 오더를 들고 나에게 찾아왔다. 그리고 나에게 그것을 미국에 있는 나의 은행 계좌로 보낸 후에, 다시 미국 은행에서 내 한국 계좌로 미국 수표를 만들어서 보내줄 것을 부탁했다. 그는 내가 그렇게 하게 되면 교환 비율이 10,000 대

1이 되지만, 자신들이 미국에 보내서 다시 받게 되면 그 비율은 6,000 대 1로 낮아진다고 말하면서, 내가 그를 위해서 그 일을 해 주면 좋겠다고 했다.

그는 그동안 나의 일을 많이 도와주었기 때문에, 나도 그의 부탁을 들어주었다. 그렇게 시작된 일이 계속 쌓여서 어느 덧 내가 그를 도와준 금액이 20,000달러 정도에 이르게 되었다.

그러나 1951년 11월 17일 나는 미국 대사관에서 공지 사항을 받았는데, 그 내용은 미국인들이 이제 더 이상 한국인들을 위해서 미국에 돈을 보내는 일을 하면 안 된다는 것이었다. 만일 계속해서 그 일을 하게 되면, 더 이상 군사 우체국 서비스를 받을 수 없게 될 것이라고 했다. 나는 그 사실을 목에게 이야기하고 이제는 더 이상 그를 도울 수 없다고 했다. 그는 크게 실망하면서 자신이 계속해서 도움을 받을 수 있는 방법이 없겠냐고 나에게 물어보았다. 그리고 그는 자신의 장인어른이 일본 전구회사와 무역을 하고 있는데, 그 일을 계속하려면 달러가 필요하다고 했다.

그는 열흘 정도 계속 찾아와서 나에게 도와 달라고 요청했다. 나는 그에게 만일 내가 그가 가지고 있는 머니 오더를 할인 가격에 살 수 있으면, 그 머니 오더는 내 것이 되기 때문에, 내가 그것을 미국에 보내고 다시 받는 것은 합법적인 것이 될 것 같다고 이야기했다. 그는 나의 제안을 좋게 생각하고, 나에게 내가 그가 가지고 있는 머니 오더를 10% 싼 가격에 살 수 있게 해 주겠다고 했다. 만일 내가 그 제안을 받아들인다면, 나는 10%의 이익을 얻게 되고, 자신의 장인은 60% 정도의 이익을 창출하게 될 것이라고 말했다.

나는 그의 제안에 동의했다. 그래서 나는 그의 머니 오더를 사서 미국 계좌로 보냈다. 그리고 미국에서 예금 승인이 되면 다시 그것을 수표로 전환해서 내 한국 계좌로 보내달라고 했다. 모든 일이 순조롭게 잘 진행되었기 때문에 나는 모든 것이 합법적으로 잘 되어가고 있다고 생각했다.

1951년 11월 마지막 날부터 1952년 3월 17일까지 나는 미국 내 계좌에 목으로부터 구매한 350,000달러의 머니 오더를 보냈다. 그런데 1952년 3월 17일에 미국의 은행으로부터 전보가 왔는데, 그 내용은 내 은행 계좌를 동결시키고 이제 더 이상 수표를 발행해 주지 않겠다는 것이었다. 나는 즉시 목에게 연락해서 내가 그에게 준 수표를 돌려 달라고 하면서, 그에게 산 머니 오더를 돌려주었다. 미국 은행으로부터 연락을 받았을 때, 어떤 한 군인이 그가 미국에 보낸 머니 오더가 정상적으로 미국에 도착하지 않았고, 그 머니 오더의 금액이 지불되었을 때 돈을 받는 사람의 이름이 명확하게 기록되어 있지 않았다고 불만을 제기했다는 사실을 알게 되었다. 나중에 우체국에서는 이 사람의 불만에 대해서 조사를 해서 1,500달러 정도가 거짓이었다는 사실을 밝혀냈다. 그 결과로 내 계좌는 사용할 수 없게 되었다.

나는 한국은행 직원에게 상황에 대해서 알아보았다. 그 결과 사용 가능한 금액보다도 더 많은 금액을 요구한 수표들이 있어서, 상당한 금액의 현금이 미국의 은행으로부터 들어올 수 없게 되었다는 것을 알게 되었다. 그는 내가 할 수 있는 일은 미국으로 가서 직접 상황을 해결하는 것뿐이라고 했다.

나는 미국으로 가서 2~3일 동안 은행과 우체국 직원을 만나서 내가 보낸 머니 오더에 대해서 확인했고, 그것을 현금으로 바꿨다. 나는 동결된 나의 계좌에 있는 모든 돈을 다 찾을 수 있었다. 우체국 직원은 일련의 과정에 불법적인 것은 아무것도 없다는 점을 확인해 주었고, 로스앤젤레스 군당국에서도 마찬가지로 확인해 주었다. 모든 것을 확인한 후에 나는 다시 한국으로 돌아왔다.

그러나 한국에 돌아왔을 때에 내 문제는 이미 공공연하게 많은 사람들이 알게 되었고 사람들은 나를 비난하고 있다는 사실을 알게 되었다. 나는 시장을 교란하는 교활한 거짓말쟁이가 되어버렸다. 나는 군인들에게 머니 오더를 샀고, 달러를 한국 화폐인 엔으로 바꾼 적도 한 번도 없었다. 은행의 입출금은 모두 달러로 했으며, 머니 오더는 한국은행으로부터 발급받은 것이었다. 사실상 달러를 유통할 수 있게 한 것은 한국 경제를 돕는 일이기도 했다.

그러나 이러한 전후 사정과는 상관없이 이미 나는 흉악한 경제사범이 되어 있었다. 이후 군 당국에 방문해서 이야기를 들어보았는데, 나는 군인들은 한국에서 머니 오더를 팔면 안 된다는 규칙이 있다는 사실을 알게 되었다. 많은 군인들이 이 규정에 대해서 모르고 있거나 아니면 무시하고 있었다.

나에게 있어서 중요한 것은 나와 기독교회와의 관계였다. 설혹 그것이 법적으로는 아무런 문제가 없다고 하더라도 나와 교회와의 관계는 나쁘게 되었다. 나는 선교사들과 한국인 교회지도자들과 깊은 대화를 나누었다. 그리고 나는 그들이 내가 이와 같은 사건에 연루된 것은 죄라고 생각하고 있다는 사실을 발견했다. 모든 종류의 비난이 나에게 집중되었고, 심지어 신학교와 교회 그리고 선교가 이 일 때문에 함께 비난을 당하게 되었다. 이 상황에서 그 비난이 올바른 것인지 아닌지를 생각하는 것은 어리석은 일이다.

이러한 상황을 정리하기 위해서 나는 신학교 채플에 가서 개인적인 죄는 하나님 앞에서 고백하고 회개하면 되지만, 다른 사람들 앞에서 지은 죄는 그 사람에게 가서 죄를 고백하고 용서를 구한 후에 하나님 앞에 나와야 하고, 또 공적인 스캔들이 있는 경우에는 공적인 고백과 회개가 필요하다고 이야기 했다. 그리고 나는 사람들 앞에서 나의 행동이 법적으로 허용된 것이라고 하더라도, 머니 오더 사건은 비기독교인들과 기독교인들 모두가 나쁘다고 생각하는 것이므로, 내가 이런 일에 연루되어서 교회의 명예를 실추시킨 것에 대해서 하나님과 교인들에게 용서를 구했다.

이런 나의 회개는 사람들에게 잘 전달되었고, 그들은 다시 나를 공동체의 일원으로 받아주었다. 나는 다시 평상시처럼 가르치고, 정기적으로 설교하면서 선교 일을 감당했다. 그리고 여름 휴가철이 되자, 나는 일본으로 가서 아내를 만났다. 아무도 더 이상의 문제를 제기하지 않았다. 나는 법적으로는 한국 왕래나 일본 왕래에 아무런 문제가 없었다.

룻과 나는 카루이자와에서 휴가를 보냈다. 그곳은 선교사들과 휴가 동안 쉬는 곳이었다. 많은 한국인 선교사들도 이곳에서 쉬었다가 다시 한국을 돌아갈 정도로 좋은 곳이었다. 군인들도 와서 휴식을 취했다. 그러나 그들은 여전히 룻이 한국으로 가는 것을 허락하지 않았다.

그러나 내가 한국에 돌아왔을 때, 하늘이 무너져 내렸다. 나는 미국 대사관으로부터 머니 오더 사건 때문에 군 당국이 나에게 본국 송환을 명령했다는 통보를 받았다. 어떤 조사도 없이 즉시 한국을 떠나라는 명령은 지나친 면이 없지 않았다. 나는 10월 중순에 일본에 가서 그 사건을 해결할 수 있는 방법은 없는지 알아보았다. 군 당국의 결정은 분명 지나치게 주관적인 것이었다. 그 사건에 대해서 한국 정부는 아무런 개입도 하지 않았다. 심지어 그들은 내가 일본에서 다시 한국으로 돌아가는 입국 허가조차에 대해서도 관여하지 못했다. 나는 부산에 있는 법률자문관에게 편지를 보냈다. 그 자문위원은 꽤 시간을 끌더니 다음과 같은 답변을 보내주었다:

"나는 당신이 11월 15일에 보내신 편지에 대한 답변을 공식적인 입장이 아닌 개인적인 입장을 말씀드리겠습니다. 이것은 또한 당신의 케이스에만 해당되는 답변이라기보다는 일반적인 답변입니다.

내가 이해하기로는 1951년 3월 이전부터 한국에 거주하고 있던 미국 시민이 미국 우체국에서 발행하는 머니 오더를 미국 군인들에게 산 것은 대한민국 헌법에 기초한 군 당국의 규율 번호 93을 어긴 것입니다. 그리고 또한 대한민국의 통상 규정도 어긴 것입니다.

만일 당신이 이 문제에 대해서 더 자세한 답변을 듣기를 원하신다면 개인적인 상담을 받아보시기를 권합니다."

사실상 한국에서 미군정은 1949년 3월에 끝났다. 군 당국 규율은 현재 일본 연합군최고사령부의 규율로 그 규율은 1946년부터 효력이 있었던 것으로, 나는 내 사건과 같은 문제에 대해서는 언급되어 있지 않다는 사실을 발견했다. 내 사건은 기타 통화 송금에 관한 사건에 해당되는데, "만일 개인이나 정치 단체가 군 당국의 허가를 받지 아니하고 송금으로 직간접적인 이익을 취하는 것을 금지한다."는 규정이 있다. 그러나 대한민국 대사관에서는 이러한 규율에 대해서 정확하게 다루고 있지는 않았다. 조항 제84조 제6장에 보면 헌법은 개인의 경제적인 자유를 보장하고 정의로운 사회는 국가 경제 발전을 위해서 모든 시민의 이런 기본권을 최대한 존중한다고 되어 있다.

나의 머니 오더 송금은 법률을 위반한 것은 아니다. 물론 군의 규율에는 군인은 "달러로 바꿀 수 있는" 어떤 종류의 것도 한국인들에게 팔아서는 안 된다고 되어 있다. 이 사실을 알고 난 후에 나는 머니 오더를 구매하는 일을 그만 두었다. 다시 말하지만 그것은 법률적인 구속력이 있는 것은 아니었다. 사실 내가 "암시장"과 관련된 어떤 일에 연루되었다는 것은 사실이 아니었다. 왜냐하면 내가 목 씨와 한 모든 거래는 한국은행을 통해서 이루어졌기 때문이다. 내가 했던 것은 한국이 그들의 경제를 일으키기 위해서 외국환을 획득하는 일을 방해하고 있는 미국의 경제 정책의 빈틈을 이용한 것 뿐 이었다. 그러나 군 당국은 내가 한국에 남는 것을 허락하지 않았고, 최종적으로 독립선교부는 나의 미국 송환을 결정했다.

불행히도 나는 한국에 다시 들어가지도 못하고 미국으로 돌아와야 했다. 한국의 집에는 내가 쓰던 보조 클러치가 그대로 있었고, 심지어 냉장고 안에는 내가 먹던 케이크도 있었다. 그 때까지도 나는 발에 기브스를 하고 있었는데, 1953년이 되어서야 비로소 모든 치료과정을 마칠 수 있었다. 당시 미국으로 돌아올 때는 나는 여전히 보조 클러치를 사용하고 있었다. 그런 상황에서 배를 타고 다시 한국으로 돌아오는 것은 쉽지 않았다. 다행히도 배를 타고 미국으로 돌아오는 과정에서 내 다리는 회복되었고, 미국 샌프란시스코에 내릴 때에는 거의 정상이 되었다. 우리는 로스앤젤레스로 가서 그곳의 친구들과 함께 며칠을 지냈고, 이후 배를 타고 파나마 운하를 지나서 뉴욕으로 갔다.

뉴욕으로 가는 여정은 즐거웠다. 우리가 뉴욕에 도착했을 때, 모든 아이들이 나와서 우리를 맞아주었다. 우리는 전국성경학교(National Bible Institute)에서 의미 있는 시간을 보냈다. 밥의 가족은 막 요르단으로 떠나려던 참이었다. 그래서 우리는 그의 집에서 그가 요르단으로 선교를 떠날 때까지 함께 지냈다.

우리는 필라델피아에서 독립선교부의 사람들을 만났다. 그리고 그 중에 전국적으로 알려진 변호사를 만나서 한국에서의 내 사건에 대해서 법률적인 그리고 윤리적인 문제에 대해서 자문을 구했다. 모든 증거를 꼼꼼하게 확인한 후에, 그는 선교부에 상당히 긴 보고서를 제출했는데, 법률적으로나 윤리적으로 잘못된 것은 발견되지 않았다는 내용이었다. 이후 내가 소속되어 있던 정통장로교회 뉴욕 뉴잉글랜드 노회에서도 같은 사건에 대해서 직접 조사했다. 그들 역시 어떤 잘못도 없다는 결론이었다. 그러나 그들은 내가 직접 미군 본부에 편지를 써서 비록 내가 규정에 대해서 들은 정보가 충분하지 않아서 저지른 일이기는 하지만, 군 당국의 규율을 따르지 않은 것에 대해서 정식으로 사과를 하도록 권유했다. 나는 공식적인 사과 편지를 써서 군 당국에 보냈다. 그런데, 군 당국에서는 그것을 확인했는지에 대한 답신이 없었다.

우리는 몇 달 동안 뉴햄프셔 맨체스터에 있는 사위 케니스 배트첼더 목사의 집에 머물렀다. 1953년 가을부터 1955년까지 우리는 매사추세츠 애니스큄에 있는 한 교회에 목회를 하게 되었다. 그리고 플로리다 페사콜라에서 목회하는 아들 데이빗이 나에게 알라바바 센터빌에서 목회하도록 부탁해서, 나는 그곳에서 70세가 될 때가지 목회를 했다. 그 후에 알라바마 트로이에서 1년 반을 더 목회하고 은퇴했다.

이후 우리는 뉴햄프셔에 배트첼더 목사의 집으로 가서 시간을 보냈다. 이제는 은퇴해서 이곳저곳 돌아다니면서 설교를 조금 하는 정도의 사역만 하면 될 것이라고 생각했다.

그러나 1963년 봄에 나는 인디에나 주 인디에나폴리스의 제일개혁장로교회에서 급한 연락을 받고 남부장로교회의 원로목사의 자격으로 그 교회의 임시담임목사직을 맡았다. 우리는 그곳에 1964년 봄까지 있었는데, 건강 상태는 나쁘지 않았다.

데이빗과 그의 아내는 지금 멕시코에서 선교사로 일하고 있다. 밥의 가족은 요르단에 세계장로교선교회에서 일하고 있다. 리차드는 펜실바니아 메디아에서 장로로서 섬기면서 주일학교 부장을 담당하고 있다. 나의 두 딸은 침례교 목회자와 결혼했다. 지금 우리는 하나님의 사랑을 받은 12명의 손주들을 거느리고 있다.

비록 나의 인생은 평탄한 길만을 달려온 것은 아니지만, 하나님께서는 나의 삶을 축복으로 인도하셨다. 나는 내가 한국에서 선교사로 일하면서 가장 많은 나의 생을 한국을 위해서 바친 것에 대해서 단 한 번도 후회하지 않았다.

부록

# 해밀턴이 미국장로교(PCUSA) 선교부에 보낸 편지

1936년 9월 5일, 평양, 한국
미국장로교(PCUSA) 해외선교부 귀중
뉴욕 5번가 156번지

친애하는 선교부 관계자님께

저는 지금 미국장로교 선교부에서 파송된 선교사 직을 그만두기 위해서 사직서를 보냅니다. 저는 이 편지를 제가 현재 속해 있는 마호닝 노회에 함께 보냅니다. 저는 미국장로교(PCUSA)총회의 결정에 따를 수 없으므로, 장로교헌법 제7장 54조에 의거하여 미국장로교(PCUSA)를 탈퇴해서 새로운 미국장로교(PCA)로 옮기고자 합니다.

제가 성급하게 주변의 상황들에 대해서 고려하지 않고 이런 결정을 내린 것이 아님을 우선 말씀드립니다. 제가 이러한 결정을 내리게 되면, 1934년 총회의 결정에 반대하면서 바로잡기 위해서 최선의 노력을 기울여왔으며, 또한 저를 파송한 법적인 책임이 있는 독립선교부에게 안 좋은 영향을 미칠 것을 알기에 저는 더욱 오랜 기간 동안 심사숙고하였습니다. 저는 그동안 총회가 내린 1934년의 결정이 헌법에 위배된 것이기 때문에 철회되기를 바라는 마음으로 기다려왔습니다. 저는 현명하신 교회의 지도자들께서 이런 결정이 총회헌법에 위배된다는 사실을 인지하지 못하고 계시다는 점을 믿을 수가 없습니다. 저는 148회 총회에서의 요구는 총회 헌법에 비추어보아서 다시 논의되어야 함을 강조하면서 아래의 증거들에 대해서 말씀드리고자 합니다.

1. 먼저, 독립선교부가 지니고 있는 문제와 상관없이, 각 지역 노회에 소속된 독립선교부에 가입한 목회자들에 대한 1934년 총회의 결정은, 비록 그것이 90일간의 유예기간이 있는 것이라고 하더라도, 장로회의 기본을 흔드는 것일 뿐 아니라, 기초 정의를 지키지 않는 것입니다. 다시 말씀드리지만, 문제는 독립선교부가 존재하고 있는 것에 관한 문제가 아닙니다. 어떤 단체에 소속된 사람들에 대해서 그 사람들이 그 단체의 규율을 따르는 것이 합당한지 아닌지를 따지는 것은 헌법에 보장된 것입니다. 총회에서는 각 노회에 독립선교부에 소속된 사람들이 정당한 것인지 아닌지를 따지고 이에 대한 변론의 기회를 주는 것은 가능한 일입니다. 그러나 총회가 나서서 독립선교부에 소속된 목회자들은 잘못된 일을 하고 있는 것이라고 결정짓는 것은 명백한 헌법 위반입니다. 다시 말씀드리면 절차적으로 보았을 때에 그런 결정을 내리려면 각 지역의 노회로부터 정당한 절차를 거쳐서 최종 결정을 내려야 합니다. 그러므로 1934년 총회의 결정은 헌법에 위배되었습니다. (장로회헌법 제 12장 4조 5조)

2. 다음과 같은 이유에서 독립선교부는 헌법에 위배된 조직이 아닙니다:

(1) 장로교해외선교를 위한 독립선교부라는 이름의 사용하면서 조

직된 이 본부는 미국장로교, 연합장로교 등과 같은 교단의 교회 조직으로부터 독립된 것입니다. "장로교"라는 단어는 감리교, 성공회, 혹은 침례교가 아닌 "장로교"를 말합니다. 한 가지 논점은 독립선교부에 소속된 목회자들 중에 상당수가 미국장로교(PCUSA) 소속이라는 점입니다. 왜냐하면 독립선교부는 자유주의에 대항하기 위해서 상당수의 미국장로교(PCUSA) 소속 교회들로부터 후원을 받아서 조직되었기 때문입니다. 무엇보다도 거짓과 비기독교적인 것을 따르지 않고자 독립선교부가 조직되었습니다.

(2) 그러나 앞서 말씀드린 대로 이 조직은 교회 안에서 교회의 후원을 받아서 만들어졌기 때문에 문제가 발생했습니다. 그렇다면 이 조직이 만들어진 것이 헌법에 위배되는 것입니까? 전혀 그렇지 않습니다! 장로교 헌법 제23장 1조에 조직에 관한 규례를 보면 "특정 교회나 교회들은 선교나 자선의 목적으로 단체를 조직할 수 있다."고 되어 있습니다. 독립선교부에도 같은 권리가 있습니다! 헌법의 같은 조 2항에는 "단체의 명칭은 조직의 구성원들이 자체적으로 정할 수 있으며, 그 조직은 자체 규정에 따라서 조직을 운영하며 조직을 위한 직원을 고용할 수 있다. 이러한 내용은 장로교 헌법 조항에 따라서 감독을 받는다."라고 되어 있습니다. 또한 각 조직은 "총회의 책임 하에, 노회보다도 더 넓은 지역을 포괄할 수 있다."고 기록되어 있습니다. 만일 독립선교부가 교회 내의 조직이라면 장로교총회는 독립선교부를 관리 감독할 권한이 있습니다. 그러나 이 경우 어떤 권위에 따라서 독립선교부를 감독할 수 있습니까? 분명 헌법에 따르면 어떤 경우에도 조직에 가입과 탈퇴의 자유는 보장되어 있습니다. 그러므로 총회가 독립선교부 소속 목회자들의 탈퇴를 결정하는 것은 헌법 위반입니다! 그들이 장로교해외선교부에서 자유주의를 비판한 것은 분열을 조장하는 사악

한 것이 절대로 아닙니다. 왜냐하면 성경은 우리들에게 "믿음을 힘을 다해서 지키라"고 말씀하시며, 목사 안수식에서 우리는 교회의 평화를 위해서 "복음의 진리와 순수성을 지키기 위해서 열심을 다할 것"을 선언했기 때문입니다. 또한 관리 감독하는 권한은 개인이 이해한 대로 하나님의 말씀의 진리를 따르고자 하는 자신의 양심의 권리를 침해할 수 없습니다(총회헌법 제1장 제7조). 그러므로 만일 독립선교부가 미국 장로교단(PCUSA) 밖에서 조직된 것이라면, 1934년의 결정은 장로회헌법을 위배하는 것이고, 만일 그것이 교단 안에서 조직된 것이라면, 비록 그 조직이 기존 선교부에 경쟁을 유발하고, 또 기존 선교부에 소속된 일부 선교사들을 자유주의로 비판한다고 하더라도, 장로교 총회의 "관리 감독"의 권한만으로 독립선교부에 소속된 목회자들을 탈퇴시킬 수는 없습니다. 그러므로 어떤 경우에라도 1934년의 총회의 결정은 헌법을 어기고 있습니다.

지난 2년간의 독립선교부 문제의 소용돌이 속에서 저는 나는 헌법을 따르는 교회에 소속된 목회자이고 그 헌법에는 우리의 신앙의 중요한 가치를 담고 있다는 다음의 사실을 믿고 버텨왔습니다(헌법 제1장 제10조): "세계의 모든 종교를 판단하시고, 모든 종교회의의 신조들을 시험하시고, 최종판결을 내리시는 분은 바로 성경에 기록된 성령이시다." 또한 제20장 제2조에는 "하나님은 유일한 양심의 주인이시며, 당신의 말씀을 벗어나는 어떤 교리나 명령에도 구속되지 않으신다. 그러므로 양심에 벗어난 교리나 명령을 따르는 것은 신앙과 양심의 자유를 저버리는 것이다. 맹목적인 복종은 또한 양심과 이성의 자유를 파괴한다.

그러므로 헌법은 다수의 힘에 의해서 결정된 폭력적인 명령으로부터 개인을 보호합니다. 왜냐하면 그런 명령은 하나님의 말씀에 벗어난 것이기 때문입니다. 헌법에 따르면, 어떤 법적인 소송에서 그 사건이 하나님의 말씀에 반대되지는 않는지, 혹은 교회 안에서 하나님의 말씀은 무시되고 권위에 복종하는 것만이 강조되는 것은 아닌지 판단하려면, 교회의 헌법과 하나님의 말씀이 적절하게 잘 조화되어 있는지를 살펴보아야 합니다. 교회에서 어떤 명령의 합법성에 대한 문제가 제기될 때마다, 앞서 말한 조화의 관점에서 그 명령의 합법성 여부를 따져보아야만 합니다. 이것은 헌법을 가지고 있는 정부의 기초입니다. 만일 이러한 것이 무너진다면 그것은 헌법을 가진 정부가 아니라 독재일 뿐입니다!

1934년 총회의 결정은 어떤 법률적인 판단의 과정을 거쳐서 내려진 것이 아니라, 일방적으로 총회가 결정한 것이니 무조건 복종하라는 명령이었습니다. 만일 그것이 합법적인 것이 되려면, 무조건적인 명령이 아니라, 아래 단계에서부터 차근차근 한 단계 한 단계 법률적인 절차를 밟고 그것을 통해서 총회에서 최종적으로 결정되어야만 합니다.

그 결정은 다수의 폭정을 막고 개인을 보호하기 위해서 개인이 직접 헌법에 호소하는 것이 가능하도록 한 헌법의 가장 중요한 기초를 저버린 것입니다. 왜냐하면 그 결정은 개인이 총회의 결정이 비헌법적인 것이기 때문에 따를 수 없다고 변호할 수 있는 권리를 박탈해버렸기 때문입니다.

1934년 총회의 결정은 헌법에 위배된 것이며 하나님의 말씀에도 어긋난 것이라는 점을 증명할 수 있는 증거는 여러 가지입니다. 위에서 언급한 헌법의 내용들을 보면, 이러한 명령에 따르지 않는 것은 권리일 뿐 아니라 의무이기도 합니다. 그러나 정말로 믿기 어려운 사실은 독립선교부 소속 목회자들이 끊임없이 아래 단계에서부터 법적인 절차를 밟아가면서 독립선교부가 스스로를 변론할 수 있는 기회를 달라고 요구했음에도 불구하고 그 기회가 전혀 주어지지 않았다는 점입니다. 다시 말씀드리지만, 독립선교부는 교단 밖에서 만들어진 조직이기 때문에 총회는 독립선교부 소속 목회자들에게 죄의 혐의를 씌우면서 그것을 탈퇴하도록 명령할 권한이 없습니다. 또한 만일 그것이 교단 안에 소속된 것이라고 하더라도, 총회는 "관리 감독"만 할 수 있는 것이지 독립선교부에 대해서 어떤 법률적인 명령을 내릴 수는 없습니다.

총회는 마치 대법원처럼 행세하면서, 설혹 자신들이 어떤 결정이 헌법을 위배하는 것이고 또한 하나님의 말씀을 벗어나는 것이라고 할지라도, 자신은 "교회 안에서 일어나는 모든 일에 대해서 감독할" 권한이 있고 "선교사업을 보호하고 교회의 일치를 위해서 힘을 사용할 수 있다."고 주장합니다. 다시 말해서, 총회는 설혹 자신들이 내린 어떤 결정이 헌법에 위배된다고 하더라도 그것이 전체 조직을 위한 것이라면 살을 도려내는 아픔을 감수하면서라도, 어떤 명령을 내릴 권한이 자신들에게 있다고 주장합니다!

제 생각에는, 헌법에 대한 그와 같은 해석은 오히려 헌법을 파괴하고 종교 개혁가들이 그토록 반대했던 가톨릭 전통으로 교회를 되돌아가게 만드는 것이라고 생각합니다. 왜냐하면 그 결정은 개인의 양심 대신에 외적인 권위에 복종하도록 만들고, 하나님의 말씀과 헌법의 정신을 지키기 위해서 개인을 변호하고 상소할 수 있는 권리를 박탈해버렸기 때문입니다. 다시 말해서, 하나님의 말씀에 대한 최종 해석의 주권을 교회가 행사함으로 하나님의 말씀의 권위 대신에 교회의 권위가 더 커졌습니다! 헌법에 대한 이러한 해석은 제가 목사 안수를 받으면서 배웠던 그런 교회의 정신이 아니라, 교회를 완전이 이질적인 다른 것으로 바꿔버리고 말았습니다. 이제 저는 더 이상 교회의 회원으로서 저 개인의 양심을 저버리면서 총회가 내린 최종결정에 따를 수 없습니다.

그간의 모든 소송 과정은 완전히 정의롭지 못한 비헌법적인 것이었다고 생각하는바, 저는 앞서 말씀드린 그런 이유로 인해서 더 이상 미국 장로교(PCUSA) 소속 목회자로 남아있기를 거부합니다.

인간적으로 말해서, 저는 지난 2년간 이런 결정이 철회될 수 있는 일

말의 가능성이 남아 있기를 기대해왔습니다. 그러나 지난 세 번의 총회에서 총회의 태도는 전혀 변화가 없었고, 설상가상으로 다수의 사람들이 총회의 결정에 찬성하고 있는 실정임을 저는 잘 알고 있습니다. 오히려 지난 2년간 이 문제를 끌어오면서 사람들은 고의적으로 선동된 측면이 있다고 생각합니다. 따라서 저는 이제 총회를 떠나려고 합니다.

동시에 저는 아래의 몇 가지 이유를 총회 해외선교부의 정책과 태도에 대해서 동의할 수 없음을 밝힙니다:

(1) 자유주의적인 생각을 가지고 있는 사람들은 선교에 대해서 비호의적인 생각을 가지고 있다는 점을 수차례 거쳐서 건의했음에도 불구하고, 장로교 해외선교부는 이들에 대한 조사를 게을리 했습니다. 선교부는 계속해서 이러한 혐의에 대해서 조사하겠다고 해 왔습니다. 그러나 실제로는 형식적인 조사만 하고 깊이 조사하지 않았습니다. 실제적으로 여러 가지 증거가 있음에도 불구하고, 본부가 내린 결론은 납득하기 어려웠습니다. 오히려 본부는 선교회 내에 자유주의자들이 선교회의 일을 방해하고 있다는 사실을 눈감아주려는 것처럼 보입니다. 레버 박사와 리로이 다드 박사를 선교부 사무총장으로 임명한 것은 선교부가 자유주의 사상에 대해서 어떤 태도를 가지고 있는지를 잘 보여줍니다. 레버 박사는 펜실바니아 스크랜턴의 그린 릿지 장로교회에서 목회하면서 "선교의 재해석"이라는 글을 발표하고 "지유주의 선교운동"를 조직한 선교사 스탠리 하이 선교사의 의견에 동의하면서 설교했던 사람입니다. 다드 박사는 인도 선교회에서 1934년 9월 24일 루이사 리 양에게 보낸 편지에서 "나는 역사나 과학적인 사실에 비추어 볼 때 성경의 모든 저자를 하나님께서 영감하셨다는 사실을 믿을 수 없소."라고 기록했습니다. 이런 점에서 저는 두 사람을 임명한 것은 자유주의를 반대하는 선교사들을 견제하기 위한 것이라고 생각합니다.

(2) 저는 총회가 장로회선교부를 통해서 지시한 각 지역의 선교회가 각각 자신의 교리가 다른 교단끼리 그 어떤 다른 배경은 무시한 채로 함께 연합해서 교회를 세우도록 한 것에 대해서 동의할 수 없습니다. 중국연합교회가 만들어졌는데, 그 교회의 다수의 선교사는 장로교선교부에서 파송한 선교사들이지만, 그 속에는 그리스도의 부차적인 대속교리를 주장하는 선교사도 있을 정도로 교단적인 차이가 발견되었습니다. 이 문제에 대해서 여러 번의 투표를 거친 후에 로우리 박사는 다음과 같은 문구를 만들었습니다: "예수는 성경 말씀대로 우리의 죄를 위해서 돌아가셨습니다." 그러나 그 신앙고백에는 그리스도의 대속에 대한 교리는 들어있지 않았습니다!

(3) 저는 우리 선교부가 서로 다른 교리적인 시스템을 가지고 있는 다른 교단과 대학교육이나 신학교육을 함께 진행하는 것에 찬성하지 않습니다. 왜냐하면 선생님들이 칼빈주의에 입각하지 않은 신앙을 학생들에게 가르칠 수 있기 때문입니다.

(4) 저는 선교부가 지난 수년 동안 모든 개신교회가 받아들일 수 있는 홍보물을 만들면서 웨스트민스터 신앙고백을 따르는 칼빈주의신앙을 약화시키는 점에 대해서 반대합니다. 물론 연합을 위한 열망과 노력은 중요한 것이지만, 장로교 선교사들은 장로교의 교리에 맞는 것을 믿도록 가르치는 것이 더 중요하다고 생각합니다.

나는 지난 몇 년간 위와 같은 차이점에도 불구하고 선교부 소속으로 남아서, 이런 점들이 고쳐질 것을 바라면서, 그동안 한국선교회에 아무런 방해도 되지 않고 일을 잘 수행해 왔습니다. 사실 저는 그동안 제가 단지 미국장로교해외선교부가 파송한 한명의 선교사가 아니라, 미국장로교(PCUSA)를 대표하는 선교사라고 생각하고 선교에 매진해왔습니다. 그러나 지금 저는 장로교총회의 결정을 보면서 내가 그동안 한국선교회에 어떤 작은 변화를 바랬던 것은 쓸모없는 기대였음이 판명되었다는 점을 절실히 깨닫게 되었습니다. 저는 (1) 선교부 스태프의 교체, (2) 총회와 선교부가 자유주의를 일꾼으로 세우고 있다는 점, (3)총회의 최종 결정은 조금 다르기를 바라는 등의 기대를 가지고 있었습니다. 그러나 이런 저의 소망은 단 하나도 이루어질 수 없게 되었습니다. 이런 모든 과정을 지켜보면서, 저는 이제 모든 것을 버리고 새로운 출발을 하려고 합니다.

저는 되도록 평생 미국장로교(PCUSA) 소속 선교사로서 일할 수 있기를 기대하면서 살아왔습니다. 그러나 지금 이러한 일들 앞에서 저는 더 이상 여기 소속으로 남아 있을 수 없음을 말씀드립니다.

겸손한 마음으로,
플로이드 해밀턴

# 참고 문헌

김승태,『식민권력과 종교』서울: 한국기독교역사연구소, 2012.

김양선,『韓國基督教史硏究 (한국기독교사연구)』서울: 기독교문사, 1971.

박용규,『한국장로교사상사』서울: 총신대학교출판부, 1992.『한국기독교회사 2』서울: 생명의 말씀사, 2004.

숭실대학교100년사 편찬위원회,『숭실대학교 100년사』서울: 숭실대학교출판부, 1997.

숭실대학교뿌리찾기위원회,『윌리엄 베어드』서울: 숭실대학교출판부, 2016.

안종철,『미국 선교사와 한미관계』서울: 한국기독교역사연구소, 2010.

이상규,『한상동과 그의 시대』서울, SFC출판부, 2006. "함일돈의 생애와 선교사역",「기독교사상연구」, 3(1996), 105-113.

존 피츠미어,『미국장로교회사』한성진 역, 서울: 기독교문서선교회, 2004.

주강식, "한국장로교의 개혁신학에 대한 연구 - 1884년부터 2000년까지를 중심으로" 2014년 2월, 고신대학교 대학원 박사학위논문.

해리 로즈, 최재건 역『미국 북장로교 한국 선교회사』서울: 연세대학교출판부, 2009.

# 함일돈

## 신학사상과 『회고록』

초판발행일 2018년 1월 29일
저 · 역 자 성신형
발 행 인 황준성
펴 낸 곳 숭실대학교 지식정보처 중앙도서관 학술정보출판팀
서울 동작구 상도로 369
등 록 제14-2호(1982.1.25)
TEL : 02-820-0772
FAX : 02-817-5297
http://press.ssu.ac.kr
인 쇄 처 열린문화(02-2278-1791)
값 22,000원
ISBN 978-89-7450-378-9